젠더 트러블

페미니즘과 정체성의 전복

주디스 버틀러 지음

조현준 옮김

GENDER TROUBLE
by Judith Butler

젠더 트러블

페미니즘과
정체성의 전복

GENDER TROUBLE

주디스 버틀러 지음

조현준 옮김

차례

1장 성별 / 젠더 / 욕망의 주체

2장 금지, 정신분석학, 이성애적 기반의 생산

3장 전복적 몸짓

일러두기

1. 단행본, 잡지는 『 』로, 논문, 기사는 「 」로, 영화, 드라마, 노래 제목은 〈 〉로 표기했다.
2. 인명, 지명 등 외래어는 국립국어원 외래어표기법을 따랐으나 일반적으로 통용되는 표기가 있을 경우 이를 참조했다.

개정판 옮긴이 해제

여전히 중요한 『젠더 트러블』

버틀러는 현존하는 가장 영향력 있는 철학자이자 젠더 및 퀴어 이론가 중 한 명으로 2012년 아도르노상 수상 이후 2022년 스페인에서 카탈루냐 국제상을 받았다. 현재 국제 비평이론 프로그램 컨소시움 네트워크에서 활발히 활동중이며, 페미니즘의 한 분파인 TERF(트랜스젠더를 배제하는 급진적 페미니즘)나 세계적인 반젠더 이데올로기에 대해 비판적 입장을 견지한다. 트랜스젠더, 논바이너리, 젠더퀴어를 표적으로 하는 반젠더 이데올로기 운동은 새로운 파시즘 현상이 될 수 있는 위험한 운동으로 파악하기 때문이다. 최근에는 『누가 젠더를 두려워하는가Who's Afraid of Gender?』(2024)를 출간했다. 1990년에 출간된 『젠더 트러블』은 사반세기가 훌쩍 넘는 시간이 흘렀지만 여전히, 아니 오히려 더 중요하다. 현재는 페미니즘의 백래시와 반젠더 이데올로기가 강화된 혐오와 반목의 시대로 평가되기 때문이다.

이란에서 히잡 쓰기를 거부한 여성이 경찰 조사를 받다가 의문사한 이후 이란에서 확산된 반정부 시위는 말할 것도 없거니와, 온두라스, 과테말라, 브라질, 아르헨티나, 베네수엘라, 엘살바도르 등 라틴아메리카에서의 여성살해는 연간 3,000명에 이른다. 그 외 프랑스, 독일, 슬로바키아, 헝가리, 폴란드 등의 일부 유럽과 브라질, 칠레, 멕시코, 코스타리카 등 남아메리카에서 발생중인 반젠더 운동은 우려할 만한 사회현상이다. 실제로 버틀러는 2017년 브라질 상파울루에서 열린 심포지엄에 갔다가 봉변을 당했다. 한 보수단체 시위대가 버틀러를 향해 젠더 이데올로기를 주입하고 성정체성을 파괴하는 마녀라고 몰아붙이며 공공장소에서 그의 사진을 붙인 인형을 불태우는 화형식까지 벌였다.

세계 각지에서 여전히 여성이라는 생물학적인 성이 차별의 이유가 되고, 성적 자기표현이나 성적 지향이 평범하지 않다는 것이 상해와 모욕, 차별과 박탈의 정당성이 되고 있다. 한국도 21세기 들어 미디어와 대학가에서 페미니즘에 대한 백래시가 발생했고, 2010년대 중반 페미니즘 리부트와 함께 '페미니즘' 혹은 '페미'라는 단어 자체에 대한 피로와 혐오가 확산중이다. 경제성장 둔화와 자본주의적 무한경쟁 속에서 관계 맺기는 더욱 힘들어지고, 개인주의는 이기주의로 변질되고 있으며, 공동체의 공공선은 외관용 장식품으로 축소되는 경향도 보인다. 이런 와중에 다른 성별, 다른 젠더, 다른 섹슈얼리티는 타인을 밟고 일어설 차이의 표식으로 보이기까지 한다.

사실 젠더는 한국어로는 개념조차 없는 외래어이다. 젠더는 프랑스어나 독일어의 언어적 성별을 의미했지만, 영미 페미니즘 학계에서는 태어난 성으로 차별할 수 없는 문화적 성별 특성을 의미하게 되었고, 생물학과 대비되는 사회문화적 성의 개념으로 한국 및 유럽에 수입 혹은 재수입되었다. 젠더는 선척적으로 타고난 남녀의 성차에 기반한 우열 구도를 부정하기 위해 후천적으로 만들어지는 성역할이나 성적 표현을 의미한다. 남녀가 똑같이 교육받고 직업도 갖는다면 여성도 남성과 똑같은 인권을 누릴 수 있으니 양성의 사회적 평등을 중시하자는 의미로 쓰이기도 하고, 시스젠더cisgender가 아닌 트랜스젠더의 변화중인 성정체성이나 유동적 성정체성을 지칭하기도 한다. 생물학적 성별과는 다른 사회문화적 성역할, 혹은 기존 성별로 의미할 수 없는 성 교차적 동일시 양상을 의미한다고 볼 수 있다. 영어의 정관사나 프랑스어의 문법적 성조차 없는 한국어에서 정확한 개념을 찾기는 어렵지만, 젠더는 보통 태어날 때의 성별과 다른, 교육과 학습으로 만들어진 성역할 혹은 성정체성으로 이해된다.

젠더가 성별을 대체하는 일반 용어가 된 데에도 역사적 과정이 있다. 20세기 중후반 각종 차별에 반대하는 68혁명이 일어나면서 다시 일어난 페미니즘은 제2의 물결을 맞이했다. "개인적인 것이 정치적인 것이다"라는 슬로건에 맞게, 영미 페미니즘 제2의 물결은 여성의 법적 권리를 보장받지 못하는 실생활 속에서 서로 다른 개인들의 자유에 주목했다. 여기에는 개개인의 성적 자기표현이나 성적 경향이 비록 대다수가 따르는 규범적인 것이 아니라 하더라도, 소수자라는 이유로 차별받아서는 안 된다는 의미가 들어 있다. 페미니스트들은 생물학적 성별과는 다른 사회문화적 성별, 즉 자신이 스스로에 대해 느끼는 심리적 젠더가 있고 그것은 타고난 성별보다 중요할 수 있다고 생각했다. 말하자면 태어날 때 가지게 된 나의 생식기가 내 평생의 젠더 정체성을 결정할 수는 없다는 생각이다.

젠더가 사회적 성을 의미하게 되면서 생물학적 성별뿐만 아니라 사회적 젠더 또한 중요하다고 생각되었고 젠더는 국제적 용어로 주목받았다. 젠더는 생물학적 남성/여성과는 다른 문화적 남성성/여성성을 의미하게 되었다. 젠더라는 용어의 사용이 점차 확대되면서 젠더의 의미도 확장되거나 변용되었다. 성에는 크게 생물학적 성별, 사회적 젠더, 욕망의 경향과 관련된 섹슈얼리티가 있는데, 확장된 젠더는 그 세 가지를 아우르는 의미로 쓰이기도 했다. 때에 따라 생물학적인 '제3의 성'도 젠더로 표현되곤 했는데, 이는 태어날 때 또는 이차성징기를 거치면서 남성에도 여성에도 딱 들어맞지 않아서 기존의 이분법에 들어가지 않는 다른 성을 총칭했다.

남성도 여성도 생물학적 인터섹스도 아닌 다른 성을 인정하는 문화권은 역사적으로 존재했다. 남아메리카의 트라베스티travesti, 남아시아의 히즈라Hijra, 멕시코의 무셰Muxe, 하와이의 마후Mahu, 사모아의 파파피네Fa'afafine, 인도네시아의 와리아waria, 북아메리카대륙의 베르다슈berdache나 두 개의 영혼two-spirit이 그 사례들이다. 이를 통칭 '제3의 성'이라 부른다. 1995년 베이징에서 열린 제4차 세계여성대회 이후 모든 회원국들은 '젠더'라는 용어를 공식적으로 정책에 반영하여 사용하자는 행동강령을 발표했고 그것은 세계적인 흐름이 되었다. 이런 흐름이나 시대적 변화에 저항하는 움직임으로 반젠더 운동도 세계 곳곳에서 나타났는데, 이들은 기존의 성별 분리나 성역할 이분법을 고수했고 동성애를 혐오하는 보수주의 운동이나 일부 종교단체의 극단적인 운동으로 확대되기도 했다.

2022년 한국교육방송EBS은 40인의 석학을 초빙해 〈위대한 수업 Great Minds〉이라는 강연 프로그램을 기획했고 버틀러는 '젠더'에 대해 강의했다. '젠더'를 강의한다는 것만으로도 한국에서는 반젠더 운동이 발생했다. 강의자에 대한 확인되지 않는 내용의 기사와 칼럼, 그리고 방송국 앞에서의 집단 시위, 방송국에 쏟아진 무차별 전화 폭격으로 프로그램 제작진은 고통과 공포를 느꼈다. 버틀러가 소아성애자이자 근친애를 옹호한다는 주장을 펼쳤으나 확인 결과 이는 사실무근으로 밝혀졌다. 버틀러가 자신의 주장을 펼치기 위해 인용했던 미셸 푸코가 소아성애자이기 때문에 버틀러도 소아성애자일 것이라는 식의 어처구 니없는 비논리적 모함에 대해서는 반박할 가치조차 못 느끼지만, 푸코 가 소아성애자라는 일각의 주장에 대해서는 이미 2021년에 프랑스의 정론지 『롭스L'Obs』가 거짓이라는 판정을 내린 바 있다. 근친애 옹호자 라는 주장의 근거로 제시된 『젠더 허물기』의 일부 대목도 탈맥락적인 과도한 해석이라는 데 국내 버틀러 연구자들뿐 아니라 번역자들도 동 의했다.

그럼에도 불구하고 학문의 자유나 종교적 관용을 논의해야 할 장에 서조차 버틀러의 성적 경향을 내세워 편가르기를 하고 비정상성을 강 조한다면, 그리고 물리적 힘이나 조작적인 정치력을 동원해 명예훼손 에 가까운 음해성 의견을 확산하려 든다면, 이것이 우리 사회 속에 숨 어 있는 반젠더 이데올로기이자 반젠더 활동일 것이다. 반젠더 이데올 로기나 활동은 그리 대단한 것이 아니다. 생물학적 성별과 다른 문화적 성, 사회적 성을 가진 사람들을 무비판적으로 차별하려는 생각이나 신념이 있다면 그것이 반젠더 이데올로기다. 자신의 성적 경향이나 표현이 타고난 성별과 다르다는 이유만으로 그 사람을 부당하게 차별한다면 그것이 반젠더 활동이다. 반젠더 이데올로기나 활동은 학문의 장이나 사회적 장에서 경계해야 할 차별적 입장이다.

2022년 딕셔너리닷컴Dictionary.com은 그해의 단어로 '여성women'을 꼽았다. 2022년의 키워드가 여성이 된 것은 미 연방대법원의 낙태권 폐지, 엘리자베스 2세 여왕 서거, 테니스 선수 세레나 윌리엄스의 은퇴, 미국 여성축구 대표팀의 임금차별 주장, 이란의 성평등 시위 확산 등이 영향을 미쳤다. 역설적으로 말해 2022년은 여성의 권리가 퇴보한 해였다. 미 연방대법원은 1973년 확립되었던 여성의 신체 자기결정권을 위헌이라고 선언했다. 반세기 전 '로 대 웨이드Roe v. Wade' 사건은 헌법에 기초한 사생활의 권리가 낙태의 권리를 포함하는지에 관한 미국 대법원의 가장 중요한 판례였다. 여성의 임신 중단권은 2022년 6월 24일 '돕스 대 잭슨여성보건기구Dobbs v. Jackson Women's Health Organization' 사건에 대한 판결로 무효화되었다. 트럼프 정권이 선임한 판사들이 관여한 전례 없는 페미니즘 백래시라고도 할 수 있다.

우리는 지금 다시 젠더를 생각해야 한다. 『젠더 트러블』은 단순히 30대의 촉망받던 철학자를 슈퍼스타로 만든 반짝 아이콘도, 백인 레즈비언 교수의 자기정당화도 아니다. 이 책은 페미니즘 안의 이성애중심주의를 경계하고 이성애자의 퀴어 차별에 대해 문제를 제기하면서, 체계적이고 이론적으로 기존 페미니즘을 비판적으로 성찰해 페미니즘의 새로운 방향성을 제시했다. 성소수자가 단지 다수의 패턴을 따르지 않는다는 이유로 삶의 가능성을 박탈당하고 견딜 수 없는 삶을 산다는 것에 대해 문제를 제기했다. 그리고 우리의 정체성이라는 것이 사회문화적으로 만들어진 구성물이고 행위중에 형성되는 수행적 형성물이므로 함부로 이분법으로 재단하고 평가하고 핍박할 수 없다고 주장했다. 그러나 지금도 여전히 편가르기와 핍박이 존재한다. 그러므로 『젠더 트러블』은 여전히 중요하다. 최근 버틀러 관련 해설서들이 다수 출간되는 것도 같은 맥락에서라고 생각한다.

2008년에 번역했던 책을 16년 만에 다시 잡았다. 그 시간 동안 나는 대학에서 다행히 전임교수가 될 수 있었고, 버틀러가 『비폭력의 힘』을 출간한 직후 운좋게도 그와 서면 인터뷰를 할 기회를 가질 수 있었다. 상식적인 것에는 급진성이 없다는 저자의 신념에 따라 이 책 원문이 어려운 것은 어쩔 수 없지만, 가능하면 가독성을 조금 더 높이고 기존의 부족함을 바로잡아 페미니즘과 퀴어 이론의 고전으로서 이 책의 위상을 더욱 공고히 세우자는 것이 개정판을 출간하게 된 취지다. 이런 좋은 기회를 제안해주신데다, 단어 하나하나를 섬세히 고민하고 맥락마다 놓친 의미가 없도록 치열하게 교정하여 더 좋은 책을 향해 수고와 노력을 아끼지 않으신 문학동네 편집진에게 다시 한번 감사의 말씀을 드린다.

이번 개정판에서는 원문의 sex를 '섹스'로 옮기는 대신 맥락에 따라 성 혹은 성별로 옮겼다. sex, gender, sexuality 모두 우리말로 성에 해당하지만 타고난 성sex은 성별을 의미하는 반면, 한글로 쓴 섹스는 관용적으로 성행위를 연상시키는 면이 있어서다. 가독성을 위해 matrix는 모태에서 기반으로 바꿨고, 철학적 개념의 정확성을 위해

substance는 본질에서 실체로 바꿨다. 젠더를 대체할 역어도 고심했으나 결국 젠더는 그대로 두었다. 그 단어가 전하는 의미가 다의적으로 파생되어 젠더의 문화번역이라는 파급 효과를 기대하기 때문이기도 하다. 젠더는 여전히 젠더로 남고, 여전히 트러블을 일으키며, 앞으로도 일으킬 것이다. 이 트러블이 더 나은 미래, 차이가 차별받지 않는 평등한 세상의 실현에, 아주 작게나마 기여할 수 있기를 희망해본다.

2024년 10월
조현준

초판 옮긴이 해제

"따라서 권력은 거부될 수도, 회수될 수도 없으며, 다만 재배치될 뿐이다." 버틀러의 이 문장은 이 책을 처음 읽었을 때 큰 울림을 준 충격적 선언이었다. 페미니즘의 이상인 성해방도, 사회주의가 주창하는 계급해방도, 민주항쟁이 추구했던 평등한 시민의 해방도 실은 해방이 아니며, 해방의 이상에 불과할지 모른다고 경고했기 때문이다. 인정하고 싶진 않았지만, 사실 해방은 완전한 의미의 평등이나 자유가 아니라 또다른 권력으로의 이양에 불과했다.

여성과 정체성에 꾸준한 관심을 갖고 있던 내게 주디스 버틀러의 『젠더 트러블』과의 만남은 성정치학이라는 페미니즘의 목적을 상실하지 않으면서도, 안정된 젠더 정체성이란 존재하지 않는다는 이중의 패러독스를 해결할 수 있는 돌파구로 보였다. 당시 나를 끈질기게 괴롭히던 고민은 보부아르의 말대로 "여성은 태어나는 것이 아니라 만들어지는 것이다"라는 논의를 극단적으로 밀고 나가면, 여성은 문화적으로 구성되는 가변적인 생산물이 되는데, 그렇다면 현실적인 억압 상황이 발생할 때 그렇게 불안정한 주체가 어떻게 정치적 결속력을 행사할 수 있을까 하는 문제였다. 말하자면 이론과 실천 간 괴리의 문제였다. 버틀러는 "행위 뒤에 행위자는 없다"는 니체의 논의를 끌고 와 "젠더 표현 뒤에 본질로서의 젠더는 없다"라고 말했는데 여성 주체가 없는 페미니즘이 어떻게 가능할지가 궁금했다.

다른 섹슈얼리티라는 주제도 특이했다. 대한민국에서 규범적 제도 교육을 받으며 성장한 내게 동성애나 퀴어 이론은 무척 도전적인 이론 분야였다. 1990년대 대학가나 캠퍼스는 동성애는 고사하고 이성의 복장을 입는 것조차 과장된 학생 운동의 삐딱한 결과로 치부하던 분위기였다. 여성이 남성 옷을 입으면 민주주의 투사처럼 비춰졌고, 남성이 여성 옷을 입으면 좀 모자란 사람으로 간주되었다. 하물며 소수자 섹슈얼리티는 말할 것도 없었다. 남성끼리의 관계는 우정이나 동지애로, 여성끼리의 관계는 결혼하면 사라질 소녀적 감성으로 치부되었다. 동성애라는 개념은 생각조차 할 수 없었고 차마 입 밖에도 못 낼 금기조항이었다. 게다가 미국의 백인 레즈비언 교수가 우리 사회의 페미니즘에 어떤 현실적 기여를 할 수 있을지도 우려되었다. 당시 우리 사회에서는 퀴어라는 용어 자체도 낯선 이방의 언어였을 뿐 아니라, 동성애니 레즈비언이니 하는 단어는 불경이었다. 퀴어 현상과 퀴어 이론이 각종 행사와 축제의 슬로건이 된 지금과 달리, 그것은 엄청나게 과격한 급진주의의 이론적 담론에 속하는 것이었고 삶이나 생활 속에서 구체적으로 구현된 모습을 발견하기도 어려웠다.

그때 나를 안심시킨 것은 피터 오스본Peter Osborne이 버틀러를 인터뷰해서 쓴「수행으로서의 젠더Gender as Performance」(『비판적 감각A Critical Sense』, 1996)라는 글이었다. 인터뷰에서 버틀러는 자신이 퀴어 이론가이기 전에 페미니스트이며, 퀴어 이론가로 분류당하기 전에는 사실 그 이론이 무엇인지도 몰랐다고 주장했다. 물론 지금은 그것이 페미니스트들과 연대하기 위한 퀴어 이론가의 수사적 전략이었다고 생각하지만, 당시 그 인터뷰는 페미니즘 이론가를 자처하는 내게 많은 위안을 주었다. 고백건대, 이성애 규범적인 제3세계에서 여성으로 태어나 비정규직의 범주에도 속하지 못하는 전문직 박사강사라는 직업으로 살아가는 나를 버틀러와 연결해준 것은 무엇보다도 페미니즘이라는 정체성의 정치였다.

　1956년생인 버틀러는『젠더 트러블』(1990)이라는 저서로 학계의 주목을 한몸에 받았고, 이후『의미를 체현하는 육체Bodies That Matter』 (1993),『권력의 정신적 삶The Psychic Life of Power』(1997),『혐오 발언 Excitable Speech』(1997) 등으로 페미니스트이자 퀴어 이론가, 정신분석학으로 재해석된 푸코의 계승자이면서 수행적 언어 연구자로서 자신의 입지를 굳혔다.『안티고네의 주장Antigone's Claim』(2000)에서는 고전적 여성 영웅을 급진적 퀴어로 재해석했으며,『위태로운 삶Precarious Life』(2004)과『젠더 허물기Undoing Gender』(2004), 그리고『윤리적 폭력 비판Giving an Account of Oneself』(2005)을 통해 윤리학과 책임에 대한 문제에 꾸준히 관심을 기울이고 있다. 또 가야트리 스피박과의 대담집 『누가 민족국가를 노래하는가Who sings the nation-state?』(2007)를 통해 불법 이민자나 민족의 문제에도 관심을 기울였다.『젠더 트러블』은 사실 버틀러의 박사논문이었던『욕망의 주체Subjects of Desire』(1987)에 이어진 그의 두번째 책이다.

여성(범주) 없는 페미니즘─성별은 젠더?

1996년 6월, MTFMale to Female 트랜스 여성을 성폭행한 피고인들에게 대법원은 유죄 판결을 내렸으나 죄목은 '강간죄'가 아니라 '강제추행죄'였다. 반면 2002년 하리수씨의 성별 정정이 허가된 후, 2003년에는 서울 및 지방 가정법원에서 22명이 성별 정정 허가를 받았고, 2004년에는 22건의 성별 호적 정정 신청 중 10건이 허가, 2005년에는 26건의 신청 중 15건이 허가됐다. 최근 대법원은 출생 이후 한결같이 생물학적 성에 불일치감을 느끼고 반대 성에 귀속감을 느끼면서 신체적 사회적 영역에서 전환된 성역할을 '최종 단계까지' 수행한다면, 전환된 성을 법률적 성으로 평가받을 수 있다고 인정했다.

이런 상황에서 페미니즘의 정치적 주체는 과연 누구일까? 그리고 일반적 '범주'로서의 여성이 없는 페미니즘은 가능한가? 주디스 버틀러가 『젠더 트러블』을 시작하면서 맨 먼저 제기하는 질문은 바로 페미니즘이 반드시 '여성'이라는 집단적 범주를 가정해야 하는가이다. '범주'로서의 여성에 대한 이 비판적 인식은 가부장적 이성애주의를 비판하는 것이면서, 실천을 지향하는 페미니즘의 역사가 보인 정체성의 폭력에 대항하는 것이기도 하다. '정체성의 정치'는 정치적 행위의 실천 주체, 일반적이거나 보편적인 '범주'로서의 여성에 대한 버틀러의 비판의 중심에 있다.

본질주의와 대립하는 현대의 구성주의 페미니즘은 '본질적인' 여성의 정체성이라는 전제에 의문을 제기한다. 또 '여성'이 아닌 '여성들'로써 인종, 계급, 나이, 민족, 섹슈얼리티라는 다양한 구성요소로 채워진 어떤 '범주'를 '미리' 가정하는 것도 잘못이라고 본다. 정체성의 본질적인 불완전성을 가정하면 '여성들'은 오히려 강압적 이상에서 벗어난 규범적 이상으로 작동할 수 있다. 버틀러에 따르면 범주의 통일성은 효과적인 정치적 행동에 꼭 필요한 것이 아닐 수도 있다. 통일성이라는 목표에 대한 성급한 고집이 계층 간에 더 심한 파편화를 가져올 수 있기 때문이다.

　　이처럼 페미니즘에서 정체성이나 주체의 문제는 '정치'와 '재현'이라는 두 가지 관점에서 특히 중요한 것이다. 우선 정치는 권력의 이중적 기능, 즉 사법적 기능과 생산적 기능에 주의를 기울여야 한다. 권력이 정당함과 부당함을 이분화하며 부당함을 처벌하고 훈육한다는 의미의 사법적 기능은 겉으로 드러나 있지만, 권력이 어떤 개념의 인식 가능성 자체를 통제해 인식 가능한 주체를 생산하고 인식 불가능한 주체를 비체화한다는 사실은 은폐되어 있는 것이다. 정치의 사법적 주체들은 보이지 않는 어떤 배타적 실천을 통해서 생산된다. 담론의 구성물을 근본적 전제로 조작하기 위해서다. 이런 은폐된 진리게임의 본모습을 드러내는 연구 방식이 계보학이다.

　　두번째로 '여성'이라는 재현 대상은 '여성들'이라는 복수 형태로 있다 하더라도 그것이 묘사하거나 재현하려는 바에 완전히 동의해야 하는 안정된 기표가 아니라 문제의 용어, 경합의 장소, 불안의 원인이 된다. 이미 젠더화된 사람은 다른 역사적인 맥락에서도 일관되거나 지속적으로 구성되는 것이 아니기 때문이다. 젠더는 담론적으로 구성된 정체성의 인종, 계급, 민족, 성, 지역적 양상과 교차되므로 이미 정치나 문화의 교차점을 떠나서는 불가능한 개념이다.

요약하면, 버틀러에게 '범주'로서의 여성 주체에 전제된 보편성과 통일성은 또다른 폭력을 불러올 수 있기 때문에 경계 대상이다. 여성의 '해방'조차도 누구를 위한 어떤 해방인지 역사적으로 맥락화되지 않으면 또다른 폭력으로 작동할 수 있다는 것이다. 페미니즘 이론의 기초를 여성들이라는 관념에 묶어두는 배타적 관행은 재현에 대해 자기주장을 하는 페미니즘과 같은 맥락에 있지만, 중요한 것은 페미니즘의 법적 주체를 생산하고 그 생산 작용을 은폐하는 정치 작용을 추적하는 일이다. 이것이 바로 페미니즘 계보학의 과제이다.

이와 같은 비정체성의 정치, 페미니즘 계보학을 위해서 버틀러는 세 가지 논제에 역점을 둔다. 첫째는 성별과 젠더의 구분을 허무는 것이고, 둘째는 원인과 결과의 인과론을 전도하는 것이며, 마지막은 이 모든 생산 권력의 기저에 있는 가부장적 이성애주의를 밝히는 것이다.

우선 성별과 젠더는 다른 것이 아니다. 버틀러는 "여성은 태어나는 것이 아니라 만들어진다"고 주장한 보부아르조차 태어나는/만들어진 여성 주체, 몸/정신을 이분화하고 있다고 비판한다. 거기에는 한 젠더가 다른 젠더를 걸치거나 전유할 수 있는 코기토가 이미 전제되어 있다. 반면 뤼스 이리가레Luce Irigaray에게 여성은 남근로고스중심주의 안의 '재현 불가능성'이며, '하나'의 성이 아니라 '다수'의 성이다. 이 '하나가 아닌 성'은 패권적인 서구 재현에 대한 비판일 뿐 아니라, 주체라는 개념 자체를 조직하는 실체의 형이상학에 대한 비판 지점을 마련하기도 한다. 결국 보부아르에게 여성은 남성 주체의 '타자'이거나 '결핍'이지만, 이리가레에게 여성은 재현의 조건 자체를 벗어나기 때문에 아예 남성 언어 안에서는 표현될 수 없다. 보부아르의 주장대로 '몸이 하나의 상황'이라면 문화적 의미가 각인되지 않은 몸, 즉 '언제나 이미' 문화적 의미로 해석되는 몸에 기대지 않는 것은 없다. 따라서 성별은 전담론적 사실성으로 볼 수 없으며 정의상 지금껏 젠더였음이 드러난다. 젠더는 그 총체성, 통일성, 일관성이 영원히 연기되고 불완전하게 남아 있는 일종의 복잡성이다. 이는 '완결'이라는 규범적 목적에 복종하지 않으면서 다양한 수렴과 분기를 허용하는 열린 조합이 되어야 하는 것이다.

두번째는 전도된 인과론이다. 여성이 담론적 실천의 원인이 아니라 그 결과라면, 젠더 정체성은 성별, 젠더, 섹슈얼리티에 가해진 규율 권력이자 지배 담론일 것이다. 모니크 비티그Monique Wittig와 푸코는 성의 범주가 이성애적 헤게모니의 파열과 전치를 통해 일소될 것이라고 주장한다. 비티그는 특히 "레즈비언은 여성이 아니다"라고 주장하면서 레즈비언만이 성의 범주를 넘어서는 유일한 개념이라고 보는데, 이것은 여전히 레즈비언이라는 또다른 주체를 어떤 고정된 이상으로 설정한다는 한계를 갖고 있다. 하지만 여성이라는 일반 범주에 파격을 가하는 선언임은 분명하다. 또 푸코는 본질적인 성의 문법은 각 용어에 인위적인 일관성을 부여해 두 성별 사이의 인위적인 이분법 관계를 강요하며, 특히 섹슈얼리티의 이분법적 규제는 이성애적 재생산적 법의학적 헤게모니를 파열시키는 섹슈얼리티의 전복적 다수성을 억압한다고 주장한다.

결국 단단하고 결정적인 토대를 갖는 것으로 보이는 이 '성차'나 '여성' 범주는 사실 지배 이데올로기의 규제적 이상에 대한 반복된 각인 행위를 통해 자연스러운 것으로 조작된 것이며, 그 기저에는 이성애자만이 주체subject이고 동성애자는 비체abject라 규정하는 가부장적 이성애중심주의가 있다. 페미니즘이 성별, 젠더, 섹슈얼리티의 문제를 포괄하는 급진적 정치학이 되기 위해서는, 성별 안에 전제된 문화적 제도적 규제를 인식해야 하며, 특정 섹슈얼리티를 비체의 기준으로 삼는 규율 권력의 지식 생산체계에 대해서도 비판적 인식을 가져야 한다.

따라서 '여성' 젠더는 이미 명사가 아니다. 젠더의 표현 뒤에는 그 어떤 젠더 정체성도 없는데, 이는 정체성이 그 결과인 것처럼 보이는 표현으로 인해 수행적으로 구성되기 때문이다. 선험적이거나 일반적인 '집합'이나 '범주'로서의 여성은 없다. 여성은 언제나 재의미화와 재각인에 열려 있는 경합의 장소이며, 그 열린 의미화의 가능성이 급진적 정치를 가능하게 하는 초석이다.

기존의 페미니즘이 말하는 성별과 젠더, 혹은 섹슈얼리티의 구분 자체도 이분법에 기초한 구성물이다. 젠더가 사회적 구성물인 만큼 성별이나 섹슈얼리티도 사회문화적으로 구성되었기 때문이다. 즉 생물학적으로 결정된 성, 문화적으로 구성된 성, 본능적인 욕망이나 충동을 의미하는 성이라는 구분은 제도 권력의 규율 담론으로부터 자유롭지 못하다. 성별, 젠더, 섹슈얼리티는 구분이 불가능한 제도적 문화의 이차적 생산물이자 결과물이며, 젠더는 고정될 수 없어 언제나 자유롭게 부표하는 인공물이 된다. 따라서 젠더는 명사가 아니라 동사인 것이다.

그러나 보편 범주로서의 '여성'이 없다고 해서 정치적 실천 주체가 없어지는 것은 아니며 '본질적' 의미의 보편성이 없다고 의미가 불가능한 것도 아니다. 여성은 정치적 사안이 있을 때마다 우연적 토대 위에서 잠정적 일시성으로 소환되었다가 다시 흩어진다. 보편성은 존재하지 않는 것이 아니라 각 특수성이 경합하는 '구성된 보편성'으로 존재하기 때문이다. 이와 같은 입장 전환적 여성 주체나, 역사적으로 특수한 계기로서의 체현embodiment은 정황적이고 파편적인 우연적 토대 위의 보편성으로 나타난다. 그것이 바로 '보편성을 무대화하는staging the universal' 작업이 될 것이다. 정체성의 해체는 정치의 해체가 아니기 때문이다.

젠더의 양상―패러디, 수행성, 반복 복종, 우울증

20세기 후반 포스트모더니즘과 해체론이 우세한 이론적 상황 속에서 페미니즘의 양상은 두 가지로 분기되었다. 하나는 복수적이고 이질적인 차이를 강조하면서 주체성을 문제삼아 이미 여성이라는 공통의 범주마저도 잠정적이거나 일시적으로 형성되고 또 해체되는 전략적 요소에 불과하다고 보는 입장이고, 다른 하나는 다양성과 다원성을 인정한다 하더라도 여전히 현실에서의 여성 억압 상황을 개선하기 위해서는 그 정치적 결속의 기반을 위한 본질적 여성 주체가 필요하다는 입장이다.

당시 페미니즘은 더이상 백인 제1세계 중산층 기득권 여성의 자기 보호책이 아니라, 흑인, 제3세계, 무산계급에 걸쳐 있는 다양한 하위

주체와 소수 계층 여성들의 차이를 수용하고, 무엇보다도 이성애 규범 하에 억압당해온 동성애 여성들의 목소리에 귀를 기울였다. 성, 인종, 계급이라는 기존의 외면적 억압조건 아래에서는 드러나지 않던 자연화된 규범 속에서 보편화된 이성애 규범의 신화를 벗기고 폭로할 필요성이 제기된 것이다. 수사학자이자 철학자이기도 한 주디스 버틀러의 퀴어 이론은 차이의 페미니즘이라는 다양성과 복수성을 인정하면서도 퀴어라는 실천적 운동의 거점으로서의 정치를 보유한다는 점에서 주목을 받았다.

버틀러는 프로이트와 라캉 정신분석학의 영향을 받았지만 근본적으로는 푸코의 권력 이론과 (역)담론 이론에 토대를 두고 있다. 또한 알튀세르Louis Althusser의 이데올로기와 호명 이론, 라캉Jacques Lacan의 주체형성 이론, 그람시Antonio Gramsci의 헤게모니, 오스틴John Langshaw Austin의 수행성, 데리다Jacques Derrida의 해체 전략 등을 비판적으로 수용하고 있으며, 프랑스 철학자이자 소설가 모니크 비티그, 미국의 언어철학자 솔 크립키Saul Aaron Kripke, 미국의 인류학자 게일 루빈Gayle S. Rubin 등의 선행 지적 풍토에도 능숙하다. 버틀러는 젠더, 권력, 몸이라는 주요 개념을 중심으로 언어로 구성된 자아라는 측면에서 여성 주체를 연구한다.

버틀러의 논의는 이론적으로 난해하다. 그의 박사학위 논문은 독일의 관념주의 철학자 헤겔이 프랑스 철학에 어떤 영향을 미쳤는가에 관한 것이었다. 이 논문은 나중에 수정 보완되어 『욕망의 주체』라는 책으로 재출간되었다. 그가 이 책에서 초점을 두는 프랑스 철학자는 사르트르, 라캉, 푸코, 들뢰즈 등이다. 그러나 버틀러의 철학적 기초가 헤겔에서 출발한다고 해서 그가 헤겔리안이라고만 볼 수는 없다. 오히려 버틀러는 푸코에 입각한 해체론적 글쓰기를 추구한다.

버틀러의 글쓰기는 수사학을 가르치는 교수답게 문체 면에서도 복잡하다. 심지어 그는 1999년 보수 경향의 학술지 『철학과 문학 Philosophy and Literature』에서 주관하는 그해 최악의 저자상까지 받았고, 실천력 없는 어려운 이론적 논의들을 독백한다고 골방 형식주의자, 강단 허무주의자, 무도덕적 무정부주의 정치학이라는 비난도 받았다. 실제로 그의 문장에는 많은 개념어들이 중첩되어 포진하고 있어서 각 개념어의 이론적 배경과 맥락에 대한 선행학습 없이 텍스트를 대면하는 것은 어린아이가 복잡한 미로를 눈앞에 둔 상황과도 같다. 그러니 해석도 번역도 어려운 것이 당연하다. 또 그는 많은 질문을 던지지만 반복되는 질문들 속에 문제점만을 제시할 뿐 그 해답은 결코 명쾌하지 않다. 버틀러의 드랙, 불안정성, 불확정성, 양가성, 재의미화 등은 자주 사용되는 중요한 용어지만 각각을 매번 일목요연하게 정리하기는 쉽지 않다.

여러 쟁점의 정리와 해설을 위해서 버틀러의 젠더 논의를 요약해본다면 네 가지 정도로 나누어 설명할 수 있다. 그것은 패러디적 정체성, 수행적 정체성, 법 앞에 (반복) 복종하는 정체성, 그리고 우울증적 정체성이다. 각각은 공통적으로 모든 정체성이란 허구적으로 구성된 것이고 사회가 이상화하고 내재화한 규범이며 반복적으로 수행되어 몸에 (재)각인되는 행위에 불과하다고 주장한다. 버틀러의 정체성 논의에 따르면 행위 뒤에 행위자가 있는 것이 아니라 행위를 통해, 그리고 행위 속에서 행위자는 가변적으로 구성되는 것이다. 근본적인 행위자란 존재하지 않으며 모든 행위자는 그 행위의 반복된 수행을 통해 구성되므로 그가 말하는 주체는 담론적 구성물이다. 젠더는 무엇보다도 "몸의 반복된 양식화repeated stylization of the body"이고, 대단히 규제적인 틀 안에서 '반복되어온 행위'이다.

1. 패러디적 정체성―원본은 모방본보다 우월하지 않다

버틀러에게 젠더는 정체성과 밀접한 관계를 가지며 섹슈얼리티는 욕망의 문제와 연결된다. 패러디적 정체성이란 위장, 가장, 가면무도회처럼 원본에 대한 모사가 아니라 모사에 대한 모사로서, 기원 없는 모방이라는 의미에서의 정체성을 의미한다. 젠더의 통일성은 강제적 이성애를 통해 통일된 젠더 정체성을 부여하려는 규제적 실천의 효과이다. 따라서 젠더는 몸의 반복된 양식화이며, 본질과 존재의 자연스러운 외관을 산출하기 위해 오랜 시간 응축되어온 매우 단단한 규제적 틀 속에서 반복되는 일련의 행위이다.

기존에 자연적인 것으로 간주되었던 성별은 이제 수행적으로 규정된 의미화로 드러난다. 성의 문화 안에서 이성애적 구성물의 반복은 젠더 범주를 탈자연화하는 동시에 그 범주를 동원하는 필연적인 장소가 된다. 예를 들어 부치나 펨이 생물학적 여성의 범주 안에서 기존의 이성애 구도를 그대로 답습하는 것이 아닌가 하는 질문에 대해 버틀러는 이미 여성이 여성적 여성/남성적 여성으로 분리 가능하다는 것 자체가 남녀의 이분법적 구도를 허무는 것이며 젠더 교차적 동일시의 가능성을 보여주는 것이라고 말한다. 하지만 남성적 여성(부치)/여성적 여성(펨)이라는 이분법의 구도는 역설적으로 말해서 생물학적으로 주어진 성으로서의 여성과, 강제적인 문화의 압력에 의해 형성되어가는 여성이라는 이분법을 그 안에 이미 함축하고 있다는 내적 모순을 가지고 있다.

린다 허천Linda Hutcheon은 『패러디 이론A Theory of Parody』에서 패러디란 비판적 거리를 가지고 원전을 모사하거나 조롱하는 것이라고 정의했다. 원전 없는 모방이라는 의미에서, 모사물은 이미 원본과 복사본의 경계를 허무는 보드리야르의 시뮬라시옹과도 연관된다. 버틀러는 허천의 패러디나 보드리야르의 시뮬라시옹을 끌어와 모방이라는 행위 자체가 원본의 진본성이나 권위를 손상시켜 더이상 원본/모방본이라는 이분법적 구분이 가능하지 않다는 근거로 설명한다.

젠더 패러디라는 개념은 패러디적 정체성이 모사하는 원본을 가정하지 않는다. 사실 패러디는 결국 원본이라는 개념에 관한 것이다. 그것은 젠더에 대한 정신분석학적 설명이 환상에 대한 환상, 언제나 이중적 의미에서 비유되는 타자에 대한 변형으로 구성되는 것과도 같다. 따라서 젠더 패러디는 젠더 자체를 양식화할 뿐 원래의 젠더라는 정체성 자체가 기원 없는 모방이라는 것을 드러낸다.

2. 수행적 정체성―행위 뒤에 행위자는 없다

젠더 특성은 재현적인 것이 아니라 수행적인 것이다. 젠더 특성, 행위, 그리고 몸이 그 문화적 의미를 보여주고 생산하는 다양한 방식들이 수행적이라면 행위나 속성을 가늠할 수 있는 이미 존재하는 정체성이란 있을 수 없다. 진짜거나 가짜, 참이거나 거짓인 젠더 행위가 없을 때, 진정한 젠더 정체성에 대한 가정은 허구로 드러나게 된다.

수행성에는 연극적 수행성과 언어적 수행성이 있기 때문에 때로 이 것은 반대되는 것을 함축하는 관계를 서술하기도 한다. 성적 실천과 젠더는 그 구조 자체가 다른 것과의 역동적 관계 속에서 둘을 사고하게 만드는 이성애적 전제의 안정성을 교란한다. 예를 들어 드랙을 수행한다는 것은 그것이 비유하는 몸과 같은 기호가 아니라 그 몸 없이는 읽어낼 수 없는 젠더의 기호이다. 여기서 규범은 그 자체로는 효과가 없기 때문에 반복해서 등장하고, 그에 따라 초조하게 자신의 사법권을 설정하고 증대하기 위한 반복적인 노력이 수행되는 것이다. 드랙이 그려내는 것은 젠더가 수행되는 젠더 재현의 '정상적인' 구성이 여러 방법으로 '비수행적인' 타 영역을 구성하는 일련의 부인된 집착이나 탈동일시로 구성된다는 점이다.

연극적 수행성은 공연하는 배우 뒤의 본질적 행위자를 부정하는 것과 관련되고, 언어적 수행성은 모든 언어가 '부적절한 수행문'이라는 인식과 연관된다. 즉 니체가 말하듯 '행위 뒤의 행위자'는 없으며, 데리다가 말하듯 모든 수행문은 '반복'과 '인용'에 근간하기 때문에 언제나 '부적절'하다. 연극적 수행성과 언어적 수행성이 공명하는 부분이 있다면 그것은 언제나 현재의 연극 행위, 현재의 발화 행위를 통해 '가변적으로 구성되는 주체'라는 부분이고, 둘 다 어떤 방식이건 본질적인 의미를 가진 주체의 기원이나 근원을 거부한다는 점일 것이다.

따라서 성적으로 비수행적인 것을 구성하는 일은 젠더 정체성으로 대신 수행된다고 할 수 있다. 버틀러의 수행성 개념은 정체성의 성격과 그 정체성이 어떻게 산출되는가의 문제, 사회적인 규범의 기능, 오늘날 우리가 행위자라 부르는 것의 근본적인 문제, 개인과 사회 변화 사이의 관계 등에 질문을 제기한다.

3. 법 앞에 반복 복종하는 정체성—'법의 무의식' 때문에 저항은 내부로부터 가능하다

알튀세르에게 주체는 이데올로기가 호명할 때 그에 응답함으로써 탄생하는 것이라면, 버틀러의 주체는 그 호명에 완전히 복종하지 않고 잉여 부분을 남김으로써 완전한 복종도, 완전한 저항도 아닌 복종을 하는 것이다. 즉 승화되지 않고 남아 있는 주체의 몸은 잔존물로서 구성적 상실 속에 살며 몸의 틀을 잡고 규제하는 동시에 규제를 파괴하는 이중적인 역할을 하게 된다.

푸코의 역담론처럼 법의 호명 앞에 완전히 복종하지 않고 남은 잔존물은 완전한 총체성의 일원적 체계를 위협하는 전복력을 갖게 된다. 주체는 자신의 이름이 불리면 자신의 것이라고 확신하지만, 사실 이는 다른 사람이 알아들을 수 없는 발화이거나 기계음일 수도 있다. 불린 것이 내 이름이라고 인식하는 순간에도 나는 그 이름이 설정한 주체인 나 자신을 인식하지 못할 수 있다. 이름이 불리면 응답할 것인지 말 것인지 망설이게 되고, 이름이 수행하는 일시적인 총체화가 정치적으로 가능한지 아닌지, 또 그 부름이 수행하는 총체화된 정체성의 환원에서 오는 사실상의 폭력이 정치적으로 전략적인 것인지 아닌지, 또 그것은 어떤 방식으로 가능한 것인지 등의 문제도 제기된다.

말하자면 지속적인 오인의 가능성 속에서 호명된 이름이라는 상징적 요구와 그 이름을 점유하는 데 있어 불안정성과 비예측성 사이의 통약 불가능성 때문에, 주체는 호명된 이름이 지칭하는 정체성을 완전하게 달성할 수 없다. 오인이라는 상상계적 요소는 법에 의해 선취되고 구조화되는 것이지 법에 즉각적으로 복종하는 것이 아니기 때문이다. 그것은 안정된 상징적 정체성의 구성이 불가능하다는 것을 의미한다. 명령에 실패한 정체성은 무질서한 상상계 속에 나타날 것이므로 정체성은 상징계에 의해 완전하게 총체화될 수 없다.

버틀러는 라캉의 정신분석학이 전복적 저항이 될 가능성에 대해서는 비판적이다. 라캉의 상상계는 상징적 법의 효능을 방해할 수는 있지만 그 법 자체를 후퇴시킬 수는 없다. 그런 의미에서 라캉식의 심리적 저항은 결과적으로 법을 방해할 수는 있어도 법이나 그 법의 효과를 수정할 수는 없다. 따라서 라캉의 심리적인 저항은 이전의 상징적 형태에서 법의 지속성을 가정하고 그 상태로 법의 지속성에 기여하므로 영원히 패할 수밖에 없는 운명을 안고 있다고 비판한다. 버틀러는 푸코식 역담론이 가지는 전복의 가능성을 들어 라캉식 접근의 한계를 지적한다. 따라서 정체성을 부여하기 위한 호명은 법의 무의식이 반복적으로 호명하는 정체성의 침해를 통해서만 정체성을 구성하게 된다. 재의미화의 가능성들이 새로운 주체의 형성, 재형성에 성공할 수 있어야만 복종에 대한 열정적 집착을 새롭게 수정하고 동시에 불안정하게 만들 수 있다는 것이다.

4. 우울증적 정체성—내 안의 그대, 그대 안의 나

우울증의 구조로서 젠더 정체성을 이야기할 때, 버틀러는 동일시가 성립되는 방법으로서의 '합체incorporation'를 논의한다. 즉 젠더 정체성은 상실한 대상이 있을 때 그 상실을 인정하지 않고 사랑했던 대상을 자신의 내부에 들여 자아의 일부로 합체하는 것이다. 합체는 몸 위에, 그리고 몸안에 상실된 대상을 그대로 보유하게 된 '몸의 자아'를 통해, 대상이 주체의 젠더 자아가 되는 방식을 설명해준다.

프로이트의 「애도와 우울증Mourning and Melancholia」은 사랑했던 대상이 자아가 되어, 대상을 합체한 자아라는 새로운 분석적 개념을 중심으로 동일시에 대한 논의를 펼친다. 프로이트는 애정의 대상을 상실했을 때 애도와 우울증이 서로 다른 반응을 일으킨다고 설명한다. 애도는 갑작스러운 애정 대상의 상실과 리비도의 철회에 대한 주체의 반응으로, 사랑했던 대상을 잠시 내투사introjection 했다가 일정 기간의 리비도 철회 작업이 끝나면 다른 사랑의 대상으로 리비도의 방향을 전환하는 정상적인 주체의 반응이다. 반면 우울증은 애도에 실패할 때 발생한다. 우울증 환자는 내투사에 실패하며 그 대상을 오히려 자아에 합체한다.

우울증의 주체에게 상실한 애정의 대상은 무의식적인 것이라서 그 대상을 완전히 극복하는 것은 불가능하다. 그리고 극복되지 못한 이 상실한 대상은 주체의 자아에 합체되는 것이다. 애정의 대상이 주체의 자아가 되는 동안, 원래 주체의 자아는 초자아로 변한다. 이 초자아는 자아에 대해, 마치 주체의 자아가 애정의 대상에게 양가적 애정을 발산하듯 증오와 박해를 가한다. 사랑이란 애증의 양가감정인데, 이 합체된 자아에 대해 초자아가 부정적 감정을 자아가 대상에 대해 품었던 사랑이라는 긍정적 감정과 같은 크기의 에너지로 투여하기 때문이다. 이제 우울증은 자기파괴적이고 자멸적인 병리로, 심지어는 자살 충동으로까지 나타난다.

사랑이라는 리비도 투여 과정은 쾌락이지만 애도라는 리비도 철회 과정은 고통이다. 그래서 사랑은 풍덩 빠지듯 단번에 이루어지는 반면, 애도의 과정은 회수와 투여를 반복하므로 더디게 이루어진다. 우울증은 이 힘든 애도 과정을 마술처럼 해결해준다. 대상이 자신의 일부로 합체되면서 더이상 이 고통스러운 리비도 철회 과정을 거치지 않아도 문제가 해소되기 때문이다. 이는 사랑했다는 것도, 그 사랑을 상실했다는 것도 부인한다는 의미에서, 또 상실된 대상의 애도를 거부하는, 즉 거부를 거부하는 '이중 부정double negation'의 기제를 이룬다. 바로 이러한 점에서 리비도 철회는 엄마에 대한 동성애적 사랑도, 아빠에 대한 근친애적 사랑도 거부하는 여성성의 '이중 파동double wave'과 닮아 있다. 이리가레는 여자아이가 상실로 진입하는 것은 거세의 인식을 통해서라고 주장한다. 여자아이는 자신의 능동성을 수동성으로 전환하고, 성감대를 클리토리스에서 버자이너로 바꾸어야 한다. 무엇보다 어머니에 대한 사랑을 아버지에게로 전환해야 하는데, 이때 대상만 전환되는 것이 아니라 애정의 성격까지 동성애에서 이성애로 변화시켜야 하는 것이다.

이런 우울증적 젠더 구성의 논의는 이미 상실한 욕망의 대상을 자기 정체성의 일부로 합체하고 있다는 주장을 가능하게 해준다. 여자아이가 어머니에 대해 최초로 느끼는 사랑은 동성애 금기 때문에 거부되고, 그 이후 아버지로 전환한 사랑은 근친애 금기 때문에 거부된다. 그러나 이 거부는 완전한 것이 아니며 여자아이의 자아에 합체되어 젠더 정체성을 구성한다. 그렇다면 여자아이는 이미 여성 대상과 남성 대상을, 또한 동성애와 이성애를 금기로서 자신의 내부에 선취하고 있다. 따라서 엄격한 이성애자야말로 진정한 동성애자의 알레고리이며, 드랙이야말로 진정한 이성애자의 알레고리라는 역설이 가능해진다.

결국 버틀러는 모든 정체성이 문화와 사회가 반복적으로 주입한 허구적 구성물이라고 주장하며, 그런 의미에서 성별이나 섹슈얼리티도 젠더라고 말한다. 아니, 어떤 의미에서 "젠더는 없다". 물론 이때의 젠더는 선험적이고 근본적인, 원래 주어진 젠더를 뜻한다. 모든 것은 법과 권력과 담론의 이차적 구성물이기 때문이다. 따라서 엄밀한 의미의 성별, 젠더, 섹슈얼리티는 구분되지 않을뿐더러, 젠더마저도 명사로 고정하거나 규정할 수 없다. 성별화된 몸도, 정체성도, 욕망마저도 문화적 구성물이라는 의미에서는 모두 젠더이고, 그런 젠더는 안정될 수 없어 부표하는 인공물이자 언제나 진행중인 동사이다. 이런 젠더는 패러디이고 키치이고 캠프이다. 그것은 원본과 모방본이라는 두 항의 중간에 낀 사이 공간in-between 같은 것이다.

동일시나 정체성은 사실 환상에 의해 구성된 것이다. 인식은 주체에게 주어지는 것이 아니라 주체를 구성하는 것이므로 완전한 인식의 불가능성은 주체 구성의 불안정성과 불완전성을 의미한다. 따라서 '나'라는 것은 발화 속에서 '나'의 위치를 인용하는 것이며 그 위치는 삶과의 관계에서 어떤 우선권과 익명성을 가지고 있는 곳이다. 즉 그것은

'나'에 선행해서 '나'를 초과하는 역사적으로 역전될 수 있는 가능성의 이름이지만 그것 없이는 '나'를 말할 수 없는 어떤 것이기도 하다.

동일시의 구성요소인 젠더 환상은 주체가 가진 자질의 일부가 아니다. 그 환상들이 구현된 심리적 정체성의 계보가 주체를 구성한다. 젠더 환상이야말로 젠더화된 주체의 특수성을 조건짓고 구성하는 것이다. 젠더는 동일시에 의해 구성되는데 이런 동일시는 필연적으로 환상 안의 환상, 즉 '이중적 환상'이라면, 젠더는 몸의 의미화를 구성하는 몸의 양식을 통해, 또 그 양식에 의해 환영적으로, 허구적으로 구성된다.

패러디, 수행성, 복종, 우울증으로서의 젠더 논의는 가면이라는 비유에 적용해볼 수 있다. 우선 가면은 배역의 연기를, 그 배역에 해당하는 인물의 '본질'을 모방한 것이 아니다. 실은 그 인물의 가장 전형적 특징이라고 간주되는 '이상적 자질'을 모방하는 것이다. 다시 말해 어떤 사람의 본질적 특성이 존재하는 것이 아니라, 당대의 사회문화적 규범 안에서 그 본질적 특성처럼 보이는 이상적 자질을 모방하는 것이다. 때문에 원본이라는 것은 언제나 규범에 의해 재탄생된 복사본이고, 원본과 복사본의 경계는 모호하며, 이에 따라 원본은 자신의 권위를 허문다.

두번째로 "행위 뒤에 행위자는 없다". 배우가 맡은 배역은 무대 위에서 배우에 의해 행해지는 것이지만, 그 연기를 하는 동안은 배역 뒤의 배우가 따로 있는 것이 아니라 맡은 배역이 곧 그 역할을 하는 배우라는 점에서 수행적이다. '나'의 정체성은 무대 위의 어떤 배역을 하는 본질적인 배우로서가 아니라 그 배역의 행위를 통해 구성된다. 행위 뒤의 본질적 행위자는 없으며, 행위자는 행위를 통해서만 구성된다.

　세번째로 이런 배역의 수행은 반복된 규범에의 복종을 통해서 이루어지는 것이다. 국가나 제도가 개인을 호명할 때 그 개인은 주체로 거듭나듯이, 무대가 한 배우를 어떤 배역으로 호명할 때 배우는 그 배역으로 거듭난다. 그렇다면 배역이나 배우를 정하는 것은 무대이고 그 무대는 하나의 담론적 규범 공간으로 주체를 구성한다. 이 무대를 벗어날 방법은 없지만, 배우는 규범화된 배역의 구현에 반복적으로 복종하면서, 그 반복 속에서 언제나 새로운 방식으로 그 배역을 재탄생시킬 수 있다.

　마지막으로 젠더 정체성은 우울증의 이중 전략을 취한다. 가면이 우울증적이라는 것은 대상 포기를 거부했다는 의미에서 애도의 거부, 즉 상실의 거부이며 '거부의 거부'라는 이중 부정의 양식이다. 배우는 자신이 사랑했던 사람이나 배역을 완전히 애도하지 못해서, 즉 완전히 떠나보내지 못해서 그 대상을 자신의 자아로 합체한다. 그렇다면 배우가 연기하는 배역은 곧 사랑의 대상이다. 더 확대하면 '나' 자신이 상실했지만 완전히 끊어내지 못한 대상들이 모여서 만들어진 것이다. 이제 사랑의 대상과 자아의 젠더 정체성은 모호해지고, 남성성/여성성, 이성애/동성애를 분명하게 말할 수도 없으므로 동일자가 타자를, 남성성이 여성성을, 이성애가 동성애를 층하할 근거는 없다. 이 방식은 알레고리로 나타난다. 이성애적인 남성은 게이 우울증 환자를, 동성애적인 여성은 이성애적 우울증 환자를 알레고리화한다.

텍스트 분석의 사례

"나는 다리 위가 편해요I feel like home on the bridge." 가브리엘 바우어의 다큐멘터리 〈비너스 보이즈Venus Boyz〉에서 독일인 마크랜드는 이렇게 말한다. 그는 자신의 젠더가 다리 위에 있어서 왼쪽으로 갈 수도 있고 오른쪽으로 갈 수도 있으며 그것이 편하다고 말한다. 사실 왼쪽이냐 오른쪽이냐를 강요하지 않는 다리 위가 마크랜드의 집일 수도 있다. 아버지는 양성애자, 어머니는 레즈비언이었던 스톰 웨버의 경우 "여기서 나는 이방인I'm a stranger here"이다. 규범에 속하지 못한 성기의 아름다움을 표현하기 위해 사진작가가 되었고, 장기간 남성호르몬을 투여받아온 주디스 핼버스탬에게 이 사회는 모노젠더, 바이젠더, 트랜스젠더 중에서 오직 단 하나만을 강요하는 억압적인 것이다. 이런 사회 속에서 자신은 그림자 영역의 이방인, 호모 사케르일 수밖에 없다. 사회는 성별과 일치하는 젠더 하나만을 택해서 그 선택에 충실하라고 강요하며, 이런 이성애중심적인 젠더 규범사회에 동의하지 못하면 주체 아닌 비체가 되는 것이다.

퇴근 후 뉴욕의 클럽 카사노바에서 드랙 쇼를 하는 아이티 출신의 드레드 게레스탄트는 이런 규범사회를 웃음으로 조롱한다. 그것은 패러디의 웃음이다. 매끈하게 빛나는 검은 피부에 여성적 몸매를 가진 게레스탄트는 머리칼을 완전히 밀어버리고 브래지어에 가까운 탑과 미니스커트를 입은 채 매혹적으로 춤춘다. 그러다 흥분이 고조되면 미니스커트 안에서 딜도 역할을 하는 사과를 꺼내어 한입 베어먹는다. 사람들이 웃는다. 그것이 버틀러가 말하는 '레즈비언 팔루스lesbian phallus'이다. 팔루스는 남성만의 권위 있는 주인 기표가 아니라, 모방되고 조롱당하는 패러디 대상이다. 팔루스는 그저 음경 역할을 하던, 한입 베어먹은 과일 같은 것이다. 그런데 그 때문에 팔루스를 소유하지 못한 자, 팔루스 없는 레즈비언은 이성애중심사회라는 에덴동산에서 추방되어 인간 이하의 대접을 받으며 살고 있다. 그렇다면 이상한 것은 바로 다양한 젠더와 섹슈얼리티의 표현 양태를 가진 인간이 아니라, 그런 신의 명령 역할을 하고 있는 규범사회가 아닌가?

버틀러는 『의미를 체현하는 육체』에서 한 장을 할애하여, 제니 리빙스턴Jennie Livingston의 다큐멘터리 〈파리 이즈 버닝Paris is Burning〉을 분석한다. 〈비너스 보이즈〉의 주인공이 주로 드랙킹이었다면 〈파리 이즈 버닝〉의 주인공은 주로 드랙퀸들이다. 1990년 백인 레즈비언 여성 감독 제니 리빙스턴의 〈파리 이즈 버닝〉은 흑인, 라틴계 게이들의 가장무도회 경연대회의 이름으로, 이성애 문화에 저항하는 방식을 보여준다. 버틀러는 「젠더 이즈 버닝Gender is Burning」이라는 제목의 장에서 젠더 수행성과 호명의 문제를 중심으로 호명에 다르게 복종하는 퀴어들을 통해 주체와 동시 발생하는 젠더의 문제를 보여준다. 문제는 여전히 젠더의 불안정성, 불확실성, 그리고 불확정성이지만 인종과 민족적 배경이라는 역사적 계급의 문제도 간과할 수 없다.

드랙 볼 경연대회에는 마돈나의 백댄서 윌리 닌자 같은 유명인도 참여하지만, 대다수는 유색인종의 성소수자이니 당대의 낙오자 아니면 비체들이다. 이들은 모두 부와 명예를 원하며 무용수나 안무가가 되기를 원하거나 스타덤을 원하기도 하고, 교외의 일반 가정에서 백인 중산층 주부의 이상을 실현하는 평범한 여성의 삶을 원하기도 한다. 그러나 사실 이들은 춥고 배고픈 존재들이다. 드랙 볼이 삶의 유일한 기쁨의 원천이자 활력소이지만, 이들은 무대의상을 훔치거나 패스트푸드점의 버려진 음식으로 끼니를 해결하며, 쇼걸이라는 생업에 의지해 무도회 옷을 만드느라 오랜 시간 재봉틀을 돌리는 빈민이다. 라틴계 여장 게이 옥타비아나 비너스 엑스트라바간자도 주로 매춘을 생업으로 살아가는 춥고 배고프고 외로운 존재들이다. 옥타비아는 아무것도 아닌 자신이 드랙 볼에서만큼은 대단하게 느껴진다고 말하지만, 중산층 주부를 꿈꾸던 비너스는 백인 게이에게 매춘하다 결국 호모포비아에게 살해당한다. 이성애를 패러디한 드랙 볼의 이상은 낭만화되어 있지만 현실의 하층 유색인종의 삶은 비참하고 개선의 희망도 보이지 않는다. 이런 모호성이나 이중성은 인간 이하의 대접에 그치지 않고 진짜 죽음을 초래할 수도 있다. 실제로 1993년 티나 브랜던의 피살사건은 현실의 드랙킹들에게 실존적인 공포를 가져다주었다. 〈소년은 울지 않는다Boys Don't Cry〉라는 제목으로 영화화된 이 이야기는 티나 브랜던이라는 생물학적인 여성의 몸과 브랜던 티나라는 심리적 동일시의 남성 정체성 사이에서 젠더 정체성의 위기를 겪는 성적 소수자가 동료에게 어떻게 배반당하고, 학대당하고, 강간당하고, 심지어 살해당하는지를 잘 보여주는 대단히 공포스러운 사례이다.

그럼에도 불구하고 퀴어는 티나 브랜던에만 국한되지 않는다. 버틀러가 보기에는 고대 그리스의 빛나는 여성 영웅 안티고네도 퀴어 주체일 수 있고, 19세기 양성인간 에르퀼린 바르뱅Herculine Adélaide Barbin도 퀴어일 수 있으며, XX나 XY라는 성염색체 범주에 들지 못하는 현대인의 10퍼센트가, 아니 비약하자면 매 순간 변모하며 살아가는 우리 모두가 퀴어일 수 있다. 주체와 대상, 여성과 남성, 이성애와 동성애가 자신의 독자성이나 순수성을 주장할 수 없으며 이미 어느 정도는 내부에 부정을 위한 '구성적 외부constitutive outside'로서의 대립물을 안고 있다면, 이미 대립물은 부정의 방식으로 주체에 선취되어 있다. 타자는 이제 금기의 방식으로 동일자 안에 들어와 있다.

버틀러가 안티고네를 퀴어 주체로 해석하는 핵심적 이유는 두 가지로 모이며, 그 논리도 두 가지 방식으로 전개된다. 우선 안티고네는 태생 자체가 근친애로 태어난 딸이다. 게다가 추방된 아버지를 수행하기도 하고, 오빠를 위해 국법도 어기고 여동생과도 절연하는 등 고집이 세고 대단히 남성적인 여성이다. 안티고네는 오이디푸스의 딸이지만, 어머니 이오카스테가 오이디푸스의 어머니이므로 모계로 보면 오이디푸스는 안티고네의 오빠이다. 문제는 남편도 자식도 아닌, 오직 오빠를 위해 목숨을 던지는 안티고네에게 진짜 '오빠'는 누구인가 하는 점이다. 오빠는 혈연적으로만 따져도 폴리네이케스도, 에테오클레스도, 또한 오이디푸스도 될 수 있다. 그렇다면 라캉이 주장하듯 그것이 오빠 폴리네이케스 단 한 사람에 대한 특별한 사랑, 특이성의 추구라고 주장할 수 있겠는가? 젠더의 입장에서도 마찬가지다. 안티고네는 대단히 남성적인 방식으로 외삼촌이자 테베의 왕인 크레온의 권위에 저항한다. 안티고네의 초인적 저항정신은 그를 동생 이스메네와 의절하게 하고, 또 크레온을 주눅들게 한다. 크레온은 자신이 안티고네를 처벌하지 않는다면 안티고네가 남성이며, 자신은 여성일 것이라고까지 말한다. 게다가 황야에서 아들을 대신해 눈먼 아비를 수행했던 안티고네는 이미 오이디푸스에게 충직한 '남성'의 칭호를 얻은 바 있다. 그렇다면 어떻게 이런 남성적 방식으로, 남성으로서 저항하는 안티고네가 단순히 여성성을 대표한다고 말할 수 있을까? 안티고네는 친족을 대표하지도, 젠더를 대표하지도 못한다. 그 자체가 친족 교란, 젠더 역전의 주체이기 때문이다.

대표 불가능성, 젠더 불안정성, 모호성과 이중성을 말하는 우울한 주체 안티고네야말로 어쩌면 현대 퀴어의 위상이자 모범적 사례가 될 수 있다. 사실 우울한 주체는 비단 안티고네뿐만이 아니다. 여성으로 태어난 뒤 남성적 이차성징이 발현되어 다른 여성과 성관계까지 맺은 것으로 추정되는, 19세기 프랑스의 양성인간 에르퀼린 바르뱅은 자신의 모호하고 불확실한 성 때문에 비극적인 삶을 살다 간 인물이었다. 그는 여성으로 태어났지만 이차성징기에 남성적 징후가 나타났고, 수도원의 동료 교사 사라와 깊은 사랑을 나누었다. 우연히 바르뱅의 복통을 치료하러온 의사는 바르뱅의 신체적 양성성에 주목했고, 결국 바르뱅은 두 차례의 공청회와 의료 검진을 통해 남성이라는 법적 지위를 획득하게 되었다. 몸이 아닌, 몸에 관한 제도가 성별을 결정한 대표적 사례였다.

어쩌면 불안정하고 불확실한 성의 문제는 모두의 현실적 상황일 수도 있다. 1987년 MIT 공대의 데이비드 페이지 박사는 특정 집단을 대상으로 한 실험이기는 했지만 인간의 성염색체 중 10퍼센트가량이 기존의 XX나 XY라는 이분법적 구분에 들어맞지 않는다고 주장했다. 비단 염색체만의 문제가 아니다. 여전사와 꽃미남이 각광받고 남성 같은 여성, 여성 같은 남성이 활보하는 현대의 젠더 주체는 모두 이분법적인 젠더 도식으로는 설명하기 어렵다. 모든 젠더 주체는 가면을 쓰고 살아간다. 어쩌면 젠더는 원본과 모방본의 경계를 허무는 무대 위의 공연 행위나 반복된 젠더 수행성 속에 나타나고, 법의 무의식에 반복 복종하면서 재의미화에 열려 있거나, 타자를 자기 안에 품고 있는 가변적 주체의 양상으로 표현된다. 그런 의미에서 가면은 패러디, 수행성, 복종, 우울증의 젠더 정체성에 대한 가능성을 보여준다.

『젠더 트러블』의 구성

이 책의 본문은 총 3장으로 구성되어 있다. 서문에서 밝히고 있듯 1장은 주로 '여성 없는 페미니즘', 정확히 말하면 여성이라는 '범주'가 없는 페미니즘의 필요성과 가능성을 타진하기 위한 도발적 문제 제기의 장이다. 2장은 라캉의 정신분석학을 비판하면서 프로이트의 정신분석학을 부분적으로 수용하는 데 할애되어 있다. 3장에서는 쥘리아 크리스테바의 어머니의 몸과 기호계 논의를 비판하고, 비티그나 푸코 이론의 장점과 한계를 지적하면서 버틀러 자신의 독특한 젠더 논의를 정리해나간다.

1장 「성별/젠더/욕망의 주체」는 페미니즘 주체에 대한 근본적인 사고의 전환을 모색하며 뤼스 이리가레나 모니크 비티그의 문제의식을 끌어와 이들의 기여와 한계점을 밝히고자 한다. 이리가레는 프로이트식의 결핍이나 결여로서의 여성성을 극복하려 했지만, 여성을 다시 남근로고스중심주의적 언어 안의 '재현 불가능성'으로 고정한다는 혐의로 비판받는다. "레즈비언은 여성이 아니다"라고 주장한 모니크 비티그는 강제적 이성애와 남근로고스중심주의에서 여성도 남성도 아닌 레즈비언을 대안적인 성으로 고정한다는 비판을 받는다. 이 장에서 핵심적인 사상은 페미니즘의 주체로서 '여성들'이 아무리 복수 형태를 띠고 있다고 해도 범주화될 수 없다는 점이다. 이미 성별/젠더/섹슈얼리티를 생물학적으로 결정된 성, 문화적으로 구성된 성, 근본적이고 기원적인 욕망으로 구분하는 것 자체가 강압적 질서에 따르기 때문이라는 주장이다. 성별/젠더/섹슈얼리티는 몸/정체성/욕망으로 분명하게 구획되는 것이 아니라 모두가 제도문화의 이차적 구성물이자 결과물이라는 점에서 광의의 젠더에 포함된다고 할 수 있다.

　2장 「금지, 정신분석학, 이성애적 기반의 생산」은 구조주의, 정신분석학, 페미니즘의 틀 안에서 여성을 바라보는 관점들을 비판한다. 여성을 교환 대상으로 바라보는 레비스트로스의 구조주의 인류학뿐 아니라 조앤 리비에르 이래로 여성을 가면으로 의미화하려는 정신분석학적 논의들도 비판의 대상이 된다. 특히 결여를 가리기 위한 가면으로서 여성의 상징적 위치를 '남근 되기/갖기'로 본 자크 라캉의 논의는 비판의 핵심에 있다. 게일 루빈이나 뤼스 이리가레도 또다른 방식으로 여성성을 물화한다는 혐의의 비판에서 자유롭지 못하다. 버틀러는 여성 젠더의 일의성을 주장하며 젠더 정체성의 이분법에 의지하는 모든 논의들을 비판하면서 프로이트가 말하는 우울증의 방식으로, 즉 사랑했던 대상이 주체의 자아로 '불완전하게 합체'되는 방식으로 젠더가 형성되는 과정을 논의한다. 정신분석학은 욕망을 전제한 뒤 그 욕망을 금지하는 법을 말하지만, 버틀러의 계보학은 그런 욕망이 선험적으로 원인이라 가정해두는 '정신분석학의 전제'에 들어 있는 규범을 보여주고자 한다. 푸코의『성의 역사』에 나타난 억압가설 비판처럼, 금지의 구조나 사법적 구조는 원래 억압해야 할 욕망을 전제하는 것처럼 보이지만, 이런 금지되어야 할 욕망 역시 당대의 지배적 권력 구조가 만들어낸 구성물임을 주장하려는 것이다. 따라서 몸이 영혼의 감옥이 아니라, 영혼이 몸의 감옥이 된다.

마지막 3장「전복적 몸짓」은 쥘리아 크리스테바에 대한 비판으로 시작된다. 크리스테바는 기본적으로 모든 섹슈얼리티를 이성애로 상정했고, 동성애는 정신병에 가까운 것으로 설정하고 있기 때문에 버틀러에게 비판의 대상이 되고 있다. 크리스테바의 이론은 재생산을 목적으로 하는 이성애를 중심에 두고 모성을 특화하고 있으며, 라캉을 극복하려던 저항의 시도에 실패했다는 것이다. 코라나 기호계, 혹은 어머니의 몸은 상징계의 언어로 발화되지 않으면 인식 불가능한 것으로서 저항의 전복적 실천력을 상실했으며, 오히려 크리스테바의 논의는 모성의 재생산을 강화하고 어머니를 이상화하여 가부장제를 공고화하는 데 기여했다는 비판이다.

비티그나 푸코 역시 비판에서 완전히 자유롭지는 못하다. "레즈비언은 여성이 아니다"라고 주장한 비티그는 레즈비언을 제3의 주체로 이상화하면서, 또다시 어떤 이상적 대상으로 고정하는 실수를 범했다고 비판을 받는다. 보편적 주체의 관점에서 논의를 진행했던 푸코는 남성을 보편 주체로 인식할 뿐 여성의 성차에는 관심이 없기 때문에 그간 페미니스트들의 비판을 받아왔다. 버틀러는 여기에 더해서, 푸코가 에르퀼린 바르뱅의 일기에 부치는 서문에서는『성의 역사』와 달리 양성인간 에르퀼린이 제도 규범하에서 겪었던 사회적 비극보다 특정 섹슈얼리티의 낭만화와 이상화에 초점을 두고 있다고 비판한다. 3장의 후반부에서 버틀러는 메리 더글러스와 쥘리아 크리스테바의 논의를 끌어와 몸의 경계와 표면은 정치적으로 구성되는 것이라고 강조한다. 몸의 범주를 자연스럽지 않은 것으로 만들면서 새로운 의미화의 장으로 열어낼 때, 성별과 젠더와 섹슈얼리티는 이분법을 넘어서 모든 고정된 범주를 파괴하며 전복적 재의미화를 할 수 있다는 주장이다. 이것이 버틀러가 주장하는 패러디적 수행성, 우울증적인 반복 복종의 실천이자 효과이다.

버틀러는 이 책의 결론에 해당하는 글의 제목을 「패러디에서 정치로」라고 썼다. 이는 드랙이나 복장전환transvestism 등의 '젠더 패러디'에서 출발한 젠더 논의가 수행성, 반복 복종, 그리고 우울증이라는 여러 이론적 비판과 재검토, 재의미화의 과정을 거쳐 '퀴어 이론'이라는 정치로 나아갈 수 있는 가능성을 시사하는 것이기도 하다. 버틀러의 복잡한 철학적 층위의 논의들이 간명해지면서 정리되는 부분 또한 이 결론이 될 것이다. 다시 한번 말하건대, 어떤 이론도 그 자체로 완전하거나 해방적인 것은 없으며, 억압되었던 것이 되돌아온다는 것은 해방이 아니라 또다른 정치적 관점으로의 전환을 의미한다. 따라서 해방적 이상은 영원히 불가능하다. 그것은 언제나 또다른 권력집단의 정치적 관점을 형성하기 때문이다. 영원한 아군도, 영원한 적군도 없는 혼란한 세계 속에서 지배 담론이나 이데올로기 안에 있는 주체가 오로지 반복된 실천을 통해 기존의 것과는 다른 새로운 의미화의 가능성을 모색하는 것이 버틀러의 저항의 정치성이다. 이 저항은 소극적인 저항이지만, 알아들을 수 있도록 의미가 전달되는 유일한 저항일 것이다.

마지막으로 이 번역서의 원문으로 삼은 것은 1990년 루틀리지 출판사에서 출간된 초판본임을 밝혀둔다. 버틀러가 1999년에 덧붙인 개정판 서문은 모든 작업 이후에 추가되었다. 지속적인 세미나를 통해 격려와 자극을 주었던 성경제 세미나 팀에 깊이 감사한다. 또한 난해한 원문의 번역 원고를 꼼꼼히 다듬어준 편집부의 노고가 있었기에 이 책의 작업이 가능했다.

2008년 12월

조현준

개정판 서문(1999)

　10년 전 나는 『젠더 트러블』을 탈고한 뒤 출판하기 위해 루틀리지로 원고를 보냈다. 그때까지만 해도 이 책이 지금처럼 많은 독자를 갖게 될 줄 몰랐고, 페미니즘 이론에 도발적 '개입'이 되거나 퀴어 이론의 기초 텍스트 중 하나로 인용될 줄도 몰랐다. 이 책의 생명은 내 의도를 넘어섰고, 이는 부분적으로 이 책이 수용된 맥락이 변한 결과임이 분명하다. 이 책이 페미니즘의 일부가 되리란 것을 알았지만 원고를 쓰는 동안 내가 특정 페미니즘에 적대적이거나 호전적이라는 것도 알았다. 나는 그 어휘가 속한 사상의 운동에서 기본이 되는 어휘에 대한 비판적 검토를 촉구하는 내재적 비판의 전통에 따라 글을 쓰고 있었다. 그러한 비판 양식에는 근거가 있었고 지금도 있으며, 이 운동에 더 민주적이고 포용적인 삶을 약속하는 자기비판과 그 운동의 기반을 완전히 해치려는 비판을 구분하는 근거 또한 있었고 지금도 있다. 물론 전자를 후자로 오독할 가능성은 늘 있지만 『젠더 트러블』에는 그런 일이 없길 바랄 뿐이다.

1989년 나는 페미니즘 문학이론에 확산된 이성애 전제를 비판하는 것에 가장 관심이 있었다. 젠더의 경계와 타당성에 대한 전제를 만들어서 젠더의 의미를 남성성과 여성성이라는 기존 개념으로만 한정하는 이러한 관점들을 반박할 방법을 찾던 중이었다. 젠더의 의미를 기존의 관행적 의미로만 한정한 페미니즘 이론은 모두 페미니즘 안에 배타적 젠더 규범을 만들고, 때로는 호모포비아를 낳는다는 것이 당시 나의 입장이었고, 지금의 입장이기도 하다. 페미니즘이 새로운 위계와 배제의 형식을 만들어내는 특정한 젠더 표현을 이상화하지 않도록 주의해야 한다고 생각했고, 지금도 그렇게 생각한다. 특히 나는 특정한 젠더 표현을 거짓이거나 변종으로, 다른 종류는 진짜이거나 원본으로 입증되었다고 규정하는 진리체계에 반대했다. 요점은 독자들에게 모델이 되어줄, 새롭게 젠더화된 방식의 삶을 규정하려던 게 아니었다. 그보다는 어떤 종류의 가능성이 구현되어야 하는지를 지시하지 않으면서 젠더 가능성의 장을 여는 것이 목적이었다. '가능성을 연다'는 것이 결국 어떤 용도가 있는지 궁금한 사람도 있겠지만, 이 세상을 사는 게 '불가능'하고 이해할 수도 실현할 수도 없으며 비현실적이고 위법적인 것임을 이해하는 사람이라면 그런 의문은 들지 않을 것이다.

『젠더 트러블』은 어떤 습관적이고 폭력적인 전제 때문에 젠더화된 삶에서 무엇이 가능한지를 생각하는 것 자체가 애초에 배제되는 방식을 보여주려 했다. 또한 이 책은 젠더소수자 및 성소수자의 행위를 불법적인 것으로 만들기 위해 진리 담론을 휘두르려는 모든 시도들을 뒤흔들어보고자 했다. 그것이 모든 소수자의 행위를 용인해야 한다거나 치하해야 한다는 뜻은 아니지만, 어떤 결론을 내리기 전에 그런 행위들에 대해 생각해볼 수 있어야 한다는 뜻은 맞다. 내가 가장 우려했던 것은, 이런 행위에 직면했을 때 너무 놀란 나머지 생각조차 할 수 없는 것으로 여기는 방식이었다. 가령 젠더 이분법의 파괴는 너무나 괴물 같고 끔찍해서, 의미상 불가능하고 젠더를 생각해보는 모든 노력에서 경험적으로 배제해야 하는가?

　이런 전제 중 몇 가지는 당시 '프랑스 페미니즘'이라 불리는 것에서 나타났고, 문학 연구자와 일부 사회학 이론가들 사이에서 큰 인기를 누렸다. 나는 성차 근본주의의 핵심에 있는 이성애주의에 반대하지만, 동시에 논지의 전개를 위해 프랑스의 후기구조주의를 끌어오기도 했다.『젠더 트러블』에서 내가 했던 일이 일종의 문화번역이었던 셈이다. 후기구조주의 이론은 미국의 젠더 이론과 페미니즘의 정치적 곤경에 영향을 주었다. 일부 후기구조주의는 외견상 사회적 맥락이나 정치적 목적의 문제와 무관한 척하는 형식주의처럼 보이지만, 최근 미국에서 전유된 사례는 그렇지 않았다. 사실 내가 초점을 둔 것은 후기구조주의를 페미니즘에 '적용'하는 것이 아니라, 그 이론을 특히 페미니즘에 맞게 변형시키는 것이었다. 후기구조주의의 형식주의를 지지하는 사람 중에는『젠더 트러블』과 같은 책에서 수용한 명백한 '주제 비평'의 경향에 실망한 사람도 있겠지만, 문화 좌파 내부의 후기구조주의 비판은 후기구조주의적 전제에서 정치적으로 진보적인 것이 나올 수 있다는 주장에 대해 강한 의혹을 표명했다. 그러나 지지자와 비판자 모두 후기구조주의는 통일되고 순수하며 단일한 것이라고 생각한다. 그렇지만 최근 후기구조주의 이론(들)은 젠더와 섹슈얼리티 연구,

탈식민주의 및 인종 연구로 옮겨갔다. 이전 국면이었던 형식주의가 사라지고 후기구조주의는 문화이론의 영역에서 새롭게 이식된 생명을 얻었다. 내가 하는 연구나 호미 바바, 가야트리 스피박 혹은 슬라보예 지젝의 연구가 문화연구나 비평이론에 속하는지 아닌지를 놓고 여전히 논쟁이 분분하지만, 어쩌면 이 문제는 두 기획 사이의 단단한 경계가 무너졌음을 보여줄 뿐이다. (분명 영국의 문화연구 창시자 스튜어트 홀은 그렇지 않지만) 이 모든 것이 문화연구에 속한다고 주장하는 이론가도 있을 것이고, 자신은 온갖 종류의 이론에 반대하는 사람이라고 말하는 문화이론 활동가도 있을 것이다. 그러나 이 논쟁에서 양쪽 모두가 놓치고 있는 것은, 이론의 외관이 그 이론의 문화적 전유를 통해 변해 왔다는 점이다. 이론이 문화번역의 사건 속에 또 문화번역의 사건으로 등장하는 곳에 필시 순수하지 않은 이론의 새 장이 열릴 것이다. 이는 역사주의를 가져와 이론을 전치시키려는 것도 아니고, 일반화하기에 더 좋은 주장의 우연한 한계를 드러낸 이론을 단순히 역사화하려는 것도 아니다. 문화의 지평들이 만나는 장에서, 문화번역의 요구가 격렬하지만 그것의 성공 가능성은 불확실한 장에서 이론이 등장하는 것이다.

『젠더 트러블』은 '프랑스 이론'에 기초하고 있지만, 그 자체로 호기심 가는 미국적 구성물이다. 오직 미국에서만, 마치 이론들이 일종의 통합을 이룬 것처럼 그 많은 이질적 이론들이 함께 연결된다. 이 책은 몇 개국 언어로 번역되었고, 특히 독일에서 젠더와 정치에 관한 논의에 큰 영향을 주었지만, 결국 프랑스에서도 논의될 것이고, 마침내 그렇게 된다 해도 다른 나라들보다 훨씬 늦게 논의될 것이다. 이런 말을 하는 이유는 이 책에 표면상으로 보이는 프랑스중심주의가 프랑스와도, 또 프랑스 안의 이론 활동과도 상당한 거리가 있음을 강조하기 위해서다. 『젠더 트러블』은 그다지 서로 연관성이 없고 설령 있다 한들 프랑스 독자들은 거의 같이 읽지 않는 (레비스트로스, 푸코, 라캉, 크리스테바, 비티그 등) 여러 프랑스 지성을 통합적인 맥락에서 함께 읽어내려는 경향이 있다. 사실 이 책의 지적 난삽함이 이 책을 '미국적인 것'으로 만들고, 프랑스의 맥락과 다른 것으로 만들었다. '젠더' 연구에 관한 영미 사회학과 인류학 전통에 대한 강조 역시 마찬가지인데, '젠더' 연구는 구조주의적 질문에서 나온 '성차' 담론과 다르다. 이 책이 미국에 유럽 중심주의를 가져올 위험이 있다면, 그것을 생각한 극소수의 프랑스 출판사에게는 프랑스의 이론이 '미국화'될 위협이기도 했다.[1]

물론 '프랑스 이론'만이 이 책의 유일한 언어는 아니다. 이 책은 페미니즘 이론과의 오랜 연계에서 비롯된 것으로, 사회적으로 구성된 젠더의 특성에 대한 논쟁, 페미니즘과 정신분석학, 젠더 및 섹슈얼리티와 친족에 관한 게일 루빈의 뛰어난 연구, 드랙에 대한 에스터 뉴턴의 획기적 연구, 모니크 비티그의 탁월한 이론서와 소설, 또한 인문학 속 게이와 레즈비언의 관점 등을 오랫동안 연구한 결과로 나왔다. 1980년대의 많은 페미니스트가 레즈비언-페미니즘에서 레즈비어니즘과 페미니즘이 서로 만난다고 가정한 반면, 『젠더 트러블』은 레즈비언 행위가 페미니즘 이론의 예시가 된다는 생각을 거부하고, 이 두 용어 사이에 더 문제적인 관계를 설정하고자 했다. 이 책에서 레즈비어니즘은

---

1) 개정판이 나오면서 이 책의 번역을 고려중인 프랑스 출판사들이 있기는 하지만, 그건 단지 디디에 에리봉 등이 동성 파트너십의 법적 인준에 대한 현 프랑스 정치 논쟁에 이 책에서 나온 논의들을 끼워넣었기 때문이다.

여성이 되는 것에서 가장 중요한 것으로의 복귀를 의미하지 않으며, 여성성을 성스럽게 만드는 것도, 여성중심적 세상을 알리는 신호도 아니다. 레즈비어니즘은 일련의 정치적 신념이 성애적 완성에 도달한 것도 아니다(섹슈얼리티와 신념은 훨씬 더 복잡한 방식으로 연결되어 서로 자주 불화를 일으킨다). 대신 이 책은 묻는다. 어떻게 비규범적 성적 실천들이 분석 범주로서 젠더의 안정성에 의문을 제기하게 되었는가? 어떻게 특정한 성적 실천이 남성은 무엇이고 여성은 무엇인가라는 질문을 하게 만들었는가? 만일 더이상 젠더를 규범적 섹슈얼리티를 통해 통합된 것으로 생각하지 않는다면 퀴어 맥락에 특정한 젠더의 위기가 있는 것인가?

나는 게일 루빈의 「여성 거래—성의 '정치 경제'에 관한 노트The Traffic in Women: Notes on the 'Political Economy' of Sex」를 읽다가 성적 실천이 젠더를 불안정하게 만들 힘을 갖고 있다는 생각이 들었고, 이 생각을 토대로 규범적 섹슈얼리티가 규범적 젠더를 강화한다고 설명하려 했다. 간단히 말해, 이 틀에 따르면 여성은 지배적 이성애의 틀에서 여성의 기능을 해야 여성이고, 그 틀을 의심하면 어쩌면 젠더에 대한 위치 감각에서 뭔가를 잃을 수도 있다. 바로 이것이 이 책에서 '젠더 트러블'의 첫번째 공식이라고 생각한다. 나는 '게이가 되는' 과정에서 일부 사람들이 겪는 공포와 불안을 이해하고자 했는데, 그것은 어떤 사람이 겉보기에 '같은' 젠더인 누군가와 자게 된다면, 젠더 위치를 잃게 되거나 어떤 사람이 될지조차 알 수 없을 거라는 공포다. 이는 섹슈얼리티와 언어의 양쪽 층위에서 경험하는 존재론의 위기를 형성한다. 트랜스젠더론이나 트랜스섹슈얼리티, 레즈비언과 게이의 부모되기, 새롭게

만들어진 부치butch(남성 역할을 하는 레즈비언 파트너—옮긴이)와 펨
femme(여성 역할을 하는 레즈비언 파트너—옮긴이) 정체성의 관점에서
나타난 다양하고 새로운 젠더 구분 형태를 생각해보면 문제는 더욱 심
각해진다. 예를 들어 부모가 된 부치 레즈비언은 언제 왜 '아빠'가 되
고, 상대편은 언제 왜 '엄마'가 되는가?

케이트 본스타인Kate Bornstein이 주장한, 트랜스섹슈얼은 '여성' 또
는 '남성'이라는 명사로 기술될 수 없으며, 새로운 정체성'인' 끊임없
는 변형이거나 실은 젠더 정체성의 존재를 의심하게 만드는 '사이 공
간'을 증명하는 능동태 동사로만 접근할 수 있다는 생각은 어떠한가?
일부 레즈비언의 주장에 따르면 부치는 '남성이 되는 것'과 아무 상관
이 없다고 하지만, 다른 이들은 부치의 부치다움은 그가 얻고자 하는
남성의 위치로 가는 과정이라고 주장한다. 최근에는 이런 패러독스가
확산되었고 이 책이 예상치 못했던 젠더 트러블의 증거를 제시했다.[2]

하지만 내가 강조하고 싶었던 젠더와 섹슈얼리티의 연결고리는 무
엇일까? 분명 나는 성적 실천의 형태가 특정 젠더를 생산한다고 주장
하려는 것이 아니라, 그런 규범적 이성애의 조건에서 젠더를 통제하는
것이 때로는 이성애를 보장하는 방법이 된다고 주장하려는 것이다. 캐
서린 매키넌Catharine MacKinnon은 이 문제에 대해 내 생각과 유사하면
서도 동시에 우리 사이에 결정적이고 중요한 차이가 있는 공식을 하나

---

2) 나는 이 문제에 관해 두 편의 짧은 논문을 썼다. "Afterword", *Butch/Femme: Inside
Lesbian Gender*, ed. Sally Munt, London, Cassell, 1998 : "Transgender in Latin
America : Persons, Practices and Meanings", *Sexualities*(special issue), Vol. 5,
No. 3, 1998.

제시한다. 그는 이렇게 쓰고 있다.

성적 불평등은 한 사람의 속성으로 멈추어 젠더의 형태를 취한
다. 그리고 사람들 사이의 관계로 움직이면서 섹슈얼리티의 형태
를 취한다. 젠더는 남녀의 불평등한 성애화가 응결된 형태로 등장한
다.[3]

이런 관점에서 보면 성적 위계는 젠더를 생산하고 통합한다. 젠더를
생산하고 통합하는 것은 이성애적 규범이 아니라, 이성애 관계에 동의
한다고 말하는 젠더 위계다. 만약 젠더 위계가 젠더를 생산하고 통합
한다면, 또 젠더 위계가 작동중인 젠더 개념을 전제하고 있다면, 젠더
는 젠더를 만들어낸 원인이 되며, 이 공식은 결국 동어반복으로 끝날
뿐이다. 매키넌은 그저 젠더 위계의 자기복제 기제를 설명하고 싶은
것일 수도 있지만, 이는 그가 한 말과 다르다.

'젠더 위계'가 젠더를 만들어내는 조건을 충분히 설명해주는가? 젠
더 위계는 다소 강제적인 이성애를 얼마나 지원해주며, 이성애적 헤게
모니를 지탱하는 바로 그 과정에서 젠더 규범은 얼마나 자주 통제를
당하는가?

당대의 법 이론가 캐서린 프랭키Katherine Franke는 페미니즘과 퀴어
의 관점을 둘 다 혁신적으로 활용하여 젠더의 생산보다는 젠더 위계
의 우선성을 가정함으로써 매키넌 또한 섹슈얼리티에 대해 생각할 때

---

3) Catharine MacKinnon, *Feminism Unmodified: Discourses on Life and Law*, Cambridge, Harvard University Press, 1987, pp. 6~7.

이성애로 추정되는 모델을 수용한다는 점에 주목한다. 프랭키는 매키넌의 모델을 대신할 젠더 불평등 모델을 제시하면서, 사실상 성추행이 젠더 생산을 나타내는 전형적 알레고리라고 주장한다. 모든 불평등을 성추행으로 볼 수는 없다. 성추행 행위는 어떤 사람을 특정한 젠더로 '만드는' 행위일 것이다. 그러나 젠더를 강제로 만드는 다른 방식들도 많다. 따라서 프랭키에게는 젠더 불평등과 섹슈얼리티 불평등을 잠시 구분하는 게 중요하다. 예를 들어 게이들은 공인된 젠더 규범에 부합하는 것처럼 '보이는' 데 실패했기 때문에 고용 지위상의 차별을 받을 수 있다. 그리고 게이의 성추행은 젠더 위계를 강화하는 것이 아니라 젠더 규범성을 촉진하는 데서 일어난다.

매키넌은 성추행을 강력히 비판하면서도 젠더를 가지는 게 이미 이성애적 복종관계로 진입한 것이라는 또다른 규정을 만든다. 분석의 층위에서 매키넌은 지배적인 형태의 호모포비아 주장과 유사한 등식을 만든다. 이 관점은 실제 남성인 남성과 실제 여성인 여성은 이성애자일 것이라고 주장하면서, 젠더를 성적으로 서열화하도록 지시하고 묵인한다. 바로 이런 형태의 젠더 규정을 비판하는 다른 관점도 있는데, 프랭키의 관점이 여기에 포함된다. 따라서 젠더와 섹슈얼리티의 관계를 바라보는 성차별주의와 페미니즘의 관점에는 차이가 있다. 즉 성차별주의자는 여성의 복종이 곧 쾌락인 이성애적 성관계에서만 여성이 여성성을 드러낸다(여성의 성애화된 복종 속에 어떤 본질이 발산되고 확립된다)고 주장하지만, 페미니스트의 관점은 여성에게 젠더가 언제나 복종의 기호이기 때문에 젠더는 전복되거나 제거되거나 완전히 흐려져야 한다고 주장한다. 페미니즘은 성차별주의에 정통한 설명이 가진 힘을 받아들이고, 성차별적 설명이 이미 강력한 이데올로기로 작동한 다는 것을 인정하지만, 그것에 저항할 방법도 모색한다.

일부 퀴어 이론가는 젠더와 섹슈얼리티의 인과적 혹은 구조적 연관 성을 거부하고 젠더와 섹슈얼리티를 분석의 면에서만 구분하고 있어 서 나는 이 점을 논의했다. 그것은 한 가지 면에서 일리가 있는데, 만 일 이런 구분이 이성애적 규범성은 젠더를 위계화하지 않아야 하고 그 런 위계화야말로 우리가 마땅히 반대해야 하는 것임을 뜻한다면 나도 그 관점에 전적으로 동의한다.[4] 그러나 만약 그것이 (설명한 그대로) 젠더에 그 어떤 성적 규제도 없다는 의미라면, 호모포비아가 어떻게 작동하는가라는 절대적이지는 않아도 중요한 차원이 분명 호모포비아 에 맞서 가장 열심히 싸우는 사람들에게 인식되지 않을 것이라고 생각 한다. 하지만 나에게는 젠더 전복의 수행이 섹슈얼리티나 성적 실천을 전혀 나타낼 수 없다는 데 동의하는 것이 중요하다. 규범적 섹슈얼리 티를 뒤흔들거나 재조정하지 않으면 젠더가 모호하게 생각될 수 있다. 젠더의 모호성은 때로 비규범적 성적 실천을 억누르거나 뒤틀 수 있 고, 그에 따라 규범적 섹슈얼리티를 그대로 유지하는 작용도 할 수 있 다.[5] 따라서 예컨대 드랙이나 트랜스젠더와 성적 실천 사이에는 상관 관계가 없으며 이성애, 양성애, 동성애 성향의 분포는 젠더의 방향을 틀거나 바꾸는 과정에서 예측할 수 없게 나타난다.

---

4) 불행히도 『젠더 트러블』은 이브 세지윅의 기념비적 저서 『벽장의 인식론Epistemology of the Closet』(Berkeley and Los Angeles, University of California Press, 1991)보다 몇 달 먼저 나왔다. 그러므로 이 책에서의 나의 주장은 세지윅의 책 첫 장에 나온 젠더와 섹슈 얼리티에 논의에서 도움을 얻을 수 없었다.

5) 조너선 골드버그가 이 점에 관해 나를 설득시켰다.

최근 몇 년 동안 나는 『젠더 트러블』에서 소개했던 수행성 이론을 설명하고 수정하는 데 연구의 상당 부분을 할애해왔다.[6] 그럼에도 '수행성'이 정확히 무엇인지 말하기는 어렵다. 뛰어난 비평문들에 응답하면서[7] 시간이 흐르는 동안 '수행성'이 무엇을 의미하는지에 대한 내 관점이 변한 까닭도 있지만, 숱한 사람들이 그것을 채택해 자신만의 공식으로 제시한 까닭도 있다. 원래 젠더 수행성의 해석에 대한 단초는 카프카의 「법 앞에서Before the Law」에 대한 데리다의 해석에서 얻었다. 한 사람이 법을 기다리며, 법의 문 앞에 앉아 자기가 기다리는 법에 힘을 부여한다. 권위적인 의미가 드러나리라는 기대가 바로 그 권위를 부여하고 확립하는 수단이다. 바로 그런 기대가 대상에 마법을 거는 것이다. 나는 우리 또한 젠더에 대한 비슷한 기대로 인해 고민하는 게 아닌지 궁금했는데, 그 기대는 젠더가 곧 드러날 내적 본질로 작동하고, 젠더에 기대한 바로 그 현상을 결국 만들어낼 것이라는 예상으로 작동한다는 것이다. 그렇다면 첫번째로 젠더 수행성은 젠더 본질에 대한 기대가 젠더 자체를 자신의 외부에 두게 한다는 이런 메타렙시스metalepsis(상관관계가 먼 말을 사용해 어떤 다른 의미를 지칭하는 과도한 비유법, 혹은 서사적 층위 혼란을 통한 의도적인 일관성 파괴를 의미

---

6) 내 저작들과 인용한 참고문헌 목록을 보려면 캘리포니아대학교 어바인 도서관에 있는 에디 예기아얀의 뛰어난 연구 성과를 참고하라. http://sun3.lib.uci.edu/~scctr/Wellek/index.html.

7) 수행성 이론에 대한 통찰력 있는 비판들에 대해, 특히 비디 마틴, 이브 세지윅, 슬라보예 지젝, 웬디 브라운, 사이디야 하트먼, 맨디 머크, 린 레이턴, 티모시 카우프만오스본, 제시카 벤저민, 세일라 벤하비브, 낸시 프레이저, 다이애나 퍼스, 제이 프레서, 리사 더건, 그리고 엘리자베스 그로츠에게 감사한다.

한다―옮긴이) 주변을 맴돈다. 두번째로 수행성은 단일한 행위가 아니라 반복이자 의례인데, 문화적으로 유지된 시간의 지속으로 이해된 몸의 맥락에서 자연스럽다고 생각되면서 그 효과를 얻는다.[8]

이런 주장에 대해 중요한 문제가 다소 제기되었는데, 그중 하나는 특별히 여기서 언급할 가치가 있다. 젠더가 수행적이라는 관점은, 젠더의 내적 본질이라고 여기는 것이 일련의 지속적인 행동을 통해 만들어지며, 젠더화된 몸의 양식을 만들며 자리잡는다는 것을 보여주려 했다. 그렇게 그것은 우리가 '내적' 특성으로 생각하는 것이 특정한 몸의 행위, 극단적으로 말해 자연스럽다는 제스처의 환각 효과를 통해 기대하고 만들어낸 결과라는 점을 입증했다. 이는 심리에 '내적'으로 간주된 모든 것이 제거되었고, 그런 내면성은 거짓 은유라는 의미일까? 『젠더 트러블』이 젠더 우울증에 관한 초기 논의에 내적 심리의 은유를 가져온 것은 분명하지만 그 부분의 강조가 수행성 자체를 생각하는 데 반영되지는 않았다.[9] 『권력의 정신적 삶』 및 정신분석학 주제에 대한 최근의 내 논문들은 이 문제, 즉 많은 사람들이 지적한 이 책의 첫 장

---

8) 수행성의 의례적 차원이라는 개념은 피에르 부르디외의 저작에 나타난 아비투스 개념과 연결되는데, 이 책의 집필 이후에야 그것을 깨달았다. 이런 반항에 대해 뒤늦은 설명이지만 다음 책의 마지막 장을 참고하라. *Excitable Speech: A Politics of the Performative*, New York, Routledge, 1997(한국어판: 주디스 버틀러, 『혐오 발언』, 유민석 옮김, 알렙, 2022).

9) 재클린 로즈는 이 책의 앞부분과 뒷부분의 불연속성을 적절히 지적했다. 책의 전반부는 젠더의 우울증적 구성을 연구하지만 후반부는 정신분석학적 출발점을 망각하는 듯 보인다. 아마 이것이 마지막 장에 나오는 '조증'에 일부 해당할 텐데, 조증은 프로이트가 우울증이라는 부인된 상실의 일부로 정의한 상태를 말한다. 『젠더 트러블』의 결론 부분은 방금 말한 상실을 망각하거나 부인하는 것으로 보인다.

과 마지막 장 사이의 의문스러운 단절을 해결할 방법을 모색했다. 나는 심리의 모든 내적 세계가 양식화된 일련의 행위 효과에 불과하다는 주장에는 반대하지만, 심리 세계의 '내면성'을 당연하게 여기는 것은 중대한 이론적 실수라고 아직도 생각한다. 우리가 잘 알고 있는 사람과 떠나보낸 사람들을 포함해, 세계의 어떤 특성이 자아의 '내적' 특성이 되는 것은 물론 맞다. 그러나 그런 특성은 이런 내면화를 통해 변형되고, 클라인학파가 명명하듯 내면 세계는 심리가 수행하는 내면화의 결과로 구성된다. 이는 더 심화된 연구가 필요한 수행성의 심리 이론이 나타날 것임을 알려준다.

이 책은 몸의 물질성이 전적으로 구성되는 것인지에 대한 답을 주지는 않지만 그것이 내 후속 연구 가운데 상당수의 초점이었고 그 점만큼은 독자들에게 분명히 입증되었길 바랄 뿐이다.[10] 수행성 이론이 인종문제로 전환될 수 있는지에 대한 문제는 여러 학자들이 연구해왔다.[11] 인종적 전제는 분명히 밝혀져야 할 필요가 있도록 젠더에 관한

---

10)『의미를 체현하는 육체』(New York, Routledge, 1993)뿐 아니라 캐런 배러드의 현대과학 연구에 제기된 몇 가지 질문과 관련된 실력 있고 흥미로운 비평을 참고(Karen Barad, "Getting Real: Technoscientific Practices and the Materialization of Reality", *differences*, Vol. 5, No. 2, pp. 87~126).

11) 사이디야 하트먼, 리사 로우, 도린 콘도, 이 학자들의 작업은 내게 영향을 주었다. 현재『패싱Passing』에 대한 연구의 상당 부분이 이 문제를 다루고 있기도 하다.『의미를 체현하는 육체』에 실린 넬라 라슨의『패싱』에 대한 나의 글은 준비 차원에서 이 문제를 제기하려 했다. 물론 탈식민주의 주체의 모방적 분열에 관한 호미 바바의 작업은 여러 방식에서 나와 비슷하다. 식민주의의 '목소리'를 피식민주의자의 관점에서만 전유하는 것이 아니라, 또한 정체성의 분열 상황이 수행성 개념에 결정적이라는 점에서 말이다. 이 수행성 개념은 지배 상황 아래 소수자의 정체성이 생산되는 동시에 분열되는 방식을 강조한다.

담론을 늘 지탱해주기도 하지만, 인종과 젠더를 단순한 유비관계로 다뤄선 안 된다는 점도 지적하고 싶다. 따라서 수행성 이론이 인종문제로 전환될 수 있는지가 아니라, 인종문제를 다룰 때 수행성 이론에 어떤 일이 생기는지를 질문해야 한다. 이런 많은 논쟁이 '구성'의 위상에, 즉 인종이 젠더와 똑같은 방식으로 구성되는 것인가에 초점을 맞추어왔다. 내 의견을 말하자면 구성을 결코 한 가지 방식으로 설명할 수는 없으며, 이 범주들은 언제나 서로의 배경이 되고, 이들은 종종 서로를 통해 가장 강력한 자기표명을 찾게 된다. 따라서 인종적 젠더 규범을 섹슈얼리티로 해석하려면 동시에 여러 렌즈를 통해 읽어야 하며, 그러한 분석은 젠더의 경계를 특권적인 분석의 범주로 조명한다.[12]

이 책을 나오게 한 쟁점과 학술적 전통을 몇 가지 열거했으나 이 짧은 지면에 그걸 다 설명하려는 것은 아니다. 이 책에 대해서 항상 이해되는 것은 아니지만 이 책이 나오게 된 상황적 측면이 있다. 즉『젠더 트러블』은 학계에서뿐만 아니라 그간 내가 참여했던 여러 사회 운동에서 수렴되어 나왔고, 이 책을 쓰기 전 14년간 참여했던 미국 동부해안의 레즈비언·게이 커뮤니티 맥락에서 나왔다. 이 책은 주체의 탈구를 수행하지만 여기엔 분명 어떤 사람이 있다. 나는 많은 회의, 술집, 행진에 참여했고, 다양한 젠더를 만났으며, 나 자신이 몇몇 젠더가 교차

---

12) 코베나 머서, 켄덜 토머스, 그리고 호텐스 스필러스의 저작들은『젠더 트러블』이후 이 주제에 관한 내 생각에 대단히 유용했다. 또한 나는 프란츠 파농의『검은 피부, 하얀 가면Black Skins, White Masks』에서의 모방과 과장법 문제에 관한 글을 곧 발표하려 한다. 이 결정적인 교차점에 대한 나의 이해를 촉발시키고 풍부하게 해준 것에 대해 그레그 토머스에게 감사한다. 그는 최근 버클리대학교에서 미국의 인종차별적 섹슈얼리티에 관해 수사학 박사논문을 마쳤다.

하는 지점에 있다고 생각했고, 그런 문화의 날카로운 면면에서 섹슈얼리티를 마주했다. 나는 성적인 인식과 자유를 향한 중요한 운동의 한 가운데서 자신의 길을 발견하려는 여러 사람을 알고 있었고, 희망과 내적 불화가 모두 있는 이 운동에 참여하면서 기쁨도 절망도 느꼈다. 나는 학계에 편히 자리잡았지만 동시에 그 벽 바깥의 삶도 살고 있었다. 『젠더 트러블』은 학문적 책이지만, 내게 이 책은 레호보스 해변에 앉아 내 삶의 서로 다른 면들을 연결할 수 있을까를 고민하는 동안 일종의 경계 넘기로 시작되었다. 자전적 방식으로 글을 쓴다고 해서 지금 나의 주체 위치가 바뀔 거라고 생각하지는 않지만, 어쩌면 독자에게 여기에 어떤 사람이 있다는 위안은 줄 수 있을 것이다(그 사람도 언어 속에 있다는 문제는 잠시 미뤄두자).

나는 지금까지도 이 책이 계속 학계 바깥으로 전진해나가고 있다는 점을 가장 기쁘게 생각한다. 『젠더 트러블』은 퀴어네이션(1990년 뉴욕에서 결성된 LGBTQ 활동가 조직―옮긴이)에게 채택되었고, 퀴어의 자기표현 연극성에 대한 설명 중 일부가 액트 업Act up(AIDS Coalition to Unleash Power, 에이즈 위기를 종식시키고 에이즈 환자의 삶을 개선하고자 행동에 나선 비당파적인 운동단체―옮긴이)의 전술과 공명했으며, 동시에 이 책은 미국 정신분석학협회와 미국 심리학협회 회원들이 동성애에 갖고 있는 현재의 편견 일부를 재평가할 것을 촉구하도록 도와준 자료에도 들어갔다. 수행적 젠더라는 문제는 시각예술 분야에서, 즉 휘트니미술관의 전시회와 로스앤젤레스의 오티스미술학교에서 여러 다양한 방식으로 전유되었다. 또한 '여성'이라는 주제에 관한 공식 일부와 섹슈얼리티와 젠더의 관계는 비키 슐츠, 캐서린 프랭키, 메리조 프루그의 연구에서 페미니즘 법리학과 차별에 반대하는 법률적 학제의 길을 열어주었다.

이어서 나 자신이 정치에 참여하게 됨에 따라 『젠더 트러블』의 입장 몇 가지를 수정하지 않을 수 없었다. 이 책에서는 '보편성' 주장을 극히 부정적이고 배타적인 관점에서 생각하는 경향이 있다. 그러나 나는 처음에는 이사회 구성원으로서, 그다음에는 광의의 인권문제에 관한 성소수자를 대변하는 집단인 게이와레즈비언인권위원회(GLHRC, 1994~1997)의 회장으로서 특별한 활동가 집단과 함께 일하다가, '보편성'이라는 말에 비실체적이고 열린 범주로서 중요한 전략적 용례가 있다는 것을 알게 되었다. 거기서 보편성에 대한 주장이 존재하지 않던 현실을 불러내고 서로 맞닿은 적 없던 문화의 지평들이 수렴될 가능성을 제기하면서, 어떻게 해서 그것이 예기적proleptic이면서도 수행적인지 알게 되었다. 그 결과 보편성의 두번째 관점에 도달했고, 그 관점에서는 보편성이 문화번역이라는 미래 지향적 작업으로 정의된다.[13] 더 최근에는 내 연구를 정치 이론과 연결해야 했고, 다시 헤게모니 이론과 그것이 이론적으로 좌파 활동가에게 갖는 의미에 관해 에르네스토 라클라우, 슬라보예 지젝과 쓴 공동 저작(『우연성, 헤게모니, 보편성 Contingency, Hegemony, Universality』—옮긴이)에서는 보편성 개념과 연결해야 했다.

내 사유의 또다른 실천 차원은 학문 및 임상 기획으로서 정신분석학과의 관계에서 나타났다. 현재 나는 진보적 정신분석학 치료사 집단

---

13) 나는 이후에 쓴 글들에서 보편성에 대한 생각을 제시한 바 있다. 이 생각은 『혐오 발언』 2장에 가장 뚜렷하게 나타나 있다.

과 함께 『젠더와 섹슈얼리티 연구Studies in Gender and Sexuality』라는 새로 창간한 학술지 일을 하고 있는데, 이 학술지는 섹슈얼리티, 젠더, 문화 문제에 관한 학문 및 임상연구를 생산적인 대화로 이끌고자 한다.

『젠더 트러블』의 비판자와 옹호자 모두 이 책의 문체가 어렵다는 점에 주목했다. 학문적 기준에 따라서 쉽게 '대중적으로' 소비될 수 없는 책을 알게 된다는 것이 물론 이상할 수도 있고 몇몇에게는 불쾌할 수도 있다. 이에 대한 놀라움은 어쩌면 우리가 독서 대중을, 복잡하고 도전적인 책을 읽어낼 그들의 능력과 욕망을 과소평가한 탓일 수도 있다. 그 복잡함에 까닭이 없지 않고, 도전은 당연히 받아들였던 진리에 의문을 제기하며, 그러한 진리를 당연한 것으로 수용하는 것이 사실 억압인 상황에서 말이다.

문체란 복합적인 영역이라고 생각하며, 일방적으로 선택하거나 의식적으로 의도한 대로 통제되지 않는다고 생각한다. 프레드릭 제임슨은 사르트르에 관한 초기 저서에서 이 점을 밝혔다. 물론 문체는 연습할 수 있지만 여러분이 쓸 수 있는 문체가 전적으로 선택의 문제만은 아니다. 게다가 문법도 문체도 정치적으로 중립적이지 않다. 이해할 수 있는 말의 법칙을 배운다는 것은 규범화된 언어가 주입된다는 뜻이고, 그것에 순응하지 않는다면 그 대가는 가독성의 상실이다. 드루실라 코넬이 아도르노의 전통에 따라 환기해주듯 상식에는 급진적인 면이 없다. 문법이 생각에 부과하는, 특히 생각할 수 있는 것 자체에 부과하는 규제를 생각해본다면, 지금 우리가 쓰는 문법이 급진적 관점을 표현하는 최고의 전달수단이라는 생각은 착각일 수 있다. 그러나 문법을 비틀거나 명제의 의미에 꼭 필요한 주어-동사의 요건을 은근히 문제삼는 형식은 분명 몇몇 사람에게는 짜증스러울 것이다. 그런 형식은 독자에게 더 많은 일을 하게 만들고, 때로는 이런 요구가 독자에게 불쾌감을 주기도 한다. 그렇다면 불쾌감을 겪은 사람들이 '쉽게 말하라'고 요구하는 것은 합당한가? 아니면 이들의 불평이 지적인 삶을 바라는 소비자 기대심리에서 오는 것인가? 어쩌면 이런 언어적 어려움을 겪는 데서 오는 어떤 가치가 있을까? 모니크 비티그가 주장했듯, 젠더가 문법적 규범을 통해 자연스러워지는 것이라면 가장 근본적인 인식 층위의 젠더 변화가 일부라도 일어날 수 있는 것은 젠더가 주어진 문법에 저항함으로써 가능해진다.

명확함에 대한 요구는 겉보기에 '명확한' 관점을 작동시키는 책략을 잊게 한다. 아비탈 로넬은 닉슨이 미국 국민의 눈을 바라보면서 "한 가지만 확실히 명확하게 해둡시다"라고 말을 꺼낸 뒤 거짓말을 했던 순간을 회상한다. '명확함'이라는 기호 아래 떠도는 것은 무엇이며, 명확함이 나타났다고 선언될 때 비판적 의심을 하지 못한 대가는 무엇인가? '명확함'의 초안은 누가 고안하고, 누구에게 이익이 되는가? 모든 의사소통의 선결조건으로서 투명성이라는 편협한 기준을 고집할 때 배제되는 것은 무엇인가? 무엇이 '투명성'을 모호하게 만드는가?

나는 자라면서 젠더 규범의 폭력을 알게 되었다. 내게는 친척 아저씨 한 분이 계셨는데, 그는 해부학적으로 비정상적인 몸 때문에 고립되어 가족과 친구들에게 버림받고, 캔자스 초원에 있는 어떤 '기관'에서 생애를 보내셨다. 또 게이 사촌들이 실제든 상상이든 그들의 섹슈얼리티 때문에 강제로 집을 떠나야 했다. 나 역시 열여섯 살 때 격렬한 커밍아웃을 했고, 그후 성인이 되면서 직장과 연인과 가정을 잃는

풍경이 펼쳐졌다. 이 모든 것 때문에 나는 강하고 무서운 비난을 받았지만, 다행히 나의 쾌락 추구를 방해받지 않았고 내 성생활을 합당하게 인정해달라는 주장도 막지 못했다. 젠더는 당연하게 받아들여지는 동시에 거칠게 단속당하기도 했기 때문에 이러한 폭력을 드러내 밝히기는 어려웠다. 젠더는 성별의 자연스러운 발현으로 간주되거나 인간의 행위성이 바꿀 수 없는 문화적인 규제로 간주되었다. 나는 배척당한 삶의 폭력적 실상에 대해서도 알게 되었다. 그것은 '삶'이라는 이름을 갖지 못하며, 이런 삶의 고립은 삶의 중지나 유예된 사형선고를 의미한다. 이 책에서 젠더를 '탈자연화'하려는 끈질긴 노력은, 내가 보기에 성별의 이상적 형태론에 들어 있는 규범의 폭력에 저항하려는 욕망에서, 또 섹슈얼리티에 관해 일반적이거나 학문적인 담론이 고취한 자연스러운 이성애 또는 추정된 이성애와 관련된 만연한 가정을 근절하겠다는 강렬한 욕망에서 나온 것이었다. 이런 탈자연화의 글쓰기는 단순히 언어유희를 하려는 욕망에서 온 것도, 몇몇 비평가들이 추측하듯(마치 연극과 정치가 언제나 분명히 구분되기라도 하듯) '진짜' 정치의 자리에 연극적인 익살극을 처방하려는 것도 아니다. 그것은 살고 싶은 욕망, 삶을 가능하게 하려는 욕망, 그런 가능성을 재고해보고 싶은 욕망에서 온 것이다. 나의 친척 아저씨가 가족, 친구, 다른 친족 구성원과 함께 살려면 이 세상은 어떠해야 할까? 규범에 가까이 가지 못한 사람이 생중사의 형벌을 받는, 인간에 대한 이상적 형태론의 규제를 우리는 어떻게 재고해볼 것인가?[14]

---

14) 셰릴 체이스의 저작을 포함해 북미인터섹스협회에서 펴낸 중요한 책들을 참고. 이 협회는 어떤 조직보다도 젠더 비정상의 몸으로 태어난 유아와 아동에게 가한 모질고 격

『젠더 트러블』이 어떤 이유에서건 젠더 가능성의 영역을 확장하려한 것인지를 놓고 몇몇 독자들이 질문을 했다. 이들은 이런 새로운 젠더 배치가 어떤 목적으로 만들어지는지, 또 이러한 배치를 어떻게 구분해야 하는지를 물었다. 이 질문은 종종 기존 전제, 즉 이 책이 페미니즘 사상의 규범적 차원이나 처방적 차원을 말하지 않는다는 전제를 포함한다. '규범적'이라는 말은 페미니즘 비평에서 분명 최소한 두 가지 의미를 지닌다. 나도 이 단어를 종종 쓰는데, 주로 특정한 종류의 젠더 이상이 일상적으로 저지르는 폭력을 기술하는 데 쓰기 때문이다. 나는 보통 '규범적'이라는 말을 '젠더를 지배하는 규범과 관련된'이라는 의미로 쓴다. 하지만 '규범적'이라는 말은 윤리적 정당성과 관련되고, 이 윤리적 정당성이 어떻게 확립되고 거기서 어떤 구체적 결과가 나오는지와도 관련된다.『젠더 트러블』이 제기한 비판적 질문은 다음과 같았다. 우리는 여기에 제시된 이론적 설명을 기반으로 젠더를 살아낼 방법에 대해 어떻게 판단을 내리게 될까? 젠더화된 세계가 어떠해야 한다는 특정한 규범적 시각에 동의해야 젠더의 '규범적' 형태에도 반대할 수 있다. 그러나 내가 주장하고 싶은 것은, 이 책의 분명한 규범적 시각이 "내 말대로 젠더를 전복하면 삶이 좋아질 것"이라는 식으로 처방을 내리는 형태를 취하지 않으며, 또 그럴 수도 없다는 것이다.

그런 처방을 내리는 사람이나 전복적인 젠더 표현과 전복적이지 않은 젠더 표현을 결정하려는 사람은 기술적 설명에 기초해서 판단을 내

한 젠더 감시 행위에 대중의 이목을 집중시켰다. 이에 대해 더 많은 정보를 얻고 싶다면 다음 사이트를 참고하라. http://www.isna.org.

린다. 젠더는 이런저런 형태로 나타나므로 그런 외관에 대해, 또 그런 외관으로 나타난 것의 기반에 무엇이 있는지에 대해 규범적 판단을 내린다. 하지만 젠더의 외관이라는 영역은 어떤 조건에 있는가? 우리는 다음과 같이 기술적 설명과 규범적 설명을 구분하고 싶을 수도 있다. 즉 젠더의 기술적 설명은 젠더를 인식 가능하게 만드는 것에 대한 생각, 젠더가 발생할 수 있는 조건에 대한 탐구를 포함한다. 반면 규범적 설명은 이런 식으로 이런 표현들을 구분하려는 합당한 이유를 대면서 어떤 젠더 표현이 수용될 수 있고 또 수용될 수 없는가라는 질문에 대해 답을 구하려고 한다. 그러나 '젠더'에 자격을 주는 것은 무엇인가라는 질문은 이미 그 질문 자체가 권력이 광범위하게 규범적 작용을 한다는 것을, '그것이 무엇인가'의 기준 아래 '그것은 무엇이 될 것인가'라는 일시적 작용을 한다는 것을 입증한다. 따라서 젠더 영역에 대한 기술 자체는 젠더의 규범적 작용 문제에 선행하지도 않고, 그 문제와 분리되지도 않는다.

나는 전복적인 것과 비전복적인 것을 구분하는 데에는 관심이 없다. 그런 판단은 맥락에서 온다고 생각할 뿐만 아니라 시간이 흐르면서 원래와 달리 변할 수밖에 없다고 생각한다('맥락' 자체가 시간의 변화를 겪고 본질적 비통일성을 드러내는, 가정된 통일체다). 은유가 시간이 흘러 개념으로 굳어지면서 그 은유성을 상실하듯이, 전복적 수행도 그것이 반복되면서, 또 가장 중요하게는 '전복'이 시장가치를 갖는 상품문화 속에서 반복되면서 언제나 진부한 상투어가 될 위험이 있다. 전복의 범주를 명명하려는 노력은 언제나 실패할 것이고, 실패해야 한다. 그렇다면 그 용어를 사용하는 데 있어서 위험에 처하는 것은 무엇일까?

계속해서 가장 우려되는 질문은 이런 것이다. 무엇이 인식 가능한 삶을 구성하고 또 구성하지 못하는가? 어떻게 해서 규범적 젠더와 섹슈얼리티에 대한 가정이 '인간의' 자격, '살 만한' 삶의 자격을 미리 결정하는가? 다시 말해 규범적 젠더에 대한 가정이 인간을 기술하는 영역 자체를 어떻게 제한하는가? 이런 한계를 정하는 권력을 알게 되는 수단은 무엇이고, 또 그것을 변화시키는 수단은 무엇인가?

『젠더 트러블』에서 젠더의 구성적이고 수행적인 차원을 설명하기 위해 드랙에 대한 논의를 제시하긴 했지만, 드랙이 딱히 전복을 보여주는 사례는 아니다. 드랙을 전복 행위의 패러다임이나 정치적 행위성의 모델로 생각한다면 착각일 것이다. 요점은 다른 데 있다. 만약 남성이 여성처럼 옷을 입었거나 여성이 남성처럼 옷을 입은 것을 본다면, 우리는 맨 처음 인식한 것을 젠더의 '현실'로 여긴다. 즉 직유법을 통해 나타난 젠더는 '현실'이 없고 환영의 외양을 구성한다고 생각된다. 표면상 현실과 비현실이 한 쌍인 이런 지각을 통해서 우리는 현실이 무엇인지 안다고 생각하며, 젠더의 이차적 외양은 그저 인공물, 연극, 가짜, 환영이라고 생각한다. 하지만 이처럼 지각의 기초를 만드는 '젠더 현실'의 의미는 무엇인가? 아마 우리는 그 사람의 해부학적 구조를 안다고 생각할 것이다(때로는 이런 구조를 알지 못하며, 해부학적 기술의 층위에 존재하는 변형태들도 분명 파악하지 못했다). 아니면 그 사람이 무슨 옷을 입었고 어떻게 입었는지로 그 지식을 도출하려 할 것이다. 이런 당연시된 지식은 문화적 추론에 기초하고 있지만, 일부는 대단히 잘못된 것이다. 사실상 드랙에서 트랜스섹슈얼리티로 사례를 바꾸면 몸을 감싸고 표현하는 옷으로는 안정된 해부학적 구조를 판단할 수 없다. 그 몸은 성전환 이전의 또는 성전환중인, 아니면 성전환 이후의 것일 수도 있다. 몸을 '본다'는 것조차 우리가 보는 범주는 무엇인가라는 질문에 답하지 못할 수 있다. 차분하고 일상적인 문화적 지각이 실패하는 순간, 자기가 보는 몸을 확실히 읽어낼 수 없는 순간은 바로 내가 만난 몸이 남성의 것인지 여성의 것인지 확신할 수 없는 순간이다. 범주들 사이의 동요 자체가 그 몸의 경험을 만든다.

이런 범주가 의문시되면 젠더의 현실도 위기에 몰린다. 즉 실재와 비실재를 어떻게 구분할지가 불분명해진다. 그리고 이는 우리가 '실재'라고 생각한 것, 자연스러운 젠더 지식으로 소환한 것이 사실은 변화되고 수정될 수 있는 현실임을 아는 계기가 된다. 그것을 전복적이라고 불러도 좋고 다른 어떤 것이라 불러도 좋다. 이런 통찰이 그 자체로 정치적 혁명을 만드는 것은 아니지만, 가능한 것과 실재인 것에 관한 개념에 근본적 변화가 없이 정치적 혁명은 불가능하다. 그리고 때로 이런 변화는 실천을 명백히 이론화하기 전에 특정 실천의 결과로 나타나고, 젠더가 무엇이고 어떻게 생산 및 재생산되며 젠더의 가능태는 무엇인가라는 기본적 범주에 대해 재고해보게 한다. 이 지점에서 젠더 '현실'이라는 누적되고 물화된 영역이 다르게, 실은 덜 폭력적으로 만들어질 수 있다고 생각한다.

(가끔씩 일어나는 드랙 비하에 저항하는 것도 중요하지만) 이 책의 요점은 드랙을 진짜 젠더와 모범적 젠더를 나타내는 표현으로 치하하는 게 아니라, 자연스럽게 여겨지는 젠더 지식이 현실에 대한 선제적이고 폭력적인 경계짓기로 작동한다는 점을 보여주는 데 있다. (이상적

인 이원적 형태론, 몸의 이성애적 상호보완성, 적합하고 부적합한 남성성과 여성성이라는 이상과 규칙, 종족 간 결혼에 반대하는 순수성과 금기의 인종적 코드가 강조하는 것 등) 여러 젠더 규범이 인식 가능한 인간이 무엇인지, 또한 '실재'라고 간주되고 간주되지 않는 것이 무엇인지를 결정하는 한, 이 젠더 규범은 그 규범 속의 몸이 합법적 표현물이 되는 존재론의 영역을 확립하게 될 것이다.『젠더 트러블』에 분명한 규범적 과제가 있다면 그것은 거짓, 비실재, 인식 불가능으로 간주되어온 몸에 대해 이와 같은 합법성을 확대하자고 주장하는 것이다. 드랙은 우리가 일반적으로 가정하는 것만큼 '현실'이 고정되어 있지 않다는 것을 확립해줄 사례다. 이 사례를 든 목적은 젠더 규범이 행한 폭력에 대항하고자 젠더 '현실'이 빈약함을 폭로하기 위해서다.

　다른 책들처럼 이 책에서도 나는 정치적 행위성이, 그것이 만들어지는 권력의 역학과 분리될 수 없다면 어떤 정치적 행위성이 가능한지를 이해하려고 노력했다. 수행성의 되풀이iterability는 행위성 이론이며, 행위성 이론은 자기가능성의 조건으로서 권력을 부인하지 않는다. 이 책은 수행성이 무엇인지에 대해 사회, 심리, 몸, 시간의 차원에서 충분히 설명해주지 않는다. 어떤 면에서는 많은 뛰어난 비평문에 응답하느라 수행성에 대해 분명하게 설명하려고 계속 노력하다가 내 후속 저작의 대다수를 출간하게 되었다.

　지난 10년간 이 책에 대해 다른 관심이 생겨났고, 나는 여러 책을 출간하면서 대답을 구해왔다. 몸의 물질성이라는 위상에 대해서는『의미를 체현하는 육체』에서 생각을 바꾸어 수정한 관점을 내놓았다. 페미니즘 분석에 '여성'이라는 범주가 필요한지를 묻는 질문에 대해서는 「우연적 토대Contingent Foundation」에서 기존의 관점을 수정하고 확장했다. 이 글은 조앤 W. 스콧과 공동 편집한『페미니스트는 정치적인 것을 이론화한다Feminists Theorize the Political』1권(Routledge, 1993) 및 여러 필진이 공동 참여한『페미니스트 논쟁Feminist Contentions』(Routledge, 1995)에 수록되어 있다.

후기구조주의가 자전적 글쓰기의 죽음을 수반한다고 생각하지는 않지만, 내가 쓸 수 있는 언어로 '나'를 표현하기가 어렵다는 데 관심을 모은 것은 사실이다. 여러분이 읽어내는 이런 '나'는 언어 속 인칭의 가능성을 지배하는 문법의 결과물이기도 하다. 나는 나를 구성하는 언어 바깥에 있지 않지만, 그런 '나'를 가능하게 만드는 언어에 의해 결정되지도 않는다. 내가 이해하기로 언어는 자기표현의 곤경이다. 독자에게 내가 있을 가능성을 만들어주는 문법을 떠나서는 독자가 나를 받아들일 수 없다는 의미에서다. 문법을 투명한 것으로 간주하면, 인식 가능성을 만들고 해체하는 바로 그 언어의 국면에 관심을 모을 수가 없을 것이다. 그리고 그것은 여기서 설명한 것처럼 내가 하려던 기획을 뒤엎는 셈이 될 것이다. 어렵게 만들려는 것이 아니라, 어려움 없이는 그 어떤 '나'도 나타날 수 없는 어려움에 주목하려는 것이다.

정신분석학 관점에서 볼 때 이런 문제에는 특별한 차원이 있다. 언어 안에서 '나'의 불투명성을 이해하려고 노력하다보니, 『젠더 트러블』출간 이후 나는 점점 더 정신분석학 쪽으로 향하게 되었다. 권력 이론과 심리 이론을 양극화시키려는 일반적 시도는 반생산적으로 보이는데, 젠더의 사회적 형식이 그토록 억압적인 이유는 이런 사회적 형식이 심리적 고충을 만들기 때문이다. 나는『권력의 정신적 삶』(Stanford, 1997)에서 푸코와 정신분석학을 함께 생각할 방식을 놓고 고민했다. 더 일반적인 행위성 이론을 뒤흔들지 않고 수행성에 대한 나의 해석에 가끔 나타난 주의주의voluntarism를 피하기 위해서 정신분석학을 활용하기도 했다. 때로『젠더 트러블』은 마치 젠더가 그저 자기가 만든 발명품인 것처럼 읽히거나, 아니면 젠더화된 재현의 심리적 의미를 그 표면에서 즉시 읽을 수 있는 것처럼 읽히기도 한다. 두 가지 가정 모두 오랫동안 정교하게 다듬어져야 했다. 게다가 내 이론은 때때로 수행성을 언어적으로 이해할지, 연극적으로 생각할지 사이에서 애매하게 쓰였다. 나는 이 두 가지가 분명 교차대구로 연결되어 있다고 생각하게 되었고, 화행speech act을 권력의 사례로 다시 생각해보는 것이 연극적 차원과 언어적 차원에서 주목을 받았다.『혐오 발언』에서 나는 화행이란 수행되는 (따라서 연극적인 것, 관객에게 제시되는 것, 해석에 달려 있는 것인) 동시에 언어 관습과의 암묵적 관계를 통해 일련의 결과를 끌어내는 언어적인 것임을 보여주려고 했다. 화행이라는 언어 이론이 어떻게 몸의 제스처와 연결되는지 궁금하다면, 화행 자체가 특별한 언어적 결과를 가져오는 몸의 행위라는 것을 생각하면 된다. 따라서 발화는 전적으로 몸의 표현물에 속하는 것도, 언어에 속하는 것도 아니므로 말과 행위로서 발화의 위상은 모호할 수밖에 없다. 이런 모호성이 커밍아웃의 실천, 화행의 반란적 힘, 몸의 유혹과 상해 위협의 조건인 언어를 결과적으로 초래한다.

만일 지금 이 책을 다시 쓴다면 트랜스젠더와 인터섹슈얼리티 논의, 이상적 젠더 이형태성이 두 담론에 작용하는 방식, 이와 관련된 관점이 주장하는 외과적인 수술 개입과 맺는 여러 다른 관계 등을 더 포함시킬 것이다. 또한 급진적 섹슈얼리티와, 특히 종족 간 결혼(및 인종 간 성적 교환의 낭만화)에 대한 금기가 어떻게 젠더가 갖는 자연화/탈자연화된 형식의 핵심이 되는지도 논의하고 싶다. 나는 지금도 계속해서 단순한 정체성 범주를 초월한 성소수자의 연대를 바란다. 그것이 양성애의 말살을 거부하고, 규제적인 몸의 규범이 강요한 폭력에 대항하며, 또 그런 폭력을 없앨 것이다. 또한 성소수자 연대가 단순화할 수 없는 섹슈얼리티의 복잡성과 여러 담론적이고 제도적인 권력 역학 안에서 갖는 의미에 기반을 두기를 바라며, 그 누구도 너무 성급히 힘을 위계로 환원하지도, 그것의 생산적인 정치 차원을 거부하지도 않기를 바란다. 성소수자로서의 위상을 인정받는 일은 법과 정치 그리고 언어에 대한 지배 담론에서 어려운 과제이기는 하지만, 생존에 꼭 필요한 조건이라고 지금도 나는 생각한다. 정치화하려는 목적으로 정체성 범주를 동원한다면, 정체성은 언제나 자신이 반대하는 권력의 도구가 될 가능성이 있어서 위험하다. 그렇다고 해서 정체성을 이용하지 못하거나 정체성에 이용당하지 않을 이유는 없다. 권력이 없는 정치적 입장이란 없으며, 아마도 그런 불순함이 행위성을 규제적 체제 안의 잠재적 간섭이나 반전으로 만들 것이다. 그럼에도 불구하고 '비실재'로 치부되는 사람들은 실재를 붙잡고 있고, 이런 실재는 합주 도중에 일어나는 정지의 순간이며, 그런 수행적 기습이 치명적인 불안정성을 만든다. 그렇다면 이 책은 성적 주변인으로 살고 있거나 살려고 애쓰는 사람들에게 살 만한 삶의 가능성을 확장하

게 만드는 데 어느 정도 성공했고 계속 성공해나갈 집단적 투쟁중 문화적 삶의 일부로 쓴 것이다.[15]

1999년 6월
캘리포니아주 버클리에서
주디스 버틀러

---

15) 이 서문을 썼던 1999년 봄, 나에게 지지와 우정을 보내준 웬디 브라운, 조앤 W. 스콧, 알렉산드라 체이신, 프랜시스 바트코프스키, 재닛 할리, 미셸 페헤르, 호미 바바, 드루실라 코넬, 데니스 라일리, 엘리자베스 위드, 카자 실버만, 앤 펠레그리니, 윌리엄 코널리, 가야트리 차크라보르티 스피박, 에르네스토 라클라우, 에두아르도 카다바, 플로렌스 도어, 데이비드 카잔지안, 데이비드 엥, 그리고 디나 알카심에게 감사의 말을 전한다.

초판 서문(1990)

　젠더의 불확정성을 주장하면 결국 페미니즘이 실패하기라도 할 것처럼, 젠더의 의미에 관한 당대의 페미니즘 논쟁은 여러 번이나 트러블을 일으켰다. 그렇다고 트러블에 부정적 의미만 있는 것은 아니다. 내가 어릴 적 위세를 떨치던 담론에서는 트러블이란 일으켜선 안 될 어떤 것이었는데, 트러블을 일으키면 트러블에 빠지기 때문이었다. 반항과 그에 대한 질책이 같은 말에 휘말리는 것 같았고, 그런 현상을 보고 나는 처음으로 권력의 미묘한 책략을 꿰뚫어볼 비판적 통찰을 갖게 되었다. 지배적인 법이 우리를 트러블로 위협하기도 하고 트러블에 빠지게도 하는데, 이 모두가 트러블에서 벗어나기 위해서라니 말이다. 그래서 나는 트러블이란 피할 수 없는 것이고, 내가 할 일은 최대한 트러블을 잘 일으키고, 최고로 멋지게 트러블에 빠지는 것이라고 결론을 내렸다. 시간이 가면서 비평 현장에는 다른 모호성도 나타났다. 때로는 트러블이 의미하는 것이 근본적으로 불가사의한 것에 대한 완곡한 표현임을 알게 되었는데, 주로 여성적인 것의 소위 신비성과 관련되는 문제였다. 내가 읽기로 보부아르는 남성적 문화의 관점에서 여성이 된다는 것이 남성에게는 신비함 또는 알 수 없음의 근원이 되는 것이라고 설명했는데, 사르트르를 읽으니 어떤 면에서는 그 말이 확실해진 것 같았다. 의심쩍게도 사르트르는 모든 욕망을 이성애적이고 남성적인 것으로 가정하고 트러블로 정의하기 때문이었다. 남성적 욕망의 주체에게 트러블은 여성 '대상'의 갑작스러운 침입과 예상치 못한 행위성이 얽혀 있는 스캔들이 되었다. 이 여성 '대상'은 이해할 수 없게도 시선을 되돌리고 응시를 뒤집어 남성적 위치에 해당하는 장소와 권위에 도전하기 때문이다. 남성 주체가 여성 '타자Other'에게 근원적으로 의존하다보니, 남성 주체의 자율성은 환상이라는 것이 갑자기 폭로되었다. 내가 주목한 것이 그 특정한 변증법적 권력의 역전은 아니었지만, 분명 관심이 간 부분도 있었다. 권력은 주체 사이의 교환이나 주체와 타자 사이에 늘 일어나는 역전관계 그 이상처럼 보였다. 사실 젠더에 대해 사유하는 이분법적 틀 자체를 생산하는 데 권력이 작용하는 것처럼 보였다. 나는 물었다. 어떤 권력의 배치가 주체와 타자, '남성'과 '여성'의 이분법적 관계를 구성하고, 그런 용어에 내적 안정성을 만드는가? 여기에 어떤 규제가 작용하는가? 그런 용어가 트러블을 일으키지 않는 것은 젠더와 욕망을 개념화하는 이성애적 기반에 순응할 때뿐인가? 추정상의 이성애적 인식체계가 그와 같은 명목상의 존재론 범주를 만들고 또 구체화한다는 게 밝혀지면 주체와 젠더 범주의 안정성은 어떻게 될까?

하지만 인식론적/존재론적 체제는 어떻게 문제삼을 수 있는가? 젠더 위계와 강제적 이성애를 지탱하는 젠더 범주에 트러블을 일으킬 가장 좋은 방법은 무엇인가? '여자의 트러블female trouble'이라는 운명을 생각해보자. 이 말은 이름조차 없던 여성의 질병을 나타낸 역사적 표현인데, 여성은 타고난 질병이라는 생각을 거의 그대로 드러내고 있다. 여성의 몸을 치료 대상으로 만드는 것은 심각한 문제지만, 이런 용어는 한편으로 우습기도 한데, 심각한 범주 앞에서 웃음을 터트리는 일이 페미니즘에 꼭 필요하다. 분명 페미니즘에는 심각한 놀이를 할 자신만의 형식도 물론 계속 필요하다. '여자의 트러블'은 디바인Divine이 출연한 존 워터스John Waters 감독의 영화 제목이기도 하다. 디바인은 〈헤어스프레이〉에서 남녀 주인공 역할을 동시에 연기했는데, 그/녀의 여장 연기를 보면 젠더란 진짜인 척 행세하는 끈질긴 연극 행위 같은 것이라고 말하는 것 같다. 그/녀의 연기는 대개 젠더 담론이 작동하는 구분, 즉 자연스러운 것과 인위적인 것, 심층과 표층, 내부와 외부의 구분 자체를 뒤흔든다. 드랙은 젠더를 모방하는가, 아니면 젠더 자체가 형성되는 의미화 몸짓을 드라마화한 것인가? 여성이라는 것이 '자연적 사실'이나 문화적 퍼포먼스를 구성하는가, 아니면 '자연스러움'이 성의 범주 안에서 성의 범주를 통해 몸을 생산하는, 담론적으로 규제된 수행적 행위를 거쳐 구성되는 것인가? 디바인의 사례도 있지만 종종 원래 성별이나 진짜 성별이 수행적으로 구성되었음을 강조하는 패러디의 맥락에서 보면 게이와 레즈비언 문화 속의 젠더 행위는 '자연스러운 것'을 쟁점으로 삼는다. 자연스러움, 원본, 필연성의 효과를 창출하는 생산물로 보일 만한 다른 근본적인 정체성 범주에 성별, 젠더, 몸의 이분법 말고 또 무엇이 있을까?

성별, 젠더, 욕망의 근본적 범주가 특정한 권력 형성의 효과라는 것을 폭로하려면, 푸코가 니체를 재구성하면서 '계보학'이라고 이름 붙인 비평적 탐구 형식이 필요하다. 계보학적 비평은 젠더의 근원, 여성 욕망의 내적 진리, 억압 때문에 겉으로 드러나지 못한 진정한 또는 진짜 성정체성을 찾으려 하지 않는다. 대신 계보학은 사실 분산된 여러 기원점이 있는 제도와 실천과 담론의 효과인 정체성의 범주를 기원이자 원인으로 명명하는 정치적 이해관계를 탐구한다. 계보학의 연구과제는 남근로고스중심주의와 강제적 이성애라는 매우 규정적인 제도를 중심에 두고, 또 그 중심을 분산시키려 한다.

　'여자female'라는 개념이 이제는 더이상 안정되어 보이지 않기 때문에, 그 의미도 '여성woman'만큼이나 트러블에 시달리고 흔들린다. 그리고 여자와 여성이라는 용어는 관계적 용어로서만 문제가 많은 의미를 갖게 되므로, 계보학적 탐구는 젠더와 젠더가 제시한 관계의 분석을 중심에 둔다. 더구나 페미니즘 이론이 정치적 임무를 잘 해내려면 일차적 정체성primary identity의 문제를 해결해야 하는 것인지도 이제는 확실치 않다. 대신 우리는 이런 질문을 해야 한다. 정체성의 범주를 근본적으로 비판한 결과 어떤 정치적 가능성이 생기는가? 공통된 토대로서의 정체성이 더이상 페미니즘의 정치적 담론을 규제하지 않는다면 어떤 새로운 형태의 정치가 등장하는가? 공통된 정체성을 페미니즘 정치의 근원에 두려는 노력은 정체성의 정치적 구성과 규제에 관한 급진적 연구를 얼마나 방해하고 있는가?

　전체 3장으로 구성된 이 책은 서로 다른 담론 영역에서 젠더 범주에 대한 비판적 계보학을 세우려 한다. 1장「성별/젠더/욕망의 주체」는 페미니즘의 주체로서 '여성'의 지위를 재고하고, 성별/젠더의 구분을 다시 생각한다. 강제적 이성애와 남근로고스중심주의는 권력/담론의 체제로 이해되는데, 때로 이것은 젠더 담론의 주요 질문에 답하는 방식이 서로 완전히 다르다. 언어는 어떻게 성별 범주를 구성하는가? '여성성'은 언어 속 재현에 저항하는가? 언어가 남근로고스중심적이라고 생각하는가?(뤼스 이리가레의 질문) '여성성'은 여자와 성적인 것을 융합한 언어로 표현되는 유일한 성인가?(모니크 비티그의 주장) 강제적 이성애와 남근로고스중심주의는 어디서 어떻게 만나는가? 그 둘이 갈라지는 지점은 또 어디인가? 언어는 어떻게 해서 이 다양한 권력체제를 지탱하는 '성'의 허구적 구성을 만드는가? 이성애를 전제한 언어 속에서 성별, 젠더, 욕망 사이에 어떤 연속성이 있다고 가정되는가? 이런 용어들은 각기 다른 것인가? 어떤 문화적 실천이 성별, 젠더, 욕망 사이의 전복적 불연속과 불일치를 만들어, 흔히 알려진 이들 간의 관계에 의문을 제기하는가?

2장「금지, 정신분석학, 이성애적 기반의 생산」은 근친애 금기를 이성애 틀 안에서 내적 일관성이 있는 별개의 젠더 정체성을 강제하는 기제로 보는 구조주의, 정신분석학, 페미니즘 해석 몇 가지를 제시한다. 일부 정신분석학 담론에서 동성애 문제는 문화적으로 인식 불가능한 형식들과 늘 결부되며, 레즈비어니즘의 경우 여자의 몸을 탈성화 desexualization하는 것과 결부된다. 다른 한편으로는 동일시 분석을 통해, 또 조앤 리비에르Joan Riviere나 다른 정신분석학 저서에 나타난 가면의 분석을 통해, 정신분석학 이론으로 복잡한 젠더 '정체성'을 설명하고자 한다. 근친애 금기가 우선 푸코의『성의 역사』에 나타난 억압 가설 비판을 따른다면, 그런 금지의 구조나 사법 구조는 남성적 성경제sexual economy 안에서 강제적 이성애를 시작하게 하고, 또 그런 성경제에 비판적으로 도전할 수 있게 하는 것처럼 보인다. 정신분석학은 사실 엄격하고 위계적인 성적 규약을 철폐하는 성적 복잡성을 긍정하는 반反토대주의 연구인가? 아니면 바로 그런 위계를 옹호하는 정체성의 토대에 관해 인식하지 못했던 일련의 전제들을 유지하는 것인가?

마지막 3장「전복적 몸짓」은 쥘리아 크리스테바의 저작 속에서 성과 섹슈얼리티의 문화적 인식 가능성을 지배하는 내면의 암묵적 규범들을 보여주기 위해, 그의 저작에 나타난 어머니의 몸의 구성을 비판적으로 검토하면서 시작한다. 푸코가 크리스테바를 비판하긴 하지만, 푸코의 저작 몇 편을 꼼꼼히 읽어보면 그가 성차에 아예 무관심하다는 문제가 드러난다. 그러나 성의 범주에 대한 푸코의 비판은, 단일한 성을 지정하기 위해 만든 당대의 의학적 허구들과 관련된 규제적 행위를 꿰뚫어볼 통찰력을 준다. 모니크 비티그의 이론과 소설은 문화적으로 구성된 몸을 '해체'할 것을 제안하면서, 이런 형태론 자체가 지배적 개념틀의 결과라고 주장한다. 3장의 마지막 절 '몸의 각인, 수행적 전복'은 메리 더글러스와 쥘리아 크리스테바의 저서에 기대어, 몸의 경계와 표면이 정치적으로 구성되었다고 본다. 나는 몸의 범주를 탈자연화하고 재의미화하기 위한 전략으로서, 젠더 행위의 수행적 이론에 기초한 일단의 패러디 실천을 설명하고 또 주장할 것이다. 이런 패러디 실천은 몸, 성별, 젠더, 섹슈얼리티의 범주를 파열시키고, 이분법의 틀을 넘어서 이런 범주들을 전복적으로 재의미화하고 증식시킬 것이다.

모든 책에는 그 책의 관점에서 재구성할 수 있는 것보다 더 많은 자료가 들어 있는 것 같다. 그런 자료가 이 책을 완전히 풀어서 해석할 수 있도록 책에 나온 언어의 의미를 정의하고 알려주지만 그런 해석의 작업이 언젠가 중단되리라는 보장은 물론 없다. 나는 이 서문을 시작하기 위해 어린 시절 이야기를 했지만 그건 사실로 환원할 수 없는 우화이다. 더 일반적으로 말해, 이 책의 목적은 젠더 우화가 자연적 사실이라는 잘못된 명칭을 확정하고 유통하는 방식을 추적하는 것이다. 이 글들이 어디에서 시작된 것인지 알 수 없고, 이 책을 쓸 수 있게 한 계기들이 무엇이었는지도 찾을 수 없다. 이런 글들이 모여 페미니즘, 젠더에 대한 게이와 레즈비언의 관점, 후기구조주의 이론의 정치적 수렴을 촉진한다. 철학이 다른 담론과 분리되어 나타나는 일은 드물지만 철학은 오늘날 이런 저자-주체를 작동시키는 지배적인 학문 기제이다. 이러한 연구는 학문 분과의 비평적 경계에 대해 이와 같은 입장을 주장하고자 한다. 요점은 주변에 머문다는 것이 아니라 다른 학문의 중심에서 파생된 모든 주변 영역의 네트워크에, 다 함께 이들 정통성의 다양한 전치를 구성하는 네트워크에 참여한다는 것이다. 학계의 젠더 연구나 여성학의 교화에 저항하기 위해서, 또 페미니즘 비평이라는 개념을 급진화하기 위해서 젠더 복잡성은 다학제 간, 후기학제 간 담론의 연합을 필요로 한다.

이 책을 쓰는 일은 여러 제도적이고 개인적인 지원이 있었기에 가능했다. 미국학술단체협의회American Council of Learned Societies는 1987년 가을 신진연구자지원사업의 혜택을 주었고, 1987~1988년 프린스턴 고등연구소의 사회과학부는 장학금과 숙박시설뿐 아니라 논쟁적 논제들도 제공해주었다. 조지워싱턴대학교의 교수연구기금 또한 그 2년의 여름 동안 내가 연구할 수 있도록 지원해주었다. 조앤 W. 스콧은 내가 원고를 쓰는 동안 매우 뛰어나고 예리한 비평가가 되어주었다. 페미니즘 정치학이라는 기존 관점을 비판적으로 새롭게 생각해보라는 스콧의 조언은 내게 자극과 도전이 되었다. 조앤 스콧이 지도하던 고등연구소의 '젠더 세미나'는 나의 관점을 명료하게 만들고 더 발전시키는 데 도움을 주었다. 집단 사고를 함께했던 중요하고 도발적인 분과들 덕분이다. 릴라 아부루고드, 야스민 에르가스, 도나 해러웨이, 이블린 폭스 켈러, 도린 콘도, 레이나 랩, 캐럴 스미스로젠버그, 루이즈 틸리에게 감사한다. 1985년과 1986년에 각각 웨슬리언대학교와 예일대학교에서 열린 '젠더, 정체성, 그리고 욕망'이라는 세미나에 참석한, 대안적 젠더 세계를 상상하려는 의지를 보여준 학생들에게도 감사를 빼놓을 수 없다. 프린스턴대학교의 여성학 콜로퀴엄, 존스홉킨스대학교의 인문학연구소, 노트르담대학교, 캔자스대학교, 애머스트칼리지와 예일대학교 의과대학에서 이 책의 일부 내용을 발표한 뒤 얻은 여러 비평적 반응에도 감사한다. 린다 싱어의 끈질긴 급진주의는 값을 헤아릴 수 없는 소중한 것이었고, 연구뿐 아니라 시기적절한 격려의 말로도 도움을 준 샌드라 바트키, 편집자로서 또 비평가로서 조언해준 린다 니콜슨, 날카로운 정치적 직관을 보여준 린다 앤더슨에게도 감사한다. 또한 나의 생각을 형성해주고 지원을 아끼지 않은 엘로이즈 무어 애거, 이네스 아자르, 피터 코즈, 낸시 F. 콧, 캐시 네이턴슨, 로이스 네이턴슨, 모리스 네이턴슨, 스테이시 파이스, 조시 샤피로, 마거릿 솔탄, 로버트 V. 스톤, 리처드 반, 그리고 에스치 보토 등 각각의 사람들,

친구들, 동료들에게 감사한다. 이 원고를 준비하는 데 도움을 준 샌드라 슈미트의 세밀한 연구에 대해서도, 도움을 준 메그 길버트에게도 감사를 전한다. 또한 유머와 인내, 편집에 대한 섬세한 조언으로 이런 저런 계획들을 격려해준 모린 맥그로건에게 감사한다.

　예전처럼 거침없는 상상력과 날카로운 비판, 그리고 도발적인 연구로 도움을 준 웬디 오언에게 감사한다.

1장

성별 / 젠더 / 욕망의 주체

여성은 태어나는 것이 아니라 만들어지는 것이다. _시몬 드 보부아르

엄밀히 말한다면, '여성'이 존재한다고 말할 수 없다. _쥘리아 크리스테바

여성은 하나의 성을 갖지 않는다. _뤼스 이리가레

섹슈얼리티 장치가 (…) 이러한 성의 관념을 만들어냈다. _미셸 푸코

성의 범주는 사회를 이성애적으로 확립하는 정치적 범주다. _모니크 비티그

1. 페미니즘의 주체로서 '여성들'

대체로 페미니즘 이론은 여성들이라는 범주로 이해되는 기존의 어떤 정체성이 있다고 가정해왔고, 이 여성들이 담론 안에서 페미니즘의 이익과 목표를 발의할 뿐 아니라 정치적으로 재현할 주체도 구성한다. 하지만 정치politics와 재현representation은 논쟁적인 용어다. 한편으로 재현은 정치적 주체로서의 여성에게 가시성과 정당성을 확대하고자 하는 정치 과정에서 효과적 용어로 작용한다. 다른 한편으로 재현은 여성들이라는 범주에 대해 참이라고 추정되어온 것을 드러내거나 왜곡한다고 말해지는 언어의 규범적 기능이기도 하다. 페미니즘 이론은 여성들의 정치적 가시성을 키우기 위해 완전하게든 적절하게든 여성을 재현할 언어를 반드시 발달시켜야 할 것 같았다. 여성들의 삶이 잘못 재현되었거나 아예 재현조차 되지 못했던 전반적인 문화 상황을 고려할 때 그것은 분명 중요해 보였다.

최근 페미니즘 이론과 정치의 관계에 대한 이런 지배적인 인식을 놓고 페미니즘 담론 안에서 이의가 제기되었다. 여성 주체는 더이상 안정되거나 고정된 용어로 생각되지 않는다. 재현할 최종 후보 혹은 해방되어야 할 최종 후보로서 '주체'의 가능성을 의심하는 문헌도 많았지만, 무엇이 여성들이라는 범주를 구성하는지, 또 구성해야 하는지에 대해서는 공통된 합의가 거의 없었다. 정치적이고 언어적인 '재현'의 영역은 미리 주체가 형성되는 기준을 설정하고, 그 결과 재현은 주체로 인정될 만큼만 확장된다. 다시 말해 재현의 확장 이전에 주체가 되기 위한 자격조건부터 우선 충족해야 한다.

푸코는 권력의 사법체계가 나중에 재현하게 되는 주체를 생산한다고 지적한다.[1] 권력의 사법적 개념은, 우연적이고 철회 가능한 선택의 과정을 통해 정치적 구조와 관련된 개인을 제한하고 금지하고 규제하고 통제하며 심지어 '보호'함으로써 정치적 삶을 순전히 부정적으로만 규제하는 것으로 보인다. 그러나 이런 구조에 의해 규제를 받은 주체는 그 구조에 매여 있어서 구조의 요건에 맞게 형성되고 정의되고 재생산된다. 이 분석이 옳다면 여성을 페미니즘 '주체'로 재현하는 언어와 정치의 사법적 구성은 그 자체가 당대의 재현 정치에 대한 담론적 구성

---

1) Michel Foucault, "Right of Death and Power over Life", *The History of Sexuality, Volume I, An Introduction*, trans. Robert Hurley, New York, Vintage, 1980. 원전은 *Histoire de la sexualité 1: La volonté de savoir*, Paris, Gallimard, 1978. 마지막 장에서 푸코는 법의 사법적 기능과 생산적 기능의 관계를 검토한다. 그에게 법의 '생산' 개념이 니체의 '권력에의 의지'와 꼭 같은 것은 아니지만, 분명 니체에게서 파생되어 나온 것이다. 여기서 푸코의 생산적 권력 개념을 사용한 이유는 단순히 푸코를 젠더 문제에 '적용'하려는 의도는 아니다. 이 책 3장의 2절 '푸코, 에르퀼린, 성적 불연속성의 정치학'이 보여주듯, 푸코의 글에서 성차에 대한 생각은 그의 이론의 핵심적 모순을 드러낸다. 3장에서 몸에 대한 푸코의 관점을 비판적으로 제시했다.

물이자 결과물이다. 그리고 페미니즘의 주체는 자신을 해방시켜야 할 정치체계에 의해서 담론적으로 구성된다는 것이 밝혀진다. 만약 이 체계가 차별적인 지배의 축을 따라 젠더화된 주체를 생산하거나 남성적으로 추정되는 주체를 생산하는 것으로 밝혀진다면, 이는 정치적으로 문제가 된다. 이 경우 '여성들'의 해방을 위해 이런 체계에 무비판적으로 호소하는 것은 분명 자기모순이 될 것이다.

정치의 사법 구조가 굳어지면 사법적 주체는 틀림없이 '보이지' 않는 배제의 실천을 통해 생산된다. 그러므로 '주체' 문제는 정치에서, 특히 페미니즘 정치에서 중대한 문제다. 다시 말해 주체의 정치적 구성은 특정한 합법화 및 배제의 목적을 갖고 진행되며, 이런 정치적 작용이 사법 구조를 기반으로 하는 정치적 분석 덕분에 사실상 잘 감춰지면서 자연스러운 것이 된다. 사법적 권력은 자신이 재현할 뿐이라고 주장하는 것을 필연적으로 '생산한다'. 따라서 정치는 권력의 이중 기능, 즉 사법 기능과 생산 기능에 유념해야 한다. 실은 법의 규제적 헤게모니를 결국 합법화하는 자연화된 토대적 전제로서 담론의 형성을 소환하기 위해, 법은 '법 앞의 주체'[2]라는 관념을 만들고 은폐한다. 여성이 언어와 정치에서 어떻게 더 완전하게 재현될 수 있는가를 탐구하는 것으로는 불충분하다. 페미니즘 비평은 페미니즘 주체인 '여성' 범주가 해방되고자 하는 바로 그 권력 구조로 인해 어떻게 생산되고 또

---

2) 이 책에서 언급되는 '법 앞의 주체'는 모두 카프카의 우화 「법 앞에서」에 대해 데리다가 해석한 것을 염두에 두었다("Before the Law", *Kafka and the Contemporary Critical Performance: Centenary Readings*, ed. Alan Udoff, Bloomington, Indiana University Press, 1987).

규제받는지를 이해할 수 있어야 한다.

사실 페미니즘 주체로서의 여성에 대한 문제는 어쩌면 법 안의 재현이나 법에 의한 재현을 기다리면서 법 '앞'에 서 있는 주체라는 게 없을지도 모른다는 가능성을 제기한다. 아마 그 주체는 시간상의 '앞'을 소환하기도 하지만, 자신의 적법성을 주장하는 허구적 기반으로서의 법에 의해 구성되었을 것이다. 법 앞의 주체라는 존재론적 진실성에 대한 지배적인 가정은 자연 상태 가설을 보여주는 당대의 흔적으로 이해될 수 있고, 고전적 자유주의의 사법 구조를 구성하는 토대주의적 우화로 이해될 수 있다. 비역사적 의미의 '앞'을 수행적으로 소환하는 것은 지배당하는 것에 흔쾌히 동의하고 그에 따라 사회계약의 적법성을 만든 사람들의 전사회적 존재론presocial ontology을 보장하는 토대주의적 전제가 된다.

그러나 주체 개념을 지탱하는 토대주의적 허구와는 별개로, 여성들이라는 용어가 하나의 공통된 정체성을 의미한다는 가정에서 페미니즘이 마주하는 정치적 문제가 있다. 여성들은 복수형이라 해도 그것이 설명하고 재현하려는 사람들이 모두 합의해야 하는 안정된 기표signifier가 아니라 골치 아픈 용어, 논쟁의 장, 불안의 원인이 되었다. 데니스 라일리의 책 제목이기도 한 『나는 내 이름인가?Am I That Name?』는 이름이 여러 의미를 가질 수 있다는 가능성에서 생긴 질문이다.[3] 어떤 사람이 여성'이다'라고 해서 그것이 그 사람의 전부를 말하는 것은 아니며, 여성이라는 말은 완전한 의미가 될 수 없다. 이는 이미 젠더화된

---

3) Denise Riley, *Am I That Name?: Feminism and the Category of 'Women' in History*, New York, Macmillan, 1988.

'사람'이 그 젠더의 특정 장치를 초월하기 때문이 아니라, 젠더라는 것이 여러 역사적 맥락 속에서 늘 일관되거나 지속적으로 구성될 수 없기 때문이다. 또 젠더는 담론적으로 구성된 정체성의 인종, 계급, 민족, 성적 및 지역적 양상들과 교차하기 때문이다. 그 결과 젠더가 생산되고 유지되는 정치적 문화적 교차점에서 '젠더'를 떼어내기란 불가능해진다.

페미니즘에 틀림없이 보편 기반이 있으리라는 정치적 가정, 그 보편 기반은 여러 문화가 교차된 정체성에서 틀림없이 발견될 것이라는 가정은 종종 여성 억압이 보편적이고 지배적인 가부장제 구조나 남성지배 구조와 구별되는 단일한 형태를 가진다는 생각을 수반한다. 보편적 가부장제 개념은 젠더 억압이 나타나는 구체적인 문화 맥락에서 젠더 억압의 과정을 설명하지 못한다는 이유로 최근 들어 널리 비판받고 있다. 그 개념은 이런 이론 속 여러 맥락에서, 처음부터 전제된 보편 원리의 '실례'나 '본보기'를 찾아왔다. 그런 형태로 페미니즘을 이론화하는 것은 서구의 억압 개념을 높이 평가하고, '제3세계'나 심지어 '동양'에서의 젠더 억압이 본질적이고 비서구적인 야만성의 징후라고 교묘히 설명하는 경향이 있기 때문에, 비서구적 문화를 식민화하고 착취한다는 비판을 받았다. 대표성을 가져야 한다는 페미니즘만의 주장이 그 외관을 강화하려면 가부장제를 대신할 보편적 위상을 확립해야 한다는 페미니즘의 긴급한 요청이 있었고, 이것이 여성들의 공통적인 복종 경험을 생산하는 지배 구조의 범주적이고 허구적인 보편성을 향한 지름길로 가게 만드는 동기가 되었다.

보편적 가부장제에 대한 주장이 더이상 예전의 명망을 누리지는 못

해도 '여성'이라는 일반적으로 공유된 개념, 그 틀에 상응하는 결과를 바꾸기는 더 어려워졌다. 물론 많은 논쟁이 있었다. 억압에 앞서 있는 '여성들' 사이에 어떤 공통점이 있는가, 아니면 '여성'은 억압당한 것 때문에 유대를 가지는가? 지배적 남성문화에 복종하는 것과는 무관한 여성문화의 어떤 특수성이 있는가? 여성의 문화적 또는 언어적 실천의 특수성과 진실성이 언제나 지배적인 문화 형태의 관점에 맞서, 고로 그 관점에서 설명되는가? '특히 여성적인' 영역, 남성적인 것과 구분되는 동시에 표시가 나지 않아 '여성' 보편으로 추측되는, 그 차이 속에 인식되는 '특히 여성적인' 영역이 있는가? 남성성/여성성이라는 이원 구조는 그 특수성이 인식되는 배타적 틀을 만들 뿐 아니라, 모든 면에서 여성성의 특수성이 다시 완전히 탈맥락화되고, 분석적으로나 정치적으로나 계급, 인종, 민족 및 다른 권력관계의 축과 분리된다. 이런 권력관계의 축이 '정체성'을 만들기도 하지만 또한 단일한 정체성 개념을 잘못된 명칭으로 만들기도 한다.[4]

내가 주장하려는 것은 페미니즘 주체에 전제된 보편성과 통일성이, 그 안에서 작용하는 재현 담론의 규제 때문에 사실상 훼손되어 있다는 것이다. 실제로 이음새 없이 완벽한 여성 범주로 생각되는 안정된 페미니즘 주체를 섣불리 주장한다면 그런 범주를 받아들이는 데 여러 거부가 생길 수밖에 없다. 이런 배타적 영역은 해방이라는 목적을 위해 면밀히 검토하여 구성했다 하더라도 그 구성의 강압적이고 규제적인

---

4) Sandra Harding, "The Instability of the Analytical Categories of Feminist Theory", *Sex and Scientific Inquiry*, eds. Sandra Harding and Jean F. O'Barr, Chicago, University of Chicago Press, 1987, pp. 283~302.

결과를 드러낸다. 사실상 페미니즘 내부의 파편화나 페미니즘이 재현하려는 '여성'이 페미니즘에 반대한다는 역설적 상황은 정체성 정치의 필연적 한계를 나타낸다. 자기가 구성한 주체에 대해 더 폭넓은 재현을 모색할 수 있다는 페미니즘의 주장은, 페미니즘의 재현 주장에 있는 구성의 힘을 고려하지 않는다면 페미니즘의 목표를 이루지 못할 위험이 있다는 모순된 결과를 가져온다. 전략은 언제나 의도한 목적을 넘어서는 의미를 갖기 때문에, 단순히 '전략적' 목적으로 여성 범주에 의지한다고 해서 이 문제가 완화되지는 않는다. 이 경우 배타적 상황은 의도하지 않았지만 결과로 나타난 의미라고 할 수 있다. 페미니즘이 안정된 주체로 표명된 재현 정치의 요구에 동의함으로써, 그 결과로 나타난 심히 잘못된 재현에 대한 책임도 피할 수 없다.

분명 페미니즘의 정치적 과제가 (마치 그럴 수 있기라도 한 것처럼) 재현 정치를 거부하는 것은 아니다. 언어와 정치의 사법 구조는 당대 권력의 장을 구성한다. 따라서 이 권력의 장 바깥에는 어떤 위치도 없으며, 오직 스스로를 정당화하려는 관행을 꼬집는 계보학만이 존재할 뿐이다. 마르크스의 말대로 이러한 비판의 출발점은 역사적 현재historical present다. 그리고 우리의 과제는 이렇게 구성된 틀 안에서 당대의 사법 구조가 생산하고 자연화하고 고정시킨 정체성 범주의 비판을 공식화하는 것이다.

문화정치의 접점에서, '포스트페미니즘' 시대라 부르기도 하는 시기에, 페미니즘 주체를 확립하라는 명령에 대해 페미니즘 내부에서 생각해볼 기회가 있을 것이다. 다른 근거에서 페미니즘을 부활시킬 재현의 정치를 만들기 위해, 페미니즘의 정치적 실천 속에서 정체성의 존재론적 구성을 근본적으로 재고하는 일은 꼭 필요해 보인다. 다른 한편 (늘 배타적인 정체성 입장 또는 반정체성 입장으로 논쟁을 일으키는) 하나의 또는 고정된 토대를 구축할 필요성으로부터 페미니즘 이론을 해방시키는 급진적 비평을 누릴 때도 되었다. 페미니즘 이론의 토대를 주체인 '여성들'이라는 관념에 묶어두려는 배타적 관행이 역설적으로 '재현'을 더 넓게 주장하려는 페미니즘의 목표를 깎아내리는 것은 아닐까?[5]

문제는 훨씬 더 심각할 것이다. 여성 범주를 일관되고 안정된 주체로 구성하면 자기도 모르게 젠더관계를 규제하고 물화reification하게 되지 않을까? 그리고 이런 물화야말로 페미니즘의 목적과 대치되는 것은 아닐까? 여성 범주는 이성애적 기반의 맥락 속에서 안정성과 일관성을 얼마나 획득할 수 있을까?[6] 안정된 젠더 개념이 더이상 페미니즘 정치의 토대가 되는 전제라 할 수 없다면, 젠더와 정체성의 물화 자체

---

5) 낸시 콧Nancy Cott의 책 『근대 페미니즘의 기반/좌초The Grounding of Modern Feminism』(New Haven, Yale University Press, 1987)에 내재한 모호함이 떠올랐다. 콧은 20세기 초 미국 페미니즘 운동이 결국 그 운동을 '좌초시킨grounded' 강령에 스스로 '기반ground하고자' 했다고 주장한다. 그의 역사적 논제는 '억압된 것의 회귀'처럼 작동하는 토대를 무비판적으로 받아들일 것인가의 문제를 함축적으로 제기한다. 배타적 관행에 기초해 정치 운동의 근거를 만드는 안정된 정치적 정체성은 토대주의적 운동이 만들어낸 그 불안정성 때문에 항상 위협을 받을 수 있다.

6) 이 책에서 이성애적 기반heterosexual matrix이라는 용어는 몸, 젠더, 욕망이 당연시되는 문화적 인식 가능성의 좌표를 명시하기 위해 쓰였다. 젠더 인식 가능성이라는 지배적인 담론적/인식론적 모델의 특징을 나타내기 위해 모니크 비티그의 '이성애적 계약' 개념을 가져왔고, 그보다는 적지만 에이드리언 리치의 '강제적 이성애' 개념도 다소 끌어왔다. 이 모델들은 몸이 일관된 것이고 안정된 젠더(남성적인 것은 남자, 여성적인 것은 여자)를 통해서 표현되는 안정된 성이 있다는 게 합당하다고 전제하고 있다. 안정된 성은 강제적 이성애의 실천을 통해 대립적인 것, 위계적인 것으로 규정된다.

에 대항하는 새로운 페미니즘 정치가 바람직할 것이고, 이것은 특정한 정치적 목표가 아니더라도 방법론적이고 규범적인 전제조건으로서 다양한 정체성의 구성을 수용할 것이다.

페미니즘에 사법적 주체라는 자격을 주는 것을 생산하고 또 은폐하는 정치 작용을 추적하는 것이 바로 여성 범주에 대한 페미니즘 계보학 feminist genealogy의 과제다. 페미니즘 주체로서의 '여성'에 대해 의문을 제기하려는 이런 노력에 '여성' 범주를 당연한 듯 끌어온다면, 재현의 정치로서 페미니즘의 가능성을 배제하는 것으로 밝혀질 수도 있다. 주체에 대한 무언의 규범적 요구에 순응하지 않는 이들을 배제함으로써 구성된 주체들로 재현을 확장하는 것에 무슨 의미가 있는가? 재현이 정치의 유일한 초점일 때 지배와 배제의 어떤 관계가 우리가 모르는 사이 유지되는가? 만일 주체의 형성이 그러한 토대를 주장하면서 규칙적으로 숨겨온 어떤 권력의 장에서 발생한다면, 페미니즘 주체의 정체성이 페미니즘 정치의 토대가 되어서는 안 된다. 역설적이지만 '여성'이라는 주체가 그 어디에서도 가정되지 않을 때에만 '재현'이 페미니즘에 의미 있는 것으로 나타날 것이다.

2. 성별/젠더/욕망의 강제적 질서

가끔 '여성'이라는 아무 문제 없는 통일성이 정체성의 결속을 위해 소환되긴 하지만, 성별과 젠더를 구분하게 되면서 페미니즘 주체에 균열이 가기 시작했다. 원래 '생물학은 운명'이라는 공식에 반박하고자 성별과 젠더를 구분했는데, 이런 구분 때문에 성별에 어떤 생물학적 고집이 있어 보이건, 젠더는 문화적으로 구성된 것으로 주장하게 되었다. 그러므로 젠더는 성별의 인과적 결과도 아니고 성별처럼 겉보기에 고정된 것도 아니다. 따라서 주체의 통일성은 젠더를 성별의 다양한 해석 중 하나로 보는 구분 때문에 이미 잠재적인 논쟁거리가 되었다.[1]

성별화된 몸이 취하는 문화적 의미가 젠더라면, 어쨌든 젠더가 성별에서 나온 것이라고 할 수는 없다. 논리를 극단으로 밀고 가면 성별/젠더의 구분은 성별로 결정된 몸과 문화로 구성된 젠더가 극히 단절되어

---

[1] 구조주의 인류학의 성별/젠더 구분 논의와, 그 공식에 관한 페미니즘의 전유와 비판은 이 책의 2장 1절 '구조주의의 비판적 교환'을 참고.

있다는 의미가 된다. 이런 구분이 이분법적인 성별의 안정성을 잠시 가정하지만, 그렇다고 '남성'의 구성이 남성의 몸에만 속하고, '여성'의 구성이 여성의 몸만 해석한다는 뜻은 아니다. 게다가 (문제의 소지가 될) 두 개의 성별이 형태나 구성상 늘 문제없이 이원적으로 보인다고 해서 젠더도 둘이어야 한다고 가정할 이유가 없다.[2] 이분법적인 젠더체계의 가정은 젠더가 성별을 모방해서 젠더는 성별을 반영하거나 성별의 규제를 받는다는 신념을 은연중 유지한다. 구성된 젠더의 위상이 성별과는 완전히 다른 별개의 것이라고 이론화되면 젠더는 그 자체로 자유로이 떠도는 인공물이 되고, 그 결과 남성과 남성적인 것이 남성의 몸을 의미하는 만큼이나 쉽게 여성의 몸을 의미할 수 있고, 여성과 여성적인 것이 여성의 몸을 의미하는 만큼이나 쉽게 남성의 몸을 의미할 수도 있다.

젠더화된 주체의 이런 근본적인 분리는 다른 문제들도 가져온다. 성별 및/또는 젠더가 어떤 수단을 통해 주어졌는지를 먼저 묻지 않고서 '주어진' 성별이나 '주어진' 젠더를 지칭할 수 있는가? 그렇다면 도대체 '성별'은 무엇인가? 그것은 자연적인 것인가, 해부학적인 것인가,

---

2) 아메리칸 원주민 사회의 베르다슈berdache(아메리카 인디언 사회에서 여성의 역할을 하는 남자로 '두 개의 영혼'으로도 불린다 ─옮긴이)와 다중 젠더 설정에 관한 흥미로운 논의는 다음을 참고. Walter L. Williams, *The Spirit and the Flesh: Sexual Diversity in American Indian Culture*, Boston, Beacon Press, 1988; Sherry B. Ortner and Harriet Whitehead, eds., *Sexual Meanings: The Cultural Construction of Sexuality*, New York, Cambridge University Press, 1981. 베르다슈, 트랜스섹슈얼, 젠더 이분법의 우연성에 대한 정치적으로 민감하고 도발적인 분석은 다음 문헌을 참고할 수 있다. Suzanne J. Kessler and Wendy McKenna, *Gender: An Ethnomethodological Approach*, Chicago, University of Chicago Press, 1978.

염색체나 호르몬에 관한 것인가? 페미니즘 비평가는 그런 '사실'을 확립하려는 과학 담론을 어떻게 평가할 것인가?[3] 성별에 역사가 있는가?[4] 각 성별은 서로 다른 역사를 가지는가, 아니면 역사도 여러 개인가? 성별의 이원성이 어떻게 확립되었는지에 관한 역사, 즉 이분법을 구성하는 항목이 변화 가능한 구성물임을 폭로할 계보가 있는가? 겉보기에 자연스러운 사실인 성별은 다른 정치적이고 사회적인 이해관계를 추구하는 가운데 여러 과학적 담론에 의해 만들어진 것인가? 성별이 불변의 특성을 지녔다는 것이 논쟁거리라면, 어쩌면 '성별'이라

---

3) 생물학, 과학사 분야에서 많은 페미니즘 연구가 이루어졌는데, 이 분야는 성별에 대한 과학적 기반을 마련하기 위해 다양한 차별과정에 내재하는 정치적 이해관계를 평가한다. 이에 대해서는 Ruth Hubbard and Marian Lowe, eds., *Genes and Gender*, Vols. 1 and 2, New York, Gordian Press, 1978, 1979를 참고. 페미니즘과 과학에 관한 저널 두 권(*Hypatia: A Journal of Feminist Philosophy*, Vol. 2, No. 3, Fall 1987; Vol. 3, No. 1, Spring 1988) 중에서 특히 두번째 권(1988년 봄호)의 「현대 세포생물학에 대한 페미니즘 비평의 중요성The Importance of Feminist Critique for Contemporary Cell Biology」(The Biology and Gender Study Group)을 참고. 그 외 다음 문헌을 참고하라. Sandra Harding, *The Science Question in Feminism*, Ithaca, Cornell University Press, 1986; Evelyn Fox Keller, *Reflections on Gender and Science*, New Haven, Yale University Press, 1984; Donna Haraway, "In the Beginning was the Word: The Genesis of Biological Theory", *Signs: Journal of Women in Culture and Society*, Vol. 6, No. 3, 1981; Donna Haraway, *Primate Visions*, New York, Routledge, 1989; Sandra Harding and Jean F. O'Barr, *Sex and Scientific Inquiry*, Chicago, University of Chicago Press, 1987; Anne Fausto-Sterling, *Myths of Gender: Biological Theories About Women and Men*, New York, Norton, 1979.
4) 분명 푸코의 『성의 역사』는 근대 유럽의 맥락 안에서 '성'의 역사를 재고해볼 하나의 방법을 제시한다. 더 자세한 고찰로는 다음을 참고. Thomas Laqueur and Catherine Gallagher, eds., *The Making of the Modern Body: Sexuality and Society in the 19th Century*, Berkeley, University of California Press, 1987. 원 출처는 *Representations*, No. 14, Spring 1986.

불리는 이 구성물은 젠더만큼이나 문화적으로 구성된 것이다. 사실 성별은 언제나 이미 젠더였을 것이고, 그 결과 성별과 젠더는 전혀 구별할 수 없다는 것이 확인되었다.[5]

이제 성별 자체가 젠더화된 범주라면, 젠더가 성별의 문화적 해석이라고 정의하는 것은 말이 되지 않는다. 젠더를 단순히 이미 주어진 성별(사법적 개념)에 문화적 의미를 각인한 것으로 간주해서는 안 된다. 젠더는 성별이 결정되는 생산장치도 지정해야 한다. 그 결과, 성별이 자연에 대한 것이 아니듯 젠더도 문화에 대한 것이 아니다. 또한 젠더는 '성별화된 자연'이나 '자연스러운 성별'이 마치 '담론 이전의prediscursive 것', 문화에 앞서는 것, 문화가 그 위에서 작동하는 정치적으로 중립적인 표면인양 생산되고 확립되는 담론적/문화적 수단이다. 근본적으로 비구성적인 것으로서의 '성별' 구성은 2장에서 레비스트로스와 구조주의를 논의할 때 다시 논하게 될 것이다. 여기서 성별의 내적 안정성과 이분법의 틀이 사실상 보장되는 한 가지 방법은 담론 이전의 영역에 있는 성별 이원성을 펼치는 것이라는 점이 이미 분명하다. 이처럼 성별을 담론 이전의 것으로 생산하는 것은 젠더로 지정된 문화적 구성장치의 효과라고 봐야 한다. 그렇다면 이제 담론 이전의 성별이라는 효과를 생산하면서 담론의 생산 작용을 은폐하는 권력관계를 포괄하기 위해 젠더를 어떻게 수정해야 할까?

---

5) 나의 다음 글을 참고. "Variations on Sex and Gender: Beauvoir, Wittig, Foucault", *Feminism as Critique*, eds. Seyla Benhabib and Drucilla Cornell, Basil Blackwell, dist. by University of Minnesota Press, 1987.

3. 젠더 — 당대 논쟁에서 순환하는 잔존물

　어떤 사람이 가지고 있다고 말하는 '하나'의 젠더라는 게 과연 있는 가? 아니면 "당신은 어떤 젠더인가요?"라는 질문이 의미하듯, 젠더 는 어떤 사람이다라고 말해지는 본질적 속성인가? 페미니즘 이론가들 이 젠더는 성별의 문화적 해석이라고, 혹은 젠더는 문화적으로 구성된 것이라고 할 때, 이렇게 구성되는 방식이나 기제는 어떤 것인가? 젠더 가 구성된다면, 다르게 구성될 수 있는 것인가, 아니면 젠더의 구성성 이 행위성과 변화 가능성을 원천 배제하는 사회적 결정론의 형태를 의 미하는가? '구성'이라는 것은 특정한 법이 보편적 성차의 축을 따라 젠더의 차이를 발생시킨다는 의미인가? 젠더 구성은 어디에서 어떻게 일어나는가? 구성에 앞서 인간 구성자constructor를 가정할 수 없는 구 성은 무슨 의미가 있는가? 어떤 설명에 따르면 젠더가 구성되었다는 생각은 해부학적으로 차별화된 몸에 각인된 젠더 의미의 특정한 결정 론을 뜻하고, 이때 그런 몸은 냉혹한 문화적 법을 담는 수동적 수용자로 이해된다. 젠더를 '구성'하는 '문화'가 이런 법(들)의 관점에서 이해될 때, 젠더는 '생물학은 운명'이라는 공식 아래 결정되고 고정되어 있는 것으로 보인다. 이 경우 생물학이 아니라 문화가 운명이 된다.

다른 한편, 『제2의 성』에서 시몬 드 보부아르는 "여성은 태어나는 것이 아니라 만들어지는 것이다"[1]라고 주장한다. 보부아르에게 젠더는 '구성'되었지만, 그 공식에서 젠더는 행위주체agent, 코기토cogito이자, 그 젠더를 걸치거나 끌어올 수 있고 이론상 어떤 다른 젠더를 걸치거나 끌어올 수 있는 사람이다. 보부아르의 설명이 의미하듯, 젠더는 변할 수 있고 의지에 따라 바꿀 수도 있는 것인가? 그런 경우엔 '구성'이 선택의 형태로 수렴될 수 있는가? 보부아르가 여성은 '만들어진다'고 분명히 밝혔으나 여성은 언제나 여성이 되라는 문화적 강제 아래 있다. 그리고 분명 이 강제는 '성별'에서 오지 않는다. 보부아르의 설명 어디에도 여성으로 만들어진 '사람'이 반드시 생물학적 여성이라는 확실한 선언은 없다. 보부아르의 주장대로 "몸이 하나의 상황"[2]이라면 언제나 이미 문화적 의미로 해석되지 않은 몸에 기댈 수는 없다. 따라서 성별은 담론 이전의 해부학적 사실성으로 볼 수 없다. 사실상 성별은 그 정의에 따라 지금까지 줄곧 젠더였다는 것이 밝혀질 것이다.[3]

구성의 의미에 대한 논쟁은 자유의지와 결정론 사이의 오랜 전통적

---

1) Simone de Beauvoir, *The Second Sex*, trans. E. M. Parshley, New York, Vintage, 1973, p. 301.

2) 같은 책, 38쪽.

3) 나의 다음 글을 참고. "Sex and Gender in Beauvoir's *Second Sex*", *Yale French Studies, Simone de Beauvoir: Witness to a Century*, No. 72, Winter 1986.

철학의 양극성 위에서 침몰해버린 것처럼 보인다. 그 결과 논쟁의 관점을 형성하고 제한하는 생각에 어떤 공통된 언어적 제한이 있는 것이 아닌지 의심해보는 것도 타당하다. 이런 관점에서 '몸'은 문화적 의미가 각인된 수동적 매개로, 또는 전유의 의지나 해석의 의지가 문화적 의미를 결정하는 수단으로 나타난다. 두 경우 다 몸은 일련의 문화적 의미가 오직 외적으로만 연관되는 단순한 수단이나 매개로 그려진다. 하지만 젠더화된 주체의 영역을 구성하는 무수한 '몸들'처럼 이 '몸'은 그 자체가 하나의 구성물이다. 몸은 몸의 젠더 표시에 선행하는 의미 있는 실체를 갖는다고 말할 수 없다. 여기서 문제가 발생한다. 몸은 젠더 표시 안에서, 젠더 표시를 통해서 어느 정도까지 존재가 되는가? 어떻게 우리는 몸을, 분명히 비물질인 의지의 활성화 역량을 기다리는 수동적 매개나 도구로 다시 생각하지 않는가?[4]

젠더나 성별이 고정되어 있는지, 아니면 자유롭게 풀려 있는지를 정하는 것은 분석에 특정한 한계를 정하거나 특정한 인본주의적 신조를 모든 젠더 분석에 미리 전제된 것으로 보호하려는 담론의 작용이다. 이 고집 센 위치가 '성별'이든 '젠더'든 아니면 '구성'의 의미에서든, 더 심화된 분석을 통해서 어떤 문화적 가능성이 작동할 수 있고 또 작동할 수 없는지를 알려줄 단초를 제공한다. 젠더의 담론적 분석의 한계는 문화 속에서 상상하고 실현할 수 있는 젠더 배치의 가능성을 미

---

4) 사르트르나 메를로퐁티, 그리고 보부아르와 같은 현상학자의 이론들이 체현 embodiment이라는 용어를 얼마나 사용하는지에 주목하라. 신학적 문맥에서 보면, 체현이라는 용어는 '그' 몸'the' body을 육화의 양식에 비유하고, 따라서 의미화라는 비물질성과 몸 자체의 물질성 사이의 외적이고 이원적인 관계를 보존하려는 경향이 있다.

리 선점하고 선취한다. 모든 젠더 가능성이 열려 있다고 말할 수는 없지만, 분석의 경계는 담론의 조건하에 있는 경험의 한계를 의미한다. 이런 한계는 보편적 합리성rationality의 언어처럼 보이는 이분법적 구조에 입각한 지배적 문화 담론의 관점 안에서 설정된다. 따라서 이에 대한 규제도 언어가 상상할 수 있는 젠더 영역으로 만든 것 안에서 이루어진다.

사회학자들은 젠더를 분석할 '요소'나 '차원'으로 말한다. 그러나 젠더는 생물학적 언어적 및/또는 문화적 차이의 '표시'로 체현된 사람에게 적용되기도 한다. 후자의 경우라면 젠더는 (이미) 성별로 구분된 몸이 띠는 의미라고 이해할 수 있지만, 그렇다 하더라도 그 의미는 다른, 반대 의미와의 관계 속에서만 존재할 뿐이다. 어떤 페미니즘 이론가는 젠더란 개별적 속성이 아니라 '관계'라고, 실은 여러 관계들이라고 주장한다. 또다른 이들은 보부아르를 따라, 여성 젠더만 표시되고 남성 젠더는 보편 인간과 융합되므로, 여성은 그들의 성의 관점으로 규정되는 반면, 남성은 몸을 초월한 보편 인격의 담지자로 예찬한다고 주장한다.

뤼스 이리가레는 이 논의를 좀더 복잡하게 만들면서 여성이 정체성 담론에 모순까지는 아니어도 역설을 만든다고 주장한다. 여성은 '하나'가 아닌 '성'이다. 전반적으로 남성주의적이고 남근로고스중심적인 언어에서 여성은 재현 불가능성unrepresentable을 구성한다. 다시 말해 여성이 재현하는 것은 생각할 수 없는 성, 언어의 부재나 불투명성을 가진 성이다. 일의적 의미에 기대는 언어에서 여성의 성은 규정 불가능과 지칭 불가능을 구성한다. 이런 의미에서 여성들은 '하나'가 아니라 여러 개의 성이다.[5] 여성이 타자the Other로 지목되는 보부아르와 반대로, 이리가레는 주체와 타자 둘 다 여성적인 것을 완전히 배제해서 전체화의 목표에 도달하는 폐쇄적 남근로고스중심의 의미화 경제를 떠받치는 남성적 기둥이라고 주장한다. 보부아르에게 여성은 남성의 부정형the negative이자, 남성적 정체성이 스스로를 차별화하는 '결핍'이다. 이리가레에게는 바로 그 특정한 변증법이 그것과 완전히 다른 의미화 경제를 배척하는 체계를 구성한다. 여성은 의미화 주체와 의미화되는 타자라는 사르트르의 틀에서 잘못 재현될 뿐 아니라, 이런 잘못된 의미화는 재현의 전체 구조가 부적절하다는 것을 지적한다. 따라서 하나가 아닌 성은 패권적인 서구의 재현을 비판할 출발점뿐 아니라 주체 개념을 구축한 '실체의 형이상학'을 비판할 출발점도 제시한다.

실체의 형이상학은 무엇이며, 성의 범주에 관한 생각을 어떻게 전달하는가? 우선, 주체에 대한 인본주의적 개념은 여러 본질적이고 비본질적인 속성을 가진 실체가 있는 사람을 미리 전제하는 경향이 있다. 인본주의 페미니즘의 입장은 젠더를 그 사람이라 불리는, 본질적으로 젠더화 이전의 실체나 '핵심core'이 있는 사람의 속성이라 생각할 것이고, 그것은 합리성이나 도덕적 숙고 혹은 언어와도 같은 보편적 능력을 의미할 것이다. 그러나 사람에 대한 보편적 개념은, 젠더를 특정 맥락에서 사회적으로 구성되는 주체들 사이의 관계로 이해하는 역사적

---

5) 다음을 참고. Luce Irigaray, *This Sex Which Is Not One*, trans. Catherine Porter and Carolyn Burke, Ithaca, Cornell University Press, 1985. 원전은 *Ce sexe qui n'en est pas un*, Paris, Éditions de Minuit, 1977.

이고 인류학적인 입장 때문에 젠더에 대한 사회 이론이 출발하는 지점으로 바뀌었다. 이런 관계적 또는 맥락적 관점은 그 사람이 무엇'인지' 그리고 실제로 젠더가 무엇'인지'는 그것이 결정되는 구성의 관계와 관련된다는 것을 말해준다.[6] 변화하는 맥락적 현상으로서 젠더는 실체가 있는 존재를 의미하는 게 아니라, 문화적이고 역사적인 특정한 관계들의 상대적 수렴점을 나타낸다.

그러나 이리가레는 여성적 '성'이 언어적 부재의 지점, 문법적으로 규정된 실체의 불가능성이며, 따라서 그런 실체란 남성적 담론의 지속적이고 토대적인 환영임을 드러낸다고 주장할 것이다. 이러한 부재는 남성적 의미화 경제 안에서 표시가 나타나지 않는데, 이는 여성의 성은 표시되는 반면, 남성의 성은 표시되지 않는다는 보부아르(그리고 비티그)의 논의를 뒤집는 주장이다. 이리가레에게 여성의 성은 남성성 속에서 주체를 내재적이고 부정적으로 규정하는 '결핍'이나 '타자'가 아니다. 이와 반대로 여성의 성은 재현 요건 자체를 벗어나는데, 여성은 '타자'도 '결핍'도 아니기 때문이다. 이런 범주는 사르트르의 주체, 남근로고스중심주의적 기획에 내재된 주체와 계속 연관이 있다. 따라서 이리가레에게 여성적인 것은 보부아르가 주장하듯 결코 주체의 표시가 될 수 없다. 게다가 여기서 담론은 상대적 개념이 아니기 때문에, 기존 담론 안에서 남성성과 여성성의 결정된 관계라는 관점으로는 여성성을 이론화할 수 없다. 담론은 다양하지만 너무나 많은 남근로고스

---

6) Joan Scott, "Gender as a Useful Category of Historical Analysis", *Gender and the Politics of History*, New York, Columbia University Press, 1988, pp. 28~52, repr. from *American Historical Review*, Vol. 91, No. 5, 1986.

중심주의적 언어의 양태를 만든다. 그래서 여성의 성은 하나가 아닌 주체이기도 하다. 남성적인 것이 기표signifier와 기의signified의 닫힌 원을 구성하는 의미화 경제에서는 남성적인 것과 여성적인 것의 관계가 재현될 수 없다. 역설적이게도 보부아르가 『제2의 성』에서 남성은 해당 소송에서 판사이자 당사자 역할을 동시에 하고 있기 때문에 여성의 문제를 해결할 수 없다고 주장했을 때 그는 이미 이런 불가능성을 예견한 바 있다.[7]

앞에서 말한 입장들을 분명하게 구분하기는 어렵다. 각 입장이 사회적으로 제도화된 젠더 불균형의 맥락에서 '주체'와 '젠더'의 위치와 의미를 문제삼는다고 이해할 수도 있다. 앞서 제시한 대안들만으로 젠더에 대한 해석 가능성이 결코 소진되는 것은 아니다. 젠더에 대한 페미니즘적 연구에서 순환성 문제가 강조되는 것은, 한편으로 젠더가 사람의 이차적 특징이라고 가정하는 입장이 있고, 다른 한편으로는 언어 안에서 '주체'의 위치를 갖는 사람이라는 개념 자체가 남성적 구성물이자 사실상 여성 젠더의 구조적 의미론적 가능성을 배제하는 특권적인 것이라고 주장하는 입장도 있기 때문이다. 젠더의 의미에 관한 이런 날카로운 의견 충돌(정말 젠더가 논쟁해야 할 용어인지, 성별의 담론적 구성이 정말 더 근원적인 것인지, 아니면 여성들이거나 여성인지 및/또는 남성들과 남성인지)이 있었기에, 근본적 젠더 불균형의 관계라는 맥락에서 정체성 범주를 근본적으로 재고할 필요성이 생긴다.

보부아르에게 여성혐오적인 실존주의 분석에서 '주체'는 언제나 이

---

7) Simone de Beauvoir, *The Second Sex*, p. xxvi.

미 남성적이며, 보편적인 것과 융합되어 있고, 인간됨의 보편적 규범 밖에서 어쩔 수 없이 '특수'하고 몸으로 나타나며 내재성의 숙명을 지닌 여성적 '타자'와 자신을 구분한다. 보부아르가 사실은 실존 주체가 될 여성의 권리를, 따라서 추상적 보편성의 관점에 여성도 포함될 권리를 요구한다고 보통 생각하지만, 그의 입장에는 추상적인 남성 인식론 주체의 비체현성disembodiment에 대한 근본적인 비판도 있다.[8] 이 남성 인식론 주체는 사회적으로 표시된 체현을 거부하는 만큼 추상적이며, 더 나아가 부인되고 멸시당한 체현을 여성적 영역에 투사해서 사실상 몸을 여성적인 것으로 재명명한다. 이렇게 몸을 여성적인 것으로 연상하는 것은 마술 같은 상호성의 관계를 따라 작동하고, 그런 작동을 통해 여성을 여성의 몸에 한정시키는 반면, 남성의 몸은 완전히 부인되어 역설적이게도 표면적으로 급진적인 자유를 위한 무형의 도구가 된다. 보부아르의 분석은 은연중에 이런 문제를 제기한다. 어떤 부정과 부인의 행위를 통해 남성성은 몸으로 체현되지 않는 보편성으로 자리를 잡고, 여성성은 부인된 육체성으로 구성되는가? 젠더 불균형이라는 비상호적 관점에서 이제 완전히 재형성된 주인과 노예의 변증법은 이후에 이리가레가 실존적 주체와 타자를 모두 포함하는 남성적 의미화 경제라고 묘사하는 것을 미리 보여준다.

보부아르는 여성의 몸이 여성의 자유를 위한 상황이자 도구성이어야 하며, 규정되거나 제한된 본질이어서는 안 된다고 주장한다.[9] 보부

---

8) 나의 글 「보부아르의 『제2의 성』에 나타난 성별과 젠더Sex and Gender in Beauvoir's *Second Sex*」를 참고하라.

9) '상황'이자 '도구성'인 몸의 규범적 이상은 젠더의 관점에서는 보부아르가, 인종의 관

아르의 분석이 말하는 체현 이론은 자유와 몸이라는 데카르트의 구분을 무비판적으로 재생산하기 때문에 한계가 있다. 나도 그것에 반대하고자 애써왔지만, 보부아르는 정신과 몸의 합synthesis을 제안할 때에도 정신/몸의 이원론을 유지하는 것으로 보인다.[10] 이 구분법을 계속 유지하는 것은 보부아르가 과소평가한 남근로고스중심주의의 징후라고 읽을 수 있다. 플라톤에서 시작해서 데카르트, 후설, 사르트르를 거쳐 지속된 철학의 전통에서, 영혼(의식, 정신)과 육체의 존재론적 구분은 언제나 정치적이고 심리적인 복종관계와 위계질서를 지탱해준다. 정신은 몸을 복종시킬 뿐 아니라 때로는 육체적 구현을 피해 달아난다는 환상도 즐긴다. 정신을 남성성과, 몸을 여성성과 연결하는 문화적 연상은 철학과 페미니즘 분야에 잘 기록되어 있다.[11] 그 결과 이런 정신/

점에서는 프란츠 파농이 받아들였다. 파농은 자유의 도구인 몸에 의지해 식민화에 대한 분석을 결론지었다. 여기서의 자유는 데카르트식으로 말하면 의심할 수 있는 의식과 등치된다. "오, 나의 몸이 나를 항상 의심할 수 있는 사람으로 만들어주도다!"(Frantz Fanon, *Black Skin, White Mask*, New York, Grove Press, 1967, p. 323. 원전은 *Peau noire, masques blancs*, Paris, Éditions de Seuil, 1952.)

10) 사르트르에게 의식과 몸의 근본적인 존재론적 분리는 그의 철학이 부분적으로 데카르트의 전통을 계승한 결과이다. 의미심장하게도 이는 헤겔이 『정신현상학The Phenomenology of Spirit』의 '주인-노예' 부분의 서두에서 은연중에 심문했던 데카르트의 구분법이기도 하다. 남성적 주체와 여성적 타자에 관한 보부아르의 분석은 분명 헤겔의 변증법과, 사르트르가 『존재와 무Being and Nothingness』에서 사디즘과 마조히즘 부분에 나오는 변증법을 수정한 것을 기반으로 한다. 의식과 몸의 '합'의 가능성 자체에 대해 비판적이던 사르트르는, 헤겔이 극복하려 했던 데카르트의 문제로 사실상 되돌아온 것이다. 보부아르는 몸이 자유의 도구이자 상황이 될 수 있고, 성별은 물화가 아닌 자유의 한 양태로서 젠더의 근거가 될 수 있다고 주장한다. 처음에 이것은 몸과 의식의 합처럼 보이며, 여기서 의식은 자유의 조건으로 이해된다. 그러나 몸과 의식의 합이 자신이 기반한 몸과 정신의 존재론적 구분을 요구하고, 그 연상작용에 따라 몸에 대한 정신의, 여성에 대한 남성의 우월적 구조를 유지하는 게 아닌지 의문은 여전히 남아 있다.

몸 구분의 무비판적 재생산은 그 구분이 관습적으로 생산하고 유지하고 합리화한 암묵적 젠더 위계의 측면에서 재고되어야 한다.

　보부아르의 이론에서 '몸'을 담론적으로 구성하는 것과, 몸을 자유와 분리하는 것은, 젠더의 축을 따라 젠더 불균형이 지속됨을 밝혀야 하는 바로 그 정신-몸의 구분을 표시해내지 못한다. 공식적으로 보부아르는 여성의 몸이 남성의 담론 안에서 표시되며, 이 때문에 보편성과 융합된 남성의 몸은 표시되지 않은 채로 남아 있다고 주장한다. 이리가레는 표시하는 자와 표시되는 자 모두 남성적인 의미화 양식 속에 있으며, 그 안에서 여성의 몸은 소위 의미화 가능성 영역에서 '차단되어' 있다고 분명히 주장한다. 포스트헤겔학파의 말로, 여성은 '폐기될cancelled' 뿐 보존되지 않는다. 이리가레의 해석에서는 여성이 '성별'이라는 보부아르의 주장을 뒤집어서, 여성은 자신이 지정하게 되어 있는 성별이 아니라, 타자성의 양식으로 활보하는 또다시encore, 체현된en corps 남성적 성별을 의미한다. 이리가레에게 여성의 성을 의미화하는 남근로고스중심의 양식은 그 자체의 자기확대 욕망에 관한 환상을 영원히 재생산한다. 남근로고스중심주의는 여성들에게 타자성이나 차이를 주는 자기제한적인 언어의 제스처를 취하는 대신, 여성적인 것을 보이지 않게 가리고 그 자리를 차지할 이름을 제시한다.

---

11) Elizabeth V. Spelman, "Woman as Body : Ancient and Contemporary Views", *Feminist Studies*, Vol. 8, No. 1, Spring 1982.

4. 이분법, 일원론, 그 너머를 이론화하기

젠더 불균형이 확산되는 근본적인 구조에 대해서 보부아르와 이리가레는 입장이 분명히 다르다. 보부아르가 불균형적 변증법의 실패한 상호관계로 향한다면, 이리가레는 변증법 자체가 남성적 의미화 경제의 독백과도 같은 산물이라고 주장한다. 이리가레가 남성적 의미화 경제의 인식론적 존재론적 논리적 구조를 드러냄으로써 페미니즘 비평의 범위를 넓힌 것은 분명한 사실이지만, 그 분석의 힘은 바로 그런 세계화된 범위 때문에 약화되기도 한다. 성차가 발생하는 문화적이고 역사적인 맥락의 층을 가로지르는 독백적이고 획일적인 남성주의 경제를 규명하는 일은 가능한가? 젠더 억압의 특정한 문화 작용을 인식하지 못하는 것이 일종의 인식론적 제국주의, 즉 문화적 차이를 단순히 자기동일적 남근로고스중심주의의 '사례들'로 설명해서는 개선할 수 없는 제국주의인가? '타자' 문화를 세계적 남근로고스중심주의의 다양한 확대 사례에 포함시키려는 노력은, 달리했다면 전체화된 개념을 문제삼았을 이런 차이들을 동일성의 기호 아래 식민화하면서 남근로 고스중심주의의 자기과장의 제스처를 반복할 위험이 있는 전유 행위를 구성한다.[1]

　페미니즘 비평은 남성주의 의미화 경제의 전체화 주장도 살펴야 하지만, 페미니즘 자체의 전체화 제스처에 관해서도 자기비판을 유지해야 한다. 적을 단일한 형태로 규명하려는 노력은 여러 다른 관점을 제시하기보다는 억압자의 전략을 무비판적으로 모방하는 역담론reverse-discourse이다. 이 전술이 페미니즘 맥락과 반페미니즘 맥락에서 똑같이 작동할 수 있다는 것은, 이런 식민화의 제스처가 일차적으로 또는 더 단순화할 수 없을 만큼 남성적인 것은 아니라는 의미가 된다. 몇 가지 나열하자면 그것은 인종, 계급, 이성애적 종속이라는 다른 관계에 영향을 주는 작용도 할 수 있다. 그리고 분명히, 내가 방금 했던 것처럼 여러 억압을 나열하는 일은 사회 영역 속에 그 수렴점이 기술되지 않는 수평적 축을 따라 여러 억압의 분명하고 연속적인 공존이 있음을 전제로 한다. 수직적 모델도 불충분하기는 마찬가지다. 그리고 억압은

---

1) 가야트리 스피박은 이런 특정한 이분법적 해석이야말로 주변화를 만드는 식민화 행위라고 가장 날카롭게 비판한다. 철학적 코기토라는 인식론적 제국주의의 특징인 '초역사적 자아를 인식하는 자기현존'을 비판하면서, 스피박은 정치의 위치가 지식 생산에서 결정된다고 보았다. 이 지식이 배제를 통해 그 주체에게 주어진 지식체계의 우연적 인식 가능성을 성립시키는 주변성the margins을 창출하고 또 검열한다. "나는 '정치 자체'를 모든 해석물에 내포되어 있는 주변성의 금지라고 간주한다. 이와 같은 관점에서 보면, 특정한 이항대립을 선택하는 것이 (…) 단순한 지적 전략만은 아닐 것이다. 그것은 매 상황에서 (적당한 변명이 수반되는) 중심화 가능성의 조건이고, 그에 따라 주변화 가능성의 조건이기도 하다."(Gayatri Chakravorty Spivak, "Explanation and Culture : Marginalia", *In Other Worlds: Essays in Cultural Politics*, New York, Routledge, 1987, p. 113.)

요약해서 등급을 매길 수 없고, 인과적으로 연결할 수도 없으며, '원본'과 '파생본'의 국면 사이에 배치할 수도 없다.[2] 사실 변증법적 전유라는 제국주의적 제스처로 일부 만들어진 권력의 장은 성차의 축을 넘어서는 동시에 그 축을 둘러싸고 있으면서, 남근로고스중심주의나 '일차적 억압 조건'의 위치에 자리할 여타 후보의 관점에서도 간단히 위계화될 수 없는, 서로 교차하는 차이의 지형을 그린다. 남성적 의미화 경제의 배타적 전술이라기보다는, 타자의 변증법적 전유와 타자의 억압이 남성적 영역의 중심에서 전개되긴 해도 전적으로 남성적 영역을 확대하거나 합리화하는 것은 아닌 여러 전술 중의 하나다.

본질주의에 대한 현대 페미니즘 논쟁은 여성 정체성의 보편성에 대해, 그리고 한편으로는 남성적 억압의 보편성에 대해 의문을 제기한다. 보편성 주장은 공통되거나 공유된 인식론적 관점에 기초하고 있고, 억압에 대해 표명된 의식 또는 공유된 구조로 이해되거나 여성성, 모성, 섹슈얼리티, 여성적 글쓰기écriture feminine라는 겉보기에 초문화적인 구조에서 이해된다. 1장을 시작하는 논의에서는, 이런 세계화된 제스처가 '여성' 범주는 규범적이고 배타적이며 표시되지 않는 인종 차원 및 온전한 계급적 특권과 함께 언급된다고 주장하는 여성들에게서 많은 비판을 양산했다고 주장했다. 다시 말해 여성 범주의 일관성이나 통일성에 대한 주장은 사실 '여성들'의 구체적 배열이 구성되는 문화

---

2) '서열화의 억압'에 반대하는 논의로는 다음을 참고. Cherríe Moraga, "La Güera", *This Bridge Called My Back: Writings of Radical Women of Color*, eds. Gloria Anzaldúa and Cherríe Moraga, New York, Kitchen Table, Women of Color Press, 1982.

적 사회적 정치적 교차점의 다양성을 거부했다.

'여성' 안에 무엇이 들어 있을지를 미리 전제하지 않고 연합의 정치를 만들려는 노력도 있었다. 이런 노력은 다양한 위치에 있는 여성들이 지금 막 발생한 연합의 틀 안에서 개별 정체성을 표명하는 일련의 대화적 만남을 제안한다. 분명 연합의 정치가 갖는 가치를 과소평가해서는 안 되지만, 바로 그 연합의 형식, 새로 등장해 예측 불가능한 입장들의 아상블라주(파편들이 소통하는 횡단 속에 생산된 새로운 관계의 조합을 의미하는 들뢰즈의 개념—옮긴이) 형식은 미리 파악할 수 없다. 연합의 구축을 가능하게 하는 분명한 민주화의 충동이 있기는 하지만, 연합의 이론가가 미리 연합 구조의 이상적 방식을, 사실상 그 결과로 통일성을 보장할 방식을 주장하다가 자기도 모르게 스스로를 그 과정의 통치자로 세울 수 있다. 대화의 진정한 형식은 무엇이고 아닌 것은 무엇인지, 무엇이 주체의 위치를 구성하는지, 가장 중요하게는 언제 '통일성'에 도달하는지를 결정하려는 관련된 노력들이 연합의 자기형성과 자기제한의 역동성을 침해할 수도 있다.

연합의 '통일성'이 목표라고 미리 주장하는 것은 그 대가가 무엇이든 결속solidarity이야말로 정치적 행동의 선행조건임을 전제한다. 그러나 어떤 정치가 사전에 통일성의 확보를 요구하는가? 어쩌면 연합은 자기모순을 인식하고, 그런 내적 모순을 그대로 두면서 조치를 취해야 할 것이다. 어쩌면 대화적 이해가 수반하는 것 중 일부는 때로 고통스러운 민주화 과정의 일부로서 파편화, 분열, 단절, 분산을 수용하는 것일 수도 있다. '대화'라는 개념 자체가 문화적으로 특수하고 역사적으로 연결된 것이라서 어떤 사람은 대화가 일어나고 있다고 확신하는 반면, 다른 사람은 대화가 일어나지 않는다고 확신할 수도 있다. 우선적으로 탐문해야 하는 것은 대화 가능성의 조건과 한계를 만드는 권력관계다. 그렇지 않으면 이 대화 모델은 자유주의 모델로 되돌아갈 위험이 있다. 자유주의 모델은 화자들이 똑같은 권력 위치를 가지고, 무엇이 '합의'와 '통일성'을 구성하는지에 관해서도 똑같은 전제를 갖고 말하며, 실은 그것들이 추구할 목표라고 가정한다. 그 범주를 완전하게 만들기 위해서 다양한 인종, 계급, 나이, 민족, 섹슈얼리티라는 구성요소로 단순히 채워야 할 '여성들'의 범주가 있다고 미리 전제하는 것은 잘못된 것이다. 여성 범주의 본질적 불완전성을 가정하면 '여성들'이라는 범주가 영원히 경합하는 의미들의 장이 될 수 있다. 그렇다면 이 범주의 규정에 나타난 불완전성이 강제적 힘에서 벗어난 규범적 이상으로 작용할 수도 있다.

'통일성'이 효과적인 정치 행동에 꼭 필요한가? 오히려 통일성이라는 목표에 대한 성급한 고집이 위계 사이에서 훨씬 더 심각한 파편화를 가져오는 원인은 아닌가? 여성 범주의 '통일성'은 필요조건도, 요구사항도 아니기 때문에 특정 형태의 공공연한 분열이 연합의 행위를 촉진할 수 있다. 정체성 개념의 경계를 해체하거나, 그런 해체를 분명한 정치적 목적으로 달성하려는 일련의 행동 가능성을 제거하는 정체성의 층위에서, '통일성'은 배타적인 결속의 규범을 만드는가? 둘 중 어느 쪽이든 언제나 개념 층위에서 형성되는 '통일성'의 전제나 목적이 없다면, 일시적 통일성은 정체성 표명을 목적으로 하는 것이 아닌 구체적 행동의 맥락에서 나타날 것이다. 페미니즘적 행동이 안정적이고 통일적이며 합의된 정체성에서 시작해야 한다는 강제적 기대가 없다면 이런 행동은 더 빨리 시작될 것이고, 이 범주의 의미가 영원히 쟁점인 많은 '여성들'에게 더 적합해 보인다.

연합의 정치에 대한 이런 반反토대주의적 접근은 '정체성'을 전제라고 보지 않으며, 그런 정체성이 획득되기 전에 연합적 아상블라주의 형태나 의미를 알 수 있다고도 보지 않는다. 가능한 문화적 용어 안에서의 정체성 표명은 정치적으로 개입된 행위 속에서나 행위를 통해서 새로운 정체성 개념의 등장을 미리 배제하는 정의를 내리므로 토대주의 전술은 기존 정체성 개념의 변형이나 확장을 규범적 목표로 삼을 수 없다. 게다가 이미 확립된 정체성으로 소통하는 합의된 정체성이나 합의된 대화 구조가 더이상 정치적 주제나 정치적 주체를 구성하지 않는다면, 정체성은 그 정체성을 구성하는 구체적 실천에 따라 생성될 수도 있고 해체될 수도 있다. 어떤 정치적인 실천은 가시적 목표를 달성하기 위해서 우연적 토대 위에 정체성을 설정한다. 연합의 정치는 '여성'의 확장된 범주를 요구하지 않으며, 동시에 여성 범주에 복잡성을 부여하는 내적으로 다원적인 자아를 요구하지도 않는다.

젠더는 그 총체성이 영원히 보류되어, 어떤 주어진 시간에 완전한 모습을 갖출 수 없는 복잡성이다. 따라서 열린 연합은 당면한 목적에 따라 제정되고 또 폐기되는 정체성이 있다고 주장할 것이다. 젠더는 정의상의 완결이라는 규범적 목적에 복종하지 않고, 다양한 집중과 분산을 허용하는 열린 아상블라주가 될 것이다.

5. 정체성, 성별, 실체의 형이상학

　그렇다면 '정체성'이 무엇을 의미할 수 있고, 정체성은 어떤 근거에서 자기동일적이고 언제나 똑같이 지속되며 통일되어 있고 내적으로 일관성이 있다는 전제를 갖게 되는가? 더 중요하게는, 이런 전제가 어떻게 '젠더 정체성'에 관한 담론을 알려주는가? '사람'은 젠더의 인식 가능성gender intelligibility이라는 인정 기준에 따라 젠더화되어야 파악될 수 있다는 단순한 이유 때문에 젠더 정체성 논의에 앞서 '정체성'의 논의가 있어야 한다는 것은 잘못된 생각이다. 사회학의 논의는 사람이라는 개념을 사회적 가시성과 의미를 띠는 다양한 역할과 기능에 대한 존재론적 우선성을 주장하는 행위성agency의 관점에서 관습적으로 이해하고자 했다. 철학적 담론에서의 '사람' 개념은 의식이든 언어 능력이든 도덕적 숙고이든, 그 사람이 '처한' 사회적 맥락이 사람됨을 정의하는 구조와 어느 정도 외적으로 관련된다는 전제에서 분석적인 전개를 받아들였다. 여기서 그런 문헌을 검토하지는 않겠지만, 그런 연구

중 한 가지 전제가 비평적 탐구와 역전의 핵심이 된다. 무엇이 '개인의 정체성'을 구성하는지를 철학이 논의할 때는 거의 언제나 사람의 어떠한 내적 자질이 계속 그 사람의 연속성이나 자기동일성을 확립하는지의 문제를 중심에 두고 설명한다면, 여기서 내가 제기하는 문제는 다음과 같다. 젠더를 형성하고 구분하는 규제적 실천은 정체성, 주체의 내적 일관성, 사실상 그 사람의 자기동일적 상태를 얼마만큼 구성하는가? '정체성'은 얼마만큼 경험에 관한 기술적인descriptive 특징이 아니라 규범적인 이상인가? 젠더를 지배하는 규제적인 실천이 어떻게 해서 문화적으로 인식 가능한 정체성의 개념 또한 지배하는가? 다시 말해 '그 사람'의 '일관성'과 '연속성'은 사람됨의 논리적이고 분석적인 특질이 아니라, 사회적으로 구성되고 유지되는 인식 가능성의 규범이다. '정체성'이 성별, 젠더, 섹슈얼리타라는 안정된 개념을 통해 확보되는 만큼, '비일관적'이거나 '불연속적'으로 젠더화된 존재, 즉 사람처럼 보이지만 사람으로 정의되는 문화적 인식 가능성의 젠더화 규범에 순응하지 못한 채 젠더화된 존재가 문화적으로 등장하면서 '사람'이라는 개념에 의문이 제기된다.

'인식 가능한' 젠더는 어떤 면에서 성별, 젠더, 성적 실천, 욕망 사이에 일관성과 연속성의 관계를 설정하고 유지한다. 다시 말해 불연속성이나 비일관성이라는 유령, 즉 연속성이나 일관성이라는 기존 규범과의 관계가 있어야만 생각할 수 있는 이런 유령은 바로 법 때문에 계속 금지되기도 하고 법 때문에 생산되기도 하는데, 이 법은 생물학적 성별, 문화적으로 구성된 젠더, 그리고 성적 실천을 통해 성적인 욕망을 표명할 때 성별과 젠더의 '표현' 또는 '효과' 사이에서 인과론적 연결선이나 표현상의 연결선을 확립하려 한다.

푸코가 역설적 의미에서 용어화한 성의 '진실'이 있을 것이라는 관념은 일관된 젠더 규범의 기반을 통해 일관된 정체성을 낳는 규제적 실천을 통해서 생산된다. 모든 욕망을 이성애로 만들면 '여성성'과 '남성성'이 '여성'과 '남성'의 표현적 특징으로 이해될 때 둘 사이에 별개의 불균형적인 대립의 생산을 요구하고 제도화하게 된다. 젠더 정체성이 인식되는 문화적 기반은 특정한 '정체성'이 '존재'할 수 없게 만든다. 즉 젠더가 성별을 '따르지' 않는 정체성, 욕망의 행위가 성별이나 젠더를 따르지 않는 정체성은 존재할 수가 없다. 이 맥락에서 '따른다'는 것은 섹슈얼리티의 형태와 의미를 확립하고 규정하는 문화적 법이 제도화한 정치적 포함의 관계를 말한다. 사실 특정 종류의 '젠더 정체성'은 이런 문화적 인식 가능성의 규범을 따르지 못하므로, 그 영역에서 이런 정체성은 논리적 불가능성이나 발달상의 실패로 보일 뿐이다. 그러나 이런 정체성의 지속과 증식은 인식 가능성 영역의 한계와 규제 목적을 드러내고, 따라서 인식 가능성의 기반이라는 관점에서 경합을 벌일 비판적 기회, 즉 젠더 무질서의 전복적인 기반을 열어낼 비판적 기회를 준다.

그렇지만 이러한 무질서 행위를 고려하기에 앞서 '인식 가능성의 기반'이 무엇인지를 아는 것이 중요하다. 그것은 단일한 것인가? 그리고 무엇으로 구성되어 있는가? 강제적 이성애 체계와 성정체성 개념을 세우는 담론적 범주 사이에 존재한다고 가정되는 특별한 연합은 무엇인가? '정체성'이 담론적 실천의 효과라면 성별, 젠더, 성적 실천, 욕망 사이의 관계로 구성된 젠더 정체성은 얼마만큼이나 강제적 이성애로 규명될 수 있는 규제적 실천의 효과인가? 이런 설명은 우리를 또다른 총체화의 틀로, 즉 젠더 억압의 유일한 원인인 남근로고스중심주의를 강제적 이성애가 대신하는 틀로 되돌아가게 만드는가?

프랑스 페미니즘과 후기구조주의 이론의 스펙트럼에서는 매우 다른 권력체계가 성정체성 개념을 만든 것으로 이해된다. 오직 하나의 성별, 즉 남성만 있으며 그것이 '타자'를 생산하면서 자신을 전개한다고 주장하는 이리가레의 입장과, 남성적이든 여성적이든 성의 범주가 이미 확산된 섹슈얼리티의 규제적 경제의 산물이라고 보는, 예컨대 푸코의 입장이 있는데, 이런 입장의 차이에 대해 생각해보자. 강제적 이성애의 상황에서 성의 범주는 언제나 여성적이라는(그래서 남성성은 표시되지 않고 '보편적'인 것과 동의어로 남는다는) 비티그의 주장도 생각해보자. 그러나 역설적이게도, 이성애적 헤게모니의 파열과 전치를 통해 성의 범주는 사라질 것이며, 사실상 소멸될 것이라고 주장한다는 점에서 비티그는 푸코와 일치한다.

여기 제시된 다양한 설명 모델은 권력의 장이 어떻게 표명되는가에 따라 성의 범주를 이해하는 매우 다른 방식을 보여준다. 이러한 권력의 장의 복잡성을 주장하면서, 그것의 생산력도 함께 철저히 생각해보는 것이 가능한가? 한편으로 성차에 관한 이리가레의 이론은 서구문화의 전통적 재현체계에서 여성이 '주체'의 모델로 이해될 수 없다고 주장하는데, 이는 여성이 재현의 페티시fetish(신격화될 정도의 숭배 대상. 프로이트의 정신분석학에서는 어머니의 남근 부재를 대체하는 대리 남근—옮긴이)를 구성해서 그 자체가 재현 불가능성이 되기 때문이다. 이런 실체의 존재론에 따르면 여성이 바로 차이의 관계이고, 배제된 것이며, 그로 인해 영역 자체가 소거된 것이라서 여성은 '있을be' 수 없다. 또한 여성은 항상 이미 남성적인always-already-masculine 주체의 단순한 부정이나 '타자'로 이해될 수 없는 '차이'이기도 하다. 앞서 논의 했듯 여성은 주체도 타자도 아니며, 이분법적 대립 경제에서 오는 차이이자, 남성성을 자기독백적인 산물로 만들려는 책략이다.

그러나 이런 관점에서 각각 핵심은 성이라는 개념이 지배적 언어 안에서 실체로, 형이상학적으로 말한다면 자기동일적 존재로 보인다는 점이다. 이러한 외양은 어떤 성별이나 젠더가 '되는' 것이 근본적으로 불가능하다는 사실을 은폐하는 언어 및/또는 담론의 수행적 비틀기 twist를 통해 형성된다. 이리가레에게 문법은 확실하고 재현 가능한 두 용어의 이원적 관계로서 실체가 있는 모델을 지탱해주므로, 젠더 관계의 진정한 지표가 될 수 없다.[1] 이리가레의 관점에서 실체적인 젠더 문법은 남성성과 여성성이라는 속성뿐 아니라 남성과 여성을 전제하고 있어서, 전복적 다양성의 장인 여성성을 침묵시키면서 일의적이고 지배적인 남성성 담론과 남근로고스중심주의를 사실상 감추는 이분법의 사례가 된다. 푸코에게 실체적인 성별 문법은 그 이분법의 용어에 대해 인위적인 내적 일관성을 부과할 뿐 아니라, 성별 사이의 인위적인 이분법적 관계도 강제적으로 설정한다. 섹슈얼리티를 이분법으로 규

---

1) 남근로고스중심적 담론에서 여성의 재현 불가능성에 대한 더 충분한 고찰로는 다음을 참고. Luce Irigaray, "Any Theory of the 'Subject' Has Always Been Appropriated by the Masculine", *Speculum of the Other Woman*, trans. Gillian C. Gill, Ithaca, Cornell University Press, 1985. 이리가레는 「여성적 젠더The feminine gender」 (*Sexes et parentés*) 논의에서 이 주장을 수정한 것으로 보인다(또한 이 책의 2장 1절 각주 7을 참고).

제하면 이성애적이고 재생산적이며 법의학적인 헤게모니를 파열시키는 섹슈얼리티의 전복적 다양성을 억누르는 결과를 가져온다.

비티그에게 성에 대한 이분법적 규제는 강제적 이성애 제도의 재생산이라는 목적을 수행한다. 때때로 비티그는 강제적 이성애주의를 전복시키면, 성의 구속에서 풀려난 '사람'의 진정한 휴머니즘이 시작될 것이라고 주장한다. 다른 맥락에서는 남근로고스중심이 아닌 에로스 경제의 확산 및 확대가 성별, 젠더, 그리고 정체성의 허상을 깨뜨릴 것이라고도 주장한다. 그러나 비티그의 다른 몇몇 글에서는 '레즈비언'이 강제적 이성애 체계가 부과한 성별에 대한 이분법적 규제를 초월하겠다고 약속하는 제3의 젠더로 등장하는 것처럼 보인다. 비티그는 '인식 주체cognitive subject'를 옹호하면서 의미화나 재현의 지배적 양식과 형이상학적 논쟁을 하는 것으로 보이지 않는다. 실제로 자기결정적 속성을 가진 주체는 레즈비언이라는 이름 아래 실존적 선택을 하는 행위 주체를 회복해내는 것으로 보인다. "개별 주체의 등장은 우선 성의 범주를 파괴할 것을 요구한다. (…) 레즈비언은 성의 범주를 넘어서는 내가 아는 유일한 개념이다."[2] 비티그는 불가피한 가부장적 상징계의 법칙에 따라 변함없이 남성적인 '주체'를 비판하는 대신, 그 자리에 언어-사용자로서의 레즈비언 주체라는 등가물을 제안한다.[3]

---

2) Monique Wittig, "One is Not Born a Woman", *Feminist Issues*, Vol. 1, No. 2, Winter 1981, p. 53: *The Straight Mind and Other Essays*, pp. 9~20. 또한 이 책의 3장 3절 각주 25를 참고.

3) '상징계' 개념은 이 책 2장에서 어느 정도 자세하게 논의하고 있다. 상징계는 친족과 의미화를 지배하고, 정신분석학적 구조주의 관점으로 보면 성차의 생산을 지배하는 이상적이고 보편적인 일련의 문화법칙으로 이해할 수 있다. 이리가레는 이상화된 '아버지

보부아르나 비티그에게 여성을 '성별'과 동일시하는 것은 여성 범주를 그럴듯하게 성별화된 여성의 몸이 가진 특징과 융합하는 것이고, 그에 따라 남성이 누리는 것으로 알려진 자유와 자율을 여성에게는 허락하지 않는다. 그러므로 성의 범주를 해체하는 것은 어떤 속성, 즉 성별을 파괴하는 것일 수 있다. 이때 성별은 여성혐오적 제유 synecdoche(부분으로 전체를 대표하는 은유법의 일종—옮긴이)의 제스처를 통해 그 사람을, 즉 자기결정적 코기토를 대체한다. 다시 말해 남성만 '사람'이고 젠더는 여성뿐이다.

젠더는 양성 간의 정치적 대립이 나타나는 언어 지표다. 두 개의 젠더란 없기 때문에 여기서 젠더는 단수로 사용된다. 젠더는 오직 하나이고 그것은 여성이다. '남성'은 젠더가 아니다. 남성성은 남성적인 것이 아니라 일반적인 것이기 때문이다.[4]

의 법' 개념에 기초해 '상징계'를 남근로고스중심주의의 지배적이고 패권적인 담론으로 새롭게 조직한다. 몇몇 프랑스 페미니스트들은 '남근phallus'이나 아버지의 법에 의해 지배되는 언어에 대한 대안적인 언어를 제시하면서 '상징계'를 비판하기도 한다. 크리스테바는 '기호계'를 언어의 특별한 모성적 차원으로 제시하고, 이리가레와 엘렌 식수는 모두 '여성적 글쓰기écriture feminine'와 연관짓는다. 그러나 비티그는 언어가 그 구조상 여성혐오적인 것도, 여성해방적인 것도 아니며 진보적인 정치를 위해 전개되어야 할 도구라고 주장하면서, 이러한 움직임에 늘 반대해왔다. 분명 언어에 앞서 존재하는 '인식 주체'를 믿었던 비티그의 신념을 상기한다면, 그가 언어를 주체 형성에 선행하여 그 구조를 만드는 의미화의 장으로 보기보다는, 언어를 하나의 도구로 생각한다는 것이 쉽게 이해된다.

4) Monique Wittig, "The Point of View : Universal or Particular?", *Feminist Issues*, Vol. 3, No. 2, Fall 1983, p. 64; *The Straight Mind and Other Essays*, pp. 59~67. 또한 3장의 3절 각주 25를 참고.

따라서 비티그는 여성이 보편 주체의 위상을 갖도록 '성별'을 해체할 것을 요구한다. 성별의 해체로 향하면서 '여성'은 특수한 관점과 보편적 관점을 둘 다 취해야 한다.[5] 비티그의 레즈비언은 자유를 통해서 구체적 보편성을 구현할 주체로서, 실체의 형이상학에 전제를 둔 인본주의적 이상의 규범적 약속에 맞서는 게 아니라 그 규범적 약속을 확정한다. 이런 점에서 비티그는 이리가레와 다른데, 본질론과 유물론의 익숙한 대립이라는 점에서[6] 그리고 규범적 인본주의 모델을 페미니즘의 틀로 확정하려는 실체의 형이상학을 고수한다는 점에서 둘은 구분된다. 비티그가 레즈비언 해방이라는 급진적 기획에 동의하고 '레즈비언'과 '여성'의 구분을 강요하는 듯이 보일 때는 자유라는 특성을 보이는 젠더화 이전의 '사람'을 옹호함으로써 이 둘을 구분한 것이다. 이런 움직임은 인간의 자유가 사회 이전의 위상을 갖는다고 확정할 뿐 아니라, 성의 범주를 생산하고 자연화한 실체의 형이상학에도 동의한다.

　　실체의 형이상학은 철학적 담론에 관한 현대 비평에서 니체를 연상시키는 문구이다. 니체에 관한 해설서에서 미셸 아르Michel Harr는 주어와

---

5) "적어도 문학의 일부가 되려면 특수한 관점, 그리고 보편적 관점을 모두 취해야 한다."(Monique Wittig, "The Trojan Horse", *Feminist Issues*, Vol. 4, No. 2, Fall 1984, p. 68.) 이에 대해서는 3장의 3절 각주 17을 참고.

6) 학술지 『케스티옹 페미니스트Questions Féministes』(영문판으로는 『페미니스트 이슈Feminist Issues』)는 일반적으로 실천, 제도, 그리고 구성된 언어의 위상을 여성 억압의 '물질적 토대'로 수용하는 '유물론'의 관점을 옹호했다. 이 학술지의 발간 당시 비티그는 편집진의 한 사람이었다. 비티그는 모니크 플라자Monique Plaza와 함께 성차란 여성의 사회기능적 의미를 생물학적 사실성에서 끌어온다는 점에서 본질주의적이라고 주장했다. 또한 성차는 일차적으로 여성의 몸을 모성적인 것으로 의미화하는 데 동의하고 있으며, 따라서 재생산의 섹슈얼리티라는 헤게모니에 이데올로기적 힘을 실어주기 때문이기도 하다.

술어의 문법적 공식이 그에 앞선 실체와 속성의 존재론적 현실을 반영한다는 믿음에서 만들어진 '존재'와 '실체'의 환영 속에 여러 철학적 존재론이 갇혀 있었다고 주장한다. 아르의 주장으로는 이 구성물이 단순함, 질서, 정체성 등이 사실상 확립되는 인위적인 철학 수단을 만든다. 하지만 이 구성물이 결코 사물의 진정한 질서를 드러내거나 재현하는 것은 아니다. 이러한 니체식 비판은 젠더 정체성을 둘러싼 대중적이고 이론적인 사유의 상당수를 지배한 심리적 범주에 적용될 때 우리 목적에 도움이 된다. 아르에 따르면, 실체의 형이상학 비판에는 심리적 인간을 실체적인 것으로 보는 개념에 대한 비판이 들어 있다.

　그 계보학을 이용한 논리를 파괴하면 그와 함께 이 논리에 기초한 심리적 범주도 파괴된다. 모든 심리적 범주(자아, 개인, 사람)는 실체적 정체성이라는 환영에서 온다. 그러나 이 환영은 상식만을 기만하는 것이 아니라 철학자까지 기만하는 미신으로 되돌아가는데, 즉 언어에 대한 믿음, 더 정확히는 문법적 범주의 진리라는 믿음으로 되돌아간다. '나'에게 떠오른 것은 생각이지만, '내'가 '생각하는' 주체라는 데카르트식 확실성을 자극한 것은 문법(주어와 술어의 구조)이다. 사실 문법에 대한 믿음은 자신의 생각의 '원인'이 되고자 하는 의지를 전달한 것에 불과하다. 주체, 자아, 개인은 처음부터 언어적 실체만 있던 허구적 통일체를 실체로 변화시키기 때문에 수많은 거짓 개념일 뿐이다.[7]

---

7) Michel Haar, "Nietzsche and Metaphysical Language", *The New Nietzsche: Contemporary Styles of Interpretation*, ed. David Allison, New York, Delta, 1977,

비티그는 젠더 표시가 없으면 사람이 언어 안에서 의미화될 수 없다는 것을 입증함으로써 대안적 비평을 제시한다. 그는 프랑스어의 젠더 문법에 대해 정치적 분석을 한다. 비티그에 따르면, 젠더는 사람을 지정하고 '한정'할 뿐 아니라 이분법적 젠더가 보편화되는 개념적 인식소를 구성한다. 프랑스어가 인칭을 제외한 모든 명사에 젠더를 부여하긴 하지만, 비티그는 자신의 분석이 영어에서도 같은 결론을 도출한다고 주장한다. 「젠더의 표시」(1984) 도입부에서 비티그는 다음과 같이 쓰고 있다.

> 문법학자에 따르면 젠더의 표시는 명사substantive와 관련된다. 이들은 젠더를 기능의 관점에서 말한다. 만약 젠더의 의미를 의심한다면 젠더를 '가짜 성별'이라고 부르며 농담을 할 수도 있다. (…) 사람을 나타내는 범주와 관련해서 (영어와 프랑스어는) 둘 다 똑같이 젠더가 있다. 사실 둘 다 언어 속에서 존재를 성별로 나누는 초기 존재론의 개념을 따른다. (…) 젠더는 같은 생각에 속한 다른 초기 개념군을 따라, 존재Being의 본질을 다루는 존재론적 개념으로 일차적으로는 철학에 속하는 것으로 보인다.[8]

비티그에게 젠더가 "철학에 속한다"는 것은 "자명한 개념인 몸"에 속한다는 것이고, "철학자들이 보기에 이런 몸 개념 없이는 한 줄의 추

---

pp. 17~18.

8) Monique Wittig, "The Mark of Gender", *Feminist Issues*, Vol. 5, No. 2, Fall 1985, p. 4. 또한 3장의 3절 각주 1을 참고.

론도 전개할 수 없고, 그런 몸을 말할 필요도 없이 당연한 것으로 받아들이는데, 이 개념이 모든 사상, 모든 사회 질서에 앞서 자연 속에 존재하기 때문"[9]이다. 비티그의 관점은 '존재'의 왜곡된 속성을 젠더와 '섹슈얼리티'에 무비판적으로 적용한, 젠더 정체성에 관한 대중 담론 때문에 확실해진다. 여성'이다'라거나 이성애자'이다'라는 확실한 주장은 젠더에 대한 실체의 형이상학을 나타내는 징후일 수도 있다. '남성'과 '여성' 모두에게 이런 주장은 젠더 개념을 정체성 개념 아래에 두게 하고, 어떤 사람이 어떤 젠더이고 그/녀의 성별, 심리적 자아감, 그 심리적 자아의 다양한 표현, 성적 욕망에 관한 가장 뚜렷한 존재 덕에 사람이다라는 결론으로 가는 경향이 있다. 페미니즘 이전의 맥락에서는 젠더가 (비판적이라기보다는) 순진하게도 성별과 혼동되어서 체현된 자아의 통일된 원리로 작동한다. 젠더의 구조는 성별, 젠더, 욕망 사이에 평행하긴 하지만 서로 대립되는 내적 일관성을 띠고 있다고 여겨지는 '이성里姓'에 대해, 그 '이성'과는 반대되는 것으로 통일성을 유지한다. 여성이 "여자처럼 느껴져요"라고 한다거나 남성이 "남자처럼 느껴지네요"라고 표현하는 것은 둘 다 무의미하게 중복되는 표현이 아니라는 전제가 깔려 있다. 이것이 문제의 소지가 없는 정해진 해부학 구조가 된다고 보일 수도 있겠지만(이 기획 역시 얼마나 많은 난제로 가득한지는 나중에 다루기로 하자), 젠더화된 심리적 성향이나 문화적 정체성의 경험은 후천적인 성과라고 생각된다. 따라서 "여자처럼 느껴져요"라는 말은, 아레사 프랭클린Aretha Franklin의 노래에서 상대를 규정하는 타자

---

9) 같은 책, 3쪽.

를 소환한다는 전제가 있어야만, 다시 말해 "당신이 날 자연스러운 여자인 것처럼 느끼게 해주네요."[10]라는 전제가 있어야만 사실이 된다. 이를 이루려면 반대 성의 젠더와의 차별화가 필요하다. 따라서 한 사람이 그 사람의 젠더인 것은 그가 다른 젠더가 아닐 경우에만, 즉 이분법적 쌍 안의 젠더 규약을 전제하고 실천하는 공식에서만 가능하다.

성별이 어떤 면에서 젠더를 필요로 하고 욕망을 필요로 한다고 생각해야, 젠더는 성별, 젠더, 욕망에 관한 경험의 통일성을 의미할 수 있다. 여기서 젠더는 자아의 심리적 및/또는 문화적 지칭이고, 욕망은 이성애적인 것이라서 자신이 욕망하는 상대 젠더와의 대립관계를 통해서만 변별화된다. 그러므로 남성과 여성 젠더의 내적 일관성이나 통일성에는 안정되고 대립적인 이성애가 필요하다. 이렇게 제도화된 이성애는 대립적이고 이분법적인 젠더체계 안에서 젠더화의 가능성에 경계를 만드는 젠더화된 용어 각각의 일의성을 요구하고, 또 그런 일의성을 생산한다. 바로 이런 젠더 관념이 성별, 젠더, 욕망 사이에 인과적 관계를 전제할 뿐만 아니라, 욕망이 젠더를, 또 젠더가 욕망을 반영하거나 표현한다고 주장한다. 성별, 젠더, 욕망의 형이상학적 통일성은 반대 젠더에 대한 차별화된 욕망 속에서, 즉 대립적 이성애의 형

---

10) 캐럴 킹이 작사한 아레사의 노래는 젠더의 자연화에 이의를 제기한다. "자연스러운 여자인 것처럼"은 그 '자연스러움'이 비유나 은유를 통해서만 이루어진다는 것을 암시한다. 다시 말해 "당신은 나를 자연스러운 것의 은유처럼 느끼게 해줘요"가 되고, 그런 '당신'이 없으면 자연스러움이 제거된 토대가 드러날 것이다. 시몬 드 보부아르의 "여성은 태어나는 것이 아니라 만들어지는 것이다"라는 주장에서 아레사의 관점에 대해 더 많은 논의를 살펴보려면 나의 다음 글을 참고하라. "Beauvoir's Philosophical Contribution", *Women, Knowledge, and Reality*, eds. Ann Garry and Marilyn Pearsall, Boston, Unwin Hyman, 1989; 2nd ed., New York, Routledge, 1996.

식 속에서 진정으로 알게 되고 표현된다고 여겨진다. 성별, 젠더, 욕망
의 인과적 연속성을 확립하는 자연주의 패러다임이건, 진정한 자아란
성별, 젠더, 욕망 속에서 동시에 혹은 연속적으로 나타난다고 보는 진
정한 표현적 패러다임이건 간에, 이리가레가 지적한 것처럼 여기에는
'낡은 대칭의 꿈'이 전제되고, 물화되고, 합리화되어 있다.

젠더에 관한 이런 개략적 검토는 젠더의 실체화 관점이 필요한 정
치적 이유를 이해하는 데 실마리를 준다. 강제적이고 자연화된 이성애
제도는 이분법 관계인 젠더를 요구하고 이분법 관계로 젠더를 규제하
는데, 이러한 관계에서 남성적 용어는 여성적 용어와 구별되고, 두 용
어의 구별은 이성애 욕망의 실천을 통해 이루어진다. 이분법의 두 대
립 국면을 구별하는 행위는 각 용어, 성별과 젠더와 욕망 각각의 내적
일관성을 강화하게 된다.

이런 이분법 관계의 전략적 전치와 이분법 관계가 의지하는 실체
의 형이상학은 여자와 남자, 여성과 남성의 범주가 이분법의 틀 안에
서 비슷하게 생산된다고 상정한다. 푸코도 은근히 이런 설명에 동의
한다. 『성의 역사』 제1권의 마지막 장과 『에르퀼린 바르뱅―최근 발
견된 19세기 양성인간의 일기』[11]에 부친 짧지만 중요한 서문에서 푸
코는 모든 성차의 범주화에 앞선 성의 범주가 섹슈얼리티의 역사적 특
정 양식을 통해 구성된다고 주장한다. 각기 다르고 이분법적인 성별

---

11) Michel Foucault, ed., *Herculine Barbin, Being the Recently Discovered Memoirs of a Nineteenth-Century Hermaphrodite*, trans. Richard McDougall, New York, Colophon, 1980. 원전은 *Herculine Barbin, dite Alexina B. presenté par Michel Foucault*, Paris, Gallimard, 1978. 프랑스어판에는 푸코가 영문판에 부친 서문이 빠져 있다.

범주화의 전술적 생산은 '성별'을 성적 경험, 행동, 욕망의 '원인'으로 가정함으로써 그 생산장치의 전략적 목적을 감춘다. 푸코의 계보학적 탐구는 겉보기에 '원인' 같아 보이는 것이 '결과'임을 폭로하고, 각각의 성별 범주는 섹슈얼리티에 대한 모든 담론적 설명 속에 있는 토대주의적이고 인과적인 작용이라고 선언함으로써 성적 경험을 규제하려는 당대 섹슈얼리티 체제의 산물임을 폭로한다.

양성인간 에르퀼린 바르뱅의 일기에 부친 서문에서 푸코는 이런 물화된 성별 범주의 계보학적 비판이야말로 당연시된 이성애에 대한 법의학 담론에서는 설명할 수 없는 성적 실천의 의도치 못한 결과라고 주장한다. 에르퀼린은 어떤 '정체성'을 말하는 것이 아니라, 정체성의 성적 불가능성을 말한다. 남녀의 해부학적 요소가 몸안에, 몸 위에 함께 분포되어 있다 해도 그것이 스캔들의 진짜 원인은 아니다. 인식 가능한 젠더화된 자아를 만드는 언어적 관습은 에르퀼린에게서 한계를 발견하는데, 바로 그/녀가 성별/젠더/욕망을 지배하는 규칙의 수렴과 교란을 야기하기 때문이다. 에르퀼린은 이분법 체계의 용어들을 배열하고 재분배하는데, 바로 그 재분배가 이분법 바깥에서 이 용어들을 파열하고 또 증식시킨다. 푸코에 따르면 에르퀼린은 현재로서는 젠더 이분법 안에서 범주화될 수 없다. 그/녀라는 사람의 이성애와 동성애가 혼란스럽게 수렴되긴 하지만, 그것은 그/녀의 해부학적 불연속성 때문에 야기된 것이 아니다. 푸코가 에르퀼린을 전유하는 방식이 의심스럽긴 하지만[12] 그의 분석은 (당연시된 '이성애적hetero' 섹슈얼리티 때

---

12) 2장의 2절 '라캉, 리비에르, 가면의 전략'을 참고.

문에 역설적으로 배척된) 성적 이질성heterogeneity이 정체성을 주장하는 성의 범주를 알려주면서 실체의 형이상학 비판을 암시하고 있다는 흥미로운 믿음을 은연중 시사한다. 푸코는 에르퀼린의 경험을 "고양이도 없이 빙글대는 웃음만 떠 있는 쾌락의 세계"[13]라고 생각한다. 미소, 행복, 쾌락, 욕망은 여기서 단단히 고정된 실체가 없는 특성으로 그려진다. 이들은 명사(연장된 실체res extensa)와 형용사(본질적 우연적 속성)의 실체화와 위계화 문법으로 파악할 수 없는 젠더화된 경험의 가능성을 자유로이 떠도는 속성으로 제시한다. 푸코는 에르퀼린을 대충 읽고 어떤 우연적 속성의 존재론이 있다고 주장하는데, 이 존재론은 정체성을 가정하는 것이 문화적으로 규제된 질서와 위계의 원칙이자 규제적 허구임을 드러낸다.

만일 '남성'이 남성적 속성을 가진 것이라 말할 수 있다면, 그래서 남성적 속성이 그 남성의 기분좋은 특징이지만 우연한 특징이라고 이해한다면, 남성이 무엇이든 여성의 속성을 가지면서도 여전히 남성 젠더의 진실성을 유지한다고 말할 수도 있다. 하지만 일단 고정된 실체로서의 '남성'과 '여성'의 우선성을 없애면, 불협화음을 일으키는 젠더 특징이 근본적으로 온전한 젠더 존재론의 이차적이고 우연적인 특징에 속한다고 할 수 없게 된다. 고정된 실체 개념이 여러 속성들을 일관된 젠더 연쇄로 강제로 정렬해서 만든 허구적 구성물이라면, 인식 가능성의 연속적 또는 인과적 모델에 따르지 못한 속성들의 불협화음 때문에 실체로서의 젠더가, 그리고 명사로서의 남성과 여성의 가능성이

---

13) Michel Foucault, ed., *Herculine Barbin*, p. x.

의문시된다.

따라서 정신과의사 로버트 스톨러가 '젠더 핵심gender core'[14]이라고 부른 것, 즉 고정된 실체나 젠더 자아의 외관은 문화적으로 확립된 일관성의 선에서 여러 속성들을 규제하여 만들어낸 것이다. 그 결과 이러한 허구적 생산을 폭로하려면 기존의 일차적 명사와 이차적 형용사의 틀로 동화되지 않으려 하는, 속성들의 규제 이탈 작용이 나타나야 한다. 물론 불협화음을 일으키는 형용사들이 소급적으로 자신이 수식하는 명사의 실체적 정체성을 재정립한다고 주장할 수도 있고, 그에 따라 예전에는 없었던 가능성을 포함할 수 있도록 젠더의 실체적 범주를 확대하는 것도 언제나 가능하다. 하지만 이런 실체가 속성의 규제를 통해 우연히 만들어진 일관성에 불과하다면, 실체의 존재론 자체가 인위적 효과일 뿐만 아니라 본질적으로 불필요한 것으로 보일 것이다.

그런 의미에서 젠더는 명사가 아니며, 자유롭게 떠도는 일련의 속성들도 아니다. 젠더의 실체적 효과는 젠더 일관성을 만드는 규제적 실천이 수행적으로 생산하고 강제해온 것임을 알게 되었기 때문이다. 따라서 실체의 형이상학이라는 계승된 담론에서 젠더는 수행적인 것으로 입증되는데, 젠더가 수행적이라는 것은 자기가 되고자 하는 정체성을 구성한다는 의미다. 그런 의미에서 젠더는 그 행위에 앞서 존재한다고 여겨지는 주체에 의한 행위는 아니지만, 그래도 언제나 행위이다. 젠더 범주를 실체의 형이상학 바깥에서 다시 생각해보려는 도전적 시도는 니체가 『도덕의 계보』에서 펼친 주장과의 상관성을 고려해야

---

14) Robert Stoller, *Presentations of Gender*, New Haven, Yale University Press, 1985, pp. 11~14.

할 것이다. "행위, 효과, 되기becoming 뒤에 있는 '존재'란 없다. 그리고 '행위자'는 그 행위에 덧붙인 허구에 불과하다. 행위만이 전부이다."[15] 니체가 예측하지도 용납하지도 않았을 방식으로 이를 응용해본다면, 다음과 같은 결과를 선언하게 될 것이다. 젠더의 표현 뒤에는 어떠한 젠더 정체성도 없다. 그 정체성은 결과라고 말해지는 '표현' 때문에 수행적으로 구성된다.

15) Friedrich Nietzsche, *On the Genealogy of Morals*, trans. Walter Kaufmann, New York, Vintage, 1969, p. 45.

6. 언어, 권력, 전치의 전략

　그럼에도 불구하고 많은 페미니즘 이론과 저작은 행위 뒤에 '행위
자doer'가 있다고 가정해왔다. 행위주체agent 없이는 행위성agency도 없
고, 따라서 사회 속에서 지배관계의 변화를 가져올 어떤 잠재력도 있
을 수 없다고 주장한다. 비티그의 급진적 페미니즘 이론은 주체 문제
에 관한 이론들의 연속체 안에서 모호한 위치를 차지한다. 한편으로
비티그는 실체의 형이상학에 반대하는 것처럼 보이지만, 다른 한편으
로는 인간 주체, 즉 개인을 행위성의 형이상학적 장소로 유지한다. 비
티그의 인본주의는 행위 뒤에 행위자가 있다는 것을 분명히 전제하지
만, 그럼에도 그 이론은 '원인'과 '결과'를 혼동하는 이런 설명의 시간
성을 반박하면서 젠더의 수행적 구성을 문화의 물질적 실천 속에서 설
명한다. 비티그와 푸코를 연결하는 상호텍스트 공간을 제시하는(그리
고 두 이론에서 마르크스의 물화 개념의 흔적을 드러내는) 대목에서 비
티그는 이렇게 쓰고 있다.

유물론적 페미니즘의 접근법은 억압의 원인이자 기원으로 간주했던 것이 실은 억압자가 만든 표시에 불과하다는 것을 보여준다. 이는 '여성의 신화'에 더해 여성에게서 전유된 의식과 몸에 나타난 물질적 효과이자 표명이다. 따라서 이러한 표시는 억압에 선행하지 않는다. (…) 성별은 자연의 질서에 속하는 것으로 '직접 주어진 것' '지각 가능하게 주어진 것' '몸의 특징'이라고 여겨진다. 그러나 우리가 육체적이고 직접적인 지각이라 믿는 것은 단지 정교하고 신화적인 구성물, 즉 '상상의 형성물'일 뿐이다.[1]

이런 '자연'의 생산은 강제적 이성애의 명령에 맞춰 작동하기 때문에 비티그가 볼 때 동성애적 욕망의 등장은 성의 범주를 초월한다. "욕망이 스스로를 해방시킬 수 있다면 욕망은 성별로 미리 예비 표시를 해두는 것과 아무 상관이 없을 것이다."[2]

비티그는 '성'이야말로 제도화된 이성애가 어느 정도 적용된 표시라고 말한다. 그 표시는 제도에 사실상 저항하는 실천들로 인해 지워질 수도, 희미해질 수도 있다. 물론 이 관점은 이리가레의 관점과는 근

---

1) Monique Wittig, "One is Not Born a Woman", p. 48. 비티그는 젠더 '표시' 개념과 콜레트 기요맹Colette Guillaumin의 자연발생적인 집단의 '상상적 구성물'이라는 개념을 모두 신뢰한다. 인종 표시에 대한 기요맹의 저작은 다음 글에 나타난 비티그의 젠더 분석과 유사하다("Race et nature: Système des marques, idée de group naturel et rapport sociaux", *Pluriel*, Vol. 11, 1977). 「여성의 신화」는 보부아르의 『제2의 성』의 한 장이다.
2) Monique Wittig, "Paradigm", *Homosexualities and French Literature: Cultural Contexts/Critical Texts*, eds. Elaine Marks and George Stambolian, Ithaca, Cornell University Press, 1979, p. 114.

본적으로 다르다. 이리가레는 젠더 '표시'를 서양철학의 전통에서 사실상 존재론의 분야를 결정해왔던, 반사화specularization라는 자기정교화self-elaborating 메커니즘을 통해 작동하는 남성성의 패권적 의미화 경제의 한 부분으로 이해한다. 비티그에게는 언어가 구조상으로 여성혐오적인 것은 아니라고 해도, 적용상으로는 여성혐오적인 도구나 수단이 된다.[3] 이리가레에게는 다른 언어 또는 다른 의미화 경제의 가능성만이 젠더 '표시'를 벗어날 유일한 기회인데, 이런 기회는 여성성의 입장에서 보면 여성이라는 성별을 남근로고스중심적으로 삭제하는 것에 불과하다. 이리가레가 양성 간의 표면적인 '이분법' 관계야말로 여성적인 것을 완전히 배제하려는 남성주의 책략임을 폭로하고자 한 반면, 비티그는 이리가레와 같은 입장이 남성성과 여성성의 이분법을 재차 강화할 뿐만 아니라 여성성의 신화를 재순환시킨다고 주장한다. 비티그는 『제2의 성』에서 보부아르가 여성성의 신화에 대해 비판한 것을 끌어와 "여성적 글쓰기란 없다"고 선언한다.[4]

비티그는 분명 여성을 복종시키고 배제하는 언어 권력에 초점을 맞추고 있다. 그러나 '유물론자'로서 비티그는 언어를 '물질성의 또다른 질서'[5]이자 근본적으로 변화시킬 수 있는 제도라고 여긴다. 언어는 개

---

3) 분명 비티그는 통사론을 부권적으로 조직된 친족체계의 재생산이나 언어적 성과물로 이해하지 않는다. 이 층위에서 비티그는 구조주의를 거부함으로써 언어를 젠더 중립적인 것으로 바라본다. 이리가레의 저작(Luce Irigaray, *Parler n'est jamais neutre*, Paris, Éditions de Minuit, 1985)은 언어의 정치적 중립과 젠더의 중립을 주장하는 비티그의 특징인 일종의 인본주의적 입장을 비판한다.

4) Monique Wittig, "The Point of View : Universal or Particular?", p. 63.

5) Monique Wittig, "The Straight Mind", *Feminist Issues*, Vol. 1, No. 1, Summer 1980, p. 108. 또한 이 책 3장의 3절 각주 6을 참고.

인의 선택으로 유지되기도 하고, 또 선택하는 개인들의 집단적 행동으로 약화되기도 하는 구체적이고 우연적인 실천과 제도에 자리를 잡는다. 비티그의 주장으로 볼 때 '성별'이라는 언어적 허구는 이성애 욕망의 축을 따라 정체성의 생산을 규제하려고 노력하면서 강제적 이성애 체계가 생산하고 순환시키는 범주이다. 비티그의 몇몇 연구에서는 이성애적 계약을 맺지 않는 다른 입장들뿐 아니라 남성 동성애와 여성 동성애가 성의 범주를 전복하거나 확산하는 경우를 제시한다. 그러나『레즈비언의 몸』및 다른 글에서 비티그는 성기를 중심으로 조직된 섹슈얼리티 그 자체를per se 문제삼고, 아마도 여성의 뚜렷한 재생산 기능으로 표시되는 여성 주체성의 구성과 경합할 대안적인 쾌락 경제를 요구하는 것으로 보인다.[6] 재생산 경제의 바깥에서 쾌락의 증식이 의미하는 것은 특히 여성적 방식의 성애의 분산을 의미하며, 이때 성애의 분산은 재생산적인 성기중심성genitality의 구성에 반대하는 대응 전략이라고 할 수 있다. 어떤 의미에서 비티그의『레즈비언의 몸』은 프로이트가 쓴『성욕에 관한 세 편의 에세이Three Essays on the Theory of Sexuality』를 '뒤집어inverted' 해석한 것이라고 이해할 수 있는데, 이 글에서 프로이트는 덜 규제되고 더 분산된 유아기 섹슈얼리티에 비해서 성기에 집중된 섹슈얼리티가 발달상 우월하다고 주장한다. 프로이트가 '동성애'를 말하고자 소환한 의학적 분류인 '성도착자invert'만이 이런 성기중심의 규범을 '달성'하지 못한다. 성기중심주의에 대해 정치적으로 비판하면서, 비티그는 프로이트가 지적한 미발달된 성욕에 이러한

---

6) Monique Wittig, *The Lesbian Body*, trans. Peter Owen, New York, Avon, 1976. 원전은 *Le corps lesbien*, Paris, Éditions de Minuit, 1973.

특징을 부여하고 '성기기 이후의post-genital 정치'를 사실상 시작하면서 '역전inversion'을 비판적 해석의 행위로 전개하는 듯 보인다.[7] 사실 발달이라는 개념은 이성애 기반 안에서는 정상화의 과정으로 읽을 수밖에 없다. 그러나 이것이 프로이트를 읽어내는 유일한 방식일까? 비티그의 '역전' 실천은 자신이 해체하려던 규범화 모델에 얼마나 기여하고 있는가? 다시 말해 더 분산되어 있고 반反성기중심적 섹슈얼리티가 섹슈얼리티의 패권적 구조에 반대할 유일한 대안이라면, 이 이분법 관계는 얼마만큼 스스로를 영원히 재생산할 운명에 놓이게 되는가? 대립적 이분법이 스스로 붕괴할 가능성이 존재하기는 하는가?

비티그가 정신분석학에 대항하는 관계는, 그가 극복하려 했지만 이제 완전히 '뒤집힌' 정신분석학적 발달 이론을 오히려 자기 이론의 전제로 삼는다는 예상치 못한 결과를 가져온다. 성별 표시에 선행해 존재하는 것으로 추정되던 다형적 도착성은 인간 섹슈얼리티의 목적인 telos이라는 가치를 얻는다.[8] 비티그에 대한 페미니즘 정신분석학의 대응은, 비티그가 '젠더의 표시'가 일어나는 언어의 의미 및 작용을 과소평가하는데다 이론화도 약하다고 주장할 것이다. 비티그는 젠더의 표시 행위를 우연적인 것, 대단히 가변적인 것, 심지어 없어도 되는 것이라고 이해한다. 라캉의 이론에서 일차적 금기의 위상은 푸코의 규제적 실천regulatory practice 개념이나 이성애적 억압체계에 대한 비티그의 유

---

7) 이 구절에 대해서는 웬디 오언에게 감사를 표한다.
8) 물론 프로이트 자신은 '성적인 것'과 '성기적인 것'을 구분하는데, 이는 비티그가 프로이트에 대항해 사용한 바로 그 구분법의 조건이다. 예컨대 다음을 참고하라. Sigmund Freud, "The Development of the Sexual Function", *Outline of a Theory of Psychoanalysis*, trans. James Strachey, New York, Norton, 1979.

물론적 해석보다 더 강한 힘으로 작용하지만 우연성은 더 약하게 나타난다.

라캉에게는 이리가레가 후기 라캉식으로 프로이트를 수정한 것처럼, 성차가 실체의 형이상학을 토대로 한 단순한 이분법이 아니다. 남성적 '주체'는 근친애를 금지하고 이성애적 욕망의 무한한 전치를 강제하는 법이 생산한 허구적 구성물이다. 여성성은 결코 주체의 표시가 아니다. 여성성은 젠더의 '속성'이 될 수 없다. 오히려 여성성은 상징계가 의미화한 결핍을 의미하는데, 상징계란 사실상 성차를 만들어내는 차별적 언어 규칙의 집합이다. 남성적 언어의 위치는 상징적인 법, 즉 아버지의 법이라는 근본적 금기가 요구하는 개체화와 이성애화를 겪게 된다. 아들에게 어머니를 금지하고, 그에 따라 모자간 친족관계를 세우는 근친애의 금기는 '아버지의 이름으로' 시행되는 법이다. 이와 비슷하게 어머니와 아버지에 대한 딸의 욕망을 거부하는 법은 딸이 모성의 상징을 받아들여 친족의 규칙을 영속화할 것을 요구한다. 따라서 남성적 위치와 여성적 위치는 둘 다 문화적으로 인식 가능한 젠더를 생산하는 금지의 법을 통해서, 그러나 오직 상상계 영역에 재등장하는 무의식적 섹슈얼리티의 생산을 통해서만 제도화된다.[9]

페미니즘에서 성차를 전유할 때는 라캉의 남근로고스중심주의에 반대하기 위해서든(이리가레) 아니면 라캉에 대한 비평적 재탐구를 위해서든 간에, 여성성을 실체의 형이상학적 표현이 아니라 배제를 통해 의미화 경제에 기반한 (남성적) 거부 때문에 발생한, 재현할 수 없는

---

9) 라캉의 입장에 대한 더 폭넓은 분석은 이 책 2장의 여러 부분에서 제시하고 있다.

부재로 이론화하려 한다. 그 체계 안에서 거부/배제된 것으로서의 여성성은 지배적인 개념체계를 비판하고 붕괴시킬 가능성을 만든다. 방식은 다르지만 재클린 로즈[10]와 제인 갤럽[11]도 구성된 성차의 위상을 강조하고, 그 구성의 내적 불안정성을 강조하며, 성정체성을 만들면서 그 구성의 약한 토대도 드러내는 금지의 양면적 결과를 강조한다. 비티그를 포함한 프랑스계 유물론 페미니스트들은 성차란 물화된 성별화의 양극성을 생각 없이 복제한 것이라 주장하겠지만, 이런 비판은 무의식이라는 중요한 차원을 간과한다. 무의식은 억압된 섹슈얼리티의 장소로서 주체 담론 속에 바로 그런 일관됨의 불가능성으로 재등장한다. 로즈가 명확하게 지적하듯, 남성성/여성성으로 구분된 축을 따라 일관된 성정체성을 구성하는 것은 실패하게끔 되어 있다.[12] 억압된 것이 무심코 다시 등장함으로 인해 이런 일관성의 파열이 드러내는 것은 '정체성'이 구성되었다는 것뿐만 아니라 정체성을 구성하는 금지가 아무 효력이 없다는 사실이다(아버지의 법은 결정론적인 신의 의지라기보다는, 아버지에게 반란을 일으킬 토대를 준비하는 영원한 혼란투성이로 이해해야 한다).

---

10) Jacqueline Rose, *Sexuality in the Field of Vision*, London, Verso, 1987.

11) Jane Gallop, *Reading Lacan*, Ithaca, Cornell University Press, 1985; *The Daughter's Seduction: Feminism and Psychoanalysis*, Ithaca, Cornell University Press, 1982.

12) "정신분석학과 젠더에 대한 사회학적 설명을 구분하는 것은(따라서 내가 보기에 낸시 초도로의 작업이 가진 근본 문제는), 후자의 경우 대체로 규범의 내면화가 작동된다고 가정하는 반면, 정신분석학의 기본 전제와 출발점은 그런 가정을 하지 않는다는 점이다. 무의식은 지속적으로 정체성의 '실패'를 드러낸다."(Jacqueline Rose, *Sexuality in the Field of Vision*, p. 90.)

유물론의 입장과 (후기) 라캉주의 입장의 차이는, 회복 가능한 섹슈얼리티가 무의식 상태의 법 '이전' 또는 '바깥에' 있는지, 아니면 성기기 이후의 섹슈얼리티로서 법 '이후'에 있는지에 대한 규범 논쟁 속에 나타난다. 역설적이게도 다형적 도착성에 대한 규범적 비유에는 대안적 섹슈얼리티의 입장이 둘 다 나타난다고 여겨진다. 그러나 '법' 혹은 일련의 '법들'을 규정하는 방식에는 합의된 바가 없다. 정신분석학 비평은 규범적 젠더관계의 기반 안에서 '주체'(및 실체의 환영) 구성을 설명하는 데 성공한다. 비티그는 실존주의-유물론의 방식으로 주체, 즉 사람이 사회 이전과 젠더화 이전의 진실성을 띤다고 가정한다. 한편 라캉의 '아버지의 법paternal law'에는 이리가레가 설명하는 남근로고스중심주의의 자기독백적 지배처럼, 어쩌면 그 설명이 추정하는 구조주의적 가정보다 통합되지도 못하고 문화적으로 보편적이지도 못한 일신론적 특이성monotheistic singularity의 표시가 있다.[13]

그러나 이 싸움은 또한 법의 시행 이전에, 법의 전복 이후에, 혹은 법이 통치하는 동안에 법의 권위에 지속적으로 도전해서 확산된 전복적 섹슈얼리티에 대한 시간적 비유를 표명하는 데도 열중하는 듯하다. 여기서 푸코를 다시 한번 소환하는 게 현명할 텐데, 푸코는 섹슈얼리티

---

13) '법'이라는 단일한 구조주의 개념이 구약에 나오는 금지의 법을 상기시킨다는 것은 놀랄 만한 일이 아닐 것이다. 따라서 '아버지의 법'은 니체에 대한 프랑스식 재전유라는 이해할 만한 과정을 통해 후기구조주의의 비판을 받게 된다. 니체는 유대교와 기독교의 '노예의 도덕'이 법을 단일하면서 금지의 관점에서 바라본다는 이유로 비난한다. 다른 한편 '권력에의 의지'는 법의 생산적 가능성과 복합적 가능성을 모두 일컫는다. 이 법은 허구적이고 억압적인 개념으로서 단일성 속에 있는 '법'의 개념을 효과적으로 드러내고 있다.

와 권력이 동일한 시공간에 펼쳐진다고 주장하면서 법으로부터 자유로울 수 있는 전복적 또는 해방적 섹슈얼리티를 전제하는 것을 은연중 거부한다. 법의 '이전'이나 '이후'가 규범적 틀의 관점에서 소환되는, 담론적이고 수행적으로 제도화된 시간성의 양식임을 지적함으로써 이 논의를 좀더 밀고 나갈 수 있다. 이런 규범적 틀을 전복하거나, 위태롭게 만들거나, 전치하려면 성에 대한 패권적 금지들을 다소라도 벗어날 수 있는 섹슈얼리티가 필요하다. 푸코에게 이러한 금지들은, 금지 안에서 금지를 통해 발견되고 생산되는 '주체'가 권력의 '외부'에, '이전'이나 '이후'에 있는 섹슈얼리티에 다가갈 수 없다는 의미에서, 의도치 않게도 변함없이 늘 생산적이다. 법보다는 권력이 변별적 관계의 사법적 기능(금지와 규제)과 생산적 기능(의도하지 않게 발생한)을 모두 포괄한다. 따라서 권력관계의 기반에서 발생한 섹슈얼리티는 단순한 법의 복제와 복사, 즉 남성적 동일시 경제의 동일한 반복이 아니다. 이 생산물은 원래의 목적을 벗어나서, 문화적 인식 가능성의 경계를 넘어설 뿐만 아니라 문화적으로 인식 가능한 것의 경계를 사실상 확장하는 '주체'의 가능성을 자신도 모르는 사이에 작동시킨다.

성기기 이후postgenital(프로이트 정신분석학에서 말하는, 아동이 자신의 성기에 애착을 갖는 성기기인 대략 5세 이후를 말한다―옮긴이) 섹슈얼리티에 대한 페미니즘의 규범은 섹슈얼리티를 다룬 페미니즘 이론가들, 특히 푸코를 페미니스트 및/또는 레즈비언의 방식으로 전유하려 했던 몇몇 이론가들에게 집중적으로 비판을 받게 되었다. 이성애적 구성물에서 벗어난 유토피아적 섹슈얼리티 개념, 즉 '성별' 너머의 섹슈얼리티는 '해방된' 이성애나 레즈비어니즘 안에서도 권력관계가 계속해서 여성의 섹슈얼리티를 형성하는 방식을 인식하지 못했다.[14] 이와 똑같은 비판이 남근적 섹슈얼리티와는 완전히 다른, 특히 여성적인 성적 쾌락의 개념에 대해서도 제기된다. 특정한 여성 섹슈얼리티를 여성만의 특정 해부학에서 끌어오려는 이리가레의 시도는 때때로 반본질주의 논쟁에서 쟁점이 되었다.[15] 특정한 여성 섹슈얼리티 또는 의미의 기반인 생물학으로 되돌아간다면, 생물학은 운명이 아니라는 페미

---

14) 다음을 참고하라. Gayle Rubin, "Thinking Sex: Notes for a Radical Theory of the Politics of Sexuality", *Pleasure and Danger*, ed. Carole S. Vance, Boston, Routledge and Kegan Paul, 1984, pp. 267~319; Carole S. Vance, "Pleasure and Danger: Towards a Politics of Sexuality", *Pleasure and Danger*, pp. 1~28; Alice Echols, "The Taming of the Id: Feminist Sexual Politics, 1968~83", *Pleasure and Danger*, pp. 50~72; Amber Hollibaugh, "Desire for the Future: Radical Hope in Pleasure and Passion", *Pleasure and Danger*, pp. 401~410; Amber Hollibaugh and Cherríe Moraga, "What We're Rolling Around in Bed with: Sexual Silences in Feminism" and Alice Echols, "The New Feminism of Yin and Yang", *Powers of Desire: The Politics of Sexuality*, eds. Ann Snitow, Christine Stansell, and Sharon Thompson, London, Virago, 1984; "sex issue", *Heresies*, Vol. No. 12, 1981; Samois ed., *Coming to Power*, Berkeley, Samois, 1981; Dierdre English, Amber Hollibaugh, and Gayle Rubin, "Talking Sex: A Conversation on Sexuality and Feminism", *Socialist Review*, No. 58, July~August, 1981; Barbara T. Kerr and Mirtha N. Quintanales, "The Complexity of Desire: Conversations on Sexuality and Difference", *Conditions*, #8; Vol. 3, No. 2, 1982, pp. 52~71.

15) 아마도 이리가레에게 가장 논쟁을 일으키는 부분은 '맞닿은 두 입술'이라는 음순 구조가 여성의 비단일적이면서 자기성애적인 쾌락을 구성한다는 주장일 것이다. 그것은 음경이 쾌락을 빼앗는 침투 행위를 통해 두 개doubleness를 '분리'하기 이전에 있던 쾌락을 뜻한다. 이리가레의 『하나이지 않은 성Ce sexe qui n'en est pas un』을 참고하라. 비티그는 모니크 플라자와 크리스틴 델피를 따라, 이리가레의 이와 같은 해부학적 특징에 대한 평가가 여성의 몸을 '질' '클리토리스' '음순'처럼 인위적인 '부분'으로 표시하고 분할하는 재생산 담론을 무비판적으로 복제한다고 주장했다. 바사대학교 강의에서 비티그는 질을 갖고 있는지 질문을 받았고, 그는 갖고 있지 않다고 대답했다.

니즘의 전제를 무너뜨리는 것으로 보인다. 그러나 여성 섹슈얼리티가 여기서 순전히 전략적인 이유 때문에 생물학 담론을 통해 표명한 것이든,[16] 사실상 페미니즘이 생물학적 본질주의로 되돌아간 것이든 간에, 여성 섹슈얼리티를 섹슈얼리티의 남근적 구성과 근본적으로 다른 것으로 특성화하는 것은 여전히 문제로 남아 있다. 섹슈얼리티를 자신의 것으로 인식하지 못하거나, 자신의 섹슈얼리티가 남근 경제의 관점에서 일부 구성되었음을 알지 못하는 여성들은, 이 이론의 관점에서 보면 '남성과 동일시'되거나 '계몽되지 않은' 것으로 폄하될 것이다. 사실 이리가레의 글에서는 섹슈얼리티가 문화적으로 구성되는 것인지, 아니면 남근의 관점에서만 문화적으로 구성되는 것인지 가끔 불분명하다. 다시 말해 특정하게 여성적인 쾌락이 역사 이전이나 유토피아적 미래로서 문화의 '바깥에' 있는가? 만일 있다면 그런 쾌락의 개념이 구성이라는 관점 안에서 당대의 섹슈얼리티 논쟁과 협상할 때 어떤 용도가 있는가?

페미니즘의 이론과 실천에서 섹슈얼리티를 옹호하는 운동은 섹슈얼리티가 항상 담론과 권력의 관점에서 구성되며, 이때 권력은 이성애적이고 남근적인 문화관습의 관점에서 이해된다고 사실상 주장해왔다. 따라서 레즈비언, 양성애, 이성애 맥락에서 (결정된 게 아니라) 구성된 섹슈얼리티의 등장은 어떤 환원적인 의미에서 남성적 동일시의 기호가 아니다. 정치비평이 페미니스트 비평가가 말하는 섹슈얼리티의 문화적 구성을 사실상 허물 수 있듯이, 이것이 남근로고스중심주의나

---

16) 바로 이런 해석에 대한 매력적인 논의로는 다음을 참고하라. Diana J. Fuss, *Essentially Speaking*, New York, Routledge, 1989.

이성애적 헤게모니 비판에 실패한 기획은 아니다. 섹슈얼리티가 기존 권력관계 안에서 문화적으로 구성된다면, 권력의 '이전에' '바깥에' 또는 '너머에' 있는 규범적 섹슈얼리티를 가정하는 것은 문화적 불가능성이자 정치적으로도 실현 불가능한 꿈인데, 이는 즉 권력의 관점에서 섹슈얼리티와 정체성의 전복 가능성을 재고해본다는 구체적이고 당면한 작업을 지연시키는 꿈이다. 물론 권력의 기반 안에서 작동한다고 상정하는 이런 비판 작업은 지배관계를 무비판적으로 복제하는 것과는 다르다. 그것은 법의 강화가 아니라 전치라는 법의 반복 가능성을 제시한다. '남성'이 그 섹슈얼리티의 원인이자 환원 불가능한 의미로 작용하는 '남성 동일시' 섹슈얼리티 대신, 섹슈얼리티의 권력의 장에서 필연적인 '동일시'의 전복적인 작동을 통해 그 남근주의의 가능성을 재상연하고 재분배하는 남근적 권력관계의 관점으로 구성된 섹슈얼리티 개념을 전개할 수 있다. 재클린 로즈의 말처럼 '동일시'가 환상으로 드러난다면, 그런 환상의 구조를 보여주는 동일시를 연출할 수도 있을 것이다. 문화적으로 구성된 섹슈얼리티에 대한 근본적인 거부가 없다면, 남은 것은 누구든 예외 없이 놓인 이런 구성을 어떻게 인식하고 어떻게 구성하는 행위를 '할' 것인가이다. 단순 모방과 재생산, 그러므로 법의 강화(페미니즘 어휘에서 폐기해야 할 '남성 동일시'라는 시대착오적 개념)를 구성하지 않는 반복의 형식이라는 게 있는가? 다양하게 발현되는 기반 속에, 때로는 젠더화된 삶을 지배하는 문화적 인식성을 수렴하는 기반 속에 어떤 젠더 배치의 가능성이 존재하는가?

  페미니즘 성이론의 관점에서는, 섹슈얼리티 안에 권력 역학이 있다고 해서 이성애적이거나 남근로고스중심적인 권력체제의 단순한 강화나 증대를 의미하지 않는다는 것이 분명하다. 역사적으로 있었던 성적 양식의 정체성으로서 부치와 펨의 경우에서처럼, 특히 성차에 관한 게이 담론의 확산과 동성애 맥락 안에서의 이른바 이성애적 관습의 '존재'를, 본래 이성애적인 정체성을 유령처럼 재현하는 것으로는 설명할 수 없다. 그리고 그 정체성을 게이 섹슈얼리티와 게이 정체성 안의 이성애적 구성물이라는 위험한 주장으로 이해해서도 안 된다. 동성애자와 이성애자의 성적 문화 안에서 이성애적 구성물의 반복은 젠더 범주를 탈자연화해서 가동하는 필연적인 장일 것이다. 비이성애의 틀에서 이성애의 구성물을 반복하면, 소위 이성애적 원본이라는 완전히 만들어진 위상이 분명히 드러난다. 따라서 동성애자와 이성애자의 관계는 복사본과 원본의 관계가 아니라 복사본과 복사본의 관계이다. 이 책의 3장 마지막 절에서 논의하는 '원본'의 패러디적 반복은, 원본이란 자연스럽고 원본이라는 관념의 패러디일 뿐임을 밝힌다.[17] 이성애적 구성물이 젠더가 작동하는 데 사용 가능한 권력/담론의 장으로서 순환한다 해도 여전히 의문이 남는다. 어떤 재순환의 가능성들이 존재하는가? 젠더를 행할 어떤 가능성이, 그것이 동원되는 바로 그 구성물의 과장, 불협화, 내적 혼란과 증식을 통해 반복되고 변경되는가?

---

17) 프레드릭 제임슨의 패러디와 패스티시 분류법을 적용하면 동성애 정체성은 패스티시로 더 잘 이해될 것이다. 제임슨이 주장하길, 패러디는 결국 복사물로 드러나는 원본과 공감을 유지하지만 패스티시는 '원본'이 존재할 가능성을 반박한다. 혹은 젠더의 경우 '원본'이란 실패하지 않고는 복사할 수 없는 환영적 이상을 '복사'하는 데 실패한 결과물임을 드러낸다. 다음을 참고. Fredric Jameson, "Postmodernism and Consumer Society", *The Anti-Aesthetic: Essays on Postmodern Culture*, ed. Hal Foster, Port Townsend, WA: Bay Press, 1983.

이성애, 동성애, 양성애 행위의 내부 및 그 사이의 모호함과 비일관성은 이접적이고 불균형한 남성성/여성성 이분법의 물화된 틀 안에서 억압되고 재기술될 뿐만 아니라, 이런 젠더 혼란의 문화적 배치는 그 물화가 개입하고, 노출되고, 전치되는 장으로 작동한다는 것도 고려해야 한다. 다시 말해 젠더의 '통일성'은 강제적 이성애를 통해 젠더 정체성을 통일되게 만들려는 규제적 실천의 효과이다. 이런 실천의 힘이 배타적인 생산장치를 통해 '이성애' '동성애' '양성애'의 상대적 의미뿐 아니라 그 의미의 수렴과 재의미화가 일어나는 전복의 장소를 규제하게 된다. 이성애주의와 남근로고스중심주의의 권력체제가 그 논리, 그 형이상학, 그 자연화된 존재론의 지속적 반복을 통해 스스로를 증식하려 한다고 해서, (마치 그럴 수 있다는 듯) 반복 자체를 멈춰야 한다는 뜻은 아니다. 반복이 정체성의 문화적 재생산의 기제로 지속된다면, 아주 중요한 문제가 나타난다. 어떤 전복적 반복이 정체성 자체의 규제적 실천을 문제로 삼을 것인가?

이런 개념들의 인식 가능성을 효과적으로 생산하고 규제하는 권력기반과 담론관계에서 벗어난 '사람' '성별' '섹슈얼리티'에 기대지 않는다면, 구성된 정체성의 관점에서 무엇이 효과적인 역전, 전복, 전치의 가능성을 구성하는가? 성별과 젠더가 구성되었다는 특성 덕분에 어떤 가능성이 존재하는가? 푸코가 성의 범주를 생산하는 '규제적 실천'의 정확한 특징에 관해 모호한 입장을 취한다면, 비티그는 그 구성의 모든 책임을 성적 재생산과 그것의 도구인 강제적 이성애에 부여하는 것으로 보인다. 그러나 다른 담론들은 늘 불분명하거나 일관되지 않다는 이유로 이런 범주적 허구를 생산한다. 생물학에 주입된 권력관계는 쉽게 축소되지 않고, 19세기 유럽에 등장한 법과 의학의 동맹은 예상치 못한 범주적 허구들을 낳았다. 젠더를 구성하는 담론 지도의 복잡성 자체가 이 담론적이고 규제적인 구조에 우연적이고 생성적인 수렴이 나타날 전망을 보여주는 듯하다. 성별과 젠더에 대한 규제적 허구 그 자체가 서로 다양하게 경합하는 의미의 장이라면, 바로 그런 구성의 다양성이야말로 일의적인 입장을 파열할 가능성을 내놓을 수 있다.

이런 기획은 분명 여성 또는 남성이다라는 의미를 현상학적 관점에서 설명하는 젠더의 존재론을 전통철학의 관점으로 펼치려는 것이 아니다. 여기서의 전제는, 젠더'라는' 것이 어떤 효과이며, 즉 존재론의 양식으로 그 구성의 정치적 매개변수를 그려내는 계보학적 탐구의 대상이라는 것이다. 젠더가 구성된다는 주장은 젠더의 허구성이나 인위성을 주장하는 것이 아니다. 여기서 허구성이나 인위성이라는 용어는 '실재'와 '진본'을 대립물로 대치시키는 이분법 안에 있는 것으로 이해된다. 젠더 존재론에 대한 계보학으로서, 이 계보학 연구는 이분법 관계의 타당성이 담론적으로 생산되었음을 이해하고자 하며, 젠더의 특정한 문화적 배치가 '실재'의 자리를 대신하고, 적절한 자기자연화self-naturalization를 통해서만 그 헤게모니를 강화하고 확대한다고 주장하고자 한다.

여성은 태어나는 것이 아니라 만들어진다는 보부아르의 주장에서 옳은 게 있다면, 여성이란 과정중의 용어이자 되기becoming이며, 시작하거나 끝난다고 딱 맞게 말할 수 없는 구성물이라는 관점을 따른다는 것이다. 진행중인 담론적 실천으로서 여성은 간섭과 재의미화에 열려 있다. 젠더가 가장 물화된 형식 속으로 응결되는 듯 보여도 그 '응결congealing'은 다양한 사회적 수단으로 유지되고 규제되는 고집스럽고 은밀한 실천이다. 마치 문화변용과 구성의 과정을 지배하는 목적인이 있기라도 한 것처럼, 보부아르에게 여성으로 만들어진다는 것은 결국 불가능하다. 젠더는 실체의 외관, 존재의 자연스러운 외관을 만들기 위해 오랫동안 응결된 매우 단단한 규제의 틀 안에서 반복된 몸의 양식화이자 반복된 여러 행위들이다. 젠더 존재론의 정치 계보학은 성공하기만 한다면 젠더의 실체적 외관을 그것의 구성적 행위로 해체할 것이며, 젠더의 사회적 외관을 감시하는 여러 힘들이 만든 강제적 틀 안에서 이런 행위들을 설명할 것이다. 자연주의적 필연성의 외관을 만드는 우연적 행위를 폭로하는 일, 최소한 마르크스 이래로 문화비평의 일부이기도 했던 움직임을 폭로하는 일이 이제 추가적인 과제를 안게 되었다. 주체 개념이, 즉 젠더화된 외관을 통해서만 인식할 수 있는 주체 개념이, 그 우연적 존재론을 만든 젠더의 여러 물화들 때문에 강제로 배척되었을 가능성을 어떻게 인정하는지 보여주어야 한다는 과제 말이다.

이어지는 2장에서는 여기서 개괄한 규제체제에 저항하는 그 힘과 관련해서, 또 그런 체제를 무비판적으로 재생산하는 작용과 관련해서, 성차와 섹슈얼리티의 구성에 관한 정신분석학적 구조주의적 설명의 몇몇 양상을 고찰할 것이다. 성별의 일의성, 젠더의 내적 일관성, 성별과 젠더의 이분법적 틀은 도처에서 남성적이고 이성애적인 억압이 집중된 권력체제를 강화하고 당연시하는 규제적 허구로 여겨진다. 마지막 3장은 '몸' 개념을, 의미화를 기다리는 준비된 표면이 아니라 정치적으로 의미화되고 유지되는 개인적이고 사회적인 일련의 경계들이라고 본다. 더이상 성별을 성향과 정체성의 내적 '진실'이라 믿을 수 없으므로, 성별은 수행적으로 연출된 의미임이(그래서 '존재하지' 않음이) 입증될 것이며, 자연화된 내면성과 표면에서 벗어나 젠더화된 의미의 패러디적 증식과 전복 작용을 야기하는 것으로 입증될 것이다. 따라서 이 책은 남성적 헤게모니와 이성애 권력을 지탱하는 자연화되고 물화된 젠더의 개념을 전복하고 그것의 대체 가능성을 생각해보려는 노력으로 이어진다. 또한 유토피아적인 너머beyond를 그리는 전략이 아니라, 정체성의 토대주의적 환영인 척 젠더를 그 자리에 지키려 하는 바로 이런 구성적 범주들의 동원, 전복적 혼란, 그리고 증식을 통해서 젠더에 트러블을 일으키려는 노력으로 계속된다.

2장

이성애적 기반의 생산 금지, 정신분석학,

이성애 정신은 동성애가 아닌 근친애야말로 이성애의 주요 금기라고 계속 주장한다. 따라서 이성애 정신으로 생각해본다면 동성애는 이성애에 불과하다.

_모니크 비티그, 『스트레이트 마인드The Straight Mind』 중에서

가끔 페미니즘 이론은 그 기원에 대해, 즉 여성 억압의 역사라는 우연성을 확립한 상상의 관점을 제공하는 '가부장제' 그 이전의 시대가 어떤 것이었을지 생각해보게 되었다. 가부장제 이전에 문화가 존재했는지, 그 문화가 구조상 모권적이거나 모계적이었는지, 가부장제가 시작을 보여주었으니 그 끝도 있다고 증명될 것인지에 대한 논쟁도 있었다. 이런 탐구 뒤에 있는 비판적 동력은 당연히 가부장제의 필연성을 옹호하는 반페미니즘적 주장이 역사적이고 우연한 특정 현상을 물화하고 자연화했음을 보여주려 했다.

　가부장제 이전의 문화적 국면으로 향하는 것은 가부장제의 자기물화self-reification를 폭로하려는 의도였지만, 가부장제 이전이라는 기획 자체가 또다른 물화임이 입증되었다. 더 최근에 몇몇 페미니스트들은 페미니즘 내부의 몇몇 물화된 구성물에 대해 반성적으로 비판했다. '가부장제'라는 개념 자체가 다양한 문화적 맥락에 놓인 뚜렷한 젠더 불균형을 간과하거나 축소하는 보편 개념이 될 위험이 있었다. 페미니즘이 인종적 식민주의적 억압에 맞서려는 투쟁과 중요하게 연관되면서, 가부장제라는 초문화적 개념의 기준 아래 다른 지배 형태들을 복속시키려는 식민화의 인식론적 전략에 저항하는 것이 점차 중요해졌다. 가부장제의 법이 억압적이고 규제적인 구조라고 표명하는 데에도 이런 비판적인 관점에서 재고가 필요하다. 페미니즘이 이런 상상적 과거에 의지하는 것은, 남성적 권력의 자기물화된 주장을 폭로하는 과정에서 여성의 경험을 정치적으로 문제가 있는 물화로 발전시키지 않도록 주의해야 한다.

억압적이거나 지배적인 법의 자기정당화는 거의 언제나 법이 출현하기 이전의 모습이 어땠는지, 법이 지금의 필연적 형태로 어떻게 등장했는지에 관한 이야기를 기반으로 한다.[1] 이런 기원의 조작은 법의 구

---

1) 이 장을 집필하던 학기에 나는 카프카의 「유형지에서In the Penal Colony」를 가르치고 있었다. 이 작품은 특히 당대 권력의 장과 특정한 남성적 힘에 대한 흥미로운 비유를 보여주는 고문기구를 묘사하고 있다. 서사는 그 고문기구를 전통의 핵심 부분으로 소중히 여기는 역사에 대해 설명하려 하지만 반복해서 비틀거린다. 기원은 회복될 수 없고, 기원으로 이끌어줄 지도는 시간이 지나자 읽을 수조차 없게 된다. 해석되어야 할 사람들은 같은 언어로 말하지 않고 통역에 기대지도 않는다. 사실 이 장치를 완전히 상상해내기란 불가능하다. 이 장치의 각 부분은 상상 가능한 전체에 맞지 않기 때문에 독자는 완전함이라는 이상적 개념에 기대지 못하고 파편화된 상태를 상상할 수밖에 없다. 이는 '권력'이 너무나 산포되어 있어서 더이상 체계적인 총체성으로 존재하지 않는다는 푸코의 개념을 문자 그대로 구현하는 것처럼 보인다. 데리다는 카프카의 「법 앞에서」의 맥락에서, 이런 의심스러운 법의 권위에 의문을 제기한다(Jacques Derrida, "Before the Law", *Kafka and the Contemporary Critical Performance: Centenary Readings*, ed. Alan Udoff, Bloomington, Indiana University Press, 1987). 데리다는 법 앞의 시간을 서사적으로 반복함으로써 이러한 억압의 근본적 부조리성을 강조한다. 중요한 것은 법 이전의 시간에 의지해 그 법을 명확히 비판하는 것 또한 불가능하다는 점이다.

성을 완결시키고 그에 따라 이를 정당화하는 필연적이고 일방적인 서사에 따라 법 이전의 상태를 기술하는 경향이 있다. 따라서 기원에 관한 이야기는 복원될 수 없는 과거를 그려내는 유일하고 권위적인 설명을 제시함으로써, 법의 구성이 역사적 필연성인 듯 보이게 만드는 서사의 전략적 전술이다.

몇몇 페미니스트들은 유토피아적 미래에 펼쳐질 법 이전의 과거 흔적에서 법을 파괴하고 새로운 질서의 시작을 약속하는 전복이나 모반의 잠재적 원천을 발견했다. 그러나 상상 속의 '이전'이 법의 현재 상태 또는 법 너머의 상상적 미래를 합법화하는 역사 이전의 서사적 관점에서 그려질 수밖에 없다면, 페미니즘적이든 반페미니즘적이든 이런 '이전'에는 현재와 미래의 이해관계에 따라 자신을 정당화하는 조작적 개입이 이미 들어가 있다. 페미니즘 이론에서 '이전'은 과거의 이상적 개념을 구현하기 위해 미래를 제한할 때, 혹은 자기도 모르게 문화 이전의 국면에서 진정한 여성성의 물화를 지지할 때 정치적으로 문제가 된다. 이처럼 본래의 순수한 여성성에 기대는 것은 젠더에 대한 설명을 복잡한 문화적 구성물로 규명하려는 당대의 요구를 거부하는, 향수 어린 편협한 이상이 된다. 이런 이상은 문화적으로 보수적인 목적을 이루려고 할 뿐만 아니라, 페미니즘 내부에 배타적 실천을 만들어서 그런 이상이 극복하려던 파편화로 치닫게 한다.

엥겔스의 이론, 사회주의 페미니즘, 구조주의 인류학에 뿌리를 둔 페미니즘 이론의 입장 전반에서, 역사나 문화 안에서 젠더 위계를 확립한 계기와 구조를 찾으려는 다양한 시도가 등장한다. 이런 구조나 주요 시기를 분리하는 것은 여성의 종속을 당연시하거나 보편화하려는 반동적 이론을 거부하기 위해서다. 이 이론들은 억압을 보편화하려는 제스처를 비판적으로 전치하려는 중요한 시도로서 억압에 대한 더 많은 논쟁이 일어나는 당대의 이론적 장을 구성한다. 그러나 젠더 위계에 대한 이런 강한 비판이 의심스러운 규범적 이상을 수반하는, 그러리라 추정될 뿐인 허구를 활용하는 것은 아닌지를 살펴봐야 한다.

레비스트로스의 구조주의 인류학은 의심스러운 자연/문화의 구분을 포함해 성별/젠더의 구분을 지지하고 표명하려는 몇몇 페미니즘 이론가들에게 전유되었다. 즉 원래 자연스럽거나 생물학적인 여자가 있었는데 그것이 나중에 사회적으로 복종하는 '여성'으로 변했고, 그 결과 '성별'은 자연 또는 '날것'과 연결되고, '젠더'는 문화 또는 '익힌 것'과 연결된다. 레비스트로스의 이론 틀이 사실이라면, 대단히 규칙적으로 이런 변화를 가져온 안정된 문화적 기제인 친족의 교환법칙을 가져와 성별이 젠더로 변하는 과정을 추적할 수도 있을 것이다. 이런 관점에서 볼 때 성별이 문화적으로나 정치적으로 결정되어 있지 않다는 의미에서, '성별'은 이를테면 친족 법칙에 복종해야만, 또 복종한 이후에야 의미화되기 시작한 문화의 '원재료'를 제공하면서 법에 앞서 있다.

그러나 이런 물질로서의 성별 혹은 문화적 의미화 도구로서의 성별 개념 자체가 자연/문화의 구분과 또 그 구분이 지지하는 지배 전략을 위한 자연화된 토대로 작용하는 담론적인 구성물이다. 문화와 자연의 이분법 관계는 지배 모델에 기초한 기표의 이상성ideality과 의미화 구조를 보호하면서 위계관계를 발전시키는데, 이 위계관계에서 문화는 자유롭게 자연에 의미를 '부여'하고, 그에 따라 자연을 자신의 무한한

154

용례에 적합한 '타자'로 간주한다.

인류학자 메릴린 스트래선Marilyn Strathern과 캐럴 매코맥Carol MacCormack은 자연/문화를 구분하는 이분법 담론이 자연을 자주 여성에 비유했는데, 이는 언제나 남성적이고, 능동적이고, 추상적인 것에 비유되는 문화 아래에 여성을 종속시키기 위해서였다고 주장한다.[2] 여성혐오적인 실존주의 변증법에서처럼, 이런 비유는 이성과 정신이 남성성과 행위성을 연상시키는 반면, 몸과 자연은 상대편인 남성 주체로부터의 의미화를 기다리는 말없는 여성성의 사실성으로 간주하는 또다른 사례다. 이 여성혐오적 변증법에서도 그러하듯, 물질성과 의미는 서로 배타적인 용어다. 이런 구분을 만들고 유지하는 성정치는 자연의 담론적 생산과 문화의 확고한 기반으로 자리잡은 자연스러운 성별로 인해 사실상 감추어진다. 클리퍼드 기어츠Clifford Geertz 같은 구조주의 비평가들은 구조주의의 보편화 틀이 '자연'에 관한 문화적 배치의 다양성을 무시한다고 주장했다. 자연을 단일한 것이나 담론 이전의 것으로 가정하는 분석으로는 주어진 문화적 맥락에서 무엇이 '자연'의 자격을 얻는지, 또 어떤 목적에서 그런 자격을 얻는지를 질문할 수 없다. 이원론은 정말로 꼭 필요한 것인가? 성별/젠더, 자연/문화의 이원론은 어떻게 구성되고 또 어떻게 서로를 통해 서로에게 당연시되는가? 이런 이원론이 어떤 젠더 위계를 제공하고, 어떤 복종관계를 물화하는가? 성별이라는 명칭 자체가 정치적이라면 '성별', 즉 가장 날것이라고 가정된 이 명칭은 언제나 이미 '익힌 것'임이 입증되고, 구조주

---

2) 다음을 참고. Carol MacCormack and Marilyn Strathern, eds. *Nature, Culture and Gender*, New York, Cambridge University Press, 1980.

의 인류학에서 중심이 되는 구분법은 붕괴될 것처럼 보인다.[3]

성별화된 자연을 법 이전의 것으로 두려는 노력은 가부장적 법이 보편적 진리가 아니며 모든 것을 결정하지 않는다는 것을 생각해보게 하는 더 근본적인 기획에 뿌리를 둔 것으로 보인다. 사실상 구성된 젠더가 여기 있는 전부라면, 기존 젠더관계를 비판적으로 평가할 대안적 인식론의 출발점이 될 수 있는 문화 이전이라는precultural '이전'에는 어떤 '외부'도, 어떤 인식론적 고정점도 없어 보인다. 성별에서 젠더로 바뀌는 기제의 위치를 분명히 알아낸다는 것은 젠더의 구성성, 즉 그것의 부자연스럽고 비필연적인 위상뿐 아니라 비생물학적 관점에서 억압의 문화적 보편성을 확립한다는 의미이기도 하다. 이런 기제는 어떻게 형성되는가? 그것은 입증할 수 있는 것인가, 아니면 그저 상상된 것에 불과한가? 표면적인 보편성을 지목하는 것은 생물학에 보편적 억압이 있다고 보는 입장보다 물화가 덜된 것인가?

젠더 구성의 기제가 그 구성의 우연성을 의미해야만, '구성성'이 그 자체로 가능성 있는 젠더 배치의 범위를 확대하려는 정치적 기획에 유용한 것으로 입증된다. 그러나 만약 그것이 법을 넘어선 몸의 생명이거나, 페미니즘 이론의 규범적 목표로서 법 이전의 몸을 회복하는 것이라면, 이러한 규범은 사실 페미니즘 이론의 초점을 당대의 문화 투쟁이라는 구체적인 관점에서 벗어나게 만든다. 실제로 다음에 나올 정신분석학, 구조주의, 젠더를 구성하는 금지의 위상과 권력에 관한 장

---

3) 이러한 종류의 문제에 대한 더 심화된 논의는 다음을 참고. Donna Haraway, "Gender for a Marxist Dictionary: The Sexual Politics of a Word", *Simians, Cyborgs, and Women: The Reinvention of Nature*, New York, Routledge, 1990.

은 바로 이런 법의 개념에 초점을 둔다. 법의 존재론적 위상은 무엇인가? 법의 작동 방식은 사법적이고 억압적이며 환원적인가, 아니면 자기도 모르게 문화적 전치의 가능성을 만드는가? 발화 이전의 몸을 표명하는 것은 어느 정도까지 수행적으로 스스로 모순을 일으키고 그 자리에 여러 대안적 선택을 양산하는가?

1. 구조주의의 비판적 교환

    구조주의 담론은 모든 친족체계의 특징인 교환을 규제하는 보편 구조가 있다고 주장하는 레비스트로스를 따라, 법을 단수 형태로 지칭하는 경향이 있다. 『친족의 기본 구조 The Elementary Structures of Kinship』의 내용에 따르면, 친족관계를 강화하고 차별화하는 이 교환의 대상은 결혼제도를 통해 한 부계혈통이 다른 부계혈통에게 선물로 주는 여성들이다.[1] 신부, 선물, 교환 대상은 거래를 촉진한다는 기능적 목적뿐만 아니라 거래 행위를 통해 차별화되는 각 씨족의 내적 유대, 그리고 집단의 정체성을 강화하는 상징적이거나 제의적인 목적을 이루는 교환의 통

---

1) 게일 루빈은 다음 글에서 이 과정을 충분히 고려하고 있다("The Traffic in Women: Notes on the 'Political Economy' of Sex", *Toward an Anthropology of Women*, ed. Rayna R. Reiter, New York, Monthly Review Press, 1975). 루빈의 글은 2장에서 핵심 쟁점이 될 것이다. 루빈은 마르셀 모스의 『증여론 Essay on the Gift』에서 '선물로서의 다리'라는 개념을 가져와, 교환 대상으로서 여성이 어떻게 사실상 남성들 간의 사회적 연대를 강화하고 규정하는지 보여준다.

로를 열어줄 '기호와 가치'도 만든다.[2] 다시 말해 신부는 남성 집단들 간의 관계어relational term로 작동한다. 신부는 하나의 정체성을 갖지도 않고, 한 정체성을 다른 것으로 교환하지도 않는다. 다만 정체성이 부재한 장소가 됨으로써 남성적 정체성을 반영한다. 씨족 구성원, 즉 명백한 남성들은 결혼이라는 반복된 상징적 차별화의 행위를 통해서 정체성의 특권을 소환한다. 족외혼은 특정 부류의 남성들을 구분하고 그들을 부계의 성姓으로 묶는다. 부계 혈통은 제의적인 여성의 추방을 통해, 또 그와 상반되는 제의적인 여성의 도입을 통해 보장된다. 아내로서 여성은 이름의 재생산을 확보하고(기능적 목적), 남성 씨족들 사이에서 상징적 교류도 만든다. 부계의 이름을 교환하는 장으로서 여성은 부계 성씨의 기호이면서 동시에 기호가 아닌데, 여성은 기표에서, 즉 자신이 품고 있는 부계 성씨에서 배제되어 있다. 결혼을 통해 여성은 어떤 정체성의 자격을 갖는 것이 아니다. 여성은 여러 씨족을 구분하고, 또 그 씨족을 공통되지만 내적으로 차별화되는 부계 정체성으로 묶어주는 한낱 관계어에 불과하다.

친족관계에 대한 레비스트로스의 설명이 가진 구조적 체계성은, 인간관계의 구조를 만드는 것처럼 보이는 보편 논리에 호소한다. 레비스트로스는 『슬픈 열대Tristes tropiques』에서 인류학이 인간의 삶을 분석하는 데 있어서 철학보다 더 구체적인 문화의 결을 제공했기 때문에 철학을 떠났다고 말하지만, 그런데도 자신이 떠나려 했던 탈맥락화된 철학적 구조로 사실상 자신의 분석을 되돌리는 총체화된 논리 구조에 이

_____

2) Claude Lévi-Strauss, "The Principles of Kinship", *The Elementary Structures of Kinship*, Boston, Beacon Press, 1969, p. 496 참고.

런 문화의 질감을 흡수시킨다. (인류학자 클리퍼드 기어츠가 『지역의 지식Local Knowledge』에서 제기했듯이) 레비스트로스의 저서에 나타나는 보편성의 추정에 대해 많은 질문을 제기할 수 있겠으나, 여기서 문제되는 것은 이런 보편 논리 속에서 정체성의 가정이 어떤 위치에 있는지, 그리고 보편 논리가 말하는 문화적 현실에 종속된 여성의 위상과 이 정체성의 논리가 어떤 관계를 맺는지에 관한 것이다. 교환의 상징적 본성이 보편적으로 인간의 특성이라면, 그리고 그런 보편 구조가 '정체성'을 남성에게, 종속적이면서 관계상의 '부정'이나 '결핍'을 여성에게 배분한다면, 이러한 논리는 그 관점에서 배제된 위치(들)의 저항을 받게 될 것이다. 친족을 대체할 논리는 무엇일까? 정체성주의의 논리 체계는 이름도 없고 배제되어 있지만 바로 그 논리 때문에 은폐되어버린 이미 전제된 관계를 확보하기 위해 사회적으로 불가능한 정체성의 구성을 얼마만큼이나 항상 요구하는가? 여기서 남근로고스중심주의 경제를 구분해내려던 이리가레의 추동력이 분명하게 나타난다. 남근로고스중심주의를 효과적으로 비판하는 데 레비스트로스가 정의한 상징계의 전치가 필요한 것인지를 질문하는 페미니즘 내 주류 후기구조주의자들의 추동력이 분명하게 나타나는 것처럼 말이다.

언어의 총체성과 폐쇄성은 구조주의 내부에 전제되어 있기도 하고 그 안에서 경합을 벌이기도 한다. 소쉬르가 기표와 기의의 관계를 자의적인 것으로 보기는 하지만, 그는 이 자의적 관계를 필연적으로 완결된 언어체계 안에 둔다. 모든 언어적 용어는 언어적인 구조의 총체성, 즉 어떤 용어건 의미를 담기 위해 전제되어 있고 은밀히 소환되는 완전성을 전제로 한다. 언어를 체계적 총체성에 비유하는 이 유사 라이

프니츠학파quasi-Leibnizian의 관점은 총체화의 장 안에서 자의적 순간들을 연결하고 통합하면서, 사실상 기표와 기의의 차이가 발생하는 순간을 억누른다. 소쉬르와 후기구조주의의 대립, 그리고 레비스트로스에게 나타난 정체성의 교환 구조와 후기구조주의의 대립은 총체성과 보편성 주장에 반대하며, 언어적이고 문화적인 의미의 지속적인 모호성과 개방성을 억누르는 이분법이라는 구조적 대립이 있다는 전제에도 반대한다.[3] 그 결과 기표와 기의의 불일치는 모든 지칭성을 잠재적으로 무한한 전치로 만들어 언어에서 작동중이면서 무한한 차연différance이 된다.

레비스트로스에게 남성적 문화의 정체성은 부계를 계승하는 씨족들 간의 분명한 차별화 행위로 인해 확립되는데, 여기서 관계 내부의 '차이'는 헤겔적인 것, 즉 구분되는 동시에 또한 묶이는 것이다. 그러나 남성들 간의 차별화를 가져오는 여성과 남성 사이에 확립된 '차이'는 변증법을 전부 비껴간다. 다시 말해 사회적 교환이라는 차별화의 순간은 남성들 사이의 사회적 유대, 즉 구체화와 개별화가 동시에 이루어지는 남성적 관점들 간의 헤겔식 통일성으로 나타난다.[4] 추상적 층위에서, 이것은 차이 속의 동일성인데, 두 씨족 모두 유사한 정체성,

---

3) Jacques Derrida, "Structure, Sign, and Play", *The Structuralist Controversy*, eds. Richard Macksey and Eugene Donato, Baltimore, Johns Hopkins University Press, 1964; "Linguistics and Grammatology", *Of Grammatology*, trans. Gayatri Chakravorty Spivak, Baltimore, Johns Hopkins University Press, 1974; "Différance", *Margins of Philosophy*, trans. Alan Bass, Chicago, University of Chicago Press, 1982 참고.

4) Claude Lévi-Strauss, *The Elementary Structures of Kinship*, p. 480.

즉 남성적이고 가부장적이며 부계 계승의 정체성을 갖고 있기 때문이다. 이들은 서로 다른 이름을 가짐으로써 모든 것을 포함하는 남성적인 문화의 동일성 안에서 자신을 개별화한다. 그러나 어떤 관계가 여성을 한 부계 성씨에서 다른 부계 성씨로 갈아타는 교환의 대상이라고 선언하는가? 어떤 차별화의 기제가 이런 식으로 젠더의 기능을 배분하는가? 어떤 차별화된 차연이 전제되고, 또 어떤 차별화된 차연이 레비스트로스의 헤겔적 경제라는 이 명시적이면서 남성이 매개하는 부인negation 때문에 배제되는가? 이리가레의 주장대로 이 남근로고스 중심적인 경제는 결코 표명되지는 않았지만 언제나 전제되면서 부인되는 차연의 경제에 본질적으로 의존한다. 사실 부계를 계승하는 씨족들의 관계는 (남성 간) 동성사회적homosocial 욕망에 기반을 두고 있고, 이를 이리가레는 동음이의어를 이용해 '남성 간 섹슈얼리티hommo-sexuality'라고 불렀다(프랑스어에서 동성애homosexualité와 남성 간 섹슈얼리티는 발음이 비슷하다―옮긴이).[5] 그것은 억압당하고, 그로 인해 비난당하는 섹슈얼리티이며, 결국은 남성 사이의 유대에 관한 남성들끼리의 관계이지만 여성을 이성애적으로 교환하고 분배함으로써 발생하는 관계이기도 하다.[6]

---

5) Luce Irigaray, *Speculum of the Other Woman*, trans. Gillian C. Gill, Ithaca, Cornell University Press, 1985, pp. 101~103.

6) 이브 세지윅Eve Sedgwick의 책(*Between Men: English Literature and Homosocial Desire*, New York, Columbia University Press, 1985)에 나타난 문학적 분석은 친족 내 상호성의 구조에 대한 레비스트로스의 설명에 비추어서 생각해볼 수 있겠다. 세지윅은 낭만시에서 여성을 향한 남성의 찬미는 남성의 동성사회적 욕망이 굴절된 것이자 그런 동성사회적 욕망을 정교화한 것이라고 설득력 있게 주장한다. 여성은 분명하고 표면적인 담론의 대상으로서, 남성들 사이의 인식되지 못한 욕망의 관계를 중재한다는 의미

레비스트로스는 남근로고스중심적인 경제의 동성애적 무의식을 드러내는 구절에서 근친애 금기와 동성애적 유대의 강화 사이에 연관성이 있다고 주장한다.

교환, 즉 결과적으로 족외혼의 법칙이 단순히 상품들의 교환만을 의미하지는 않는다. 교환, 즉 결과적으로 교환을 표시하는 족외혼 법칙은 그 자체로 사회적 가치를 지닌다. 그것은 남성들을 하나로 묶는 수단을 제공한다.

근친애 금기는 이족 간 이성애를 발생시키는데, 레비스트로스는 이족 간 이성애에 대해 더 자연스럽고 덜 억제된 섹슈얼리티를 금지해서 만든, 비근친애적 이성애라는 인공적 성과물로 이해한다(이는 프로이트가 『성욕에 관한 세 편의 에세이』에서 가져다 쓴 가정이기도 하다).

그러나 남성들 사이에서 확립된 상호적 관계는 근본적으로 비상호적인 남녀 간 관계의 조건이자 여성들 사이의 소위 비관계의 관계 a relation of non-relation의 조건이 된다. 레비스트로스는 "상징적 사고가 출현하면서 그것이 여성에게 언어처럼 교환의 대상이 되라고 요구했음이 틀림없다"는 악명 높은 주장을 했는데, 이런 주장은 레비스트로스가 투명한 관찰자의 회고적 태도에서 미리 전제된 보편적 문화 구조로부터 어떤 필연성을 끌어왔음을 시사한다. 그러나 '~이 틀림없다'라는 것은 수행문으로만 작동할 뿐인 하나의 추론으로 보인다. 상징계

에서 시적인 '교환의 대상'이다.

가 등장한 순간을 레비스트로스가 목격할 수는 없었으므로 그는 자신에게 꼭 필요한 역사를 추측한 것이다. 따라서 이런 보고서는 명령이 된다. 레비스트로스의 분석은 이리가레에게 '상품들이 결합'하면 무슨 일이 벌어질지를 생각하게 만들었고, 대안적인 성경제의 예상치 못한 행위성을 폭로했다. 이리가레의 최근 저작 『성과 친족』[7]은 이런 남성들 사이의 상호교환적 구성이 어떻게 해서 여성, 여성성, 레즈비언 섹슈얼리티라는 명명 불가능성과, 그 경제 안에서 발화될 수 없는 양성 간 비상호성을 전제로 하고 있는지를 비판적으로 해석한다.

만약 상징계에서 배제된 성의 영역이 있고, 그 범위 안의 모든 것을 전체화하기보다는 상징계의 패권주의를 폭로할 수 있는 영역이 있다면, 이런 배제된 영역을 그 경제의 내부나 외부에 둘 수도 있고, 또 그러한 배치의 관점에서 이러한 개입과 관련해서 분명 전략을 짤 수도 있을 것이다. 뒤에 이어지는 구조주의적 법에 대한 재해석과 구조주의 관점에서 성차의 생산을 설명하는 서사는 그런 법에 전제된 고정성과 보편성에 초점을 맞추며, 계보학적 비판을 통해 법의 우연적이고 자기 파멸적인 생성력을 폭로하고자 한다. '법'은 일방적이거나 불변하는 위치를 생산하는가? 법이 사실상 법 자체와 경쟁하는 섹슈얼리티의 배치를 생산할 수 있는가, 아니면 이러한 법의 경쟁은 필연적으로 환상에 불과한가? 법의 생성력generativity은 변화 가능한 것, 혹은 심지어 전복적인 것이라고 규정할 수 있는가?

---

7) Luce Irigaray, *Sexes et Parentés*, Paris, Éditions de Minuit, 1987. 이 책은 『성과 계보학Sexes and Genealogies』이라는 제목의 영문판으로 출간되었다(trans. Gillian C. Gill, New York, Columbia Univiersity Press, 1993).

근친애를 금지하는 법은 이처럼 족내혼을 금지하는 친족 경제 안에 위치해 있다. 레비스트로스는 근친애 금기가 구조주의 인류학과 정신분석학 사이에 중요한 연결을 설정한다고 주장한다. 레비스트로스는 프로이트의 『토템과 터부Totem and Taboo』가 경험주의적이라는 이유로 의심을 받았다는 사실을 알고 있다. 하지만 그는 그런 의심의 제스처가 역설적이게도 프로이트의 논제를 뒷받침하는 증거라고 생각한다. 레비스트로스에게 근친애는 사회적 사실이 아니라 널리 확산된 문화적 환상이다. 레비스트로스는 욕망의 주체가 이성애적 남성성을 띤다고 가정하고서 이렇게 주장한다. "어머니나 누이에 대한 욕망, 아버지 살해, 그리고 아들의 후회는 분명 역사상 특정 위치를 차지하는 하나의 사실, 혹은 일군의 사실들과 맞지 않는다. 그러나 아마도 이는 오랫동안 지속되었던 꿈을 상징적으로 표현한 것이리라."[8]

레비스트로스는 무의식적 근친애 환상에 대한 정신분석학적 통찰을 확인하기 위해 "이런 꿈의 마법, 모르는 사이에 인간의 생각을 만드는 꿈의 힘 (…) 꿈이 불러일으킨 행위는 결코 저질러진 적이 없는데, 언제 어디서나 문화가 반대하기 때문이다"라고 언급한다.[9] 다소 놀라운 이 선언은 레비스트로스의 명백한 부정의 힘에 대해서 (근친애 행위가 '한 번도 저질러진 적이 없다'니!) 통찰을 주고, 그 금지의 효과를 추정하는 데 핵심적 어려움이 있다는 통찰도 준다. 금지가 있다는 주장이 금지가 효과적으로 작동한다는 주장은 아니다. 그보다 금지

---

8) 분명 레비스트로스는 환상이자 사회적 실천이기도 한, 결코 상호배타적일 수 없는 두 가지 실체로 근친애를 분석할 기회를 놓친다.

9) Claude Lévi-Strauss, *The Elementary Structures of Kinship*, p. 491.

가 있다는 것은, 근친애적인 욕망과 행동과 사회에 만연한 실제 행위가 바로 그런 금기를 성애화한 덕분에 발생한다고 주장하는 것으로 보인다. 근친애 욕망이 환상적이라고 해서 그런 욕망이 '사회적 사실'이 아니라는 뜻은 결코 아니다. 그보다 문제는 어떻게 이런 환상이 발생하고, 사실상 이런 욕망을 금지한 결과로 확립되는가이다. 게다가 레비스트로스를 통해 여기에 징후적으로 표명된 사회적 확신, 즉 금기가 효과가 있다는 사회적 확신은 금지 없이 근친애 행위가 자유롭게 재생산되는 사회적 공간을 어떻게 거부하고, 또 어떻게 제거해버리는가?

레비스트로스에게는 어머니와 아들 사이의 이성애적 근친애 행위는 물론, 그런 근친애적 환상까지도 문화의 보편적 진리라고 선언된다. 근친애적 이성애는 어떻게 외견상 자연스러운 것으로, 인위적으로 만들기 이전의 욕망의 기반으로 구성되는가? 욕망은 어떻게 이성애 남성의 특권으로 확립되는가? 이성애와 남성적인 성적 행위성을 모두 자연스럽게 만드는 것은 담론의 구성물이다. 어디에도 설명되어 있지 않으나 그 기반이 되는 구조주의적 틀 안에서는 어디에나 전제된 담론의 구성물 말이다.

레비스트로스의 라캉식 전유는 근친애 금기와 문화를 재생산하는 족외혼의 규칙에 초점을 두는데, 여기서 문화는 주로 일련의 언어 구조 및 언어적 의미화로 이해된다. 라캉에게 어머니와 아들의 근친애적 결합을 금지하는 법은 친족의 구조를 발생시키고, 언어를 통해 발생하는 일련의 단단히 규제된 리비도의 전치를 가져온다. 전체적으로 상징계로 이해되는 언어의 구조가 그것이 작동하는 여러 발화의 행위주체와는 다른 존재론적 진실성을 주장함에도 불구하고, 법은 문화로 가는 모든 유아기적 관문이라는 점에서 법을 재주장하고 따로 분리한다. 발화는 불만족스러운 조건에서만 일어나고, 거기서 불만족은 근친애 금기를 통해서 확립된다. 주체를 세우는 최초의 억압을 통해 원래의 주이상스는 상실된다. 대신 그 자리에는 이와 비슷하게 기표로부터 차단당한 기호, 그 회복 불가능한 쾌락의 회복을 의미하는 것을 추구하는 기호가 등장한다. 이런 금기에 입각해서 세워진 주체는 그처럼 회복할 수 없는 쾌락을 환유적 대체물을 향한 욕망으로 전치하기 위해 말할 뿐이다. 언어는 충족되지 못한 욕망의 잔존물이자 대안적 성과이며, 실제로 한 번도 충족시키지 못한 여러 문화적 승화가 만든 생산물이다. 언어가 의미화에 실패할 수밖에 없는 것은 언어적 가능성의 토대이면서 동시에 언어의 지칭이라는 제스처가 아무 실효성이 없음을 표시하는, 금지의 필연적 결과이다.

2. 라캉, 리비에르, 가면의 전략

라캉의 관점에서 젠더 및/또는 성별의 '존재'에 대한 질문은 라캉식 언어 이론의 목적 자체를 혼란스럽게 만든다. 라캉은 서구 형이상학의 관점에서 존재론에 주어진 우선성에 반박하면서 "존재란 무엇인가/무엇을 가지는가"라는 질문이 "어떻게 '존재'가 부권 경제의 의미화 행위를 통해 성립되고 배치되는가?"라는 그보다 앞선 질문의 지배를 받는다고 주장한다. 존재, 부정, 이 둘의 관계에 대한 존재론적 설명은 아버지의 법이라는 구조를 가진 언어에 의해, 또 언어의 차별화 기제에 의해 결정된다고 이해된다. 사물은 '존재'의 특징을 띠고, 상징계처럼 존재론 이전에 있는 의미화 구조 안에서만 그 존재론적 제스처에 의해 작동하게 된다.

그러므로 남근이라는 '존재'에 대한 선행 연구, 즉 성차를 그 자체의 인식 가능성에 대한 전제조건으로 받아들이는 법의 권위 있는 의미화와 관련된 선행 연구가 없다면, 존재론 자체에 대한 연구도 없고 존재에 접근할 방법도 없다. 남근 '되기being'와 남근 '갖기having'는 언어 안에서 다양한 성적 위치 또는 위치 없음(정말로 불가능한 위치)을 의미한다. 남근이 '된다'는 것은 타자의 욕망의 '기표'가 되는 것이고, 또한 이 기표로 보인다는 것이다. 다시 말해 그것은 대상, 즉 (이성애적인) 남성적 욕망의 타자가 될 뿐만 아니라 그런 욕망을 재현하거나 반영한다는 의미이기도 하다. 이것은 여성적 타자성 안에서의 남성성의 한계를 구성하는 것이 아니라, 남성적 자기정교화self-elaboration의 장소를 구성하는 타자다. 그렇다면 여성에게 남근 '되기'가 의미하는 것은 남근의 권력을 반영하는 것이고, 남근의 권력을 의미화하는 것이며, 남근을 '체현'하는 것이자, 남근이 침투하는 장소를 제공하는 것이다. 또한 남근의 타자, 부재, 결핍이 '됨'으로써, 남근이라는 정체성의 변증법적 확증이 '됨'으로써, 남근을 의미화하는 것이다. 라캉은 남근이 없는 타자가 바로 남근이 되는 자라고 주장하면서, 갖지 않음not-having이라는 여성적 위치가 권력을 휘두르고, 남근을 '가진' 남성 주체는 이런 타자를 확인해야 하고, 그래서 타자는 '확장된' 의미에서 남근이어야 한다고 분명히 주장한다.[1]

이 존재론적 특성은 존재의 외관이나 효과가 언제나 의미화의 구조를 통해 생산된다는 것을 전제로 한다. 상징계 질서는 남근 '갖기'(남성의 위치)와 남근 '되기'(여성의 역설적 위치)라는 상호배타적 위치를 통해 문화적 인식 가능성을 만든다. 이러한 위치들의 상호의존성은 헤

---

1) '남근이 된다to be the phallus'라는 것은 그것이 침투하는 장소로서의 남근을 '구현'하는 것이자, 또한 어머니와의 미분화된 관계라는 특징을 갖는, 개체화 이전의 주이상스로 되돌아간다는 약속을 의미하기도 한다.

겔이 말하는 주인과 노예 사이의 실패한 상호성의 구조를, 특히 반성 reflection을 통해 자신의 정체성을 확립하고자 의외로 주인이 노예에게 의존하는 대목을 떠올리게 한다.[2] 그러나 라캉은 이 드라마를 환상의 영역에 펼쳐낸다. '되기'와 '갖기'의 이분법적 분리라는 관점에서 정체성을 세우려는 모든 노력은, 환상적 구성의 토대가 되면서 상징계와 실재계의 통약 불가능성을 표시하는 필연적인 '결핍'과 '상실'로 돌아가게 된다.

상징계를 현실에서 완전히 예시할 수 없는, 문화적으로 보편적인 의미화 구조로 이해한다면 이런 질문이 생길 것이다. 겉으로는 문화가 교차되어 나타나는 이 사건에서 무엇이나 누군가를 의미하는 것은 무엇이고 누구인가? 그러나 이 문제는 기표로서의 주체와 기의로서의 대상을 전제하는 틀, 즉 주체에 대한 구조주의적 전치에 앞서 있는 철학 내부의 전통적 인식론의 이분법 안에 있다. 라캉은 이런 의미화의 체제를 문제삼는다. 그는 말하는 '나'를 억압의 남성화된 효과로 드러낸다는 관점에서 성별 사이의 관계를 상정한다. 이런 나는 자율적이고 스스로 토대를 갖춘 주체이지만, 정체성 형성 과정에서 배제된 성적 위치 때문에 이 주체의 일관성이 의심스러워진다. (지금은 억압된) 어머니의 몸과 연관되어 있는, 개체화 이전의 근친애적 쾌락을 일차적으로 억압한다는 조건에서만, 라캉에게 주체는 존재가 되고, 즉 언어 안에서 스스로 토대를 갖춘 기표로 자리잡기 시작한다.

---

2) 나는 헤겔의 주인과 노예의 변증법을 라캉이 전유한 것에 대해 글을 쓴 바 있다 ("Lacan: The Opacity of Desire", *Subjects of Desire: Hegelian Reflections in Twentieth-Century France*, New York, Columbia University Press, 1987).

남성 주체는 의미를 발생시키고 그에 따라 의미화하는 것으로 나타날 뿐이다. 겉보기에 스스로 토대를 갖춘 남성의 자율성은 자신의 토대이면서 동시에 영원한 비토대의 가능성이기도 한 억압을 감추려 한다. 그러나 이런 의미 구성의 과정은 여성에게 그런 남성적인 힘을 반영할 것을 요구하고, 어디서든 그런 망상적 자율성과 관련된 현실적 힘을 보장하라고 요구한다. 여성에게 남성적 주체/기표의 자율적 힘을 반영해달라는 요구가 여성의 자율성을 구성하는 핵심이 된다면, 그래서 자신의 기능을 사실상 약화시키는 근본적 의존성의 기초가 된다면, 이 문제는 최소한으로 줄여 말해도 혼란스럽다. 그런데도 이런 의존성은 남성 주체가 부정하면서도 동시에 추구하는 것이기도 한데, 확증의 기호인 여성은 위치를 바꾼 어머니의 몸이자 개체화 이전의 주이상스를 회복하겠다는 헛되지만 끈질긴 약속이기 때문이다. 따라서 남성성의 갈등은 그럼에도 억압과 개체화 이전의 완전한 쾌락으로 돌아갈 것을 약속하게 될, 다름 아닌 자율성에 대한 완전한 인식을 요구하는 것으로 나타난다.

여성은 남근이 '되는' 것으로 말해지는데, 여성에게는 스스로의 토대를 갖춘다는 남성 주체의 '현실'을 반영하거나 재현할 힘이 있다는 의미에서, 또 그 힘이 없어지면 남성 주체의 위치라는 기초적 환상을 깨버릴 힘이 있다는 의미에서다. 분명한 남성 주체의 위치를 반영하고 보장하는 남근이 '되기' 위해서는('남근인 척한다'는 의미에서) 여성은 남성이 아닌 것이 되어야 하며, 남성이 아닌 것'이어야' 한다. 그리고 그 결핍 속에서 남성의 본질적인 기능을 확립해주어야 한다. 따라서 여성이 남근'이다'라는 것은 다른 존재의 인식을 통해 자신의 정체성을 확인하고 확대하려는 남성 주체를 '위한 존재being for'가 된다는 의미다. 라캉은 극단적으로 말해 남성이 여성의 의미를 뜻하거나, 여성이 남성의 의미를 뜻한다는 생각에 반대한다. 남근 '되기'와 남근 '갖기'라는 구분과 교환은 상징계, 즉 아버지의 법에 의해 확립된다. 물론 이 실패한 상호성 모델에서 코미디적인 차원의 일부는 바로 남녀의 위치가 모두 의미화된다는 것이고, 남녀 중 어떤 위치라도 형식적 양식에 불과할 뿐인 상징계에 속하는 기표라는 점이다.

남근이 된다to be the phallus는 것은 아버지의 법에 따라 의미화가 된다는 것이고, 법의 대상인 동시에 법의 도구가 되는 것이며, 구조주의의 용어로 그 힘의 '기호'이자 약속이 되는 것이다. 따라서 아버지의 법이 자신의 권력과 자신이 드러나는 양식을 확대하는 수단이 되는, 구성되었거나 의미화된 교환의 대상으로서 여성은 남근, 즉 지속적 순환의 상징이 된다고 말해진다. 그러나 여성이 법을 완전하게 반영할 수 없는 만큼, 이 남근 '되기'는 필히 불만족스러울 수밖에 없다. 일부 페미니스트는 남근이 되려면 여성 자신의 욕망을 포기해야 한다고 주장한다(실은 이러한 이중의 포기는 프로이트가 주장했던 여성성의 기반이 되는 억압의 '이중 파동double wave'에 해당한다).[3] 이중 파동은 여성

---

3) 프로이트는 여성성의 획득이 억압의 이중 파동을 요구한다고 이해한다. '여자아이' 는 어머니에게서 아버지에게로 리비도 애착을 변경해야 할 뿐만 아니라, 아버지에 대한 욕망을 다른 가능한 대상으로 대체해야 한다. 라캉 이론에 거의 신화적인 기운을 떨치는 설명으로 다음을 참고. Sarah Kofman, *The Enigma of Woman: Woman in Freud's Writings*, trans. Catherine Porter, Ithaca, Cornell University Press, 1985, pp. 143~148. 원전은 *L'Enigme de la femme: La femme dans les textes de Freud*, Paris, Editions Galilée, 1980.

의 욕망을 남근의 반영물에 불과한 욕망이자 남근의 확산된 필연성을 보장하는 것으로 만들어서 여성의 욕망을 완전히 몰수한다.

다른 한편, 음경penis은 법의 등가물이 아니고 법을 완전히 상징화할 수도 없다는 의미에서, 남성은 남근Phallus을 '가진다'고 말하지 결코 남근이 '된다'고 말하지 않는다(음경은 생물학적인 남성 생식기를 의미하고, 남근은 남성 생식기에서 문화적으로 파생된 상징적이고 초월적 권력이나 절대적 의미를 총칭한다―옮긴이). 따라서 남근 '갖기'라는 위치를 차지하려는 모든 노력에는 필연적이거나 미리 전제된 불가능성이 있고, 그 결과 '갖기'와 '되기'라는 두 위치가 결국 라캉의 관점에서 보면 코미디 같은 실패라고 생각된다. 그럼에도 불구하고 이 코미디 같은 실패는 이런 반복된 불가능성을 표명하고 연출할 수밖에 없다.

그런데 여성은 어떻게 해서 남근이 된 것처럼, 즉 남근을 체현하고 확증해줄 결핍처럼 '보이는' 것인가? 라캉에 따르면 그것은 가면, 즉 여성의 위치 그 자체의 본질적 요소인 우울증의 효과를 통해서 이루어진다. 라캉의 초기 논문 「남근의 의미」에서 그는 '남녀의 관계'에 대해 이렇게 쓰고 있다.

이 관계는 되기와 갖기를 중심으로 맴돌 것이라고 말해두자. 왜냐하면 이 관계는 기표, 즉 남근을 지칭하기 때문에, 한편으로는 그 기표 속 주체에게 현실성을 주지만 다른 한편으로는 그 관계가 의미화를 비현실적인 것으로 만든다는 모순적 결과가 나오기 때문이다.[4]

4) Jacques Lacan, "The Meaning of the Phallus", *Feminine Sexuality: Jacques Lacan and the École Freudienne*, eds. Juliet Mitchell and Jacqueline Rose, New

이 문장 바로 다음에 나오는 내용에서, 라캉은 이성애의 '비현실'뿐 아니라 남성 주체의 '현실'적 외관도 언급하는 것으로 나타난다. 또한 그는 여성의 위치도 언급하는 것으로 보인다(앞으로 나의 생각은 괄호 안에 넣겠다). "이는 '보인다'는 것의 개입으로 인해 생긴 일인데, '보인다'는 한편으로 여성의 위치를 보호하기 위해서, 다른 한편으로 여성의 위치가 갖는 결핍을 가리기 위해서 '가진다'를 대체한다(물론 대체는 필요하다. 여성들은 '가지지' 않는다고 말해지니까)." 여기에 문법적 젠더는 없다고 하지만, 라캉은 '결핍'이 특징인 여성의 위치, 그래서 위장이 필요하고 불분명한 의미에서 보호가 필요한 여성의 위치에 대해 말하는 것으로 보인다. 그런 다음 라캉은 이러한 상황이 "성관계 행위까지도, 성관계 행위를 포함해서도 남녀 모두에게 이상적이거나 전형적인 행동의 표현이 완전히 코미디가 될 수밖에 없는 효과"(p. 84)를 낳는다고 말한다.

라캉은 여성이 해야 하는 남근이 '된 것처럼 보이는' 일이 필경 가면이라고 설명하면서 이런 이성애적 코미디에 대한 설명을 계속해서 전개한다. 가면이라는 용어는 모순적 의미를 주장하기 때문에 중요하다. 한편으로 '되기being', 즉 남근의 존재론적 설명이 가면이라면, 모든 존재를 '보이기'의 형식으로, 즉 존재의 외양으로 환원하는 것처럼 보일 것이고, 그 결과 모든 젠더 존재론은 외양의 작용으로 환원될 수 있다. 다른 한편 가면은 가면에 앞서 있는 여성성의 '존재'나 존재론적 설명, 그리고 가면으로 가려지거나 폭로될 여성의 욕망이나 요구, 사실상 남

York, Norton, 1985, pp. 83~85. 이후 이 책의 인용문은 본문에 쪽수만 표기한다.

174

근로고스중심주의적 의미화 경제의 종국적 파열이나 변화를 약속할 여성적 욕망이나 요구가 있다고 주장한다.

라캉의 분석에 나타난 모호한 구조에서 보면, 최소한 두 개의 전혀 다른 과제가 구분된다. 한편으로 가면은 성적 존재론의 수행적 산물로, 즉 가면을 어떤 '존재'로 확신하게 만드는 외양으로 이해할 수 있다. 다른 한편 가면은 남근 경제 때문에 종종 재현되지 못했던 어떤 선험적인 존재론적 여성성을 전제하는 여성 욕망의 부정으로 읽을 수도 있다. 이리가레는 그런 맥락에서 "가면은 (…) 남성의 욕망에 참여하기 위해 (…) 여성들이 쓰는 것이지만, 거기에는 자신의 욕망을 포기한다는 대가가 따른다"[5]라고 언급한다. 첫번째 과제는 패러디적인 (탈)구성으로서 젠더 존재론에 대한 비판적 사고에 관여하는 것이고, 어쩌면 '~처럼 보이기'와 '~되기'의 애매한 구분에서 온 유동적 가능성을 추구하면서 라캉이 일부 논의한 성적 존재론의 '코미디' 같은 차원을 극단적으로 추구하는 것이다. 두번째 과제는 남근 경제의 관점에서 억압되어온 여성의 욕망을 회복하거나 해방시키기 위해, 가면 벗기기라는 페미니즘의 전략을 시작하는 것이다.[6]

---

5) Luce Irigaray, *Ce Sexe qui n'en est pas un*, Paris, Éditions de Minuit, 1977, p. 131.

6) 가면에 대한 페미니즘 문헌은 폭넓게 많다. 여기서는 표현의 문제와 수행성에 관련된 가면 분석에만 국한했다. 다시 말해 여기서 문제로 삼은 것은 가면이 진실하거나 진짜라고 생각되는 여성성을 숨기고 있는지, 아니면 가면이 여성성과 여성성의 '진정성'에 대한 논쟁이 생산되는 수단인지다. 가면을 페미니즘적으로 전유한 심화 연구로는 다음을 참고하라. Mary Ann Doane, *The Desire to Desire: The Woman's Film of the 1940s*, Bloomington, Indiana University Press, 1987 ; "Film and Masquerade : Theorizing the Female Spectator", *Screen*, Vol. 23, Nos. 3~4, September~October 1982,

외양은 언제나 더 의심스러운 것이기 때문에, 아마 이런 대안적인 방향들이 겉보기만큼 상호배타적이지는 않을 것이다. 조앤 리비에르가 쓴 「가면으로서의 여성성Womanliness as a Masquerade」에서의 가면, 그리고 라캉에게 가면의 의미에 대한 생각은, 가면으로 가려지는 것이 정확히 무엇인지에 대한 해석에 있어서 크게 다르다. 가면은 부인되어야 할, 그럼에도 불구하고 어떤 식으로든 나타나야 할 결핍으로 만들어지는 여성적 욕망의 결과인가? 아니면 남근인 것처럼 보이기 위해서 이와 같은 결핍을 부인한 결과인가? 달리했다면 흠 없이 매끈한 이성애적 여성성의 구성을 파괴할 수도 있는 양성애의 가능성을 감추기 위해, 가면은 여성성을 남근의 반영물로 만드는가? 리비에르의 주장대로 가면이 공격성과 비난에 대한 두려움을 유혹과 교태로 바꾸는가? 가면은 무엇보다도 미리 주어진 여성성, 즉 남성 주체에 저항하는 타자성을 확고히 하고 남성성의 필연적인 실패를 폭로할 여성적 욕망을 감추거나 억압하는가? 그게 아니면 가면은 여성성이 최초로 확립되는 수단, 즉 남성성이 사실상 배제되어 여성으로 젠더화된 위치의 경계 외부에 자리하는, 정체성 형성의 배타적 행위인가?

라캉은 앞의 인용문에 이어 이렇게 쓰고 있다.

---

pp. 74~87; "Woman's Stake: Filming the Female Body", *October*, Vol. 17, Summer 1981. 가야트리 스피박은 니체와 데리다에서 끌어온 '가면으로서의 여성'에 대해서 도발적인 해석을 내놓는다. Gayatri Chakravorty Spivak, "Displacement and the Discourse of Woman", *Displacement: Derrida and After*, ed. Mark Krupnick, Bloomington, Indiana University Press, 1983; Mary Russo, "Female Grotesque: Carnival and Theory"(현재 진행중, Center for Twentieth-Century Studies, University of Wisconsin-Milwaukee, 1985).

이 공식이 역설적으로 보이는 만큼, 여성이 여성성의 본질적인 부분을 거부할 이유, 특히 가면을 통해 그 모든 속성을 뚜렷이 거부하는 이유는 바로 남근이 되기 위해서, 즉 타자의 욕망의 기표가 되기 위해서이다. 여성이 사랑받고 욕망된다고 기대하는 것은 여성이 아닌 다른 것을 향해 있다. 하지만 여성은 욕망의 기표를 사랑의 요구가 향해 있는 사람의(사랑받고 싶은 사람의) 몸에서 찾는다. 물론 이런 의미화 작용이 투여된 신체기관에 페티시의 가치가 있다는 점을 잊어서는 안 된다.(p. 84)

이 이름 없는 '기관', (결코 이름을 입에 올릴 수 없는 히브리어 '야훼'와 같은 대접을 받는) 아마도 음경이 페티시라면, 왜 우리는 라캉이 전제한 것처럼 그런 사실을 그토록 쉽게 잊어야 하는가? 그리고 분명히 거부된 '여성성의 본질적인 부분'은 또 무엇인가? 또 한번 그것은 일단 거부된 뒤, 결핍된 것으로 보이는 이름 없는 부분인가? 아니면 여성이 남근인 것처럼 보이기 위해 거부해야 할 결핍 그 자체인가? 이 '본질적인 부분'의 명명 불가능성은 언제나 잊힐 위험이 있는 남성의 '신체기관'에도 수반되는 똑같은 명명 불가능성인가? 그것이 여성 가면의 핵심에 있는 억압을 구성하는 망각인가? 그것이 남근을 확증해주고, 남근이 되는 결핍처럼 보이기 위해 몰수되어야 하는 어떤 추정된 남성성인가, 아니면 확증된 결핍이 되기 위해서 부정되어야 하는 남근적 가능성인가?

라캉은 "가면의 작용이 (…) 사랑의 거부를 해결하는 동일시를 지배한다"(p. 85)고 말하면서 입장을 명확히 한다. 다시 말해 가면은 우울증적 합체incorporation 전략의 일부분이고, 사랑이 거부된 결과 상실이 발생하는 곳에서 상실한 대상/대타자Other의 속성을 떠안는 것이다.[7] 가면이 이런 거부를 '해결'하는 동시에 '지배'한다는 말이 주장하는 것은, 이러한 전유는 거부가 거부되는 전략이고, 사실상 상실을 두 번 겪은 사람의 우울증적인 흡수를 통해서 정체성의 구조를 두 배로 만드는 이중 거부라는 말이다.

의미심장하게도 라캉은 가면 논의를 여성의 동성애와 연관해서 설명한다. 그는 "관찰이 보여주듯, 여성적 동성애라는 성적 지향은 사랑의 요구 측면을 강화한 실망에서 비롯된다"(p. 85)고 주장한다. 편의상 누가 관찰하고 무엇을 관찰하는지가 생략되어 있는데도, 라캉은 자기의 해석을 주의깊게 본 사람이라면 누구에게나 명백한 것이라고 생각한다. '관찰'을 통해서 알게 된 것은 여성 동성애자의 근본적 실망이고, 여기서 실망은 가면을 통해 지배된/해결된 거부를 상기시킨다. 또한 여성 동성애자가 어떤 강화된 이상화idealization, 즉 자기 욕망을 대가로 치르고 추구한 사랑의 요구에 지배당한다는 것도 '관찰'하게 된다.

라캉은 앞서 일부 인용된 말에 이어서 '여성적 동성애'에 관해 이런 구절을 쓰고 있다. "이러한 주장은 사랑의 거부가 해결되는 동일시를 지배하려는 가면의 작용으로 되돌아가면 입증될 것이다." 만일 여성 동성애가 "관찰이 보여주듯" 실망의 결과로 이해된다면, 이 실망은 관찰될 수 있도록 드러나야 하고, 또 분명하게 드러나야 한다. 라캉이 만

---

7) 이 장의 3절 '프로이트와 젠더 우울증'에서 나는 우울증이 특정 형태의 부인된 상실을 통해서 성적 위치와 젠더를 만드는 근친애의 금기에 적용될 때 그 우울증의 핵심적 의미가 부인된 슬픔의 결과라고 해석하고자 한다.

약 여성 동성애는 관찰이 보여주듯 실망한 이성애에서 비롯된다고 가정한다면, 이성애가 실망한 동성애에서 비롯된다는 것도 관찰자에게 똑같이 분명할 수는 없는가? 그것은 '관찰된' 여성 동성애의 가면인가? 만약 그렇다면 분명히 알 수 있는 어떤 표현이 그 '실망'과 '성향'의 증거가 되며, (이상화된) 사랑의 요구 때문에 욕망이 전치된 증거가 되는가? 아마 라캉은 관찰이 분명히 보여주는 것이 레즈비언의 탈성화된desexualized 위상, 욕망의 부재로 보이는 어떤 거부의 합체라고 주장할 것이다.[8] 그러나 우리는 이런 결론이 레즈비언 섹슈얼리티란 섹슈얼리티 자체에 대한 거부라고 생각하는, 이성애적이고 남성적인 관찰 시점에서 나타나는 필연적 결과임을 알 수 있는데, 단지 이유는 섹슈얼리티가 이성애적인 것으로 가정되어 있고, 여기서 이성애적 남성으로 구성된 관찰자가 명백히 거부되고 있기 때문이다. 사실 이런 설명은 관찰자를 실망시키는 거부의 결과가 아닌가? 그리고 부인되고 투사된 관찰자의 실망이 사실 이 남자를 거부하는 여성의 본질적 특성으로 만들어진 것은 아닌가?

라캉의 글에서는 대명사의 위치가 독특하게 미끄러지듯 활보하고 있어서 라캉은 누가 누구를 거부한 것인지 명확히 밝히지 못한다. 그러나 독자로서 우리는 이 자유롭게 떠도는 '거부refusal'가 가면과 유의미하게 연관된다는 것을 알고 있다. 모든 거부가 결국, 현재나 과거에 있었던 다른 관계를 지켜내는 것이라면, 거부는 동시에 다른 것의 보

---

8) 의미심장하게도, 레즈비언에 대한 라캉의 논의는 불감증에 대한 논의와도 연결된다. 마치 레즈비어니즘이 섹슈얼리티의 거부를 구성한다는 것을 환유적으로 주장하려는 것처럼 말이다. '부인denial'의 작동에 대한 심화된 해석은 이 책에 잘 정리되어 있다.

존이기도 하다. 따라서 가면은 이런 상실을 감추지만, 그것을 감춤으로써 상실을 보존(하고 부정)한다. 가면에는 우울증의 이중 작용이라 할 이중 작용이 있다. 우울증적 동일시를 몸 위에, 몸안에 각인하고 걸치는 합체의 과정을 통해서 우리는 가면을 쓰게 된다. 사실 그것은 거부당한 타자의 틀로 몸을 의미화한 것이다. 모든 거부는 전유를 통해 지배되면서 실패하고, 거부한 사람은 거부당한 사람의 바로 그 정체성의 일부가 되면서, 사실상 거부당한 것에 대한 심리적 거부가 된다. 이 대상의 상실은 결코 절대적이지 않은데, 그 상실을 합체하기 위해 확장된 심리/몸의 경계 안에서 상실이 재분배되기 때문이다. 이것이 젠더의 합체 과정을 우울증이라는 더 넓은 궤도에 올린다.

1929년에 발표된 조앤 리비에르의 논문 「가면으로서의 여성성」[9]은 공격성과 갈등해소 이론의 관점에서 '가면으로서의 여성성' 개념을 소개한다. 얼핏 보기에 이 이론은 성적 위치의 코미디라는 관점에서 바라본 라캉의 가면 분석과 동떨어져 있는 것 같다. 리비에르는 여성 섹슈얼리티가 이성애 혹은 동성애 형태로 발전되는 것을 다룬 어니스트 존스Ernest Jones의 유형학을 존중하는 연구로 시작한다. 그러나 리비에르는 이성애와 동성애 간의 경계를 흐리는 '중간 유형'에 초점을 맞추고, 존스식 분류법에 따른 서술 능력에 은근히 이의를 제기한다. 라캉이 쉽게 '관찰'을 언급한 것과 유사한 발언에서, 리비에르는 이 '중간

---

9) Joan Riviere, "Womanliness as a Masquerade", *Formations of Fantasy*, eds. Victor Burgin, James Donald, Cora Kaplan, London, Methuen, 1986, pp. 35~44. 원전은 *The International Journal of Psychoanalysis*, Vol. 10, 1929. 이후 이 글의 인용문은 본문에 쪽수만 표기한다. 스티븐 히스의 명저 『조앤 리비에르와 가면Joan Riviere and the Masquerade』도 참고하라.

유형'에 초점을 두는 것을 정당화하기 위해 일상적 지각이나 경험에 의존하려 한다. "일상생활에서 남성과 여성의 유형은 발달상 주로 이성애적이면서 명백히 이성의 특성을 강하게 보여주는 사람과 계속 만났다."(p. 35) 여기에서 가장 명백한 것은 이러한 혼합된 속성을 가진 지각을 만들고 조직하는 분류법이다. 분명 리비에르는 사람의 성별 특성을 표현하는 것에 무엇이 있는지, 또 그 분명한 특성이 어떻게 겉으로 나타난 성적 지향을 표현하거나 반영한다고 이해되는지에 관해 고정관념을 갖고 출발한다.[10] 이러한 지각이나 관찰은 특성, 욕망, '지향 orientation'[11] 사이의 상호관련을 가정할 뿐 아니라, 지각 행위를 통해 그것들의 통일성을 만든다. 리비에르가 가정한 젠더 특성과 당연시된 '성적 지향' 사이의 통일성은 비티그가 성별의 '상상적 구성'이라 언급

10) 이런 평범한 추론에 대한 당대의 반박으로는 다음을 참고하라. Esther Newton and Shirley Walton, "The Misunderstanding: Toward a More Precise Sexual Vocabulary", *Pleasure and Danger*, ed. Carole Vance, Boston, Routledge, 1984, pp. 242~250. 뉴턴과 월턴은 에로틱한 정체성, 에로틱한 역할, 에로틱한 행동을 구분하고, 그런 에로틱을 선호한다고 해서 사회적 맥락에서 에로틱한 정체성을 바로 주장할 수 없듯이, 욕망의 양식과 젠더 양식 사이의 근본적인 불연속성이 어떻게 존재할 수 있는지를 보여준다. 그들의 분석은 유용한 (그리고 용감한) 것으로 생각되지만, 그런 범주가 담론적 맥락에 특정한 것인지, 또 구성의 '일부'로 그런 섹슈얼리티를 파편화하는 것이 이런 용어들의 환원적 통일에 반대하는 전략으로서 의미가 있는지는 모르겠다.

11) 성적 '지향'이라는 개념은 벨 훅스가 쓴 『페미니즘 이론: 주변에서 중심으로Feminist Theory: From Margin to Center』(Boston, South End Press, 1984)에서 문제로 잘 제기되었다. 그는 성적 지향이라는 개념이 욕망의 대상으로 지칭된 모든 성의 구성원에게 열려 있다는 의미로 잘못 사용된, 일종의 물화라고 주장한다. 훅스는 지향이라는 용어로 묘사된 사람의 자율성을 문제삼아서 이 용어에 반대하지만, 나는 이 '지향' 자체가 고정되는 일은 거의 없다는 점을 강조하고자 한다. 분명 이런 지향은 시간에 따라 변할 수 있고, 결코 단일하지 않은 문화적 변형에도 열려 있다.

한 것의 사례로 보인다.

그러나 리비에르는 혼합된 젠더 특성의 의미를 '갈등의 상호작용'(p. 35)에 두는 정신분석학의 설명에 호소하면서 이렇게 당연시된 유형들에 대해 문제를 제기한다. 의미심장하게도 리비에르는 이런 정신분석학적 이론과, 여성에게 겉으로 드러난 '남성적' 속성을 '근본적 혹은 근원적인 경향' 탓으로 돌리려는 이론을 대비시킨다. 다시 말해 이러한 속성의 습득, 즉 이성애나 동성애적 성적 지향의 습득은 불안을 억누르려는 목적으로 갈등을 해소함으로써 이루어진다. 리비에르는 산도르 페렌치sándor Ferenczi를 인용해 자신의 설명과의 유사성을 확립하고자 이렇게 쓰고 있다.

> 페렌치는 (…) 동성애 남성이 자신의 동성애를 '방어'하고자 이성애를 과장한다고 지적했다. 나는 남성성을 갖고 싶은 여성이 남성으로 인한 불안과 보복을 피하기 위해 여성성이라는 가면을 쓸 수도 있다는 것을 보여주려 한다.(p. 35)

동성애 남성이 보여준다고 추정되는 '과장된' 이성애의 형태가 무엇인지는 확실하지 않지만, 게이 남성이 어쩌면 자신과 반대인 이성애자와 그리 많이 달라 보이지 않는다는 것만큼은 주목할 만한 현상이다. 이처럼 겉으로 구별되는 양식이나 외관이 부족한 것은 징후적 '방어'라는 진단을 받을 수 있는데, 이는 단지 문제의 게이 남성이, 정신분석가가 문화적 전형에서 가져와 주장한 동성애자의 관념에 부합하지 않기 때문이다. 라캉식 분석이라면, 동성애 남성이 분명한 이성애적 속성으로 간주된 것을 무엇이든 '과장'한다고 여기는 것이야말로 남근을, 즉 능동적이고 이성애적인 욕망을 가진 주체 위치를 '가지려는' 시도라고 주장할 수 있다. 이와 유사하게 '남성성을 갖고 싶은 여성'의 '가면'은 다른 사람을 거세해서 얻은 남근으로 인해, 거세된 사람이 내게 가할 보복을 피하기 위해 남근 '갖기'를 포기하려는 노력으로 해석될 수 있다. 보복에 대한 여성의 공포는 자신이 남성의 자리를 차지했다는 환상, 더 정확히는 아버지의 자리를 차지했다는 환상이 낳은 결과라고 리비에르는 설명한다. 그가 조사한 것들 가운데 몇몇은 자전적인 것으로 생각되는데 이 사례를 보면, 아버지와 경쟁하는 것은 사람들이 생각하듯 어머니에 대한 욕망 때문이 아니라, 공적 담론에서 화자, 강사, 저자로서의 아버지의 자리에 대한 욕망 때문이고, 즉 기호 대상이나 교환 항목보다는 기호를 사용하는 자로서의 욕망이 있기 때문이다. 이 거세 욕망은 언어 안의 주체로 나타나기 위해 '기호로서의 여성'이라는 지위를 포기하려는 욕망이라고 생각될 것이다.

사실 리비에르가 설정한 동성애 남성과 가면 쓴 여성 사이의 유비관계는 그의 관점에서 보더라도 남성의 동성애와 여성의 동성애 사이의 유비관계가 아니다. 여성성은 '남성성을 원하는', 하지만 남성성이라는 공적 외관을 취했을 때 당할 보복의 결과를 두려워하는 여성이 취하는 것이다. 반면 남성성은 어쩌면 다른 누구도 아닌 자기 자신에게, 겉으로 드러난 여성성을 감추고자 남성 동성애자가 취하는 것이다. 여성은 자신이 거세하고 싶은 남성 청중 앞에서 자신의 남성성을 감추기 위해 그런 사실을 알면서도 가면을 쓴다. 그러나 동성애 남성은 자신의 동성애를 인정할 수가 없어서 (아니면 그것이 그의 동성애인데 분석가가 그 사실을 인정하지 못해서?) '방어'를 하기 위해 자기도 모르는 사이 '이성애'(이 말이 자신을 이성애자라고 속이는 남성성이라는 의미일까?)를 과장한다고 한다. 다시 말해 동성애 남성은 거세의 결과를 원하면서도 두려워해서 자신에게 무의식적인 보복을 한다. 페렌치와 리비에르는 분명히 알고 있지만, 이 남성 동성애자는 자신의 동성애 사실을 '알지' 못한다.

그러나 리비에르는 자신이 설명하는 가면 쓴 여성의 동성애를 알고 말하는 것인가? 그가 설정한 유비관계의 반대편에서 보면, '남성성을 갖고 싶은' 여성은 남성적 동일시를 유지한다는 관점에서만 동성애적이지, 성적 지향이나 욕망의 관점에서 동성애적인 것이 아니다. 리비에르는 마치 남근적 방패라도 되는 듯 존스의 유형학을 다시 상기시키면서, 가면을 쓰고 있는 유형으로 이해되는 여성 동성애자 집단을 무성적이라고 지목하는 '방어'를 공식화한다. "존스의 첫번째 여성 동성애자 집단은, 다른 여성에게는 전혀 관심이 없는 반면, 남성들에게 자신의 남성성을 '인정'받고 싶어하고 자신이 남성과 동등하다고, 다시 말해 자신은 남성이라고 주장한다."(p. 37) 라캉에서처럼, 여기서 레즈비언은 무성적 위치, 사실상 섹슈얼리티를 거부하는 위치를 의미한다. 완벽을 기하고자 페렌치와의 유비관계를 설정한 덕분에, 이런 서술은 여성 동성애에 대한 '방어'를 섹슈얼리티로 작동하게 만드는 것으로 보이는데, 그럼에도 불구하고 이 섹슈얼리티는 '동성애 남성'을 반영하는 구조로 이해된다. 그러나 여성을 향한 성적 욕망과 무관한 여성 동성애에 대한 이런 설명을 분명하게 읽어낼 방법은 없다. 리비에르는 이 흥미로운 유형학적 변이 사례가 억압된 여성 동성애나 이성애로 환원될 수 없다고 믿게 만들 것이다. 이때 숨겨진 것은 섹슈얼리티가 아니라 분노다.

가면 쓴 여성이 남성과의 공적 담론에 참여하기 위해, 또 남성으로서 남성 간 동성성애적homoerotic 교환에 관여하고 싶어서 남성성을 원한다는 것도 가능한 해석이다. 그리고 남성 간 동성성애적 교환이 거세를 의미할 것이기 때문에, 여성은 동성애 남성의 '방어'를 작동하게 하는 이와 똑같은 보복을 두려워한다. 사실상 가면으로서의 여성성은 남성 간 동성애에서 이탈하게 되어 있는데, 이 동성애는 이리가레가 주장하는 지배 담론의 성애적 전제조건, 즉 '남성 간 섹슈얼리티hommo-sexuality'이다. 어쨌거나 리비에르는 이런 여성이 성적 교환에서 어떤 위치를 차지하기 위해 남성적 동일시를 유지하는 것이 아니라, 성적 대상이 없거나, 적어도 여성이 명명할 만한 성적 대상이 없는 경쟁의 관계를 지속하기 위해서 남성 동일시를 유지한다고 생각하게 만들 것이다.

리비에르의 글은 '가면 때문에 가려지는 것은 무엇인가?'라는 문제를 재고할 방법을 제시한다. 존스의 분류체계에 따라 규정된 제한적 분석과 거리를 두는 이 핵심 문단에서, 리비에르는 '가면'이 모든 '여성성'의 중심에 있는 '중간 유형'의 특징 그 이상이라고 주장한다.

> 독자는 이제 내가 여성성을 어떻게 정의하는지, 혹은 진정한 여성성과 '가면'의 경계를 어디에 두는지에 대해 질문할 수 있다. 그러나 나는 둘 사이에 아무런 차이도 없다고 주장한다. 근본적이든 피상적이든 둘은 같다.(p. 38)

이렇게 모방이나 가면에 앞서는 여성성의 가정을 거부하는 것은, 스티븐 히스가 「조앤 리비에르와 가면」에서 "진정한 여성성이 바로 그런 모방이고 가면이다"라고 언급한 개념의 증거로 받아들인다. 히스는 리비도의 특성을 남성적인 것으로 보면서, 여성성이란 그런 리비도의 부인이고 "근본적인 남성성이 없는 척하기"라고 결론짓는다.[12]

남성적 동일시는 이성애적 욕망의 기반으로 추정되는 것 안에서 여성적 대상, 즉 남근에 대한 욕망을 만들기 때문에, 여성성은 남성적 동일시를 지배/해결하는 가면이 된다. 그래서 여성성을 가면으로 쓴다는 것은 여성 동성애의 거부를 드러낼 수도 있고, 동시에 거부된 여성 타자의 과장된 합체를, 즉 강제적 이성애를 심리적으로 주입한 결과에서 비롯된 우울하고 부정적인 나르시시즘의 범위 안에서 그 사랑을 보존하고 보호하는 기묘한 형태를 드러낼 수도 있다.

누군가는 리비에르가 그 자신의 남근중심주의를 두려워하는 것으로 해석할 수도 있다.[13] 즉 그의 강의와 저술 속에, 실은 그의 글이 은폐하기도 하고 가동시키기도 하는 남근주의적 글쓰기 속에 드러날 수 있는 자신의 남근적 정체성을 두려워하는 것으로 해석할 수 있다. 그러나 그 자신이 사랑할 수 없도록 금지한 대상이 되어 거부하는 동시에 실행하려는 것은 그의 남성적 정체성이기라기보다는, 그 정체성의 특징인 남성적인 이성애 욕망일 것이다. 이는 모든 성별이나 젠더 주

---

12) Stephen Heath, "Joan Riviere and the Masquerade", pp. 45~61.

13) 정신분석학의 인정 경쟁 속에서 지적 여성으로서 리비에르가 마주한 상황에 대해, 스티븐 히스는 리비에르가 논문에서 기술한 내담자와 똑같지는 않아도 둘 사이에 강한 유사성이 있다고 지적한다.

체가 여성에 대한 모든 욕망을 남성적이고 이성애적인 위치로부터 비롯된다고 설명하는 이성애적 기반이 만든 난국이다. 이때 남성적인 것으로서의 리비도는 모든 가능한 섹슈얼리티가 발생하는 근원이다.[14]

여기서 젠더와 섹슈얼리티의 유형학은 젠더의 문화적 생산에 대한 담론적 설명으로 넘어가야 한다. 리비에르의 내담자가 동성애 없는 동성애자라면, 그것은 그런 선택이 이미 거부되었기 때문일 것이다. 이러한 금지의 문화적 존재는 자신을 강사로 정하고, 주로 남성인 청중과 구분하면서 강의실에서 나타난다. 리비에르는 자신의 거세 소망 castrating wish이 알려질까봐 두려워하지만, 공통된 욕망의 대상에 관해 논쟁이 있다는 사실은 부인한다. 그런 논쟁이 없다면 리비에르가 인정하는 남성적 동일시의 확증이나 본질적 기호가 부족할 것이다. 사실 리비에르의 설명은 섹슈얼리티보다는 공격성이 우선한다는 것을, 거세하고 싶은 욕망, 남성 주체의 위치를 차지하고 싶은 욕망, 명백히 경쟁에 뿌리를 둔 욕망이 우선한다는 것을 전제하지만, 그에게 이 욕망은 전치 행위 도중에 없어져버린다. 그러나 이 문제는 다음과 같은 유용한 질문을 제기할 것이다. 즉 이러한 공격성은 어떤 성적 환상을 가져오고, 어떤 섹슈얼리티를 정당화하는가? 내담자가 가진 공격성의 표면상의 목표는 언어를 사용하는 자의 위치를 차지할 권리이겠지만, 거기에 여성성의 거부는 없는지 질문할 수 있다. 발화 안에서 이러한 위치를 준비하고, 말하는 주체의 권위를 환상적으로 확증할 남근적-타자로 변함없이 재등장하는 여성성의 거부가 없는지를 말이다.

---

14) Jacqueline Rose, *Feminine Sexuality*, eds. Juliet Mitchell and Jacqueline Rose, p. 85.

이제 여기서 우리는 해결되지 않은 동성애적 카섹시스cathexis(프로이트가 말하는 성적 에너지 개념인 리비도의 집중 발현—옮긴이)에 근거해 구성되는 남성성과 여성성의 개념을 재고해볼 수 있다. 동성애의 우울증적 거부/지배는 같은 성별을 가진 욕망의 대상을 결국 합체하며, 배제를 통해 그 대립물을 요구하고 또 확립하는 서로 다른 성적 '본성'을 구성하며 재등장한다. 양성애의 우선성을 전제하거나, 리비도가 우선 남성적이라고 특징화하는 것으로는 여전히 이 다양한 '우선성들'의 구성을 설명하지 못한다. 몇몇 정신분석학적인 설명에서는 여성성이란 남성성의 배제에 기초하고 있다고 주장할 것이고, 이때 남성성은 양성적 심리 구성물의 한 '부분'이다. 이분법의 공존이 전제되고, 이 이분법에서 서로 다르게 젠더화된 '정체성'을 만들기 위해 억압과 배제가 개입된다. 그 결과 정체성은 언제나 이미 내재적 양성애 성향에 입각해 있고, 억압을 통해 정체성을 구성하는 요소로 분리된다. 어떻게 보면 문화에 대한 이분법적 규제는 이성애가 '문화'로 등장하면서 이성애적인 익숙함으로 인해 갈라진 문화 이전의 양성애를 띠는 척한다. 그러나 처음부터, 섹슈얼리티에 대한 이분법적 규제는 문화가 결코 그 문화가 억압하려던 양성애보다 더 늦게 오지 않는다는 것을 분명히 보여준다. 즉 문화는 인식 가능성의 기반을 구성하고, 이 기반을 통해서 최초의 양성애가 사유 가능한 것이 된다. 심리적 토대로 가정되었다가 후에 억압된다고 말해지는 '양성애'는 모든 담론에 선행한다고 주장하는 담론의 산물이고, 규범적 이성애의 강제적이고 생성적인 배제의 행위를 통해 만들어진다.

라캉의 담론은 '분리divide' 개념, 즉 주체를 내적으로 나누고 성별의 이원성을 확립하는 일차적이거나 근본적인 분리에 초점을 둔다. 그러나 왜 둘로 갈라지는 것에 그토록 절대적인 초점을 맞추는 것일까? 라캉의 관점에서 분리는 언제나 법의 효과이지, 기존에 법이 작동하던 조건은 아닌 것으로 보인다. 재클린 로즈는 억압을 통해 생긴 성별의 분리가 정체성의 바로 그 책략 때문에 늘 흔들리게 된다고 주장하면서 "남녀 모두의 섹슈얼리티는 그 근본적인 분리를 흔드는 이중성duplicity에 반드시 가닿게 될 것이다"라고 말한다.[15] 그러나 성차의 장에서 각 위치의 단일한 입지를 흔드는 것은 바로 담론 이전의 이중성doubleness 아닌가? 로즈는 "지금껏 보아왔듯, 라캉에게는 담론 이전의 현실도 없지만("특정 담론에 의지하지 않고 어찌 담론 이전의 현실로 돌아가겠는가?" Jacques Lacan, SXX, p. 33) 있을 수 있거나 회복할 수 있는, 법에 앞서는 장소도 없다"라고 쓸 수밖에 없다. 이어서 로즈는 남근 경제 밖의 여성적 글쓰기의 장소를 표시하려는 이리가레의 노력을 간접적으로 비판하면서 "그리고 언어 바깥에 여성적인 것은 없다"라고 덧붙인다.[16] 금지가 섹슈얼리티의 '근본적 분리'를 만들고, 이 '분리'가 바로 그 분리의 인위성 때문에 믿을 수 없는 것으로 입증된다면, 분리에 저항하는 분리, 모든 분리의 노력을 뒤흔들 심리적 이중성이나 내재적 양성애가 분명 있을 것이다. 이러한 심리적 이중성을 법의 효과로 생각하는 것이 라캉이 공언하는 목적이지만, 그것은 또한 그의 이론 안에서 저항의 지점이기도 하다.

---

15) Jacqueline Rose, "Introduction-II", *Feminine Sexuality*, eds. Juliet Mitchell and Jacqueline Rose, p. 44.

16) 같은 책, 55쪽.

모든 동일시는 환상을 이상으로 품고 있기 때문에 실패할 수밖에 없다는 로즈의 주장은 분명 옳다. 부자간 혹은 모녀간의 동일시 성취를 전제한 발달 과정을 규정하는 모든 정신분석학 이론이 실수로 상징계와 실재계를 혼동하고, '동일시'와 남근 '되기' 및 '갖기'의 드라마란 언제나 환상임을 폭로하는 통약 불가능한 비판의 지점을 놓친다.[17] 그러나 무엇이 환상의 영역을 결정하고, 실재계와 상징계의 통약 불가능성을 규정하는 규칙을 결정하는가? 이 드라마가 서구의 후기자본주의를 살고 있는 사람들을 위한 것이며, 아직 규명되지 않은 다른 시대에는 다른 상징계 체제가 성적 존재론의 언어를 지배할 것이라는 주장만으로는 분명 충분하지 못하다. 상징계를 변함없이 환상적인 것으로 설정함으로써, 이 '변함없이'는 그 결과 문화적 정체 상태를 가중시키는 관점에서의 섹슈얼리티 설명을 생성하면서 '어쩔 수 없이'로 흘러간다.

담론 이전의 것을 불가능성으로 이해하는 라캉의 해석은 법을 금지하는 동시에 생성적인 것으로 개념화하는 비평을 예견한다. 여기에 생리학이나 성향과 관련된 언어가 등장하지 않는 것은 환영할 만한 일이지만, 아직도 이분법적 규제는 섹슈얼리티의 틀과 공식을 만들며 '실재계'에 대한 저항의 형식을 미리 정한다. 배제는 억압에 속한 영역을 없애면서 억압에 앞서서, 즉 법과 법에 복종하는 대상 사이의 경계선에서 작동한다. 라캉에게는 금지하는 법과 부권적인 법을 통해 억압이

---

17) 로즈는 상징계와 실재계의 통약 불가능성을 이해하지 못했다는 이유로 특히 무스타파 사푸안Moustapha Safouan의 글을 비판한다. 그의 다음 저작을 참고하라. *La sexualité féminine dans la doctrine freudienne*, Paris, Éditions de Seuil, 1976. 또한 라캉의 반反발전적 추동력에 대해 함께 토의해준 엘리자베스 위드Elizabeth Weed에게 감사한다.

피억압자를 만든다고 주장할 수도 있지만, 그 주장은 라캉의 저서에서 주이상스라는 잃어버린 충만함을 향한 여기저기에 넘치는 노스탤지어를 설명하지 못한다. 실은 그 주이상스라는 쾌락의 회복 불가능성이 금지의 법 때문에 현재에서 차단된 과거를 지칭하지 않는다면, 상실은 상실로 이해될 수 없다. 그렇게 세워진 주체의 위치에서 과거를 알 수 없다는 것이, 그 과거가 주체의 발화 속에서 실패fêlure, 불연속, 환유적인 미끄러짐으로 재등장하지 않는다는 뜻은 아니다. 칸트에게 더 진정한 물자체의 현실noumenal reality이 존재했듯이, 주이상스라는 법 이전의 과거는 발화된 언어 안에서는 알 수 없다. 그렇다고 이런 과거에 실체가 없다는 뜻은 아니다. 지금 말하는 발화 속에서 환유적 미끄러짐이 지칭하는, 과거에 가닿을 수 없다는 불가능성은 원래의 충만함이 결국 궁극적 현실임을 확인해준다.

더 심층적인 질문도 제기된다. 수행할 수도 없고 법 자체가 유연할 여지도, 법을 더 유연하게 문화적으로 변형할 여지도 없는 것으로 입증된 법에 순응할 것을 요구하는 상징계에 대한 설명에 어떤 타당성을 부여할 수 있을까? 상징계가 규정한 방식으로 성별화된 명령은 언제나 실패로 이어지며, 몇몇 경우에는 성정체성 자체의 환영적인 본질을 폭로하게 된다. 현재의 지배적 형식으로 문화적 인식 가능성이 되겠다는 상징계의 주장은 여러 동일시의 실패를 나타내는 드라마뿐 아니라 이런 환영의 힘까지도 사실상 통합한다. 동일시는 실행 가능한 성과여야 한다는 주장이 그 대안은 아니다. 하지만 거기에는 어떤 낭만화가, 실은 '실패'에 대한 종교적인 이상화와, 라캉의 서사가 이데올로기적으로 의심하게 만드는 법 앞에서의 겸손과 한계가 있어 보인다. '법 앞에서'의 필연적인 실패와, 완전히 실행할 수 없는 사법적 명령 사이의 변증법은, 구약의 하느님과 그런 하느님께 보상을 바라지 않고 복종했던 겸손한 종들의 고통스러운 관계를 상기시킨다. 섹슈얼리티가 이런 종교적 충동을 욕구나 욕망(섹슈얼리티가 전부 소멸되는 일종의 황홀한 초월감)과는 완전히 다른 ('절대적 요구'로 간주되는) 사랑의 요구라는 형식으로 구현하게 되면, 인간 주체가 접근할 수는 없지만 모든 것을 결정하는 신성으로 작동하는 상징계에 더 큰 신뢰를 부여하게 된다.

라캉의 이론에서 이런 종교적 비극의 구조는 욕망의 작용에 대한 대안적 상상계를 형성하려는 모든 문화정치의 전략을 사실상 약화시킨다. 만일 상징계가 자신이 명한 임무의 실패를 보장한다면, 어쩌면 그 목적은 구약성서의 하느님의 목적처럼 완전히 비목적적일 것이다. 즉 어떤 목적을 성취하려는 게 아니라 '법 앞에서' '주체'가 느끼는 한계를 강제하려는 복종과 시련일 것이다. 물론 이 드라마에는 정체성 실현의 영원한 불가능성을 폭로함으로써 드러나는 코미디 같은 측면이 있다. 그러나 이런 코미디조차 자신이 극복할 수 없다고 주장하는 신에 대한 노예 상태를 뒤집어 표현한 것이다.

라캉의 이론은 일종의 '노예의 도덕'으로 이해해야 한다. 니체가 『도덕의 계보』에서 보여준 통찰, 즉 절대적 유일신과 접근 불가능한 상징계는 권력 없음을 정기적으로 확립하는 권력(에의 의지) 때문에 접근 불가능한 것으로 간주된다는 식으로 니체의 통찰을 전유하면, 라캉의 이론은 어떻게 수정될 것인가?[18] 아버지의 법을 피할 수도 알 수도

18) 노예의 도덕에 대한 니체의 분석을 보려면 『도덕의 계보』에 나오는 「제1논문」을 참고(Friedrich Nietzsche, "First Essay", *The Genealogy of Morals*, trans. Walter

없는 권위, 성별화된 주체가 그 앞에서 실패할 수밖에 없는 권위에 비유하는 것은, 그 법을 구동하는 신학적 충동이자 그 너머를 말하는 신학에 대한 비판으로 읽어야 한다. 실패를 보장하는 법의 구성은 '법'을 영원한 불가능성으로 만들기 위해 사용한 그 생성적 권력을 부인하는 노예의 도덕을 나타내는 징후다. 피할 수 없는 복종을 반영하는 이런 허구를 만드는 권력은 무엇인가? 권력을 자기부정의 범위로 한정할 때 문화적 도박은 무엇이며, 이 권력은 권력의 자기위장과 자기복종 속에 그런 권력이 되는 금지의 법이라는 덫으로부터 어떻게 복구될 수 있는가?

Kaufmann, New York, Vintage, 1969). 다른 글에서와 마찬가지로 여기서도 니체는 신이 자신의 품위를 손상시키는 행위인 권력의지에 의해 창조된다고 주장한다. 그리고 이러한 자기복종의 구조에서 권력의지를 회복하는 것은 신에 대한 생각과, 역설적이게도 인간의 무력함에 대한 생각을 생산하는 바로 그 생산적 권력을 되찾음으로써 가능해진다. 푸코의 『감시와 처벌』은 니체의 『아침놀』뿐 아니라 분명 『도덕의 계보』에, 그중에서도 「제2논문」에 기초한다. 푸코의 생산적 권력과 사법적 권력 간의 구분은 의지의 자기복종에 대한 니체의 분석에도 기초한다. 푸코의 관점에서 사법적 법의 구성은 생산적 권력의 효과이지만, 그 안에서 생산적 권력이 그 법의 은폐와 복종을 제도화한다. 푸코의 라캉에 대한 비판(Michel Foucault, "Right of Death and Power over Life", *The History of Sexuality, Volume I, An Introduction*, trans. Robert Hurley, New York, Vintage, 1980, p. 81)과 억압가설에 대한 비판은 일반적으로 사법적 법의 중층결정된 overdetermined 위상에 초점을 둔다.

3. 프로이트와 젠더 우울증

이리가레가 여성성과 우울증의 구조는 서로 '비교-검토'된다고 주
장하고,[1] 크리스테바는『검은 태양—우울증과 멜랑콜리』와「벨리니의
모성」에서 모성을 우울증과 동일시하고 있지만,[2] 이성애 틀 안의 젠더

---

1) Luce Irigaray, *Speculum of the Other Woman*, pp. 66~73.

2) 쥘리아 크리스테바의 다음 저작을 참고. *Desire in Language: A Semiotic Approach
to Literature and Art*, ed. Leon Roudiez, trans. Thomas Gora, Alice Jardine,
and Leon S. Roudiez, New York, Columbia University Press, 1980 ; *Soleil noir:
Dépression et mélancolie*, Paris, Gallimard, 1987. 이중 두번째 책에서 우울증에 대한
크리스테바의 해석은 멜라니 클라인Melanie Klein의 글에 일부 기초한다. 우울증은 여
성 주체에 반하는 모친 살해의 충동이고, 그래서 마조히즘의 문제와 관련된다. 이 책에
서 크리스테바는 일차적 공격성 개념을 받아들이고, 공격성의 최초 대상과 가장 깊이 저
지르고 싶은 살해를 저지르기를 거부하는 방식에 따라 성을 구별하려는 것 같다. 그래서
남성적 위치는 외부로 향한 사디즘으로 이해되는 반면, 여성적 위치는 내부로 향한 마조
히즘으로 이해된다. 크리스테바에게 우울증은 승화된 예술작품과 관련된 '관능적인 슬
픔'이다. 이 승화의 가장 높은 형태는 그 근원이 되는 고통에 중심을 두는 것으로 보인
다. 그 결과 크리스테바는 돌연히, 또 다소 논쟁적으로, 인간 행동의 비극적 구조를 표명
하는 모더니즘의 걸작을 격찬하고 당대의 심리적 파편화를 고통스러워하기보다 긍정하

생산에서 동성애의 거부/보존을 이해하려는 노력은 거의 없었다. 프로이트는 '자아 형성'과 '성격'에서 우울증 기제가 핵심적이라고 따로 떼어 말하지만, 젠더에서 우울증이 중심이 된다는 것은 넌지시 내비치는 정도다. 『자아와 이드』(1923)에서 프로이트는 자아 형성의 초기 구조로 애도mourning의 구조를 세밀히 발전시키는데, 1917년의 논문 「애도와 우울증」에도 그 흔적이 나타나 있다.[3] 프로이트의 주장에 따르면, 자아는 자신이 사랑했던 다른 사람을 잃게 되는 경험을 하는 과정에서 마술 같은 모방 행위를 통해 타인의 속성을 취하고 타인을 '보유'하면서 타인을 바로 그 자아 구조로 합체한다. 내가 원하고 사랑했던 사람의 상실은 그 타인을 자아의 구조 속에 숨기려 하는 특정한 동일시 행위를 통해 극복된다. 즉 "자아로 도피함으로써 사랑은 소멸을 피한다".(p. 178) 이러한 동일시는 단지 일시적이거나 이따금씩 일어나는 것이 아니라 정체성의 새로운 구조가 된다. 사실상 타인의 속성을 끊임없이 내면화하여 타인은 자아의 일부가 된다.[4] 상실 때문에 양가적

는 포스트모더니즘의 노력을 비판하면서 이 책을 끝맺는다. 「벨리니의 모성Motherhood According to Bellini」에서 우울증의 역할에 관한 논의는 이 책의 3장 1절 '쥘리아 크리스테바의 몸의 정치학'을 참고하라.

3) 오이디푸스 갈등에 대한 대안적 해결 논의뿐 아니라, 애도와 우울증에 대한 논의 및 이들과 자아의 관계, 그리고 성격 형성에 관한 프로이트의 논의를 보려면 다음을 참고하라. Sigmund Freud, "The Ego and the Super-Ego(Ego-Ideal)", *The Ego and the Id*, trans. Joan Riviere, ed. James Strachey, New York, Norton, 1960(최초 출간은 1923년). 이 장을 쓰라고 제안해준 폴 슈와버에게 감사드린다. 「애도와 우울증」의 인용은 다음을 참고했으며, 이후 본문에 쪽수만 표기한다(Sigmund Freud, *General Psychological Theory*, ed. Philip Rieff, New York, MacMillan, 1976).

4) '동일시'에 대한 흥미로운 논의로는 다음을 참고하라. Richard Wollheim, "Identification and Imagination: The Inner Structure of a Psychic Mechanism",

관계가 단절되는 경우, 그 양가성은 자아비판이나 자기비하의 성향으로 내면화되고, 그 안에서 이제 자아가 타인의 역할을 차지하고 타인을 지휘한다. 즉 "대상과의 나르시시즘적 동일시가 성애적 카섹시스의 대체물이 되고, 그 결과 사랑했던 사람과의 갈등이 있어도 사랑의 관계는 포기될 필요가 없다".(p. 170) 이후 프로이트는 분명히 밝히는데, 상실한 사랑을 내면화하고 유지하는 과정은 자아의 형성과 자아의 '대상 선택'에 있어 매우 중요하다.

『자아와 이드』에서 프로이트는 「애도와 우울증」에서 설명한 이 내면화 과정을 언급하면서 다음과 같이 말한다.

우리는 상실된 대상이 (그 대상으로 인한 고통 속에서) 자아의 내면에 다시 세워진다고 가정해서, 즉 대상-카섹시스가 동일시로 대체된다고 가정해서 우울증의 고통스러운 혼란을 설명하는 데 성공했다. 그러나 당시에는 이 과정의 완전한 의미를 알지 못했고, 이 과정이 얼마나 흔하고 전형적인지도 알지 못했다. 그 이후로 우리는 이런 종류의 대체가 자아의 형태를 결정하는 데 큰 몫을 하고 '성격'이라 불리는 것을 형성하는 데 본질적 기여를 한다는 것을 이해하게 되었다.(p. 18)

그러나 「자아와 초자아(자아-이상)」라는 장이 전개되면서 여기서는 그저 '성격'만 설명하는 것이 아니라, 젠더 정체성의 획득도 설명해준

Freud: A Collection of Critical Essays, ed. Richard Wollheim, Garden City, Anchor Press, 1974, pp. 172~195.

다. 프로이트는 "이러한 동일시야말로 이드가 대상을 포기할 수 있는 유일한 조건일 것"이라 주장하면서, 우울증의 내면화 전략이 애도 작용과 대립하는 것이 아니라, 어쩌면 자아가 타인에 대한 핵심적인 감정적 유대의 상실을 버텨낼 유일한 방식일 것이라고 주장한다. 프로이트는 계속해서 "자아의 성격은 포기된 대상-카섹시스의 침전물이며, 자아는 이런 대상-선택물의 역사를 담는다"(p. 19)고 주장한다. 상실한 사랑을 내면화하는 이 과정은, 여러 작용 중에서도 근친애 금기가 자아의 애정-대상의 상실을 시작하고, 이 자아가 금지된 욕망의 대상을 내면화해서 상실로부터 회복된다는 것을 우리가 알게 되면서 젠더 형성에 적합해진다. 금지된 이성애적 결합의 경우, 부정되는 것은 욕망의 대상이지 욕망의 양상이 아니므로 그 대상에서 이성인 다른 대상으로 욕망이 옮겨간다. 그러나 금지된 동성애적 결합의 경우에는, 분명 욕망과 대상을 둘 다 포기해야 하기 때문에 우울증의 내면화 전략에 빠지게 된다. 따라서 "어린 소년은 아버지와 동일시하면서 아버지를 대한다".(p. 21)

프로이트는 아들-아버지의 동일시가 최초로 형성될 때 이 동일시가 이전 대상-카섹시스 없이 일어난다고 생각했고(p. 21), 이 말은 그 동일시가 아버지에 대한 아들의 상실되거나 금지된 사랑의 결과는 아니라는 의미다. 그러나 이후에 프로이트는 성격과 젠더의 형성 과정에서 일차적 양성애를 복합적 요인으로 가정한다. 리비도의 성향에 대해 여러 양성애 형태를 가정하면, 아버지를 향한 아들의 원래 성적인 사랑을 부정할 이유가 없는데도 프로이트는 은연중에 이를 부정한다. 그러나 아들은 어머니를 향한 일차적 카섹시스를 꼭 유지하는데, 프로이트는 아들-아이가 어머니를 유혹하려 하는 남성적 행동과 여성적 행동에서 양성애가 스스로 드러난다고 언급한다.

프로이트는 아들이 왜 어머니를 거부하고 아버지에 대해서는 왜 양가적 태도를 취하는지 설명하기 위해 오이디푸스 콤플렉스를 도입하고 있지만, 곧바로 이렇게 주장한다. "부모와의 관계에서 나타나는 양가적 태도는 전적으로 양성애 때문일 수 있고, 양성애는 내가 앞에서 보여준 것처럼 경쟁의 결과로 나타난 동일시에서 발전된 것이 아니다."(p. 23, 각주 1) 그러나 이 경우 양가성의 조건은 무엇인가? 분명 프로이트는 아들이 두 대상 사이에서 선택해야 할 뿐만 아니라 두 개의 성적 성향, 즉 남성적 성향과 여성적 성향 중에서도 선택을 해야 한다고 주장한다. 그런 다음 아들은 아버지에 의한 거세 공포 때문이 아니라 거세에 대한 공포, 즉 이성애 문화 속에서 남성 동성애를 연상시키는 '여성화'의 공포 때문에 보통 이성애자가 되기를 택하는 결과를 낳는다. 사실 그것은 벌을 받고 난 뒤 승화되어야 할, 주로 어머니에 대한 이성애적 성욕이 아니라, 문화적으로 허가된 이성애에 복종해야할 동성애적 카섹시스다. 실제로 남자아이가 여성성을 거부하고 아버지에 대한 양가성을 만드는 것이 오이디푸스의 경쟁 드라마가 아니라 일차적 양성애라면, 어머니에 대한 카섹시스의 우선성은 점차 의심스러워지고, 그에 따라 소년의 대상-카섹시스가 일차적 이성애라는 것도 의심스럽다.

아들이 어머니를 거부하는 이유와는 무관하게(우리는 벌을 주는 아버지를 경쟁자로 보는가, 아니면 아들이 스스로 금지한 욕망의 대상으로 보는가?) 거부는 프로이트가 젠더 '강화consolidation'라 부르는 토대를

198

형성하는 순간이 된다. 욕망의 대상인 어머니를 빼앗기면서, 아들은 어머니와의 동일시를 통해 상실을 내면화하거나 자신의 이성애적 애착을 다른 것으로 대체하는데, 이때 아들은 아버지에 대한 애착을 강하게 만들어서 그에 따라 남성성을 '강화'한다. 강화의 은유가 보여주듯, 거기에는 분명 심리적 풍경, 성향, 성적 경향과 성적 목적에 맞는 남성성의 조각들이 있다. 그러나 이 조각들은 분산되어 있는데다 무질서하고, 이성애적 대상 선택의 배타성에 아직 매여 있지 않은 상태다. 사실 아들이 목적과 대상을 둘 다 포기하고 그에 따라 이성애적 카섹시스까지 몽땅 포기하면, 그는 어머니를 내면화하고 그 자리에 여성적 리비도의 성향을 강화하면서 남성성을 해체하고 부수는 여성적 초자아를 세우게 된다.

어린 딸의 경우에도, 오이디푸스 콤플렉스는 '긍정적(동성과의 동일시)'이거나 '부정적(이성과의 동일시)'인 것이 될 수 있다. 근친애 금기로 인해 시작된 딸의 아버지 상실은 상실된 대상과의 동일시(남성성의 강화)를 가져오거나, 그 대상에서 목적이 방향을 바꾸는 결과를 가져올 텐데, 이 경우 이성애가 동성애를 누르고 동성애를 대체할 대상이 나타난다. 프로이트는 어린 딸의 부정적 오이디푸스 콤플렉스에 관해 쓴 짤막한 문단 말미에, 어떤 동일시가 획득될지를 결정하는 요소는 그 아이의 성향 속 남성성과 여성성의 강도라고 말한다. 의미심장하게도 프로이트는 "─그것이 무엇으로 구성되든 간에─"(p. 22)라고 자신의 말 중간에 하이픈으로 연결된 의혹을 삽입하면서, 남성적이거나 여성적인 성향이 정확히 무엇인지에 대한 혼란을 인정한다.

프로이트가 혼란을 겪고 있는 이 일차적 성향은 무엇일까? 무의식적인 리비도 조직의 속성인가? 그리고 오이디푸스 갈등의 결과로 정해진 다양한 동일시는 얼마나 정확하게 이러한 성향을 강화하거나 아니면 해체하는 작용을 하는가? '여성성'의 어떤 부분을 성향적이라고 부르며, 무엇이 동일시의 결과인가? 실제로 무엇이 양성애 '성향'을 일련의 내면화의 효과나 산물로 이해하지 못하게 만드는가? 게다가 애초에 '여성적'이거나 '남성적'인 성향을 어떻게 규명하는가? 어떤 흔적으로 인해 그것이 알려지고, 어느 정도까지 우리가 '여성적'이거나 '남성적'인 성향을 이성애적 대상 선택의 전제조건으로 가정하는가? 다시 말해 일차적 양성애를 가정한다 해도 욕망에 대한 이성애적 기반으로 시작한다는 이유만으로, 우리는 어느 정도까지 아버지에 대한 욕망을 여성적 성향의 증거로 읽어내는가?

양성애를 남성적 또는 여성적 성향의 관점에서 개념화하고, 의도적인 상관물로 이성애적 목적을 가진다면, 프로이트에게 양성애는 하나의 심리 안에 이성애적 욕망 두 개가 공존하는 것이다. 사실 남성적 성향은 결코 성적 사랑의 대상으로서 아버지를 향하지 않고, 여성적 성향도 어머니를 향하지 않는다(어린 딸이 그런 경향을 보일 수는 있지만, 자신의 성향적 본성의 '남성적' 측면을 포기하기 전의 일이다). 딸은 성적 사랑의 대상으로서 어머니를 거부하면서 부득이 자신의 남성성을 거부하고, 역설적이게도 그 결과 자신의 여성성을 '고정한다'. 따라서 프로이트의 일차적 양성애 논의에 동성애는 없으며, 오로지 이성들끼리만 서로 매혹된다.

그러나 프로이트가 이런 성향의 존재를 입증할 근거로 제시하는 것은 무엇인가? 내면화를 통해 획득된 여성성과 엄격히 성향적인 여성성을 구분할 방법이 없다면, 모든 젠더 특정적 관련성이 내면화의 결과라는 결론을 내리지 못하게 막는 것은 무엇인가? 무슨 근거에서 성향적 섹슈얼리티와 정체성을 개인의 탓으로 돌리게 되며, 애초에 '여성성'과 '남성성'에 어떤 의미를 부여할 수 있는가? 우선 내면화 문제를 출발점으로 삼아, 젠더의 형성에서 내면화된 동일시의 위상을 생각해보고, 두번째로 내면화된 젠더 관련성과 내면화된 동일시의 자기처벌적 우울증 사이의 관계를 생각해보자.

「애도와 우울증」에서 프로이트는 우울증 환자의 자기비난적 태도가 상실한 사랑의 대상을 내면화한 결과라고 해석한다. 바로 그 대상이 상실되었기 때문에, 그들 관계가 양가적이고 미해결로 남아 있더라도 대상이 자아 안으로 '들어오게' 되는데, 여기서 다툼이 일어나고 심리의 두 부분 사이에서 내적 대화로서 마술처럼 이어진다.「애도와 우울증」에서는 상실된 대상이 비난의 목소리나 행위성으로 자아 안에 세워지고, 원래 대상에게 느꼈던 분노가 방향을 틀어서 내면화된 대상이 이제 자아를 비난하게 된다.

> 우울증 환자의 여러 자기비난을 참을성 있게 들어보면 그중 가장 폭력적인 것은 종종 환자 자신에 대한 것이 아니라, 사소한 수정을 거쳐서 누군가 다른 사람, 즉 환자가 사랑하고 예전에 사랑했던 사람 혹은 사랑해야 할 사람에 해당한다는 인상을 결국 지울 수가 없다. (…) 이때 자기비난은 환자 자신의 자아로 옮겨간, 사랑했던 대상에 대한 비난이다.(p. 169)

상실은 고통스럽지만 사랑의 대상을 향해 느끼는 양가적 감정은 그 감정의 차이가 해결될 때까지 대상을 보유하라고 요구하기 때문에, 우울증 환자는 대상의 상실을 거부하고, 내면화는 상실한 대상을 마술처럼 소생시키는 전략이 된다. 프로이트는 초기 논문에서 슬픔은 대상으로부터 리비도의 카섹시스를 회수하는 것이고, 그 카섹시스를 새로운 대상으로 옮기는 데 성공하는 것으로 이해한다. 그러나 『자아와 이드』에서 프로이트는 애도와 우울증의 이런 구분을 수정하면서, 우울증과 관련된 동일시 과정이 어쩌면 "이드가 그 대상을 포기할 수 있는 유일한 조건"(p. 19)이라고 주장한다. 다시 말해 우울증의 특징인 상실한 사랑과의 동일시가 애도의 전제조건이 된다. 원래 대립적이라 생각했던 두 과정은 이제 전적으로 슬픔의 과정과 완전히 연관된 양상으로 이해된다.[5] 프로이트의 후기 관점은 상실의 내면화에 보상이 따른다고 말한다. "자아가 대상의 특성을 띠게 되면 그것은 다음과 같이 말하면서 자신을 소위 이드의 상실로 몰고 간다. '봐, 너도 나를 사랑할 수 있잖아. 나도 대상과 똑같아.'"(p. 20) 엄밀히 말해 대상의 포기는 카섹시스의 부정이 아니라 내면화이고, 따라서 카섹시스는 보존된다.

자아와 그 자아가 상실한 사랑의 대상이 영원히 머무는 심리의 지형은 정확히 어떤 것일까? 분명 프로이트는 자아가, 여러 종류의 도덕적 행위성으로 작용하는 이상적 자아ideal ego를 늘 동반하는 것으로 개념화한다. 자아에 내면화된 상실은 이처럼 도덕적으로 엄밀한 행위성으로, 분노의 내면화로, 또 외부 양식의 대상에 대해 원래 느꼈던 비난으

---

5) 니콜라스 에이브러햄과 마리아 토록은 이런 애도와 우울증의 통합에 이의를 제기한다. 이 장의 4절 각주 2를 참고.

로 재확립된다. 내면화가 일어나면서 상실로 인해 어쩔 수 없이 고조된 분노와 비난은 내부로 방향을 돌린 채 유지된다. 그리고 자아는 내면화된 대상과 자리를 바꾸고, 그에 따라 이 내면화된 외부성에 도덕적 행위성과 권력을 부여한다. 따라서 자아는 자신의 분노와 효력을 자아 이상에게 빼앗기는데, 이때 자아 이상은 자신이 유지되는 수단인 자아 자체에 적대적으로 바뀐다. 사실 프로이트는 이 자아 이상의 초도덕적hypermoral 가능성에 대해 경고하는데, 자아 이상이 극단적이면 자살도 유발할 수 있다는 것이다.[6)]

자아 이상의 내부 구성에는 젠더 정체성의 내면화도 관련된다. 프로이트는 자아 이상이 오이디푸스 콤플렉스의 해결책이 되며, 따라서 남성성과 여성성의 성공적 강화의 도구가 된다고 말한다.

> 그러나 초자아는 단순히 이드의 최초의 대상 선택에서 남은 잔여물인 것만은 아니다. 초자아는 이런 선택에 반대되는 기운찬 반응 형성도 보여준다. 초자아가 자아와 맺는 관계는 "너는 이와(네 아버지와) 같아야 한다"는 규칙으로 다 해소되지 않는다. 초자아는 금지를 구성하기도 한다. "너는 이와(네 아버지와) 같지 **않을 수도** 있다.

---

6) 처벌 기제로서의 초자아와 (나르시시즘적 소망을 전달하는 이상화로서) 자아 이상의 구분을 지지한 정신분석 이론. 프로이트가 『자아와 이드』에서 분명히 밝히지 못한 이 구분을 지지하는 이론으로는 다음을 참고하라. Janine Chasseguet-Smirgell, *The Ego-Ideal, A Psychological Essay on the Malady of the Ideal*, trans. Paul Barrows, introduction by Christopher Lasch, New York, Norton, 1985. 원저는 *L'ideal du moi*. 그의 책은 동성애를 폄하하고 정기적으로 페미니즘과 라캉에 반대하는 논쟁을 벌이는 순진한 섹슈얼리티 전개 모델을 쓴다.

즉 너는 아버지가 하는 모든 것을 하지 않을 수도 있다. 어떤 것은 아버지만의 특권이다."(p. 24)

따라서 자아 이상은 인가와 금기의 내적 행위성으로 작용한다. 프로이트에 따르면, 이것은 욕망의 적절한 방향 전환과 승화를 통해 젠더 정체성을 강화하는 작동을 한다. 부모를 사랑의 대상으로 내면화하면 그것은 반드시 의미의 역전을 겪는다. 부모는 사랑의 대상으로서 금지되었을 뿐만 아니라, 금지하거나 보류한 사랑의 대상으로 내면화된다. 따라서 자아 이상의 금지 기능은 부모에 대한 욕망의 표현을 억제하거나 실은 억압하기도 하고, 그 사랑이 보존될 수 있는 내부 '공간'을 찾기도 한다. 오이디푸스 딜레마의 해결이 '긍정적'일 수도 있고 '부정적'일 수도 있어서 이성 부모에 대한 금지는 상실한 부모 성별과의 동일시로 이어지거나, 그 동일시의 거부로 이어져 결국에는 이성애적 욕망에서 비껴나갈 수도 있다.

여러 인가와 금기로서, 자아 이상은 남성적 동일시와 여성적 동일시를 규정하고 결정한다. 동일시는 대상관계를 대체하고 또 그것은 상실의 결과이기 때문에, 젠더 동일시는 금지된 대상의 성별이 금지로 내면화되는 일종의 우울증이다. 이 금지는 분명하게 젠더화된 정체성과 이성애적 욕망의 법을 인가하고 규정한다. 오이디푸스 콤플렉스의 해결책은 근친애 금기를 통해서뿐만 아니라 그 이전의 동성애에 대한 금기를 통해서 젠더 정체성에 영향을 준다. 그 결과로 동성의 애정 대상과 동일시하고, 그래서 동성애적 카섹시스의 목적과 대상을 모두 내면화하게 된다. 우울증의 결과로 일어나는 동일시는 해결되지 못한 대상관계를 보존하는 양식이며, 동성 간 젠더 동일시의 경우 이 해결되지 않은 대상관계는 반드시 동성애적이다. 사실 젠더 관련성이 더 엄격하고 더 안정될수록 원래의 상실은 더 해결되기 어렵다. 따라서 엄격한 젠더 경계는 어쩔 수 없이 인정을 받지 못한 채, 해결하지 못한 원래 사랑의 상실을 은폐하는 작용을 할 수밖에 없다.

그러나 분명 모든 젠더 동일시가 동성애 금기의 성공적인 수행에 기초한 것은 아니다. 여성적 성향이나 남성적 성향이 그 금기를 사실상 내면화한 결과라면, 또 동성 대상을 상실한 것에 대한 우울증적 해답이 그 대상을 합체하는 것이라면, 그래서 실은 자아 이상의 구성을 통해 그 대상이 되는 것이라면, 젠더 정체성은 주로 정체성을 형성하는 것으로 입증된 금기를 내면화한 것으로 나타난다. 게다가 이런 정체성은 개별적 성별 범주와 조응하는 몸의 양식화 면에서도, 성적 욕망의 생산이나 '성향dispositions' 면에서도, 그런 금기를 계속 적용하기 때문에 구성되고 유지된다. 성향이라는 언어는 동사 형태(성향화된다)에서 명사 형태로 이동하고, 거기서 응결된다(성향을 갖는다). 따라서 '성향'이라는 언어는 거짓 토대주의로서 금지의 효과를 통해 정서적으로 형성되거나 '고정'되는 결과에 도달한다. 그 결과 성향은 심리의 일차적인 성적 사실이 아니라, 자아 이상의 공모 행위와 재평가 행위가, 또 문화가 부과한 법에서 생산된 효과이다.

우울증에서는 사랑했던 대상이 이별, 죽음, 감정적 유대의 단절 등 여러 수단을 통해 상실된다. 그러나 오이디푸스 상황에서 상실은 일련의 처벌이 있는 금지의 명령을 받는다. 오이디푸스 딜레마에 '해답을 주는' 젠더 동일시의 우울증은 이제 그 구조와 에너지를 외부의 강제된 금기에서 얻는, 내면에 있는 도덕적 명령을 내면화하는 것으로 이해되어야 한다. 프로이트가 그런 관점으로 분명하게 주장하지는 않지만 동성애 금기는 이성애적 근친애의 금기보다 앞서 있어야 하는 것으로 보인다. 동성애 금기는 사실 오이디푸스 갈등이 가능해지는 이성애 '성향'을 만든다. 근친애적 이성애를 목적으로 오이디푸스 드라마 속에 들어온 어린 아들과 딸은 분명한 성적 방향으로 '성향을 갖게 하는' 금기에 이미 지배당해 있다. 따라서 프로이트가 성생활의 일차적이거나 구성적인 사실로 추정한 성향은 법의 효과, 즉 개별적 젠더 정체성과 이성애를 생산하고 규정하는, 내면화된 법의 효과이다.

토대주의와는 거리가 먼 이 성향은 자신의 계보학을 숨기려는 목적을 가진 어떤 과정의 결과물이다. 다시 말해 '성향'은 말하지 않았고 금기가 말할 수 없게 한, 강요된 성적 금지의 역사적 흔적이다. 성향에 대한 가정과 함께 시작되는 젠더 획득에 대한 서사적 설명은, 사실 그 서사야말로 금기의 자기확대self-amplifying 전술이라고 폭로할 서사적 출발점을 애초에 배척한다. 정신분석학적 서사에서 성향은 규제되지 않은 동성애적 카섹시스가 만든 분란을 잠재우기 위해 나중에 문화의 이름으로 도달한 금지에 의해서 훈련받고, 고정되고, 강화된다. 이런 금지의 법을 서사가 정립되는 순간으로 보는 관점에서 말한다면, 법은 섹슈얼리티를 '성향'의 형태로 생산하기도 하고, 또 나중에 겉보기에 '자연스러운' 이러한 성향을 문화적으로 허용되는 족외혼 친족 구조로 바꿀 때는 부정직해 보이기도 한다. 법은 나중에 전환하거나 억압할 뿐이라고 주장하는 현상 그 자체를 생산하는 것으로 법의 계보학을 감춰두기 위해 세번째 기능도 수행한다. 즉 심리적 사실을 법의 출발점으로 삼는 인과관계의 서사에서 법 자체를 논리적 연속성의 원칙으로 세움으로써, 이런 법의 배치는 섹슈얼리티와 권력관계의 문화적 기원으로 가는 더 급진적인 계보학의 가능성을 애초에 배제한다.

프로이트의 인과론적 서사를 뒤집는다는 것이 정확히 무슨 뜻이며, 일차적 성향을 법의 효과로 여긴다는 것은 무슨 의미인가? 푸코는 『성의 역사』 제1권에서 억압적인 법과 관련해 존재론적 진실성과 시간적 우선성을 주장하는 근원적인 욕망(라캉의 용어로 '욕망'이 아니라 주이상스)을 전제하는 억압 가설을 비판한다.[7] 푸코에 따르면 이 법은 그런 욕망을 이후에 침묵하게 만들거나, 이차적이고 필연적으로 불만족스러운 형태나 표현으로 바꾼다(전치). 푸코는 근원적이면서도 억압된 것으로 생각되는 욕망이 실은 복종하게 만드는 법 자체의 효과라고 주장한다. 결과적으로 법은 자기확대 전략을 합리화하기 위해서 억압된 욕망이라는 기발한 표현을 만들어내고, 사법적 법은 억압하는 기능을 한다기보다는 평상시처럼 생산적이면서도 생성력 있는 담론적 실천이라고 재개념화해야 한다. 여기서 담론적이라는 의미는 목적론적 도구로서 자신의 입지를 유지하기 위해 억압된 욕망이라는 언어적 허구를 생산한다는 뜻이다. 법이 스스로를 맥락화하는 틀을 구성하는 만큼, 문제의 욕망은 '억압되었다'는 의미를 띠게 된다. 사실상 법은 그런 '억압된 욕망'을 규명하고, 활성화하며, 억압된 욕망이라는 용어를 순환시킨다. 그리고 '억압된 욕망'이라고 불리는 자의식적이고 언어적으로 정교화된 경험을 위해서 담론적 공간을 조각해낸다.

---

7) Michel Foucault, *The History of Sexuality*, Volume I, p. 81.

근친애에 대한 금기, 그리고 암묵적인 동성애에 대한 금기는 '성향'이라는 개념에 국한된 원래의 욕망을 전제하는 억압적 명령이고, 이것은 원래 동성애적인 리비도의 방향성을 억압하고 이성애적 욕망이라는 전치된 현상을 유발한다. 유아 발달에 관한 이 특별한 메타서사metanarrative의 구조는 성적 성향을 전前담론적이고, 시간상 최초이며, 그에 따라 언어와 문화로 등장하기 전에도 의미와 목적이 있던, 존재론적으로 분리된 충동에 비유한다. 이런 문화의 장으로 진입하는 것 자체가 욕망을 원래의 의미에서 이탈하게 만들고, 그 결과 문화 속의 욕망은 필연적으로 일련의 전치가 된다. 따라서 억압적인 법은 말할 수 없는 것과 말할 수 있는 것을 구분하고(말할 수 없는 것의 영역을 경계짓고 구성하고), 불법적인 것과 합법적인 것을 구분하면서, 사실상 이성애를 생산하고, 단순히 부정적이거나 배타적인 부호로만 작용하는 것이 아니라 인가로서, 가장 적절하게는 담론의 법으로서 작용한다.

4. 젠더 복잡성과 동일시의 한계

앞에서 기술한 라캉, 리비에르, 그리고 프로이트의 『자아와 이드』 분석은 젠더 동일시가 어떻게 작동하는지, 정말 '작동한다'고 말할 수 있는지에 관한 논쟁적 해석을 보여준다. 젠더 복잡성과 불협화는 문화적으로 불협화음을 일으키는 여러 동일시의 확산과 수렴으로 설명될 수 있는가? 아니면 모든 동일시가 그런 동일시를 문제삼는 섹슈얼리티의 배제로 구성되는 것인가? 첫번째 질문의 경우, 복합적 동일시는 모든 단일한 젠더 속성의 우선성에 문제를 제기하는, 변화하면서 겹쳐지는 동일시의 비非위계적 배치를 구성할 수 있다. 라캉의 틀에서는 동일시가 남근 '갖기' 또는 남근 '되기'의 이분법적 분리 속에 고정된다고 이해되고, 그 결과 이분법에서 배제된 용어가 끊임없이 출몰해 무엇이든 일관된 위치 설정을 파열시킨다. 이렇게 배제된 용어는 주체가 자기 욕망의 근원과 대상을 알고 있다는 주장뿐 아니라 주체가 스스로의 토대를 갖는다는 허세에 저항하는, 배제된 섹슈얼리티다.

대부분의 경우 동일시에 관한 정신분석학적 문제에 관심이 있던 페미니스트 비평가는 모성적 동일시 문제에 종종 주목했고, 모성적 동일시 및/또는 그런 동일시와 그것의 난관으로부터 진화된 모성 담론에서 페미니즘 인식론의 입장을 정교화하려 했다. 이런 작업의 상당 부분이 극히 중요하고 분명히 영향력도 있지만 이들은 페미니즘 이론의 새로운 정전canon에서 패권적 위치를 차지하게 되었다. 게다가 그것은 젠더를 남성성과 여성성으로 나누고 게이와 레즈비언 문화의 특징인 전복적이고 패러디적인 수렴에 대한 합당한 설명을 애초에 배척하는, 바로 그 이분법적 이성애의 틀을 강화하는 경향이 있다. 그러나 모성 담론과 화해하려는 매우 편파적인 노력으로서, 기호계를 상징계에 대한 모성적 전복으로 그리는 쥘리아 크리스테바의 논의를 3장에서 살펴볼 것이다.

어떤 비판적 전략과 전복의 원천이 지금까지 논의한 정신분석학적 설명의 결과로 나타나는가? 전복의 원천을 무의식에 두는 것은, 아버지의 법이 '정체성'을 고정되고 환영적인 것으로 만드는 엄격하고 보편적인 결정론으로 이해될 때에만 타당해 보인다. 설혹 정체성의 환영적 내용을 받아들인다 해도, 그 환영의 관점을 고정하는 법이 역사적 가변성과 가능성의 영향을 전혀 받지 않는다고 가정할 이유는 없다.

우리는 정체성을 미리 고정해두는 상징계를 확립하는 법에 반대하면서, 고정되고 확립된 법의 전제에서 벗어난 구성적 동일시의 역사를 다시 생각해볼 수 있을 것이다. 아버지의 법이라는 '보편성'은 인류학 영역에서 논쟁을 일으킬 수 있겠지만, 어떤 역사적 맥락에서든 아버지의 법이 주장하는 의미라는 게 라캉의 설명이 인정하는 것으로 보이는 것보다 일원적이지도 않고 결정적 효과가 있는 것도 아니라는 사실을 고려하는 게 중요해 보인다. 동일시의 배치가 문화적으로 부과된 젠더 진실성의 기준에 순응하거나 순응하지 못하는 방식의 도식을 제시할 수도 있을 것이다. 자전적 서사를 구성하는 동일시에는 언제나 일부 이야기가 조작되어 있다. 라캉은 말하는 주체가 그 말의 억압된 리비도적 근원에 가지 못하도록 언어가 차단하므로 우리는 결코 우리의 기원에 관해 이야기할 수 없다고 주장한다. 그럼에도 아버지의 법이 주체를 확립하는 정초의 순간은 우리가 말할 수 있고 또 말해야 하는 메타역사로 작동하는 것으로 보인다. 주체가 정초하는 순간, 즉 법이 제정되는 순간이 무의식만큼이나 말하는 주체에 앞서 있다고 해도 말이다.

정신분석학 이론에서 나온 동일시에 관한 대안적 관점은 여러 공존하는 동일시들이 아버지의 법이라는 관점에서 남성적/여성적 위치를 고정하는 데 저항하는 젠더 배치 안에서 갈등, 수렴점, 혁신적인 불협화음을 만든다고 주장한다. 사실상 (남성적/여성적 위치로 고정된 일차적이거나 근원적인 동일시로 결국 환원될 수 없는) 다양한 동일시의 가능성이 주장하는 것은, 법이 결정론적이지도 않고 '그' 법조차 하나가 아닐 수도 있다는 사실이다.

지금까지 동일시의 의미나 전복 가능성에 대한 논쟁은 이런 동일시가 정확히 어디에서 나타나는지가 불분명했다. 동일시가 보존된다고 하는 내적인 심리 공간은, 우리가 내적 공간을 다른 심리적 기능을 하는 환상이 된 장소로 이해할 때만 의미가 통한다. 정신분석학자 로이 샤퍼Roy Schafer는 니콜라스 에이브러햄Nicolas Abraham과 마리아 토록

Maria Torok에 동의하면서, '합체'란 환상일 뿐 실제 과정이 아니라고 주장하는 듯 보인다. 즉 한 대상이 차지하는 내적 공간이 상상되고, 그런 공간을 소환하고 물화할 수 있는 언어 안에서 상상된다.[1] 우울증을 통해 유지되는 동일시가 '합체'된다면 이 지점에서 질문이 제기된다. 합체된 공간은 어디에 있는가? 말 그대로 몸안이 아니라면, 그런 몸이 하나의 합체 공간으로서 이해되어야 할, 표면적 의미로서 어쩌면 몸 위일 것이다.

에이브러햄과 토록은 내투사introjection란 애도가 일어나는 과정이라고 주장했다(여기서 대상은 상실되었을 뿐만 아니라 상실로 인정된다).[2] 반면 합체는 우울증에, 즉 대상이 마술처럼 '몸안에' 어떻게든 유지되

---

1) Roy Schafer, *A New Language for Psycho-Analysis*, New Haven, Yale University Press, 1976, p. 162. 또한 샤퍼의 다양한 내면화(내투사, 합체, 동일시) 중에서 다음에 나온 초기의 구분도 흥미롭다(*Aspects of Internalization*, New York, International Universities Press, 1968). 내면화와 동일시에 관한 정신분석학의 역사를 보려면 다음을 참고하라. W. W. Meissner, *Internalization in Psychoanalysis*, New York, International Universities Press, 1968.

2) 에이브러햄과 토록의 이러한 논의는 다음에 기초하고 있다. "Deuil ou mélancholie, introjecter-incorporer, réalité métapsychologique et fantasme", *L'Écorce et le noyau*, Paris, Flammarion, 1987(영역본은 *The Shell and the Kernel : Renewals of Psychoanalysis*, ed., trans., and with intro. by Nicholas T. Rand, Chicago, University of Chicogo Press, 1944). 이 논의의 일부는 다음 영문판에서도 찾아볼 수 있다. Nicolas Abraham and Maria Torok, "Introjection-Incorporation : Mourning or Melancholia", *Psychoanalysis in France*, eds., Serge Lebovici and Daniel Widlocher, New York, International University Press, 1980, pp. 3~16. 또한 같은 저자의 다음 글도 참고하라. "Notes on the Phantom : A Complement to Freud's Metapsychology", *The Trial(s) of Psychoanalysis*, ed. Francoise Meltzer, Chicago, University of Chicago Press, 1987, pp. 75~80; "A Poetics of Psychoanalysis : 'The Lost Object-Me'", *Substance*, Vol. 43, 1984, pp. 3~18.

는, 부인되거나 지연된 슬픔의 상태에 속하는 게 더 적절하다. 에이브러햄과 토록은 애도의 특징인 상실의 내투사가 텅 빈 공간을 설정하는데, 이는 발화와 의미화의 조건인 말 그대로 텅 빈 입을 뜻한다고 주장한다. 상실된 대상으로부터 리비도를 성공적으로 대체하는 것은, 대상을 의미하기도 하고 다른 것으로 대체하기도 하는 말words을 형성함으로써 이루어진다. 이처럼 원래 대상을 다른 것으로 대체하는 것은 말이 부재를 '형상화하고' 그것을 뛰어넘는, 본질적으로 은유적인 활동이다. 내투사는 애도하는 과정으로 이해되지만, 상실의 마술 같은 해결을 의미하는 합체는 우울증의 특징이기도 하다. 내투사가 은유적 의미화의 가능성을 만든다면, 합체는 상실을 근본적 명명 불가능성으로서 보유하고 있기 때문에 반은유적이다. 다시 말해 합체는 상실을 명명하거나 선언하지 못할 뿐 아니라, 은유적 의미화의 조건 자체를 침식시킨다.

라캉의 관점에서 그랬듯이, 에이브러햄과 토록에게도 어머니의 몸의 거부는 상징계에서 의미화가 이루어지는 조건이다. 더 나아가 이들은 발화가 필연적으로 은유가 되는 곳에서, 이런 일차적 억압이 개체화 및 중요한 발화의 가능성을 만든다고 주장하는데, 그 지시 대상, 즉 욕망의 대상이 영원히 자리를 바꾸는 대체라는 의미에서다. 사실 사랑의 대상으로서의 어머니의 몸을 상실하는 것은 말의 근원이 되는 텅 빈 공간을 확립하는 것으로 이해된다. 그러나 이러한 상실의 거부, 즉 우울증은 결국 말로 대체되지 못한다. 실제로 어머니의 몸의 자리는 몸안에 확립되고, 그들의 용어로 말하자면 '암호화'되며, 죽었거나 죽어가는 신체 일부, 아니면 각종 환영에 들려 있거나 환영이 들어 있는 신체 일부로 영원히 그곳에 주어진다.

젠더 정체성을 우울증의 구조로 볼 때 동일시가 이루어지는 방법으로 '합체'를 택하는 것은 일리가 있다. 실제로 앞서 말한 도식에 따르면, 젠더 정체성은 상실을 몸안에 암호화하고 사실상 산 몸과 죽은 몸을 결정하는 상실의 거부를 통해 확립될 것이다. 반은유적 활동으로서 합체는 몸 위의 혹은 몸안의 상실을 말 그대로 의미화해서 몸의 사실성으로, 즉 몸이 말 그대로의 사실로서 '성별'을 갖게 되는 수단으로 보인다. 주어진 '성감'대의 쾌락과 욕망을 금지 및/또는 국한하는 행위야말로 몸의 표면에 산포된 젠더 차별화의 우울증이다. 쾌락적 대상의 상실은 바로 그 쾌락과의 합체를 통해 해결되며, 그 결과 쾌락은 젠더 차별화의 법이 만든 강제적 효과를 통해 결정되고 금지된다.

물론 근친애 금기가 동성애 금기보다 포괄적이긴 하지만, 이성애 정체성이 확립되는 이성애적 근친애 금기의 경우, 상실은 슬픔으로 전달된다. 하지만 이성애적 정체성이 확립되는 동성애적 근친애 금기의 경우, 상실은 우울증의 구조를 통해 유지된다. 프로이트의 주장에 따르면 이성애적 대상의 상실은 이성애의 대상만 바꿀 뿐 이성애적 목적을 바꾸지는 않는다. 다른 한편 동성애적 대상의 상실은 그 목적과 대상을 둘 다 상실할 것을 요구한다. 다시 말해 대상만 상실되는 것이 아니라 욕망도 완전히 부정된다. 예컨대 "난 그 사람을 잃은 적도, 사랑한 적도 없으며 사실 그런 종류의 사랑조차 전혀 느껴본 적이 없다"는 것처럼 말이다. 이 사랑의 우울증적 보존은 부정이라는 총체화 궤도를 통해 더 안전하게 보호된다.

프로이트의 글에서 우울증의 구조와 발달된 여성성의 구조가 매우 유사하다는 이리가레의 주장은, 완전히 발달된 여성성의 특징인 억압의 '이중 파동'을 구성하는 목적과 대상 모두의 거부를 말한다. 이리가레가 보기에 어린 딸이 "극단적으로 모든 재현을 피하는 '상실'"[3]을 시작하게 만드는 것은 거세의 인식이다. 따라서 우울증은 여성에게 정신분석학적 규범이고, 이 규범은 음경을 갖고 싶다는 겉으로 나타난 욕망에 기댄 규범이며, 이런 욕망은 편리하게도 더이상 느낄 수도 알 수도 없다.

이리가레의 해석은 조롱 섞인 인용으로 가득하며, 프로이트의 여러 저작에 분명하게 퍼져 있는 섹슈얼리티 및 여성성과 관련된 발달론적인 주장을 드러낸다는 점에서 옳다. 이리가레가 보여주듯, 프로이트가 말한 목적을 뛰어넘고 뒤집고 대체하는 그 이론에 대해서는 여러 해석이 가능하다. 동성애적 카섹시스, 욕망, 목적을 모두 거부하는 것, 사회적 금기에 의해 강제되고 발달 단계를 통해 전유된 거부는 결국, 사실상 지속적 부정을 통해 만들어진 몸의 공간 또는 '밀실'에 그 목적과 대상을 가둬두는 우울증의 구조가 된다. 만일 이성애자들이 동성애를 부정한 결과가 우울증이고, 우울증은 합체를 통해 작동된다면, 거부된 동성애적 사랑은 반대편에서 규정된 젠더 정체성을 발전시킴으로써 보존된다. 다시 말해 거부된 남성 동성애는 결국 고조되거나 강화된 남성성이 되고, 이 남성성은 여성성을 생각할 수도, 이름을 붙일 수도 없는 것으로 유지한다. 그러나 이성애적 욕망의 인식은 원래 대상에서 이차 대상으로 전치되고, 프로이트가 정상적 슬픔의 특징이라고 주장

---

3) Luce Irigaray, *Speculum of the Other Woman*, p. 68.

한 리비도의 분리와 재결합으로 이어진다.

분명, 이성애 욕망을 생각조차 할 수 없는 동성애자는 합체라는 우울증 구조를 통해서, 즉 인정도 애도도 할 수 없는 사랑의 동일시와 체현을 통해서 그런 이성애를 유지할 것이다. 그러나 여기서 이성애자가 일차적 동성애 애착의 인정을 거부하는 것은, 동성애에 대한 금지에 의해 문화적으로 강제된 것이고 이는 우울증적 동성애자의 경우와 전혀 다르다. 다시 말해 이성애적 우울증은 문화적으로 만들어졌고, 반대편 욕망을 통해 연결된 안정적인 젠더 정체성을 희생해야 유지된다.

그러나 표층과 심층의 어떤 언어가 우울증의 이런 합체 효과를 합당하게 표현하는가? 이 질문에 대한 예비적 대답은 정신분석학 담론 안에서 구할 수 있겠지만, 마지막 장에서 젠더를 그 내적 고정성이라는 외양을 수행적으로 구성해내는 연출로 생각해볼 때 이를 더 완전하게 이해할 수 있을 것이다. 하지만 이 지점에서 합체가 환상이라는 주장은, 동일시의 합체가 문자 그대로 의미화한다는 환상fantasy of literalization이거나 환상을 문자 그대로 의미화하는 것literalizing fantasy이라는 말이다.[4] 바로 그 우울증의 구조 덕분에 몸을 이렇게 문자 그대로 의미화하는 것은 몸의 계보학을 감추고 몸을 '자연스러운 사실' 범주 안에 있는 것으로 제시한다.

환상을 문자 그대로 의미화한다는 주장은 무슨 의미인가? 젠더 차

---

4) Roy Schafer, *A New Language for Psycho-Analysis*, p. 177. 이 책과 이전 책 『내면화의 양상들Aspects of Internalization』에서 샤퍼는 내면화된 공간에 대한 비유가 환상적 구성물일 뿐 실제 과정이 아니라고 분명히 밝힌다. 이는 흥미롭게도 니콜라스 에이브러햄과 마리아 토록이 주장한, "합체는 자아를 안심시키는 환상일 뿐이다"라는 논지와도 분명 일치한다("Introjection-Incorporation", p. 5).

별화가 근친애 금기와 그에 앞선 동성애 금기를 따른다면, 어떤 젠더가 '된다becoming'는 것은 자연스럽게 된다는 노력이 필요한 과정이고, 그것은 젠더화된 의미에 기초해 몸의 쾌락과 신체 각부를 차별화할 것을 요구한다. 쾌락은 음경, 질, 젖가슴에 있거나 거기서 나온다고 말해진다. 하지만 이런 설명은 이미 젠더 특정적으로 구성되거나 자연화된 몸에 맞추어져 있다. 다시 말해 신체의 어떤 부분은 젠더 특정적인 몸의 규범적 이상에 맞추어져 있기 때문에 쾌락을 상상할 수 있는 중심 요건이 된다. 쾌락은 어떤 의미에서 우울증적인 젠더 구조에 따라 결정되며, 그로 인해 어떤 기관은 쾌락에 무감해지고 또다른 기관은 쾌락에 민감해진다. 어떤 쾌락이 살고 어떤 쾌락이 죽을지는, 때로 무엇이 젠더 규범의 기반 안에서 발생하는 정체성 형성에서 합법적인 실천을 하는지의 문제가 된다.[5]

트랜스섹슈얼transsexuals은 성적 쾌락과 신체 각부 사이에 근본적인 불연속성이 있다고 종종 주장한다. 때때로 쾌락의 관점에서 욕망하는 것이 되려면, 그것이 음경이건 각종 구멍이건, 실제로 가진 게 아닐 수도 있고 그와 유사하게 쾌락이 과장하거나 축소시킨 신체 부위로 상상

---

5) 분명 이것은 모니크 비티그의 『레즈비언의 몸The Lesbian Body』(trans. Peter Owen, New York, Avon, 1976)의 이론적 토대이다. 이 책은 이성애화된 여성의 몸은 성적 무반응으로 간주되고 구획화된다고 주장한다. 레즈비언의 사랑의 행위를 통한 그 몸의 해체와 기억의 과정은 '역전'을 실행한다. 이 '역전'은 이른바 통합된 몸이 완전히 분해되어 탈성애화되고, 몸의 표면 전체에서 성적 쾌락이 가능한 것으로서 '문자 그대로' 해체된 몸이라는 것을 드러낸다. 의미심장하게도 이러한 몸에서 안정된 표면이란 없는데, 강제적 이성애라는 정치적 원칙이 전체이고, 완전하며, 해부학적으로 분명한 몸으로 간주되는 것을 결정한다고 이해되기 때문이다. (동시에 반서술이기도 한) 비티그의 서술은 신체적 완전성이라는 문화적으로 구성된 개념을 문제삼는다.

하게 만든 것일 수도 있는, 신체 여러 부위에 상상적으로 개입해야 한다는 의미다. 물론 욕망의 상상적 위상은 트랜스섹슈얼의 정체성에 국한되지는 않는다. 욕망의 환상적 본성은 욕망의 토대나 원인으로서가 아니라 그 욕망의 사건 또는 대상으로서 몸을 드러낸다. 욕망의 전략은 욕망하는 몸 자체를 부분적으로 변형시키는 것이다. 사실상 조금이라도 욕망하기 위해서는 변형된 몸의 자아[6]를 믿어야 하는데, 이런 자아는 상상된 것에 관한 젠더화된 법칙 안에서 욕망할 수 있는 몸의 요건을 맞출 것이다. 이렇게 상상된 욕망의 조건은 그 몸을 통해서 또 그 몸 위에서 작용하는 실제의 몸을 언제나 넘어선다.

언제나 이미 문화적 기호인 몸은 그것이 야기하는 상상적 의미에 한계를 설정하지만 결코 상상적 구성을 벗어나지 못한다. 환상으로 만든 몸은 실재인 몸과 관련해서는 결코 이해할 수 없다. 그것은 문화적으로 제도화된 다른 환상과의 관계 속에서만, 즉 '말 그대로의' 장소와 '실재'의 장소를 요구하는 환상과의 관계 속에서만 이해될 뿐이다. '실재'에 주어지는 한계는 신체적 사실이 그 신체성의 거침없는 효과를

---

6) 투사된 것으로서의 몸의 표면에 대한 개념은 부분적으로 프로이트 자신의 '몸의 자아' 개념으로 언급된다. "자아는 우선 무엇보다도 몸의 자아이다"(*The Ego and the Id*, p. 16)라는 프로이트의 주장은 자아 발달을 결정하는 몸의 개념이 있다는 것을 시사한다. 프로이트는 위의 문장에 이어서 "(몸은) 단순한 표면의 개체가 아니라, 그 자체가 표면의 투사물이다"라고 말한다. 프로이트의 관점에 대한 흥미로운 논의는 다음을 참고하라. Richard Wollheim, "The bodily ego", *Philosophical Essays on Freud*, eds., Richard Wollheim and James Hopkins, Cambridge, Cambridge University Press, 1982. 불행히도 이 설명에서 성별화된 몸에서의 의미를 고려하지는 않았지만 '피부 자아'에 대한 도발적 설명은 다음을 참고하라. Didier Anzieu, *Le moipeau*, Paris, Bordas, 1985. 이 책의 영문판은 다음과 같다. *The Skin Ego: A Psychoanalytic Theory of the Self*, trans. Chris Turner, New Haven, Yale University Press, 1989.

반영하는 원인이자 욕망으로 작용하는, 자연화된 몸의 이성애화 안에서 만들어진다.

　욕망과 실재의 융합, 즉 쾌락과 욕망을 야기하는 것이 신체 일부인 '말 그대로의' 음경과 '말 그대로의' 질이라는 믿음은 바로 우울증적 이성애자가 가진 증상의 특징인, 문자 그대로 의미화한다는 환상이다. 우울증적 이성애의 기저에 있는 부인된 동성애는 성별의 자명한 해부학적 사실성으로 다시 나타나는데, 여기서 '성별'은 흐릿한 해부학적 통일성, '자연스러운 정체성', '자연스러운 욕망'을 말한다. 상실은 부인되고 합체되며, 그 변형의 계보학은 완전히 잊히고 억압된다. 따라서 몸의 성별화된 표면은, 자연(화된) 정체성과 욕망의 필연적 기호로 등장한다. 동성애의 상실은 거부되고, 그 사랑은 겉으로 드러난 성별의 해부학적 사실성 속에 문자 그대로 의미화된 신체 각부에 보존되거나 암호화된다. 여기서 우리는 문자 그대로 의미화하는 것의 일반 전략을 망각의 형식으로 보는데, 이런 망각의 형식은 문자 그대로 의미화하는 성별 해부학의 경우, 상상할 수 있는 것을 '잊고', 그와 함께 상상 가능한 동성애를 '잊는다'. 우울증적 이성애 남성은, 다른 남성을 사랑한 적이 없어서 남성이고, 그래서 그것을 입증할 경험적 사실에 의지할 수 있다. 그러나 해부학을 문자 그대로 의미화하는 것은 아무것도 입증하지 못할뿐더러, 남성적 정체성의 기호 중 최고의 위치에 있는 기관에 대해서 문자 그대로 쾌락을 제한한다. 아버지에 대한 사랑은 음경에 저장되고, 불굴의 부인denial을 통해 보호되며, 이제 그 음경에 중심을 둔 욕망은 그런 계속된 부인을 자신의 구조이자 사명으로까지 여긴다. 사실상 욕망의 대상으로서의 여성은, 남성이 동성애적 욕망을 느껴본 적도 없고 욕망의 상실로 인한 슬픔 또한 느껴본 적이 없다는 기호임이 분명하다. 사실상 기호로서의 여성은 이음새 없이 매끈한 이성애를 신성하게 만들기 위해 이성애 이전의 역사를 바꾸고 은폐해야 한다.

5. 금기를 권력으로 변형하기

　토대주의에 대한 푸코의 계보학적 비판은 레비스트로스, 프로이트, 그리고 이성애적 기반에 대해 이런 해석을 이끌어내게 했다. 그런데 정신분석학의 사법적 법, 즉 억압이 자신이 통제하려는 젠더를 어떻게 생산하고 증식시키는지에 관해서는 더 정확히 이해할 필요가 있다. 페미니즘 이론가들은 성차에 대한 정신분석학적 설명에 일부 매료되기도 했는데, 정신분석학적 설명에서 오이디푸스나 오이디푸스 이전의 역학이 젠더의 일차적 구성을 찾아낼 방법을 제시하는 것으로 보이기 때문이다. 위계적이고 이분법적으로 젠더화된 위치를 금지하고 또 인가하는 근친애 금기가, 몇몇 문화적 젠더 배치를 우연히 만들어낸 생산적 권력으로 새롭게 인식될 수 있을까? 근친애 금기는 푸코가 주장한 억압가설 비판의 대상이 되는가? 그런 비판의 페미니즘식 전개는 어떤 모습일까? 이런 비판은 이성애적 기반이 강제한 성별/젠더의 이분법적 규제에 혼란을 주려는 기획을 가동시킬까? 레비스트로스, 라캉, 프로이트에 대한 페미니즘적 해석 중 가장 영향력 있는 것은 1975년에 발표된 게일 루빈의 논문 「여성 거래—성의 '정치 경제'에 관한 노트」[1]다. 여기에 푸코가 등장하는 것은 아니지만 루빈은 이 글에서 사실상 푸코식 비평의 무대를 마련한다. 후에 루빈이 급진적 성이론에 관한 자신의 책을 쓰는 데 푸코를 활용한 것은,[2] 이 영향력 있는 논문이 푸코의 틀에서 어떻게 다시 쓰일 것인지의 문제를 소급적으로 제기한다.

금지의 법이 문화적으로 생산적일 수 있다는 가능성을 주장하는 푸코의 분석은 프로이트가 『문명 속의 불만Civilization and its Discontents』에서 표명하고 마르쿠제가 『에로스와 문명Eros and Civilization』에서 재해석한 욕망의 승화sublimation에 대한 기존 이론 안에 자리잡고 있다. 프로이트와 마르쿠제는 문화적 가공물과 제도들이 승화된 에로스의 효과라고 주장하면서, 승화의 생산적 효과를 규명한다. 프로이트가 성욕의 승화는 전반적인 '불만'을 낳는다고 본 반면, 마르쿠제는 플라톤식으로 에로스를 로고스의 지배하에 두고 인간 정신 중 가장 만족스러운 표현이 승화의 행위라고 보았다. 그러나 푸코는 이런 승화 이론에서 근본적으로 벗어나 원래의 욕망을 가정하지 않는 생산적인 법을 주장한다. 그리고 이 법의 작용은, 법이 권력관계에 들어와 있음을 사실상 감추는 법의 계보학에 대해 서사적 설명을 구축함으로써 정당화되

<hr />

1) 2장의 1절 각주 1을 참고. 이후 이 글의 인용은 본문에 쪽수만 표기한다.

2) Gayle Rubin, "Thinking Sex: Notes for a Radical Theory of the Politics of Sexuality", *Pleasure and Danger*, pp. 267~319을 참고. 시몬 드 보부아르의 『제2의 성』에 관해 열린 1979년 학회에서 권력과 섹슈얼리티에 관한 루빈의 발제는, 내 생각에 레즈비언 섹슈얼리티의 구성적 위상에 관한 중요한 전환점을 가져왔다.

고 강화된다. 그러므로 근친애 금기가 일차적 성향을 억압하지는 않지만, 합법적 이성애와 불법적 동성애의 구분을 설명하고 재생산하기 위해 사실상 '일차적' 성향과 '이차적' 성향의 구분을 만든다. 근친애 금기가 그 효과 면에서 주로 생산적인 것이라고 본다면, '주체'의 토대가 되고 그 욕망의 법으로 존속하는 근친애 금기는 정체성, 특히 젠더 정체성이 구성되는 수단이 된다.

루빈은 근친애 금기가 금지이기도 하지만 동시에 인가라는 점을 강조하면서 이렇게 쓰고 있다.

> 근친애 금기는 성관계와 생식이라는 생물학적 사건에 족외혼과 연맹이라는 사회적 목표를 부과한다. 근친애 금기는 성적 선택의 세계를 허용된 성 파트너와 금지된 성 파트너의 범주로 분리한다.(p. 173)

모든 문화가 스스로를 재생산하려 하고 친족집단의 특정한 사회적 정체성을 보존해야 하기 때문에, 족외혼이 제도화되고 족외혼의 전제조건으로서 족외혼적 이성애도 제도화된다. 따라서 근친애 금기는 같은 친족 계보 구성원 사이의 성적인 결합만 금지하는 것이 아니라 동성애에 대한 금기도 포함한다. 루빈은 이렇게 설명한다.

> 근친애 금기는 동성애에 대해 더 앞서 있고 더 모호한 금기를 전제한다. **몇몇** 이성애적 결합에 대한 금기는 **비**이성애적 결합에 대한 금기를 가정한다. 젠더는 한 성별과의 동일시뿐만 아니라 이성을 향

한 성적 욕망도 수반한다. 노동의 성별 분업은 젠더의 두 양상과 모두 관련되고, 그것이 그들을 남성과 여성으로 만들고 이성애적으로 만든다.(p. 180)

루빈은 특히 라캉식으로 구현incarnation된 정신분석학이 레비스트로스의 친족관계에 대한 설명을 보완한다고 이해한다. 특히 루빈은 '성별/젠더 체계', 즉 생물학적 남녀를 별개의 위계화된 젠더로 바꾸는 규제된 문화적 기제가 문화제도(가족, '여성 교환'이 잔존하는 형태, 강제적 이성애 등)의 명령을 받아 움직이고, 또한 개인의 심리 발달을 구성하고 가속화하는 법을 통해 주입된다고 생각한다. 그래서 오이디푸스 콤플렉스는 근친애에 대한 문화적 금기를 예시하고 실행하며, 그 결과 별개의 젠더 정체성을, 그리고 그에 따른 이성애적 성향을 생산한다. 이 논문에서 루빈은 더 나아가 생물학적 남녀가 젠더화된 남녀로 바뀌기 전에 "아동 각각은 인간적 표현이 가능한 모든 성적 가능성을 안고 있다"(p. 189)고 주장한다.

'법 이전의' 섹슈얼리티를 일차적 양성애나 어떤 이상, 규제되지 않은 다형성으로 놓고 그렇게 그리려는 노력은 법이 섹슈얼리티에 선행한다고 암시한다. 원래의 충만함에 대한 규제로서의 법은 처벌 이전의 몇몇 섹슈얼리티의 가능성과 다른 가능성들의 인가를 금지한다. 그러나 푸코의 억압가설 비판을 근친애 금기에, 즉 그 전형적인 억압의 법에 적용해본다면 법은 인가된 이성애와 위반적 동성애를 둘 다 생산하는 것처럼 보일 것이다. 사실 둘 다 시간적으로나 존재론적으로나 법에 후행하는 효과이며, 법보다 앞선 섹슈얼리티라는 환상 자체가 법의 창조물이다.

루빈의 논문은 성별과 젠더 구분에 전념하는데, 이 구분은 법의 이름으로 행해졌고 이후에 '젠더'로 변한 '성별'의 각기 다르고 선험적인 존재론적 현실을 전제한다. 이러한 젠더 획득의 서사에는 서술자가 법 이전과 이후가 무엇인지 다 '아는' 위치에 있다고 전제하는 특정한 시간적 질서가 필요하다. 그러나 엄밀히 말해 이 서술은 법 이후에 오는 언어, 즉 법의 결과물인 언어 안에서 일어나며, 뒤늦은 소급적 관점에서 진행된다. 이런 언어가 법에 의해서 그 구조가 정해지고 법이 정말로 언어 속에서 예시되고 실연된다면, 그 서술과 서사는 자기 외부에 (즉 법에 앞서) 무엇이 있는지 알 수 없을 뿐만 아니라 그 '이전'에 대한 언어의 서술은 언제나 '이후'가 작동되는 가운데 있는 것이다. 다시 말해 젠더 획득의 서사는 정의상 (그 언어성 때문에) 배제되어 있는 '이전'에 접근했다고 주장할 뿐만 아니라, '이전'에 대한 서술이 '이후'의 관점에서 일어나기도 하므로, 법 자체가 법이 부재하는 장으로 들어와 희석된다.

루빈은 오이디푸스 이전 단계의 아이에게 무한한 성적 가능성의 세계가 존재한다고 주장하지만 일차적 양성애에는 동의하지 않는다. 사실 양성성은 양쪽 성별의 부모가 현재 자녀 양육에 몰두하고 있고, 여성성에 대한 거부가 더이상 남녀 모두에게 젠더 정체성의 전제조건으로 작용하지 않는 자녀양육 실천의 결과이다.(p. 199) 루빈은 '친족의 혁명'을 촉구할 때 여성 교환의 종말을 상상하는데, 당대의 이성애 제도화에서도, 또 이성애적 관점에서 섹슈얼리티와 젠더 정체성을 인가하고 구성하는 심리 규범(심리의 제도화)의 잔존물에서도 그런 뚜렷한 흔적을 상상한다. 이성애의 강제적 성격이 느슨해지고, 행동과 정체성의 양성애적이고 동성애적인 문화 가능성이 동시에 등장하면서 루빈은 젠더 자체의 전복을 상상한다.(p. 204) 젠더가 생물학적 다성애polysexuality를 문화적 의무인 이성애로 바꿔버린 문화적 변형물인 만큼, 또한 이성애가 목적을 달성하기 위해 개별적이고 위계적인 젠더 정체성을 펼치는 만큼, 이성애의 강제성 붕괴는 루빈에게 젠더 그 자체의 필연적 붕괴를 의미한다. 젠더가 완전히 박멸될 수 있는지, 그리고 어떤 의미에서 젠더의 '붕괴'가 문화적으로 상상될 수 있는지는 루빈의 분석에서 흥미롭지만 불분명한 암시로 남아 있다.

루빈의 주장은 법이 사실상 전복될 가능성에 의지하며, 또한 서로 다르게 성별화된 몸에 대한 문화적 해석이 젠더 불평등을 언급하지 않고도 이상적으로 나아갈 가능성에 의지한다. 이 강제적 이성애 체계는 변할 수 있고 실제로도 변했으며, 여성의 교환이 어떤 다른 형태로 남아 있건 간에 항상 이성애적인 교환으로 정해둘 필요가 없다는 사실만큼은 분명해 보인다. 그런 의미에서 루빈은 레비스트로스의 악명 높은 비통시적nondiachronic 구조주의의 여성 혐오적 암시를 인정한다. 그런데 무엇 때문에 루빈은 젠더가 단지 강제적 이성애의 작용이며, 그 강제적 위상이 없다면 몸의 영역도 더이상 젠더의 관점으로 표시되지 않을 거라는 결론을 내리게 된 것일까? 분명 루빈은 대안적인 성의 세계를 이미 상상했고, 그 세계는 유아 발달기의 유토피아 단계, 즉 법의 죽음이나 법의 해산 '이후'에 다시 등장하리라 약속된 법 '이전'에 속한다. 그런 '이전'을 알고 있거나 지칭할 가능성을 놓고 푸코와 데리다가 비판한 것을 우리가 수용한다면, 우리는 젠더 획득에 관한 서사를 어떻게 수정할 것인가? 근친애 금기에 앞서는 이상적 섹슈얼리티를 가정하지 않는다면, 또한 그 금기의 문화적 영속에 관한 구조주의적 전제를 수용하지 않는다면, 섹슈얼리티와 법의 어떤 관계가 젠더를 설명하기 위해 남을 것인가? 당대의 젠더관계와 젠더 정체성의 처벌적 생산이 억압적이라는 것을 주장하기 위해서 우리는 법 이전의 더 행복한 상태에 의지해야 하는가?

『성의 역사』 제1권에서 푸코는 억압가설을 비판하면서 이렇게 주장한다. (a) 구조주의적 '법'은 권력의 형성으로, 즉 특정한 역사적 배치로 이해할 수 있고, (b) 법은 그것이 억압한다고 말하는 욕망을 생산하거나 생성한다고 이해할 수 있다. 억압의 대상은 표면적인 대상으로 보이는 욕망이 아니라 권력의 다원적 배치, 즉 사법적이고 억압적인 법의 외양에 나타난 보편성과 필연성을 바꿀 바로 그 권력의 다원성 multiplicity이다. 다시 말해 욕망과 그 욕망의 억압은 사법 구조를 강화하는 원인이 된다. 욕망은 사법적 모델이 그 권력을 행사하고 강화하는 의례적 상징적 제스처로 만들어지기도 하고 금지되기도 한다.

근친애 금기는 강제적 동일시 기제를 통해 근친애 욕망을 금지하기도 하고 특정하게 젠더화된 주체성을 구성하기도 하는 사법적 법이다. 그러나 무엇이 이 법의 보편성이나 필연성을 보장하는가? 분명 근친애 금기의 보편성을 인정하거나 그것에 반박하려는 인류학의 논쟁이 있었고,[3] 보편성에 대한 주장이 사회적 과정의 의미에 관해서 무엇

---

3) 근친애에 대한 결정론적 설명으로는 다음을 참고(아니, 참고하지 말 것). Joseph Shepher, ed., *Incest: A Biosocial View*, London, Academic Press, 1985.

을 시사하는지에 대한 이차적 논쟁도 있었다.[4] 법이 보편적이라는 주장은 법이 다른 문화에서도 똑같이 작동한다는 주장이 아니며, 법이 일방적으로 사회적 삶을 결정한다는 의미도 아니다. 사실 보편성이 법 때문에 있다는 생각은, 단지 법이 사회적 관계가 발생하는 지배적 틀로서 작동한다는 뜻일 수 있다. 사회생활에서 법이 보편적으로 존재한다고 해서, 고려중인 모든 사회 형식의 양상 속에 법이 존재한다고 주장하는 것은 결코 아니다. 최소한으로 말해, 법이 모든 사회 형식 안의 어딘가에서 존재하고 작동한다는 뜻이다.

여기서 내가 하려는 작업은 근친애 금기가 그런 식으로 작동하지 않는 문화권도 있음을 보여주려는 게 아니라, 근친애 금기가 작동하지만 단지 금기의 사법적 위상만 작동시키지 않을 때, 근친애 금기의 생성력을 강조하려는 것이다. 다시 말해 금기는 특정 형식의 섹슈얼리티를 금하거나 명할 뿐 아니라, 자기도 모르게 여러 대체 욕망을 만들고 어떤 면에서는 '대체물'인 경우를 제외하고는 결코 미리 규제되지 않은 여러 정체성을 만들어낸다. 근친애 금기에 대한 푸코의 비판을 확대해보면, 근친애 금기와 어머니/아버지에 대한 원래의 욕망은 라캉의 도식화된 보편성에 저항하는 방식으로 역사화될 수 있을 것으로 보인다. 근친애 금기는 어머니/아버지에 대한 욕망뿐 아니라 그 욕망의 강제적 대체 또한 발생시키고 유지한다고 생각할 수 있을 것이다. '원래의' 섹슈얼리티라는 개념은 영원히 억압되고 금지되므로, 결국 그런 개념은

---

4) Michele Z. Rosaldo, "The Use and Abuse of Anthropology: Reflections on Feminism and Cross-Cultural Understanding", *Signs: Journal of Women in Culture and Society*, Vol. 5, No. 3, 1980.

법의 금지로 작동하는 법의 생산물이 된다. 어머니가 근본적 욕망이라면, 그리고 그것이 후기자본주의 사회에서 살아가는 광범위한 사람들에게 사실로 여겨진다면, 그것은 그 문화적 맥락의 관점에서 생산되고 또 금지되는 욕망이다. 다시 말해 그런 결합을 금지하는 법은, 법을 불러들이는 똑같은 법이며, 이제 더이상 사법적 근친애 금기의 생산적 기능을 억압적 기능과 분리할 수 없다.

분명히 정신분석학 이론은 언제나 근친애 금기의 생산적 기능을 인정해왔다. 그리고 그것이 이성애적 욕망과 둘로 나뉜 젠더 정체성을 생산한다. 또한 정신분석학은 근친애 금기가 항상 의도한 대로 젠더와 욕망을 생산하는 작용을 하지 않는다는 것도 분명히 밝혔다. 오이디푸스 콤플렉스의 부정적 사례는 근친애 금기가 동성 부모보다 이성 부모에게 분명 더 강하게 나타나는 경우일 뿐이고, 사랑이 금지된 부모는 동일시를 하는 인물이 된다. 하지만 이 사례가 어떻게 사법적이고도 생성적인 근친애 금기의 개념 안에서 새롭게 기술될 수 있을까? 금지된, 또 동일시하는 인물이 된 부모에 대한 욕망을 똑같은 권력 기제가 생산하고 또 부정한다. 그러나 그런 생산과 부정은 어떤 목적을 위해서인가? 근친애 금기가 별개의 젠더 정체성 생산을 규제한다면, 그리고 그 생산에 이성애의 인가와 금지가 필요하다면, 동성애는 계속 억압되기 위해 생산되어야 하는 욕망으로 나타난다. 다시 말해 이성애를 분명한 사회적 형식으로 온전히 유지하려면 인식 가능한 동성애 개념이 필요하고, 그것을 문화적으로 인식 불가능하게 만드는 동성애 개념의 금지도 필요하다. 정신분석학에서 양성애와 동성애는 일차적인 리비도의 성향으로 간주되며, 이성애는 이런 리비도 성향을 점차 억압하는 데 기반한 것으로서 노력이 필요한 구성물이다. 이런 주장이 이성애를 전복할 가능성이 있는 듯 보이지만, 정신분석학적 문헌에서 양성애와 동성애의 담론적 구성은 사실 문화 이전의 위상을 주장하는 것에 반대한다. 앞서 말한 양성애적 성향의 언어에 대한 논의가 바로 그런 경우이다.[5]

상징계 '바깥'에 있고 전복의 장소로 작용한다고 말하는 양성애는 사실 그 구성적 담론의 관점 안에 있는 구성물이고, 그럼에도 완전히 '내부'에 있는 어떤 '외부'를 구성한 것이다. 그것은 문화를 벗어날 가능성이 아니라, 불가능한 것으로 거부되거나 재기술된 구체적인 문화적 가능성이다. 기존의 문화적 형식으로는 '생각할 수 없고' '말할 수 없는' 것이 꼭 그 형식의 인식 가능성의 기반에서 배제된 것일 필요는 없다. 그와 반대로 그것은 배제된 것이 아니라 주변화된 것이고, 두려움을 불러오는 문화적 가능성 또는 최소한으로 말해도 인가를 받지 못할 수 있는 문화적 가능성이다. 실질적인 이성애자로서 사회적 인정을 받지 못한다는 것은 어떤 가능한 사회적 정체성을 잃는 것이고, 어쩌면 근본적으로 인정을 덜 받는 정체성을 획득하는 것이다. 따라서 '생각할 수 없다'는 것은 문화 안에 완전히 있는데도 지배적인 문화에서 완전히 배제된다. 양성애나 동성애를 문화 '이전의' 것으로 전제하고, 그런 성애적 '우선성'을 전前담론적 전복의 원천으로 놓는 이론은, 사실상 양가적으로 옹호도 하고 방어도 하는 바로 그런 전복이 문화의 관

---

5) Sigmund Freud, *Three Essays on the Theory of Sexuality*, trans. James Strachey, New York, Basic Books, 1962, p. 7.

점 내부에서 일어나는 것을 금지한다. 크리스테바의 사례에서도 논의하겠지만, 그래서 전복은 다른 문화적 실천으로 해석될 수 없는 탈현실화된 미학적 양식 안에서만 향유되는 무익한 제스처가 된다.

근친애 금기의 경우, 라캉은 (욕구와 대립되는) 욕망이 근친애 금기의 법을 통해 제도화된다고 주장한다. 상징계의 관점에서 '인식 가능한' 존재가 되려면 욕망의 제도화와 욕망의 좌절이 둘 다 필요하다. 원래 쾌락의 억압에 따른 필연적 결과도 필요하고 어머니의 몸을 연상시키는 욕구도 필요하다. 욕망에 불쑥불쑥 나타나긴 하지만 결코 획득할 수 없는 이 완전한 쾌락은 법 이전의 쾌락에 대한 회복 불가능한 기억이다. 라캉은 법 이전의 쾌락이 환상으로만 있으며, 욕망의 무한한 환상 속에서 반복해서 출현한다고 밝힌다. 그러나 어떤 의미에서 이런 환상은 그 자체가 문자 그대로의 의미에서 원래 쾌락의 회복을 금지당한 것으로서 문자 그대로의 리비도 상태와 맞거나 맞지 않을 수도 있는 '기원성'의 환상을 구성하는가? 실제로 라캉 이론의 관점에서 이런 질문이 얼마만큼이나 결정력이 있을까? 전치 또는 대체는 기원과의 관계에서 일어나는 것으로 이해될 뿐, 이 경우 기원은 회복될 수 없고 알 수도 없다. 추측에 근거한 기원은 언제나 소급적 위치에서만 추측할 수 있고, 그 위치에서 기원은 어떤 이상an ideal의 특징을 띤다. 이런 쾌락의 '너머'를 신성화하는 일은 본질적으로 변할 수 없는 상징계의 질서를 소환함으로써 제도적으로 굳어진다.[6] 사실 상징계, 욕망, 성

---

6) 피터 듀스는 다음 책에서 라캉이 레비스트로스로부터 상징계를 전유한 뒤 이 개념을 상당히 축소했다고 주장한다. "레비스트로스의 여러 '상징체계'를 단일한 상징질서로 바꾼 라캉의 레비스트로스 수정에는 힘의 관계를 키우거나 감추는 의미체계의 가능성을

차의 제도에 관한 드라마는 문화적 인식 가능성의 관점에서 생각할 수 있는 것과 없는 것을 표시하는 권력을 휘두르면서 스스로를 지탱하는 의미화 경제로 읽어야 한다. 문화 '이전'이 무엇이고, 문화가 있는 '동안'이 무엇인지를 구분하게 만드는 것은 처음부터 여러 문화적 가능성을 애초에 배제하는 방식이다. '외양의 질서'를 설명할 토대인 시간성이 주체에 분열을 가져오고 욕망에 실패를 가져오면서 서사의 일관성에 저항하는 만큼, 이런 시간성은 시간 전개의 층위에서 일관성을 재규정한다. 그 결과 이 서사 전략은 회복할 수 없는 기원과 영원히 자리를 바꾸는 현재 사이의 구분을 따라 맴돌면서, 전복의 이름으로 그 기원을 회복하려는 모든 시도를 반드시 뒤늦은 것으로 만들어버린다.

간과하는 부분이 있다."(Peter Dews, *The Logics of Disintegration: Post-Structuralist Thought and the Claims of Critical Theory*, London, Verso, 1987, p. 105)

3장

전복적 몸짓

1. 쥘리아 크리스테바의 몸의 정치학

언어의 기호학적 차원에 관한 크리스테바의 이론은 처음에는 라캉 이론의 전제가 가진 한계를 드러내고 언어 안에서 아버지의 법을 전복할 특히 여성적인 장소를 마련하려는 목적에서만 라캉의 전제에 개입하는 것으로 보인다.[1] 라캉에 따르면 아버지의 법은 '상징계'로 명명된 모든 언어적 의미화를 구축하고, 따라서 문화의 보편적 조직 원리가 된다. 이 법은 의미 있는 언어의 가능성을 만들고, 그래서 아이가 어머니의 몸에 근본적으로 의존하는 것을 포함해 일차적 리비도의 충동을 억압함으로써 의미 있는 경험도 만든다. 그리하여 상징계는 어머니의 몸과 맺는 일차적 관계를 거부해야 가능해진다. 이런 억압의 결과로 나타난 '주체'는 이 억압적인 법의 전달자나 지지자가 된다. 이러한 초

---

1) 3장의 1절 '쥘리아 크리스테바의 몸의 정치학'은 원래 학술지 『히파티아Hypatia』의 프랑스 페미니즘 철학에 대해 다룬 특집호(Vol. 3, No. 3, Winter 1989, pp. 104~118)에 실렸던 글이다.

기 의존 상태에 특징적으로 나타나는 리비도의 혼돈은 이제 이런 법으로 구축된 언어를 가진 단일한 행위주체에 의해 완전히 규제된다. 그런 다음 결국 이 언어는 (언제나 어머니의 몸에 대한 일차적 관계의 특징인 리비도의 다원성을 일깨우는) 다원적 의미들을 억압하고 그 자리에 일의적이고 개별적인 의미를 부여함으로써 세계를 구축한다.

크리스테바는 문화적 의미에 어머니의 몸에 대한 그 일차적 관계의 억압이 필요하다고 가정하는 라캉의 서사에 도전한다. 크리스테바는 '기호계'가 일차적 어머니의 몸 때문에 생겨난 언어의 차원이라고 주장하는데, 이는 라캉의 일차적 전제를 반박할 뿐만 아니라 상징계 안에서 전복의 영원한 원천으로 작동한다. 크리스테바에게 기호계는 바로 그 문화의 관점에서, 더 정확히는 다원적 의미와 의미론적 비종결이 널리 퍼져 있는 시적 언어 안에서, 원천적 리비도의 다원성을 표현한다. 사실 시적 언어는 언어의 관점에서 어머니의 몸을 회복하는 것이고, 아버지의 법을 파열하고 전복하고 대체할 잠재력이 있다.

크리스테바가 라캉을 비판함에도 불구하고, 크리스테바의 전복 전략은 의심스러운 것으로 판명된다. 크리스테바의 이론은 그가 다른 것으로 대체하려는 아버지의 법의 안정성과 재생산에 기대는 듯 보인다. 크리스테바는 실제로 언어 안에서 아버지의 법을 보편화하려는 라캉의 시도가 보여준 한계를 폭로하지만, 기호계가 변함없이 상징계에 종속되며, 도전받지 않는 위계의 관점에서 특수성을 띤다는 가정을 받아들인다. 기호계가 아버지의 법의 전복, 전치, 파괴의 가능성을 높인다 한들, 상징계가 자신의 헤게모니를 언제나 회복한다면 이런 관점은 어떤 의미를 가질 수 있는가?

앞으로 이어나갈 크리스테바에 대한 비판은, 기호계를 실질적 전복의 원천으로 옹호하는 크리스테바의 주장 가운데 몇 가지 단계에 대해 이의를 제기할 것이다. 첫번째로, 크리스테바와 라캉이 둘 다 수용하는 것으로 보이는 어머니의 몸에 대한 일차적 관계가 실행 가능한 구성물인지, 그리고 그들의 언어 이론으로 알 수 있는 경험인지 불분명하다. 기호계의 특징인 다원적 충동은 가끔씩 언어 안에서 그 모습을 알 수 있지만 언어보다 앞선 존재론적 위상을 유지하는 전前담론적 리비도 경제를 구성한다. 언어 속에서, 특히 시적 언어 속에서 표명되는 이 담론 이전의 리비도 경제는 문화적 전복의 장소가 된다. 두번째 문제는 크리스테바가 이런 전복의 리비도적 원천이 문화의 관점에서는 유지될 수 없고, 문화 안에서 이 전복을 계속하면 정신병 및 문화적 삶의 붕괴로 이어진다고 주장할 때 나타난다. 따라서 크리스테바는 기호계를 해방의 이상으로 상정했다가 부인하기를 반복한다. 크리스테바는 기호계가 정기적으로 억압되는 언어의 한 차원이라고 말하지만, 또한 일관되게 유지될 수 없는 언어의 일종이라는 데에도 동의한다.

일견 자기모순으로 보이는 크리스테바의 이론을 평가하기 위해, 이 리비도의 다원성이 언어 속에 어떻게 나타나는지, 그리고 그 일시적 생명의 조건이 무엇인지를 질문할 필요가 있다. 게다가 크리스테바는 어머니의 몸이 문화보다 앞선 여러 의미를 지닌 것으로 설명한다. 따라서 크리스테바는 부권적 구조로서의 문화 개념을 보호하고, 모성을 본질적으로 문화 이전의 현실로 한정한다. 어머니의 몸에 대한 크리스테바의 자연주의적 설명이 실은 모성을 물화하며, 그 문화적 구성과 변이 가능성에 대한 분석을 미리 배제한다. 우리는 담론 이전의 리비도의 다원성이 가능한지 질문하고, 크리스테바가 담론 이전의 어머니의 몸에서 찾는다고 주장하는 것 자체가 주어진 역사적 담론의 생산물인지, 즉 문화의 은밀하고 일차적인 원인이 아니라 문화의 효과인지에 대해서도 숙고할 것이다.

우리가 크리스테바의 일차적 충동 이론을 받아들인다 해도 이런 충동의 전복적인 효과가 기호계를 경유해 아버지의 법이라는 헤게모니를 일시적으로 공허하게 파열하는 것 이상으로 작용할 수 있을지는 불분명하다. 나는 크리스테바의 정치 전략의 실패가 어떻게 해서 대체로 무비판적인 충동 이론의 전유에서 기인하는지를 보여주려 한다. 더 나아가 언어 속 기호계의 작용에 대한 설명을 잘 살펴보면, 크리스테바가 기호계 층위에서 아버지의 법을 복원하는 것으로 보인다. 결국 크리스테바는 지속적으로 유지되는 정치적 실천이 될 수 없는 전복 전략을 제시하는 듯하다. 3장 마지막 절에서는 더 효과적인 전복 전략이될 충동, 언어, 가부장적 특권의 관계를 재개념화하는 방법을 제시할 것이다.

기호계에 대한 크리스테바의 설명은 문제가 많은 여러 단계를 거치면서 진행된다. 그는 충동이 언어 속에 등장하는 것보다 앞선 목적이 있고, 언어가 반드시 이런 충동을 억압하거나 승화시키며, 이런 충동은 말하자면 상징계 영역 안에서 일의적인 의미화 요구에 불복하는 언어적 표현으로만 표명된다고 전제한다. 더 나아가 다원적 충동이 언어 속으로 등장하는 일이 기호계에서 분명히 나타난다고 주장하는데, 기호계는 상징계와 구분되는 언어적 의미의 영역이며, 어머니의 몸이 시적 발화 속에서 표명되는 영역이다.

크리스테바는 일찍이 『시적 언어의 혁명』(1974)에서 충동의 이질성과 시적 언어의 다성적 가능성 사이의 필연적 인과관계를 주장했다. 라캉과 달리 크리스테바는 시적 언어가 일차적 충동의 억압에 근거를 두지 않는다고 주장한다. 크리스테바의 주장에 따르면, 오히려 시적 언어는 충동이 언어의 일상적이고 일의적인 관점에서 분리되어, 억압할 수 없는 다원적 소리와 의미의 이질성을 드러내는 언어적 사례다. 그에 따라 크리스테바는 시적 언어에 일의적인 지칭 요건을 따르지 않는 자체의 의미 양태가 있다고 주장함으로써, 상징계를 모든 언어적 의미와 등치시키는 라캉의 등식에 반대한다.

같은 책에서 크리스테바는 시적 작용을 통해 언어 속에 자신을 드러내는, 자유롭거나 집중되지 않은 에너지의 개념을 지지한다. 예를 들면 "언어 속의 충동들이 뒤섞이면서 (…) 우리는 시적 언어의 경제를 알게 될 것"이라고 주장하고, 이 경제 안에서 "일의적 주체는 더이상 그의his〔sic〕 자리를 알 수 없다"[2]고 주장한다. 이런 시적 작용은 의미를 파열하거나 증식시키는 거부 또는 분열의 언어 작용이다. 그것은 일의적 의미화의 증폭과 파괴를 통해 충동의 이질성을 구현한다. 따라서 대단히 변별적이고 다성적인 의미 집합을 향한 욕구는 상징계 규칙에 저항하는 충동의 보복으로 나타나고, 그에 따라 상징계의 규칙은 그런 충동을 억압하는 것에 근거한다. 크리스테바는 기호계를 언어 속

---

2) Julia Kristeva, *Revolution in Poetic Language*, trans. Margaret Walker, introduction by Leon Roudiez, New York, Columbia University Press, 1984, p. 132. 이 책의 원서는 *La Revolution du language poetique*(Paris, Editions du Seuil, 1974)이다.

에서 표명되는 충동의 다원성으로 규정한다. 이 충동은 계속되는 에너지와 이질성 때문에 의미화 작용을 파열시킨다. 따라서 이 초기의 저서에서 크리스테바는 기호계를 "일차적 과정(의) 양태와 연결되는 (…) 의미화 작용"[3]으로 정의한다.

『언어 속의 욕망』(1977)에 실린 여러 글에서 크리스테바는 기호계를 정의할 때 더 완전히 정신분석학적 관점에 기댄다. 상징계가 억압하고 기호계가 비스듬히 가리키는 일차적 충동은 이제 어머니의 충동으로 이해되는데, 이 충동이 어머니에게 속하기도 하지만, 유아의 몸도 (양성 모두) 어머니에게 의존한다는 특징이 있다. 다시 말해 '어머니의 몸'은 욕망의 개별 주체 또는 개별 대상이라기보다는 연속성이 있는 관계를 말한다. 사실상 그것은 욕망보다, 또 욕망이 전제하는 주체/대상의 이분법보다 앞서 있는 주이상스를 지칭한다. 상징계가 어머니의 거부에 입각해 있다면, 기호계는 리듬, 유운(인접한 단어 간 음의 유사성에서 비롯된 운율적 효과―옮긴이), 억양, 사운드 플레이, 반복 등을 통해 시적 발화 속에서 어머니의 몸을 재-현re-presentation하거나 회복해서 살려낸다. '유아의 최초 옹알이echolalias'와 '정신병 담론의 언어들glossalalias'까지도 어머니-유아 관계의 연속성의 표명이며, 근친애 금기의 부과로 인해 똑같이 발생하는 유아와 어머니의 분리/개체화에 앞서는 충동의 이질적인 장이다.[4] 금기로 인한 어머니와 유아의 분리는

---

3) 같은 책, 25쪽.
4) Julia Kristeva, *Desire in Language: A Semiotic Approach to Literature and Art*, p. 135. 이 책은 원래 다음 두 책에 수록된 글들을 모아서 엮은 논문 선집이다. *Polylogue*, Paris, Editions du Seuil, 1977; *Σημειωτιχη: Recherches pour une sémanalyse*, Paris, Edition du Seuil, 1969.

언어적으로 의미에서 소리를 분리하는 것으로 표현된다. 크리스테바의 말에 따르면 "음소phoneme는 의미의 독특한 요소로서 상징계 언어에 속한다. 그러나 이 똑같은 음소는 리듬과 억양의 반복에도 관여한다. 그에 따라 본능적 충동의 몸 근처에 있는 기호계적 성향 속에 유지되도록 의미에서 자율성으로 향하는 경향이 있다".[5]

크리스테바가 설명하는 기호계는 상징계를 파괴하거나 침식시킨다. 그것은 아이가 목소리를 내기 시작할 때처럼 의미의 '이전'에 있다고 말해지거나, 정신병자가 더이상 의미 있는 말을 못할 때처럼 의미의 '이후'에 있다고 말해진다. 상징계와 기호계가 언어의 두 양태로 이해되고, 또 기호계가 보통은 상징계의 억압을 받는다고 생각하면, 크리스테바에게 언어란 불분명하게 의미화된 이미지와 은유를 통한 생략, 반복, 단순 음향, 의미의 증폭으로 인해서 기호계가 의미화 과정을 파열시킬 때를 제외하고는 상징계가 지배하고 있는 체계라고 이해된다. 상징계의 양식으로 있을 때 언어는 어머니에 대한 의존적 관계를 단절하는 데 달려 있고, 그 때문에 언어는 (언어의 물질성에서 추상화된) 추상적인 것, 일의적인 것이 된다. 이것은 정량적 추론이나 순전히 형식적 추론에서 가장 분명하게 나타난다. 기호계 양식으로 있을 때의 언어는 어머니의 몸의 시적 회복에 관여하고, 모든 불연속적이고 일의적인 의미화에 저항하는 물질성을 산포한다. 크리스테바는 이렇게 설명한다.

---

5) 같은 책, 135쪽.

모든 시적 언어에서, 예를 들어 리듬의 제약이 자국어의 특정한 문법 규칙을 위반할 정도로 나타나는 것만이 아니다. (…) 최근 책에서는 (상징계의 작용을 하는 리듬, 목소리의 음색, 게다가 책 속의 한 면에 나타난 시각적 배치 등) 이런 기호계의 제약이 복원할 수 없는 구문의 생략에 수반되기까지 한다. 이렇게 특정하게 생략된 구문론 범주(목적어 또는 동사)를 재구성하기란 불가능한데, 이 범주가 발화의 의미를 결정할 수 있게 한다.[6]

크리스테바에게는 이러한 결정 불가능성이 바로 언어 속 본능의 순간이자 언어의 파열적 기능이다. 따라서 시적 언어는 일관된 주체, 의미화되는 주체를 어머니의 몸이라는 일차적 연속체 안으로 해체시킨다고 주장한다.

상징 작용으로서의 언어는 본능적 충동 및 어머니와의 연속적 관계를 억압해야만 구성된다. 이와 반대로 시적 언어의 (말이 유일한 기호가 아닌) 불안정하고 모호한 주체는 이런 억압되고 본능적이고 모성적인 요소를 다시 활성화시켜야 그 자체를 유지할 수 있다.[7]

주체란 상징계에 참여하는 말하는 존재speaking being인데, 여기서는 시적 언어가 주체를 침식시키고 파괴하므로 크리스테바가 시적 언어

---

6) 같은 책, 134쪽.

7) 같은 책, 136쪽.

의 '주체'를 말한 것이 전적으로 타당한 것은 아니다. 라캉을 따라 크리스테바도 어머니와의 근친애적인 결합을 금지하는 것이 주체의 토대가 되는 법이고, 어머니에 대한 의존이라는 지속적 관계를 단절하거나 파괴하는 근거라고 주장한다. 금지하는 법은 주체를 만들면서 상징계 영역이나 언어의 영역을 한 가지로만 의미화되는 기호의 체계로 만든다. 따라서 크리스테바는 "시적 언어는 이 모호한 과정 중의 주체subject-in-process에게 근친애와 같은 것이 될 것이다"라는 결론을 내린다.[8] 자신의 토대가 되는 법에 저항해서 상징계의 언어를 파괴하거나, 혹은 그와 똑같이 내부 본능성 안에서부터 언어로 파열이 나타나는 것은 단지 리비도의 이질성이 언어로 폭발한 것이 아니다. 그것은 또한 자아의 개체화보다 앞서 있는 어머니의 몸에 의존하는 몸의 상태를 의미하기도 한다. 따라서 시적 언어는 항상 모성적 영역으로 되돌아가는 것을 가리키는데, 여기서 모성은 리비도적 의존성과 충동의 이질성 둘 다를 의미한다.

「벨리니의 모성」에서는 어머니의 몸이 일관되고 개별적인 정체성의 상실을 의미하므로, 시적 언어는 거의 정신병에 가깝다고 크리스테바는 주장한다. 그리고 언어에 나타난 여성의 기호계적 표현의 경우 모성으로의 귀환은 크리스테바가 분명히 정신병과 연관시키는, 담론 이전의 동성애를 의미한다. 크리스테바는 시적 언어가 상징계에 참여함으로써, 그래서 언어적 소통의 규범에 참여함으로써 문화적으로 유지된다는 데 동의하지만, 동성애도 똑같은 비정신병적 사회적 표현이 될

---

8) 같은 책.

수 있다고는 인정하지 못한다. 내가 생각하기에 크리스테바가 동성애의 정신병적 본성에 관해 논의할 때의 핵심은, 이성애가 상징계의 수립과 동일한 시공간에 있다는 구조주의적 가정을 그가 수용한다는 데있다. 따라서 크리스테바에 따르면 동성애적 욕망의 카섹시스는 시적언어나 출산 행위처럼, 상징계 안에서 허가된 전치를 통해서만 이루어질 수 있다.

> 출산을 통해 여성은 어머니와 연결된다. 여성은 자신의 어머니가되기도 하고, 또 자신의 어머니이기도 하다. 그들은 스스로를 구분하는 똑같은 연속체다. 따라서 여성은 모성의 동성애적 국면을 실현하고, 그 국면을 통해 여성은 동시에 자신의 본능적 기억에 더 가까이 있고, 정신병에는 더 열려 있으며, 그 결과 사회적이고 상징적 유대에는 더 부정적이다.[9]

크리스테바에 따르면, 유아는 항상 근친애 금기를 겪고 난 뒤에 개별 정체성으로 분리되므로, 출산 행위가 개체화 이전의 지속적이던 관계를 성공적으로 재건해내는 것은 아니다. 딸아이와 어머니를 분리한결과는 두 사람의 우울증인데, 둘의 분리가 결코 완전하게 이루어지지않기 때문이다.

슬픔이나 애도에서는 분리가 인정된 후 원래 대상에 부착된 리비도가 새로운 대체 대상으로 전치되는 데 성공하지만, 이와 반대로 우울

---

9) 같은 책, 239쪽.

증은 애도에 실패했음을 가리킨다. 이러한 애도 실패에서 상실은 그저 내면화되고, 그런 의미에서 거부된다. 어머니의 몸에 대한 부정적 애착 대신 어머니의 몸이 부정으로 내면화되어서, 딸의 정체성 자체가 일종의 상실, 특유의 박탈이나 결핍이 된다.

이제 정신병으로 추정되는 동성애는 아버지의 법과 완전히 결별하는 데 있고, 아무리 미약한들 여성의 '자아'란 어머니의 몸과의 분리에서 오는 우울증 반응에 토대를 두는 것과 완전히 결별하는 데 있다. 따라서 크리스테바에 따르면 여성의 동성애는 정신병이 문화 안으로 등장하는 것이다.

> 동성애적-모성적 국면은 언어 소용돌이, 의미와 시선의 완전한 부재다. 그것은 느낌, 전치, 리듬, 음향, 섬광이며, 여성에게 (…) 침잠을 막는 은폐막으로서 어머니의 몸에 대한 환상 속의 밀착이며, 상실한 낙원이지만 손에 닿을 듯 가까이 있는 낙원이다.[10]

그러나 여성에게 이런 동성애는 시적 언어로 나타나는데, 시적 언어는 사실 출산을 제외한다면 상징계의 조건에서 유지될 수 있는 유일한 형태의 기호계이다. 그러므로 크리스테바에게 명시적인 동성애는 근친애 금기를 매개 없이 위반하는 것이라서 문화적으로 유지될 수 없는 활동이다. 그런데 동성애가 왜 그와 같은 사례가 되는가?

크리스테바는 문화가 상징계의 등가물이라는 전제를 수용하며, 상

---

10) 같은 책, 239~240쪽.

징계가 '아버지의 법' 아래 완전히 포섭되어 있다는 전제와, 비정신병적인 유일한 행동 양식은 상징계에 어느 정도 참여하는 것이라는 전제도 수용한다. 따라서 크리스테바의 전략적 과제는 상징계를 기호계로 대체하는 것도 아니고, 기호계를 경쟁하는 문화적 가능성으로 확립하려는 것도 아니다. 그보다는 상징계와 기호계를 구분할 경계선 표명을 허가하는 상징계 안에서의 이런 경험을 인정하는 것이다. 출산이 사회적 목적론을 위한 본능적 충동의 카섹시스로 이해되는 것처럼, 시적 생산도 본능과 재현 사이의 분열이 문화적으로 소통 가능한 형태로 존재하는 장으로 이해된다.

> 발화자는 '예술'이라 불리는 특별하고 담론적인 실천이 있어야 이런 경계, 이런 사회성의 요건에 도달한다. 여성 또한 그것을 얻어낼 수 있는데, (특히 우리 사회에서는) 출산 행위로 이루어진 이상한 형태의 분열된 상징화(언어와 본능적 충동 사이, 즉 '상징계'와 '기호계' 사이의 문지방)를 통해서 얻어낼 수 있다.[11]

따라서 크리스테바에게 시와 모성은 부권적으로 인가된 문화 속에서 특권적인 실천을 재현하고, 이 실천이 모성 영역의 특징인 의존적이고 이질적인 비정신병적 경험을 할 수 있도록 허락한다. 이런 포에시

---

11) 같은 책, 240쪽. 재생산적 은유를 시적 창의성의 과정으로 기술한 대단히 흥미로운 분석은 다음 박사논문에서 참고할 수 있다. Wendy Owen, "A Riddle in Nine Syllables: Female Creativity in the Poetry of Sylvia Plath", doctoral dissertation, Yale University, Department of English, 1985.

스poesis(시적 정신병처럼 시적 언어를 사용하면서 정신병의 경계에 있는 상태—옮긴이) 행위는 본능적 이질성을 드러내는데, 그것이 결과적으로 상징계의 억압된 토대를 폭로하고, 일의적인 기표의 지배에 도전하며, 그 필연적 토대로 위치한 주체의 자율성을 분산시킨다. 이 충동의 이질성은 전치라는 전복적 전략으로서 문화 속에서 작동하며, 이러한 전략은 언어 내부에 있는 억압된 다원성을 해방시킴으로써 아버지의 법이라는 헤게모니를 몰아낸다. 이 본능적 이질성은 아버지의 법 안에서 아버지의 법을 통해 재-현되어야 하므로, 근친애 금기에 완전히 저항하지 못하고 상징계에서 가장 취약한 영역에 남아 있어야 한다. 그렇다면 아버지의 법을 대체하는 시적-모성적 행위는 구문론의 요건에 따르기 때문에 언제나 아버지의 법에 희미하게 결박되어 있는 상태다. 따라서 상징계의 완전한 거부는 불가능하며, 크리스테바에게 '해방' 담론은 불가능하다. 기껏해야 이런 법의 전술적 전복과 전치는 그 법의 토대가 되는 전제에 이의를 제기할 뿐이다. 그러나 또다시 크리스테바는 금지하는 아버지의 법이 문화 그 자체의 토대가 된다는 구조주의적 가정을 진지하게 문제삼지 않는다. 그러므로 부권적으로 인가된 문화의 전복은 다른 문화의 해석에서 생겨날 수 없고, 오직 억압된 문화의 내부로부터, 문화의 감춰진 토대를 구성하는 충동의 이질성에서 비롯된다.

이질적 충동과 부권적 법 사이의 이런 관계는 정신병에 대해 대단히 문제적인 관점을 만든다. 한편으로 이런 관계는 여성 동성애가 문화적으로 인식 불가능한 실천이자 선천적으로 정신병임을 가리키고, 다른 한편으로는 리비도의 혼돈에 대항해서 모성을 강제로 방어하게 만든다. 크리스테바는 두 주장 가운데 어느 쪽도 분명히 밝히지 않지만 두 의미 모두 법, 언어, 충동에 대한 그의 관점에서 나온 것이다. 크리스테바에게 시적 언어는 근친애 금기를 깨고, 그런 만큼 언제나 정신병과 접경해 있는 것이라고 생각해보자. 어머니의 몸으로 되돌아오는 것이자 그에 수반되는 자아의 탈개체화로서의 시적 언어는 여성이 말할 때 특히 위협적이게 된다. 이제 시적인 것은 근친애 금기뿐 아니라 동성애 금기에도 대항한다. 따라서 여성에게 시적 언어는 전치된 모성적 의존이자, 그런 모성적 의존은 리비도적인 것이므로 전치된 동성애이기도 하다.

크리스테바에게 여성 동성애 욕망의 매개 없는 카섹시스는 명백히 정신병으로 이어진다. 따라서 이런 충동은 일련의 전치를 통해서만 충족될 수 있다. 모성적 정체성과의 합체, 즉 어머니가 됨으로써 충족되거나 모성적 의존의 특성인 충동의 이질성을 모호하게 표명하는 시적 언어를 통해서 충족될 수 있는 것이다. 동성애적 욕망으로서는 유일하게 사회적으로 허가되어 비정신병적인 것으로 전치된 모성과 시는, 둘 다 이성애로 적절히 변용된 여성의 우울증적 경험을 구성한다. 이성애적 시인-어머니는 동성애 카섹시스의 전치로 인해 끊임없이 고통을 겪는다. 그러나 크리스테바에 따르면 이런 동성애적 욕망의 완성은 정체성의 정신병적 전개로 이어지며, 즉 여성에게 이성애와 일관성 있는 자아감은 서로 떼려야 뗄 수 없는 관계로 연결된다는 가정으로 이어진다.

어떻게 해서 우리는 이런 레즈비언의 경험을 회복 불가능한 자기상실의 장소로 이해할까? 크리스테바는 분명 이성애야말로 친족과 문화의 전제조건이라고 생각한다. 그 결과 그는 레즈비언의 경험을 부권적으로 인가된 법의 수용을 대신할 정신병적 대안이라고 규정한다. 그러나 어째서 레즈비어니즘이 정신병으로 구성되는가? 어떤 문화적 관점에서 레즈비어니즘이 융합, 자기상실, 정신병의 장소로 구성되는가?

크리스테바는 레즈비언을 문화의 '타자'로 투사하고, 레즈비언 발화의 특징이 정신병적인 '단어 소용돌이whirl-of-words'라고 설명하면서, 레즈비언 섹슈얼리티를 본래 인식 불가능한 것으로 만든다. 레즈비언 경험에 대한 이런 전술적 묵살과 법의 이름으로 행해진 축소 때문에 크리스테바는 부권적-이성애적 특권의 궤도 안으로 들어간다. 이런 근본적 비일관성으로부터 그를 보호하는 아버지의 법이 바로 레즈비어니즘의 구조를 비합리성의 장소로 만드는 기제이다. 의미심장하게도 레즈비언의 경험에 대한 이 설명은 외부로부터 영향을 받은 것이며, 레즈비언의 경험 자체에 대해서 말해주기보다는, 무시무시한 이성애 문화가 그 문화의 동성애적 가능성에 맞서 자신을 방어하려고 만든 환상에 대해서 더 많은 것을 말해준다.

크리스테바는 레즈비어니즘이 자기상실을 가리킨다고 주장하면서 개체화에 필수적인 억압과 관련된 정신분석학적 진리를 전달하는 것처럼 보인다. 따라서 동성애로 '퇴행'할 수도 있다는 이런 공포는 문화적 허가와 특권을 전부 잃을 수도 있다는 공포이다. 크리스테바는 이같은 상실이 문화 이전의 장소를 지칭한다고 주장하지만, 그것이 새롭거나 알 수 없는 문화적 형식이라고 이해하지 않을 이유도 없다. 다시 말해 크리스테바는 부권적으로 인가된 문화적 법이라는 자신의 제한된 관점에 대해 레즈비어니즘이 제기한 이의를 받아들이기보다는, 레즈비언의 경험을 문화적 변용 이전의 퇴행적인 리비도 상태로 설명하기를 더 좋아한다. 레즈비어니즘을 정신병으로 구성하는 과정에서 새겨진 공포는 발달상 꼭 필요한 억압의 결과인가? 아니면 그보다는 문화적 합법성을 상실할지도 모른다는 공포인가? 그래서 문화 외부나 문화 이전이 아니라 문화적 합법성의 외부라서, 여전히 문화 내부에 있지만 문화적으로는 '불법이라는' 공포인가?

크리스테바는 인가된 이성애의 입장에서 어머니의 몸과 레즈비언의 경험을 설명하는데, 이 입장은 그런 인가를 받지 못할 수도 있다는 공포를 인식하지 못한다. 크리스테바가 아버지의 법을 물화하는 것은 여성 동성애를 거부하는 것일뿐더러, 문화적 실천으로서 모성이 지닌 여러 의미와 가능성을 부정하는 것이다. 그러나 문화적 전복은 크리스테바의 진짜 관심이 아닌데, 전복이 나타날 때 그것은 반드시 그리 되돌아갈 수밖에 없는 문화의 표층 아래로부터 등장하기 때문이다. 기호계가 아버지의 법에서 벗어날 언어적 가능성이긴 하지만, 그 가능성은 어쩔 수 없이 법의 영역 안에, 혹은 법의 영역 아래에 있다. 따라서 시적 언어와 모성의 기쁨은 부권적 법의 지역적 전치, 처음에 맞서고자 했던 것에 결국은 복종하게 되는 일시적 전복을 만들 뿐이다. 크리스테바는 전복의 원천을 문화 외부의 장소로 밀쳐내서 실질적이거나 실현 가능한 문화적 실천으로서 전복의 가능성을 애초에 배제하는 것으로 보인다. 아버지의 법을 넘어선 쾌락은 필연적인 불가능성과 함께 있는 것으로만 상상될 뿐이다.

좌절된 전복에 대한 크리스테바의 이론은 충동, 언어, 법 사이의 관계에 대한 문제적 관점에 입각해 있다. 충동의 전복적 다양성에 관한 그의 가정은 수많은 인식론적 정치적 문제를 제기한다. 우선, 이런 충동이 상징계로 이미 결정된 언어나 문화적 형식 안에서만 표명된다면, 그것의 상징계 이전의 존재론적 위상을 어떻게 입증할 수 있는가? 크리스테바는 시적 언어가 근본적으로 다양해서 우리를 이런 충동으로 다가가게 한다고 주장하지만, 그런 대답이 완전히 만족스럽지는 않다. 시적 언어가 다양한 충동보다 앞서 있는 존재에 의존한다고 말해지기 때문에, 순환논리 속에서 시적 언어에 기대어 이런 충동으로 상정된 존재를 정당화할 수는 없다. 언어가 존재하기 위해 우선 충동이 억압되어야 한다면, 그리고 우리가 의미를 언어로 재현되는 것에만 귀속시킬 수 있다면, 의미가 언어로 등장하기 이전에 이 의미를 충동에 귀속시키는 것은 불가능하다. 마찬가지로 충동이 자신을 언어로 변형시키고 충동 때문에 언어 자체가 설명된다고 하는 마당에, 인과성을 이런 충동에 귀속시키는 것은 그 언어의 범위 안에서 합리적으로 이루어질 수 없다. 다시 말해 우리는 이런 충동이란 충동의 효과 속에서, 또 충동의 효과를 통해서 '야기된다'는 것을 알며, 이와 같이 충동을 충동의 결과물로 규명하지 않을 이유가 없다. 따라서 (a) 충동과 충동의 재현은 같은 시공간에 있거나 (b) 재현이 충동보다 앞서 존재한다.

재현이 충동보다 앞서 존재한다는 두번째 안이 고려해볼 만한 중요한 것인데, 우리는 크리스테바의 담론에서 본능적 대상이 담론의 구성물이 아니라는 것을 어떻게 알게 되는가? 그리고 어떤 근거에서 이 대상, 이런 다원적 영역을 의미화 이전의 것으로 상정하는가? 만일 시적 언어가 문화적으로 소통하기 위해 상징계에 참여해야 한다면, 그리고 크리스테바의 이론서가 상징계의 표상이라면, 이 영역의 '외부'라 할 만한 것을 어디에서 찾아야 하는가? 모성적 충동이 '생물학적 운명'의 일부로 간주되고 '비상징적, 비부권적 인과성'[12]의 표명임을 알게 될 때, 크리스테바의 전담론적 몸의 다원성에 대한 가정은 더더욱 의심스러워진다. 이런 상징계 이전의, 비부권적 인과성은 크리스테바에게 기호계, 모성적 인과성, 더 구체적으로는 모성 본능이라는 목적론적 개념이 된다.

> 물질적 충동, 함께 묶여 있거나 따로 분리되어 스스로를 영속시키는 종species에 속한 기억의 발작, 삶-죽음이라는 생물학적 순환의 영원한 회귀만큼 중요한 일련의 표시들. 우리는 이런 언어 이전의 재현 불가능한 기억을 어떻게 언어화할 수 있을까? 헤라클레이토스의 플럭스flux(흐르는 강물과도 같은 만물의 끊임없는 변화를 의미한다—옮긴이), 에피쿠로스의 원자, 카발라의 법열적 입자, 아랍과 인도의 신비주의, 사이키델릭의 점묘화, 이 모든 것이 존재의 이론, 로고스, 그리고 그 법칙보다 더 나은 은유처럼 보인다.[13]

여기서 억압된 어머니의 몸은 다원적 충동의 장소일 뿐 아니라 생물학적 목적론을 담고 있는 것이기도 하다. 그 목적론은 서구철학의 초기 단계에서, 비서구권의 종교적 신념과 관습에서, 또 정신병적이거나 정신병에 가까운 상태가 만들어낸 미학적 재현에서, 심지어 아방가르

---

12) Julia Kristeva, *Desire in Language*, p. 239.
13) 같은 책, 239쪽.

드 예술의 실천 안에서 분명히 드러나는 것으로 보인다. 그러나 우리는 왜 이러한 여러 문화적 표현이 모성적 이질성의 자기동일적 원칙을 표명한다고 전제하는가? 크리스테바는 단순히 이런 문화적 순간들을 같은 원칙 아래에 둔다. 그 결과 기호계는 (흥미롭게도 크리스테바가 헤라클레이토스의 플럭스와 대비하는) 로고스를 대체하려는 모든 문화적 노력을 재현하는데, 이때 로고스는 일의적 기표, 정체성의 법을 대표한다. 크리스테바가 기호계와 상징계를 대립시키던 것이, 이제는 모순없음non-contradiction의 혐의를 벗은 다원성의 원칙과 그런 다원성을 억압하는 데 기반한 정체성의 원칙 사이에서 일어난 형이상학적 논쟁으로 축소된다. 크리스테바가 어디서나 옹호하는 바로 그 다원성의 원칙이 이상하게도, 정체성의 원칙과 아주 똑같은 방식으로 작동하는 것이다. '원시적'이고 '동양적'인 사물의 모든 양식이 즉각 어머니의 몸의 원칙에 종속되는 방식에 주목해보자. 분명 크리스테바의 설명에는 오리엔탈리즘의 혐의가 있다. 뿐만 아니라 역설적이게도 다원성이 일의적 기표가 되는 것은 아닌가 하는 매우 중대한 문제를 제기한다.

언어나 문화 속에서 충동의 구성에 앞서는 모성적 충동에 목적론적 목표를 부과하는 것은 크리스테바의 정치적 프로그램에서 많은 문제를 일으킨다. 부권적 법의 헤게모니에 도전하는 이런 기호계적 표현 속에서 크리스테바가 전복적이고 파괴적인 잠재력을 보는 것은 분명하지만, 그런 전복이 정확히 무엇을 구성하는지는 그만큼 분명하지 않다. 법이 어떤 구성된 토대에 기초해 있고, 그 아래 억압된 모성적 영역이 잠복하고 있다고 본다면, 이를 드러낸 결과로서 어떤 구체적인 문화적 대안이 문화의 관점 속에 나타나는가? 겉보기에는 모성적 리비도 경제와 연관된 다원성이 부권적 기표의 일의성을 분산시킬 힘을 갖고 있고, 겉보기에는 모순 없는 법칙으로 엄격히 규제받지 않는 다른 문화적 표현의 가능성을 창출하는 것처럼 보인다. 그러나 이 파열 행위가 의미화의 장을 열어내는 것인가, 아니면 자연적이고 '부권 이전에' 있던 인과성에 따라 작동하는 생물학적 의고주의archaism의 표명인가? 만일 크리스테바가 전자가 옳다고 생각한다면(그는 그렇게 생각하지 않는다), 문화적 가능성이 확장되는 장을 위해 아버지의 법을 바꾸는 데 관심이 있을 것이다. 하지만 그 대신 크리스테바는 모성적 이질성의 원칙으로 되돌아가자고 주장하는데, 이 원칙은 닫힌 개념으로서 사실상 단선적이면서 일의적인 목적론에 한정된 이질성이라는 것이 입증된다.

크리스테바는 출산의 욕망을 종의 욕망species-desire으로, 영원히 되풀이되는 형이상학적 실체를 구성하는 집단적이고 의고적인 여성 리비도 충동의 일환으로 이해한다. 여기서 크리스테바는 모성을 물화한 뒤, 이 물화를 기호계의 파괴적 잠재력으로 격상시킨다. 그 결과 단일한 의미화의 토대로 간주되던 아버지의 법이 똑같이 일의적 기표, 즉 '다원적' 표명과 무관하게 자신의 목적론 안에서 자기동일적인 것으로 남은 어머니의 몸의 원칙으로 대체된다.

이런 모성 본능이 아버지의 법에 앞서는 존재론적 지위를 가진다고 개념화하는 한, 크리스테바는 욕망을 억압한다고 일컬어지는 법이 바로 그 욕망의 원인이 되는 방식을 고려하지 못한다. 부권화 이전의 인과성을 표명하는 것보다는 이런 욕망들이 아마도 모성은 친족이라는 긴급성 때문에 요구되고 설명된 사회적 실천이라는 것을 입증할 것이다. 여성 교환을 친족 유대 강화를 위한 전제조건으로 본 레비스트로스의 분석을 크리스테바는 받아들인다. 그러나 크리스테바는 이 교환을 여성의 몸을 어머니의 몸으로 강제로 문화적으로 구성하기 위한 기제로 이해하기보다는, 어머니의 몸이 억압되는 문화적 국면으로 이해한다. 사실 여성의 교환은 여성의 몸에 재생산의 강제적 의무를 부과하는 것으로 이해할 수 있다. 게일 루빈이 레비스트로스를 해석한 내용에 따르면, 바로 출산의 욕망이 그 재생산의 목적을 이루고자 재생산의 욕망을 요구하고 생산하는 사회적 실천의 결과이듯, 친족은 "(…) 섹슈얼리티를 조각한 것"이라는 결과를 가져온다.[14]

  그렇다면 크리스테바는 어떤 근거에서 여성의 몸이 문화로 나타나기에 앞서 여성의 몸에 모성적 목적론을 부여하는 것인가? 이런 식의 문제 제기는 이미 크리스테바의 어머니의 몸 개념이 전제하는, 상징계와 기호계의 구분을 문제삼는 것이다. 크리스테바에게 원래 의미의 어머니의 몸은 의미화 자체보다 앞선 것으로 간주된다. 따라서 크리스테바의 이론 틀에서 모성을 의미로, 문화적 가변성 앞에 열린 의미로 간주하는 것이 불가능해진다. 그의 주장에서는 모성적 충동이야말로 언어가 변함없이 억압하거나 승화하는 일차적 과정을 구성하는 것이 명백하다. 그러나 아마도 그의 논의는 훨씬 더 포괄적인 틀 안에서 수정될 수 있을 것이다. 언어의 어떤 문화적 배치가, 실질적으로 담론의 어떤 문화적 배치가, 또 어떤 목적 때문에 전담론적 리비도의 다원성에 관한 비유를 만들어내는가?

---

14) Gayle Rubin, "The Traffic in Women: Notes on the 'Political Economy' of Sex", p. 182와 이 책 2장의 1절 각주 1을 참고.

크리스테바는 아버지의 법을 금지나 억압의 기능에만 한정하기 때문에 정동성affectivity이 발생하는 부권적 기제를 이해하지 못한다. 기호계를 억압한다고 말하는 법은 기호계를 지배하는 원칙일 수도 있고, 그 결과 '모성 본능'으로 받아들인 것이 자연주의적 어휘를 통해 해석된, 문화적으로 구성된 욕망일 수도 있다. 그리고 그렇게 구성된 욕망이 이성애적 욕망의 생산과 재생산을 요구하는 친족 법칙에 따라 구성된 것이라면, 자연주의적 정동이라는 어휘가 사실상 '아버지의 법'을 보이지 않게 만든다. 이제 크리스테바에게 부권 이전의 인과성은 자연스럽거나 분명한 모성적 인과성이라는 가면을 쓴 부권적 인과성으로 보인다.

의미심장하게도 어머니의 몸과 그 몸의 본능에 관한 목적론을 자기 동일적이고 일관된 형이상학적 원칙, 다시 말해 총체적이고 성별 특정적인 생물학적 구성이라는 의고주의에 비유하는 것은, 여성 성별에 대한 일의적 개념에 토대를 둔다. 그리고 근원이자 인과관계로 간주되는 여성 성별은 순수한 생성력generativity의 원칙인 척한다. 사실 크리스테바에게 그것은 포에시스와 등치되며, 플라톤의 『향연Symposium』에서 출산 행위인 동시에 시적인 수태 행위로 찬미된 활동이다.[15] 그러나 여성의 생성력이 정말로 어떤 원인 없는 원인이고, 또 전 인류를 근친애 금기의 힘 아래 두면서 언어로 가게 만드는 서사를 시작하는가? 크리스테바가 말하는 부권 이전의 인과관계가 쾌락과 의미에 관한 최초의 여

---

15) 플라톤의 『향연』 209행을 참고. "정신의 (…) 다산성"에 관해 플라톤은 그것이 시인의 특별한 능력이라고 쓰고 있다. 따라서 시적 창조는 승화된 재생산의 욕망으로 이해된다.

성 경제를 의미하는가? 우리가 이런 인과관계의 순서를 뒤집어서, 이 기호계 경제를 그보다 앞선 담론이 만든 생산물이라고 생각할 수 있는가?

푸코는 『성의 역사』 제1권 마지막 장에서 성의 범주를 "허구적 통일체 (…) (그리고) 인과적 원칙"으로 사용하지 말라고 경고하며, 이 허구적 성의 범주야말로 바로 그런 '성'이 욕망의 구조와 의미를 야기한다고 생각하는 인과관계를 역전시킨다고 주장한다.

'성'의 개념은 인위적 통일, 해부학적 요소, 생물학적 기능, 행동, 감각, 쾌락에 있어서 함께 집합을 만들 수 있게 했고, 이런 허구적 통일체를 인과적 원칙, 전능한 의미로 사용할 수 있게 했다. 그래서 성은 독특한 기표이자 보편적 기의로 작동할 수 있었다.[16]

푸코에게 몸은 자연스럽거나 본질적인 성 '관념'을 투여하는 담론 안에서 결정되기 전에는 어떤 의미로도 '성별화'되지 않는다. 몸은 오직 권력관계의 맥락에서만 담론 속의 의미를 얻는다. 섹슈얼리티는 권력, 담론, 몸, 정동성이 역사적으로 특정하게 나타난 조직이다. 이처럼 푸코에게 섹슈얼리티는 자신의 발생을 책임지는 권력관계를 사실상 확대하고 감추는 인위적 개념인 '성별'을 생산하는 것으로 이해된다.

푸코의 틀은 여성의 몸에 대한 크리스테바의 관점에서 나온 몇몇 인

---

16) Michel Foucault, *The History of Sexuality, Volume I, An Introduction*, trans. Robert Hurley, New York, Vintage, 1980, p. 154.

식론적 정치적 문제를 해결할 방법을 제시한다. 우리는 '부권 이전의 인과성'에 대한 크리스테바의 주장이 근본적으로 뒤집어졌음을 이해할 수 있다. 크리스테바가 어머니의 몸이란 충동의 구조 속에서 그 인과적 힘을 행사하는, 담론보다 앞서 있는 것이라고 상정하는 반면, 푸코는 어머니의 몸을 전담론적이라고 담론적으로 생산하는 것이 바로 어머니의 몸이라는 비유가 생산되는 그 특정한 권력관계를 스스로 확장하고 또 은닉하는 전술이라고 주장한다. 이런 관점에서 어머니의 몸은 더이상 모든 의미의 숨겨진 토대, 즉 모든 문화의 암묵적 원인으로 생각되지 않는다. 그보다 어머니의 몸은 여성의 몸이 자신의 본질이자 욕망의 법으로서 모성을 가질 것을 요구하는 섹슈얼리티 체계의 효과 또는 결과로 이해될 것이다.

 푸코의 틀을 받아들인다면, 모성적인 리비도 경제는 역사적으로 특정한 섹슈얼리티를 조직한 생산물이라고 다시 기술해야만 한다. 게다가 권력관계로 가득한 섹슈얼리티 담론은 전담론적 어머니의 몸이라는 비유의 진짜 원관념이 된다. 크리스테바의 공식은 철저한 반전을 겪는다. 즉 상징계와 기호계는 더이상 모성적 리비도 경제의 억압이나 표명에서 오는 언어의 차원으로 해석되지 않는다. 그 대신 모성적 리비도 경제는 여성에게 강제된 모성 제도를 확대하기도 하고 감추기도 하는 물화로 이해된다. 실제로 모성 제도를 유지하는 욕망이 부권 이전, 문화 이전의 충동으로 재평가되면서 모성 제도는 여성의 몸이라는 불변의 구조 속에서 영원한 합법성을 얻는다. 사실 여성의 몸이 재생산 기능의 관점에서 일차적으로 만들어지도록 인가하고 요구하는 아버지의 법은 분명히 자연스럽게 필요한 법으로 여성의 몸에 각인된다.

크리스테바는 생물학적으로 필요한 모성의 법을 아버지의 법에 앞서 존재하는 전복적 작용이라고 보호하면서, 아버지의 법의 비가시성을 체계적으로 생산하도록 돕고, 그래서 아버지의 법이라는 불가피한 환상을 만드는 데 일조한다.

크리스테바는 자신의 설명을 아버지의 법의 금지 개념에만 한정하기 때문에, 아버지의 법이 특정한 욕망을 자연스러운 충동으로 생성하는 방식을 설명할 수 없다. 그가 표현하려는 여성의 몸은 그 자체가 여성의 몸이 약화시켜야 하는 바로 그 법에 의해 생산된 구성물이다. 크리스테바가 설명한 아버지의 법 개념을 내가 이렇게 비판한다고 해서, 문화나 상징계가 여성의 몸을 억압하는 데 근거를 둔다는 그의 전반적인 입장이 반드시 틀렸다는 것은 아니다. 다만 나는 의미화란 여성적 원칙을 부인하거나 억압하는 데 기반하고 있다고 주장하는 모든 이론들은, 여성성이 정말 여성성을 억압하는 문화 규범의 바깥에 있는지 아닌지를 반드시 숙고해야 한다고 주장하고 싶다. 다시 말해 내가 읽은 바에 따르면 여성성의 억압은 억압의 행위주체와 대상을 존재론적으로 구별하라고 요구하지 않는다. 사실 억압은 억압이 부인하게 된 대상을 생산한다고 이해될 수 있다. 바로 그런 대상의 생산이 억압의 행위주체를 상세히 설명하는 것일 수도 있다. 푸코가 명확히 밝힌 대로, 문화적으로 모순적인 억압기제라는 기획은 금지하는 동시에 생성적인 것이며, 특히 '해방'의 문제에 날을 세운다. 아버지의 법의 족쇄에서 해방된 여성의 몸은 전복적인 위치를 가장하지만, 아버지의 법이 자기 확대와 확산 작용을 하기 때문에, 아버지의 법의 또다른 구현이라는 것이 입증될 것이다. 피억압자라는 이름으로 억압자가 해방되는 것을 피하려면 법의 전체적 복잡함과 미묘함을 반드시 고려해야 하며, 법을 넘어선 진정한 몸이라는 환상을 우리 스스로 고쳐야 한다. 만약 전복이 가능하다면, 그것은 법이 스스로에 반하는 작용을 하면서 법이 예측하지 못한 순열을 생산할 때 생기는 가능성을 통해서 법의 내부에서 온 전복일 것이다. 그렇다면 문화적으로 구성된 몸은 그 몸의 '자연스러운' 과거도, 기원적인 쾌락도 아닌, 문화적 가능성이라는 열린 미래로 해방될 것이다.

2. 푸코, 에르퀼린, 성적 불연속성의 정치학

　푸코의 계보학적 비평은 주변화된 섹슈얼리티 형태를 문화적으로 인식할 수 없다고 보는 라캉과 신新라캉계 이론들을 비판할 방법을 주었다. 푸코는 해방적인 에로스 개념의 환상을 깨려는 취지에서 글을 쓰면서, 섹슈얼리티는 권력이 가득한 개념으로 이해하고 법 이전이나 법 이후의 섹슈얼리티를 주장하는 이론에 대해서는 비판적 시각을 보인다. 그러나 푸코가 성의 범주와 섹슈얼리티의 권력체제를 비판하는 텍스트 사례를 보면, 푸코의 이론은 그 자신의 비판적 장치의 제약 안에서도 점점 더 주장하기 어려운, 알 수 없는 해방의 이상을 주장한다.
　『성의 역사』 제1권에 제시된 푸코의 섹슈얼리티 이론은 그가 출간한 19세기 프랑스의 양성인간 에르퀼린 바르뱅의 일기에 부친 짧지만 중요한 서문과 어떤 면에서 모순된다. 에르퀼린은 태어날 때 '여성'의 성별을 부여받았다. 20대 초반의 나이에 의사와 신부들에게 몇 차례 고해를 한 뒤, 그/녀는 법적 성별을 '남성'으로 변경해야 했다. 푸코가 발견했다고 주장하는 이 일기는 그/녀의 '진정한' 성별을 정할 지칭의 근거를 논하는 의료적 법적 서류들과 함께 선집으로 출간되었다. 이 책에는 독일 작가 오스카 파니차Oscar Panizza가 쓴 풍자적 단편소설도 포함되어 있다. 푸코는 진정한 성이라는 개념이 꼭 필요한지를 질문하면서 이 책의 영역본에 서문을 썼다. 우선 그 질문은 그가『성의 역사』제1권의 결론부에 이르러서 제기한 '성별' 범주에 대한 비판적 계보학과 같은 선상에 있어 보인다.[1] 하지만 이 일기와 선집의 서문은 푸코가 『성의 역사』제1권에서 주장한 섹슈얼리티 이론과는 반대로 에르퀼린을 해석한다고 생각할 만한 사례이다. 『성의 역사』에서는 섹슈얼리티가 권력과 같은 시공간에 있다고 주장하지만, 에르퀼린의 섹슈얼리티를 구성하면서도 동시에 비난하는 구체적인 권력관계는 인식하지 못한다. 사실 푸코는 그/녀의 쾌락 세계를 "비정체성의 행복한 중간지대 limbo"(p. viii), 즉 성별과 정체성의 범주를 초월하는 세계로 낭만화하는 듯 보인다. 에르퀼린의 자전적 글쓰기에서 성차와 성별 범주에 대한 담론이 다시 등장하는 것은 푸코가 에르퀼린의 글을 낭만적으로 전유하고 거부한 것과 다르게 에르퀼린을 읽어낼 대안적 독법으로 이어질 것이다.

『성의 역사』제1권에서 푸코가 주장하는 것은, '성별'의 일의적 구성(사람은 그 사람의 성별일 뿐 다른 것이 아니다)은 (a) 섹슈얼리티에

---

1) Michel Foucault, ed., *Herculine Barbin, Being the Recently Discovered Memoirs of a Nineteenth Century Hermaphrodite*, trans. Richard McDongall, New York, Colophon, 1980. 원서는 *Herculine Barbin, dite Alexina B. presenté par Michel Foucault*, Paris, Gallimard, 1978. 이후 인용문은 이 책의 영문판과 프랑스어판에서 가져온 것이다.

대한 사회적 규제와 통제 작용으로 생산되었고, (b) 서로 전혀 다르고 무관한 성적 기능들을 감추고 인위적으로 통일하며, (c) 담론 안에서 원인으로, 즉 온갖 감각, 쾌락, 욕망을 성별-특정적인 것으로 생산하고 인식 가능하게 만드는 내적 본질로 세운다. 다시 말해 몸의 쾌락은 외견상의 성별-특정적 본질로 인과적으로 환원될 뿐 아니라, 그 '성별'의 표명이나 기호로 쉽게 해석된다.[2]

  푸코는 이처럼 '성별'을 일의적이고 인과적으로 거짓되게 구성하는 데 반대하면서 '성별'을 기원이라기보다 효과로 간주하는 역담론에 관여한다. 그는 몸의 쾌락에서 기원적이고 지속적인 원인이자 의미로서의 '성별' 대신 그 자리에 '섹슈얼리티'를 제안한다. 이 '섹슈얼리티'는 권력관계를 감춰서 영속시키려는 전략의 일환으로서 부정확한 명칭인 '성별'을 만들어낸 담론과 권력의 열린 체계이자 복잡한 역사적 체계이다. 권력이 영속되면서도 감추어지는 한 가지 방법은 권력과 성별 사이에 외적이거나 자의적인 관계를 설정하는 것인데, 이때 권력은 억압이나 지배로 간주되고, 성별은 해방이나 진정한 자기표현을 기다리는 용감하지만 좌절된 에너지로 간주된다. 이러한 사법적 모델의 활용은 권력과 섹슈얼리티의 관계가 존재론적으로 분명할 뿐 아니라, 권력은 항상 오로지 근본적으로 온전하고 자기만족적이며, 그 권력과 다른

---

2) "'성'의 개념은 인위적 통일, 해부학적 요소, 생물학적 기능, 행동, 감각, 쾌락에 있어서 함께 집합을 만들 수 있게 했고, 이런 허구적 통일체를 인과적 원칙, 전능한 의미로 사용할 수 있게 했다."(Michel Foucault, *The History of Sexuality*, Volume I, p. 154) 이 문단을 인용한 3장 1절 '쥘리아 크리스테바의 몸의 정치학'을 참고.

성별을 억압하거나 해방하는 작용을 할 뿐이라고 가정한다. '성별'이 이런 식으로 본질화되면 권력관계 및 성별 자체의 역사성으로부터 존재론적으로 면제된다. 그 결과 섹슈얼리티 분석은 '성별' 분석으로 격하되고, 이렇게 역전된 거짓 인과관계 때문에 '성별' 범주의 역사적 생산에 대한 모든 탐구가 배제된다. 푸코에 따르면 '성별'은 섹슈얼리티 관점에서 재맥락화되어야 할 뿐만 아니라, 사법적 권력 역시 자신의 생산기제를 감추는 생성적 권력generative power이 만든 구성물로서 다시 생각해야 한다.

성별 개념은 근본적인 반전을 가져왔다. 그리고 섹슈얼리티는 권력과의 필수적이고 확정적인 관계 속에서가 아니라, 권력이 최대한 지배하려 하는 특정하고 환원 불가능한 긴급성에 기반한다고 보이게 만들어서 권력관계의 재현을 뒤집을 수 있게 했다.(p. 154)

푸코는 『성의 역사』에서 섹슈얼리티의 해방 모델이나 해방주의 모델에 명백히 반대하는 입장을 취하는데, 이런 모델은 '성별'이 하나의 범주로, 즉 권력관계를 신비화하는 '효과'로 역사적으로 생산된 것임을 인식하지 못하는 사법적 모델을 지지하기 때문이다. 페미니즘에 대한 푸코의 표면적 문제도 여기서 등장하는 것 같다. 페미니즘 분석이 성별 범주를 그 출발점으로 삼고, 그래서 푸코를 따라 젠더의 이분법적 규제를 출발점으로 삼는다면, 푸코는 '성별' 범주와 성차가 담론 안에서 몸의 정체성이라는 필수요소로 어떻게 구성되는지를 탐구하는 것이 자신의 과제라고 생각한다. 푸코가 보기에 페미니즘의 해방적 모델을 구축하는 사법적 법의 모델은 어떻게 보면 해방의 주체, 즉 '성별화된 몸'을 비판적으로 해체할 필요가 없다. 푸코가 감옥을 개혁하려는 인본주의자의 노고에 대해서 말하듯이, 풀려난 범죄자 주체는 인본주의자들이 원래 생각했던 것보다 훨씬 더 심한 구속을 받는지도 모른다. 푸코에게는 성별화된다는 것이 일련의 사회적 규약에 복종한다는 뜻이고, 이러한 규제들이 명하는 법이 한 사람의 성별, 젠더, 쾌락, 욕망을 형성하는 원칙으로 있으면서, 또한 자기해석의 해석학적 원칙으로 있게 한다는 뜻이다. 따라서 성별 범주는 반드시 규제적이고, 이 성별 범주를 미리 전제된 것으로 만드는 모든 분석은 그런 규제적인 전략을 권력/지식체제로 확대하고 더 나아가 합법화하기까지 한다.

푸코는 에르퀼린 바르뱅의 일기를 편집하고 출간하면서, 양성구유의 몸이나 인터섹스의 몸이 어떻게 성별 범주화의 규제 전략을 드러내고 또 그 전략에 반박하는지를 분명히 보여주려고 한다. 그는 '성'이 서로 필연적 관계가 없는 몸의 기능과 의미를 통합한다고 생각하기 때문에, '성'이 사라지면 이분법 관계에서 일의적 성별로 강제된 인식 가능성의 틀을 벗어나 쾌락이 확산될 뿐 아니라 여러 작용, 의미, 기관, 신체적이고 생리학적인 과정이 신나게 확산될 것이라고 예측한다. 푸코에 따르면, 에르퀼린이 사는 성의 세계는 몸의 쾌락이 즉각적으로 '성별'을 일차적 원인이나 궁극적 의미로 의미화하지 않는 세계이고, 그의 주장으로는 "고양이도 없이 빙글대는 웃음만 떠 있는"(p. xiii) 세계이다. 사실 이것은 부과된 규제를 분명히 초월하는 쾌락이며, 여기서 우리는 『성의 역사』에서 그의 분석이 바꾸려 했던 바로 그 해방 담론에 푸코가 감상적으로 몰두한다는 것을 알 수 있다. 푸코의 이런 해방적 성정치 모델에 따르면, '성'의 전복은 결국 일차적 성적 다원성을 해방시키며, 그 다원성은 일차적 다형성이라는 정신분석학적 가정이나, 도구적 문화 때문에 나중에 억압된 기원적이고 창조적인 양성애 에로스라는 마르쿠제의 개념과 그리 다르지 않다.

푸코의 『성의 역사』 제1권에 나타난 입장과 『에르퀼린 바르뱅』의 서문에 나타난 입장 사이에는 상당한 차이가 있는데, 이는 해소되지 않은 긴장으로 이미 『성의 역사』에 나타나 있다(여기서 그는 다양한 규제 전략이 부과되기 전에 있었던, 세대 간의 성적 교환이라는 '목가적'이고 '순수한' 쾌락에 대해 말한다〔p. 31〕). 한편 푸코는 담론과 권력의 복잡한 상호작용으로 생산되지 않는 '성'은 없다고 주장하려 하지만, 거기에는 어떤 특정한 담론/권력을 교환한 결과가 아닌 본래적인 '쾌락의 다원성'이 있는 것처럼 보인다. 다시 말해 푸코는 '법 앞의' 섹슈얼리티를 사실상 전제하고, 정말로 '성별'의 족쇄로부터 해방되기를 기다리는 섹슈얼리티를 전제하는, 전담론적 리비도의 다원성이라는 비유를 동원한다. 다른 한편으로 푸코는 섹슈얼리티와 권력이 같은 시공간에 펼쳐져 있으므로, 성별을 긍정하면서도 권력은 부정한다고 생각해서는 안 된다고 공식적으로 주장한다. '공식적인' 푸코는 반反사법적이고 반反해방적인 방식으로 섹슈얼리티란 언제나 담론적인 동시에 제도적인 특정한 역사적 실천 속에서 생산되고 구성되는 권력의 기반 위에 있으며, 법 이전의 섹슈얼리티에 의지하는 것은 환영적이고 공모적인 해방의 성정치를 나타내는 비유일 뿐이라고 주장한다.

에르퀼린의 일기는 푸코에 반하는 방식으로 푸코를 읽을 기회를,

아니 더 적절하게 말하면, 성의 해방을 요청하는 이런 반해방적 요구의 구조적 모순을 폭로할 기회를 준다. 이 책에서 내내 알렉시나로 불리는 에르퀼린은 부당한 희생, 기만, 갈망, 필연적 불만의 삶을 살았던 사람으로서 자신이 겪은 비극적 곤경에 대해 이야기한다. 그/녀는 어린아이였을 때부터 다른 아이들과는 달랐다고 말한다. 이러한 차이가 이야기 전체에서 불안 상태와 자만심 상태가 교차하는 원인이 되지만, 이 이야기에서 법이 분명한 행위자가 되기 전에는 암묵적 지식으로만 있다. 에르퀼린이 일기에 자신의 해부학적 구조에 대해 직접 글로 옮기지는 않았지만, 푸코가 에르퀼린의 글과 함께 출판한 의료 보고서를 보면 에르퀼린에게는 아마도 작은 음경 혹은 확대된 클리토리스라 할 만한 것이 있었고, 질이 있을 곳에 의사의 표현대로라면 '막다른 길'이 있었으며, 여성의 젖가슴이라 규명할 만한 것은 보이지 않았다고 한다. 그 의료 기록에 완전히 설명되어 있지는 않지만 사정을 할 능력도 있었던 것으로 보인다. 비록 에르퀼린이 해부학적 구조를 그렇게 언급한 적은 없지만, 그/녀는 자신의 곤경을 자연의 실수, 형이상학적 실향homelessness, 충족될 수 없는 욕망의 상태, 지독한 고독이라는 용어와 연관시킨다. 그리고 이 지독한 고독은 그/녀가 자살하기 전, 처음에는 남성들을 향했다가 마지막에는 세계를 향해서 폭발하는 분노로 바뀐다.

에르퀼린은 생략된 어법으로 학교에서 만난 소녀들, 수녀원의 '수녀님들', 마침내 그/녀의 연인이 된 사라에 대한 열정적 애착에 대해 이야기한다. 에르퀼린은 처음에는 죄의식으로 인해, 그다음에는 규명하지 못할 고충이 있는 성기로 인해 괴로워했는데, 자신의 비밀을 의사에게 또 신부에게 차례로 털어놓은 다음 사실상 사라와 그/녀를 강제로 떼어놓게 된 일련의 고해 행위에 대해서도 털어놓는다. 당국은 그/녀가 남성으로 변할 수 있는 합법적 권한을 부여하고 행사했으며, 그 때문에 그/녀는 남성 옷을 입고 사회 속에서 남성의 여러 권리를 행사할 법적인 의무가 있었다. 감상적이고 멜로드라마의 어조로 쓰인 이 일기는 자살로 정점에 이르는 지속적 위기감에 대해 기록하고 있다. 알렉시나가 법적으로 남성으로 변하기 전에는, 누구든 그/녀가 '성별' 범주의 사법적 규제적 압력에서 벗어나 사실상 자유로운 쾌락을 누렸을 것이라고 주장할 수 있다. 푸코는 이 일기가 일의적 성별 법칙을 부과하기에 앞서 있는, 규제되지 않은 바로 그 쾌락의 영역에 대한 통찰을 준다고 생각하는 것 같다. 그러나 그의 해석은, 쾌락이 언제나 널리 퍼져 있기는 해도 규명할 수 없는 법 안에 언제나 이미 들어와 있고, 그래서 저항한다고 말하는 바로 그 법에 의해 생성되는 방식을 근본적으로 잘못 해석한다.

에르퀼린의 섹슈얼리티를 '성별'의 부과나 규제에 앞서는 유토피아적 쾌락의 유희로 낭만화하고 싶은 유혹은 확실히 거부해야 한다. 그러나 푸코의 대안적인 질문, 즉 어떤 사회적 실천과 관습이 이런 섹슈얼리티를 생산하는가라는 질문은 여전히 제기할 수 있다. 이 질문의 답을 모색하면서 (a) 권력의 생산적 능력, 즉 규제 전략이 종속시키려는 주체를 생산하는 방식을 이해하고, (b) 이런 자전적 서사의 맥락에서 권력이 섹슈얼리티를 생산하는 특정 기제를 이해할 기회를 갖는다. 우리가 다원적 섹슈얼리티를 형이상학적으로 물화하지 않고, 에르퀼린의 사례를 구체적 서사의 구조와 에르퀼린의 성적 세계에서 일어나는 부드러운 키스, 온몸에 산포한 쾌락, 저항과 위반의 전율을 생산하고 규제하는 정치적이고 문화적인 규약에 대해 탐구한다면, 성차의 문제는 새로운 관점에서 새롭게 등장한다.

에르퀼린과 그/녀의 연인 사이에 섹슈얼리티를 만드는 여러 권력의 기반 중에는 분명히 수녀원이 부추기기도 하고 비난하기도 했던 여성 동성애의 관습과 그것을 지원해주는 종교적 이데올로기가 있다. 에르퀼린에 대해 우리가 알고 있는 것은, 그/녀가 상당한 독서가였고 그/녀가 받은 19세기 프랑스식 교육에는 프랑스 낭만주의뿐 아니라 고전주의 교과목도 포함되어 있었으며, 그/녀의 서사는 기존의 확립된 문학적 관습 안에서 발생한다는 것이다. 사실 이런 문학적 관습은 푸코와 에르퀼린 둘 다 모든 관습의 외부에 있다고 생각한 섹슈얼리티를 만들어내고 우리에게 해석해준다. 불가능한 사랑에 대한 낭만적이고 감상적 서사가 이 책에서 온갖 욕망과 고통을 만드는 것으로 보이는데, 이러한 점은 불운한 운명을 타고난 성자에 관한 기독교의 전설, 자살하는 양성인간에 관한 그리스 신화, 그리고 분명히 예수라는 인물에도 똑같이 해당된다. 다원적 섹슈얼리티로 법 '앞에' 있건, 비자연적 위반으로 법 '밖에' 있건, 이러한 위치 지정은 반드시 섹슈얼리티를 생산한 뒤 그 텍스트 '밖에' 용감하고 저항적인 섹슈얼리티를 설정해서 섹슈얼리티가 생산된다는 것을 감추는 담론 '안에' 있다.

에르퀼린이 생물학적 이중성 중 남성적 요소에 의지해서 젊은 여성들과 맺은 성관계에 대해 설명하려는 시도는 물론 이 책에서 계속 매혹적인 읽을거리다. 에르퀼린이 여성을 욕망한다면 아마 호르몬과 염색체 구조 속에, 아니면 결과적으로 이성애 능력과 욕망을 발생시키는 더 개별적이고 남성적인 성을 암시하는, 구멍 없는 음경이라는 해부학적 존재 속에 그 증거가 있을 것이다. 이 쾌락, 욕망, 행위는 어떤 의미에서 생물학적 몸에서 발산된 것 아닌가? 그리고 이런 발산은 몸 때문에 인과적으로 필요한 것이면서 그 몸의 성별-특정성을 나타내는 표현이라고 생각할 방법은 없는가?

아마도 에르퀼린이 양성구유의 몸이기 때문이겠지만, 그/녀의 일차적 성적 특징에 대한 설명을 그/녀의 젠더 정체성(계속 변하는데다 분명하지도 않은 자신의 젠더 정체성에 대한 생각) 및 욕망의 방향성이나 욕망의 대상과 개념적으로 분리하려는 노력은 특히나 힘이 많이 든다. 그/녀는 여러 대목에서, 마치 이 쾌락이 사물의 자연적/형이상학적 질서 바깥에 있는 본질의 결과이자 표명이라도 되는 양 자기 몸이 젠더 혼란의 원인이자 위반적 쾌락의 원인이라고 스스로 전제한다. 그러나 우리는 그/녀의 이례적인 몸을 그/녀의 욕망, 트러블, 애정 행각과 고해의 원인으로 생각하기보다는, 여기서 완전히 텍스트화된 몸을, 일의적 성에 대해 사법 담론이 생산한 해결 불가능한 양가성ambivalence의 기호로 읽을 것이다. 푸코가 의도한 대로 우리는 일의성의 자리에서 다원성을 발견하지 못한다. 대신 우리는 금지의 법이 생산한 치명적 양가성을 마주하게 되고, 이 치명적 양가성은 그 모든 신나는 확산 효과에도 불구하고 에르퀼린의 자살로 귀결된다.

에르퀼린의 자기폭로의 서사, 자기고백의 산물을 읽다보면 그/녀의 성적 성향은 처음부터 양가적 성향으로 보인다. 그/녀의 섹슈얼리티는 확대가족인 수녀원의 여러 '자매'(여성 신도나 수녀로 해석 가능하다—옮긴이)와 '어머니'(원장수녀로 해석할 수 있다—옮긴이)에 대한 사랑을 추구하라는 제도적 명령으로, 또 그 사랑을 너무 깊이 실행하지는 말라는 절대적 금지로 구성되어 있어서, 그/녀의 섹슈얼리티가 바로 섹슈얼리티가 생산되는 양가적 구조를 요약하는 것처럼 보인다. 푸코는 의도치 않게 에르퀼린의 "비정체성의 행복한 중간지대"가 역사적으로 특정한 섹슈얼리티의 형성으로 가능해졌다고, 즉 "거의 전체가 다 여성인 동료들 속에 격리된 존재"여서 가능해졌다고 주장한다. 푸코가 기술하듯 이 '이상한 행복'은 수녀원 관습이라는 범위 안에서 '의무인 동시에 금지된' 것이었다. 여기서 그의 분명한 주장을 보면, 특정한 성애화의 금지 때문에 구조화된 이런 동성애 환경은 "비정체성의 행복한 중간지대"가 미묘하게 발달시킨 것이다. 그런 다음 푸코는 여성의 다양한 정체성이 작동한다는 주장보다는 이런 '비정체성'을 주장하면서, 에르퀼린이 여성 동성애의 관습적 행위에도 참여했다는 주장을 재빨리 거둔다. 에르퀼린이 '여성 동성애'의 담론적 위치를 차지하는 것은 푸코에게는 성의 범주에 개입하는 것이고, 에르퀼린의 서사가 우리에게 거부되기를 푸코가 원하는 부분이기도 하다.

그러나 푸코는 어쩌면 양쪽 다 갖기를 정말 원하는 것 같다. 그리고 사실 은연중에 비정체성이 동성애의 맥락에서 발생하는 것이라고, 즉 동성애는 성의 범주를 전복하는 도구라고 주장하려고 한다. 다음에 나오는 에르퀼린의 쾌락에 대한 푸코의 묘사에서, 어떻게 해서 성의 범주가 소환되는 동시에 거부되는지 주목해보자. 학교와 수녀원은 "서로 비슷한 모든 몸들 가운데서 성적 비정체성이 길을 잃게 되자 성적 비정체성이 찾아내고 또 도발하는 부드러운 쾌락을 키워나간다".(p. xiv) 여기서 푸코는 이런 비슷한 몸들의 유사성이 그들의 비정체성이라는 행복한 중간지대의 조건, 즉 논리적으로 역사적으로 수용하기 까다로운 형성의 조건이 된다고 전제하지만, 또한 에르퀼린에 대한 적절한 묘사라고도 전제한다. 그것은 수녀원의 젊은 여성들이 성적 활동을 하는 조건인, 여성 간 유사성에 대한 인식인가? 아니면 고해실이라는 강제적 양식 속에 이런 위반의 쾌락을 생산하는, 동성애를 금지하는 법의 성애화된 현전인가? 에르퀼린은 겉으로 드러난 동성애의 맥락에서 자신만의 성차 담론을 주장한다. 즉 그/녀는 자신이 욕망하는 젊은 여성과의 차이를 알고 즐기지만, 이런 차이가 단순히 욕망의 이성애적 기반 위에서 재생산된 것은 아니다. 그/녀는 이러한 성적 교환에서 자신의 위치가 위반적임을 알고, 그 위치에서 남성적 특권의 '찬탈자'임을 알며, 그 특권을 모방할 때조차 그 특권에 저항한다는 것을 알고 있다.

이런 찬탈의 언어는 에르퀼린이 거리감을 느낄 수밖에 없는 바로 그 범주에 관여한다고 암시하기도 하지만, 동시에 이런 범주가 한때 그랬듯 이 범주들의 탈자연화되고 유동적인 가능성이 더이상 성별에 전제된 고정성과 인과적으로도 표현적으로도 연결되지 않는다는 것을 암시한다. 에르퀼린의 해부학은 성의 범주 바깥으로 나가는 대신, 성의 범주를 구성하는 요소에 혼란을 주고 그런 요소를 재분배한다. 사실 속성들의 자유로운 유희는 성별의 환영적 특성을 이런 다양한 속성이 고착되어 있을 고정된 실체적 기층으로 드러내는 효과를 가져온다. 게다가 에르퀼린의 섹슈얼리티는 모호한 위반과 이런 요소들의 재분배 지점을 강조하면서, 이성애와 레즈비언의 성애적 교환을 구분하는 것에 이의를 제기하는 일련의 젠더 위반을 만든다.

그러나 우리는 이런 질문을 해야 할 것으로 보인다. 담론적으로 구성된 성적 모호성의 층위에서라 하더라도 '성별'에 관한 질문들은 없는가? 그리고 실은 그 성별이, 성별 범주의 자유로운 유희를 제한하는 '권력'과 맺는 관계에 관한 질문들은 없는가? 다시 말해 그 활동이 전담론적인 리비도의 다원성으로 간주되건, 담론적으로 구성된 다원성으로 간주되건 간에 그런 활동은 얼마나 자유로운 것인가? 원래 푸코가 성의 범주에 반대한 것은, 그것이 존재론적으로 이질적인 성적 기능과 요소에 통일성과 일의성이라는 계략을 쓰기 때문이다. 푸코는 거의 루소와 같은 방식으로 자연스러운 이질성으로 이해될 수 있는 것을 축소하고 왜곡하는 인위적 문화의 법이라는 이분법을 만든다. 에르퀼린은 자신의 섹슈얼리티를 "이성과 맞서는 자연의 끊임없는 투쟁"(p. 103)이라고 말한다. 하지만 이런 이질적인 '요소'를 대충 검토해봐도, '기능' '감각', 심지어 '충동'처럼 이런 요소를 철저히 의료화하고 있는 게 보인다. 따라서 푸코가 호소하는 이질성은, 그가 억압적인 사법적 법으로 둔 바로 그 의학적 담론에 의해 구성된다. 그러나 푸코가 높이 사려던 이 이질성은 무엇이며, 그것은 어떤 목적을 수행하는가?

만일 푸코가 성적 비정체성이 동성애적 맥락에서 촉진된다고 주장한다면, 그는 이성애적 맥락을 정체성이 구성되는 맥락으로 규명하는 것처럼 보일 것이다. 우리는 이미 그가 성별과 정체성의 범주를 대체로 성별의 규제적 체제의 효과이자 도구로 이해한다는 것을 알고 있지만, 그 규제가 재생산적인지, 이성애적인지, 아니면 뭔가 다른 것인지는 분명하지 않다. 섹슈얼리티에 대한 이런 규제가 이분법의 대칭관계 안에서 남성 정체성과 여성 정체성을 생산하는가? 동성애가 성적 비정체성을 낳는다면 동성애 자체는 더이상 서로 같은 사람이 되는 정체성에 의존하지 않는다. 사실상 동성애는 더이상 그렇게 설명될 수 없다. 그러나 동성애가 이름을 붙일 수 없는 리비도의 이질성이라는 자리를 지칭하게 된다면, 대신 우리는 이것이 감히 그 이름을 말할 수도 없고 말해서도 안 되는 사랑인지를 물을 수 있을 것이다. 다시 말해 푸코는 동성애에 관한 인터뷰를 딱 한 번만 했고, 저서 속에서 고백할 수 있었던 순간마다 매번 저항해왔음에도 불구하고, 에르퀼린의 고백을 우리에게 염치없이 훈계조로 들이민다. 이것은 그의 삶과 에르퀼린의 삶 사이에 연속성 혹은 평행성을 가정하는 전치된 고백인가?

이 책의 프랑스어판 표지에서 푸코는, 플루타르코스는 빛나는 영웅들이란 어떤 면에서 결국 영겁 속에서 만나는 무한한 선을 따라 여행하는 평행한 삶을 이루는 것으로 본다고 언급한다. 푸코에 따르면 이 무한성의 궤도를 이탈해 돌아올 수 없는 모호성으로 사라질 것이라 위협받는 삶도 있다. 말하자면 위대한 영원의 공동체로 향한 '곧은'(straight는 '곧다'와 '이성애자'라는 두 의미가 있어서 곧은 것이 이성애, 곧지 않은 것이 동성애라는 식의 이성애중심적인 이론을 암시한다―옮긴이) 길로 가지 않고, 그 길을 벗어나 완전히 돌이킬 수 없는 삶 말이다. 푸코는 이렇게 쓰고 있다. "그 무엇도 되돌릴 수 없는 평행지점의 삶들, 그것은 플루타르코스와 정반대의 것이리라." 여기서 텍스트 상의 지칭이 가장 뚜렷한 것은 (흥미롭게도 끝소리는 여성의 이름 같은데도) 채택된 남성 이름 에르퀼린과, 여성의 양상일 때 에르퀼린을 지칭하는 이름 알렉시나를 구분한다는 점이다. 이것은 에르퀼린과 그/녀의 연인 사라에 대한 지칭에서도 나타나는데, 사라는 말 그대로 따로 분리되어 완전히 다른 길로 간다. 그러나 아마도 에르퀼린은 어떤 면에서 푸코와 평행을 이루기도 하는데, 이는 어떻게 봐도 '곧은' 것이 아닌, 이탈한 생명선에 있다는 의미에서다. 사실 어쩌면 에르퀼린과 푸코는 문자적 의미에서가 아니라 특히 성별 범주에 적용해볼 때 그런 문자적인 것에 관한 논쟁의 측면에서 평행할 것이다.

푸코가 서문에서 언급한, 여기에는 어떤 면에서 서로 '비슷한' 몸이 있다는 말은, 에르퀼린이 그/녀가 사랑한 여성들과는 사뭇 다르게 자신을 표현한다거나, 에르퀼린의 몸에 양성구유적 독특함이 있다는 점을 무시한다. 실제로 어떤 성적 교환의 방식이 있은 뒤, 에르퀼린은 "바로 그 순간부터, 사라는 내 것이었다…!!!"(p. 51)라고 말하며 사라를 자신의 영원한 소유물이라고 선언하면서 소유와 승리의 언어를 사용한다. 그런데 푸코는 왜 이런 주장을 하는 데 자신이 사용하고 싶어하는 바로 그 문구를 쓰지 않으려 한 것일까? 동성애에 관해 푸코가 했던 한 인터뷰에서 질문자 제임스 오히긴스는 이렇게 말한다. "미국의 지식인 사회에서, 특히 급진주의 페미니스트 사이에서 남성 동성애와 여성 동성애를 구분하려는 경향이 커지고 있습니다." 그가 보기에 남성 동성애와 여성 동성애의 만남에는 육체적으로 매우 다른 것이 있으며, 레즈비언은 일부일처제 같은 것을 선호하는 경향이 있지만, 게이 남성은 보통 그렇지 않다고 주장하는 입장이 있다. 푸코는 괄호 쳐진 "(웃음)"이 암시하듯 웃음으로 답한 뒤 이렇게 말한다. "내가 할 수 있는 일이라고는 웃음으로 폭파하는 것이지요."[3] 이 폭발적 웃음은 우

---

3) "Sexual Choice, Sexual Act: Foucault and Homosexuality", trans. James O'Higgins. 원본은 *Salmagundi*, Vols. 58~59, Fall 1982~Winter 1983, pp. 10~24. 재판은 Michel Foucault, *Politics, Philosophy, Culture: Interviews and Other*

리가 기억하듯이 『말과 사물Les mots et les choses』 서문에 나오는 보르헤스에 대한 푸코의 해석에서 이어진 것이다.

이 책은 보르헤스가 쓴 한 구절에서 처음 탄생했고, 내가 그 구절을 읽다가 터트린 웃음이자 내 생각의 모든 친숙한 표식을 산산이 부수는 웃음에서 탄생했다. (…) 그것은 기존 사물의 야생적 풍성함을 가다듬는 데 익숙한 모든 정돈된 표면과 모든 평면을 모조리 부수어버리고, 그후로도 계속해서 동일자와 타자 간의 오랜 구분을 뒤집어엎고 위협한다.[4]

물론 이 구절은 아리스토텔레스의 보편 범주와 특수 사례의 구분을 당혹스럽게 만드는 중국 백과사전에서 나온 것이다. 그러나 거기에는 또한 피에르 리비에르의 '산산이 부수는 웃음'도 있는데, 아마 푸코가 보기에 리비에르가 자기 가족을 살해한 것은, 가족 살해라는 글자 그대로 친족의 범주를 부정하고 더 나아가 성별 범주까지 부정하는 것으로 보인다.[5] 그리고 물론 데리다가 『글쓰기와 차이』에서 언급한, 이제는 유명해진 바타유의 웃음은 헤겔 변증법의 개념적 주인을 벗어나

Writings, 1977~1984, ed. Lawrence Kritzman, New York, Routledge, 1988, p. 291.

4) Michel Foucault, *The Order of Things: An Archaelogy of the Human Sciences*, New York, Vintage, 1988, p. xv.

5) Michel Foucault, ed., *I, Pierre Rivière, Having Slaughtered My Mother, My Sister, and My Brother: A Case of Parricide in the 19th Century*, trans. Frank Jellinek, Lincoln, University of Nebraska Press, 1975. 원서는 *Moi, Pierre Rivière ayant égorgé ma mère, ma soeur et mon frère...*, Paris, Editions Gallimard, 1973.

는 잉여를 말한다.[6] 그렇다면 푸코가 웃는 것은, 바로 이 질문이 그가 바꾸려 했던 이분법, 즉 변증법의 유산과 성의 변증법까지 괴롭혀 온 동일자와 타자 간의 끔찍한 이분법을 말하기 때문으로 보인다. 그러나 거기에는 물론 엘렌 식수가 말한 메두사의 웃음이 있고, 메두사의 웃음은 사람을 돌로 만드는 응시로 이루어져 평온한 표면을 산산이 부수며, 동일자와 타자의 끔찍한 변증법이 성차의 축을 따라 발생한다는 것을 폭로한다.[7] 에르퀼린은 의식적으로 메두사 이야기를 떠올리게 하는 제스처를 취하면서, 자신이 만난 사람을 "얼어버리게 만드는 듯 차가운 시선의 고정"(p. 105)에 대해 쓰고 있다.

그러나 동일자와 타자의 변증법이 잘못된 이분법이라고 폭로하면서 남근로고스중심주의 형이상학 경제, 동일성의 경제를 강화시키는 대칭적 차이에 대한 환상이라고 폭로한 사람은 단연 이리가레다. 이리가레가 보기에는 동일자뿐 아니라 타자도 남성적인 것으로 표시된다. 즉 타자는 남성 주체의 부정적 설명에 불과하고 그 결과 여성의 성은 재현 불가능하다. 다시 말해 남성적 의미화 경제 안에서 여성은 하나가 아닌 성이다. 그러나 여성이 하나가 아닌 것은, 여성이 상징계의 특징인 일의적 의미화를 피한다는 의미에서, 그리고 여성이 실체적 정체성이 아니라 언제나 오직 여성을 부재로 만드는 경제에 대한 미결정된 차이의 관계이기 때문에 그러하다. 여성은 '하나'가 아닌데, 그것

---

6) Jacques Derrida, "From Restricted to General Economy: A Hegelianism without Reserve", *Writing and Difference*, trans. Alan Bass, Chicago, University of Chicago Press, 1978. 원서는 *L'Ecriture et la différence*, Paris, Editions du Seuil, 1967.

7) Héléne Cixous, "The Laugh of Medusa", *New French Feminisms*.

은 여성의 쾌락과 의미화 양식이 다원적이고 산포되어 있다는 의미에서다. 사실, 아마도 에르퀼린의 분명한 다원적 쾌락은 쾌락의 다가성polyvalence이라는 의미에서, 또 일의적 의미화로 환원하려는 시도에 복종하지 않는다는 의미에서, 여성의 표시를 받을 자격이 있을 것이다.

그러나 에르퀼린이 두 번 보이는 웃음, 즉 처음에는 조롱당할 공포에서 나온 웃음과(p. 23) 나중에는 의사에게 경멸의 의미로 웃는 웃음이 에르퀼린과 어떤 관계에 있는지 잊지 말자. 그/녀는 그 의사에게 자신의 타고난 기형을 밝혔지만 의사가 적절한 근거를 대지 못하자 의사에 대한 존경심이 없어진다.(p. 71) 이제 에르퀼린에게 웃음은 굴욕이나 경멸을 나타내는 것으로 보이는데, 두 입장은 물론 꼼짝 못할 법과 관련되어 법의 도구나 대상으로서 법에 복종한다. 에르퀼린은 법의 사법 영역 바깥으로 나가지 않는다. 심지어 그/녀의 추방조차 처벌 양식으로 이해된다. 바로 첫 페이지에서 그/녀는 그 "자리는 나를 감추었던 이 세계에서 표시되지 않았다pas marquée"라고 기록한다. 그리고 그/녀는 초기 의미의 비체화abjection(비체화란 비체abject가 된다는 뜻이고 비체는 크리스테바의 주요 비평용어로서 주체도 대상도 되지 못하고 버려진 주체, 주체 아닌 주체를 뜻한다. 버틀러는 이성애중심사회에서 동성애자들이 비체화되고 있다는 맥락으로 이 용어를 전유한다―옮긴이)로 표명되는데, 에르퀼린이 처음에는 헌신적인 딸로 나타나거나, 아니면 '개'나 '노예'에 비유되는 연인으로 나타나고, 마지막에는 모든 인간 영역에서 추방되고 배척되면서 완전하고 치명적인 형태의 비체화를 표명한다. 자살하기 전 그/녀는 이렇게 고립되어 양성을 모두 뛰어넘는다고 주장하지만, 그/녀의 분노는 완전히 남성을 향하는데, 그런 남성의 '지위'를 사라와의 애정관계에서 찬탈하고자 했고, 그런 남성이 자신의 사랑의 가능성을 금하는 사람이라고 주저 없이 고발한다.

이 이야기를 시작하면서 에르퀼린은 서로 '평행하는' 한 문장짜리 문단 두 개를 제시한다. 그 문단에서는 돌아가신 아버지와의 우울증적 합체, 그런 부정성이 자신의 정체성과 욕망 안에 구조로 자리잡으면서 버림받은 것에 대한 분노를 지연시켰음을 알려준다. 에르퀼린은 어머니에게 예고 없이 불쑥 버림받았다고 말하기에 앞서, 자신이 몇 년 동안 고아원에서 영문도 모른 채 지냈다고 밝힌다. 그리고 "요람에서부터 어머니의 사랑을 빼앗긴 불쌍한 것"이라고 말한다. 그다음 문장에서 그/녀는 자신이 지내던 시설을 "고통과 고뇌의 피난처(보호시설)"라 부르고, 이어지는 문장에서는 아버지를 "급작스러운 죽음으로 인해 어머니의 다정한 애정을 (⋯) 끊어버린"(p. 4) 사람이라고 부른다. 여기서 그/녀가 버림받은 사실이 갑자기 어머니를 여의게 된 다른 사람들에 대한 동정 때문에 두 번 굴절되면서 이런 굴절을 통해 동일시를 확립하는데, 이러한 동일시는 후에 어머니의 보살핌이 끊어진 딸과 아버지가 겪는 공동의 역경으로 재등장한다. 욕망의 굴절은 그 의미가 혼란스러운데, 말하자면 에르퀼린은 한 '어머니'에 이어 다른 '어머니'와 계속 사랑에 빠지고, 그다음에는 여러 어머니의 '딸들'과 사랑에 빠지며, 이것이 온갖 어머니를 모두 추문에 빠지게 만든다. 사실 그/녀는 모든 사람의 찬미와 흥분의 대상 그리고 경멸과 버림의 대상 사이에서 왔다갔다하는데, 이는 외부의 개입 없이 스스로 키워온 우울증 구조가 분열된 결과이다. 프로이트의 주장대로 우울증이 자기비난을 수반한다면, 그리고 이 비난이 (자기를 비난하는 방식이라고 해도 자신을 돌보므로) 일종의 부정적 나르시시즘이라면, 에르퀼린은 계속해서 부정적 나르시시즘과 긍정적 나르시시즘의 대립에 빠지는 것으로 이해할 수 있다. 동시에 자신은 세상에서 가장 버림받고 가장 무시당해온 사람이지만, 또한 다가오는 모든 사람에게 매혹의 마술을 거는 사람이라고, 실은 모든 여성에게 그 어떤 '남성'(p. 107)보다 나은 사람이라고 공공연하게 말한다고 생각할 수 있다.

에르퀼린은 고아가 된 아동을 위한 자선기관을 유년기 '고통의 피난처'라고 부르는데, 이곳은 이야기의 말미에서 비유적으로 '무덤의 피난처'로 그/녀가 다시 만나는 집이 된다. 유년기의 피난처가 유령 같은 아버지와의 마술 같은 교감과 동일시를 하게 해준 것처럼, 죽음의 무덤은 죽어서 만나고 싶었던 바로 그 아버지가 이미 차지하고 있다. 에르퀼린은 "무덤을 보니 삶과 화해하게 된다. 무덤은 거기 내 발밑에 là à mes pieds 뼈를 누인 사람에게 뭐라 말할 수 없는 애정을 느끼게 한다"(p. 109)라고 쓰고 있다. 그러나 자신을 떠나버린 어머니에 대한 일종의 적대적인 연대로 형성된 이 사랑은 버림받았다는 분노를 결코 정화하지 못한다. 즉 "발밑의" 아버지가 커져서 일찍이 남성의 총체가 되고, 그/녀는 그런 남성들을 뛰어넘어서 그런 남성들을 지배한다고 주장하며(p. 107), 그런 남성들에게 경멸의 웃음을 보낸다. 앞서 그/녀는 자신의 비정상 상태를 발견한 의사에 대해 이렇게 말한다. "그자가 백 피트 지하에 있었다면 좋았으련만!"(p. 69)

여기서 에르퀼린의 양가성은 "비정체성의 행복한 중간지대"에 관한 푸코 이론의 한계를 은연중에 보여준다. 푸코에게 에르퀼린이 차지할 장소를 예견이라도 하듯, 에르퀼린은 자기가 "불가능한 꿈의 장

난감"(p. 79)이 아닌지 궁금해한다. 에르퀼린의 성적 성향은 처음부터 양가성 중의 하나였고, 앞서 논의한 대로 그/녀의 섹슈얼리티는 그것을 생산한 양가적 구조를 요약하는데, 이런 양가적 구조는 확대가족인 수녀원의 여러 '자매'와 '어머니'에 대한 사랑을 추구하라는 제도적 명령으로도 일부 구성되고, 또한 그 사랑을 너무 깊게 실행하지 말라는 절대적 금지로도 구성된다. 그/녀의 섹슈얼리티는 법의 바깥에 있는 게 아니라 법의 양가적 산물이며, 그 안에서 금기 개념 자체가 정신분석학적이고 제도적인 영역에 걸쳐 있다. 그/녀의 고백은 그 욕망처럼 복종이면서 동시에 저항이다. 다시 말해 죽거나 버림받아서 금지된 사랑, 또는 죽음과 버림받음이 둘 다 일어나 금지된 사랑은, 금지를 그 조건이자 목적으로 삼는 사랑이다.

에르퀼린은 법에 복종한 후에야 비로소 법률적으로 인가된 '남성' 주체가 되지만, 젠더 범주는 오히려 그/녀가 오비디우스의 『변신 이야기』에 대해 언급한 것보다도 유동성이 적다고 판명된다. 그/녀의 다중 언어성 담론은 젠더 이전에 존재하거나 한 젠더를 다른 젠더와 교환한다고 말해질 법한 '사람'의 개념이 가능한지에 대해 이의를 제기한다. 만일 그/녀가 다른 사람들로부터 적극적으로 비난당하지 않는다면 스스로를 비난할 것이고(그/녀는 자신을 '판사'라고 부르기까지 한다) (p. 106) 사실상 사법적 법이 자신의 젠더 전환을 가져온 경험의 법보다 훨씬 더 효과가 크다는 것을 드러낼 것이다. 실제로 에르퀼린은 사법적 법을 결코 체현할 수 없는데, 그/녀가 해부학의 상징 구조 안에서 법이 스스로 자연화하는 사례를 제공할 수는 없기 때문이다. 다시 말해 법은 자연스러운 이질성에 단순히 어떤 문화적 강제를 한 것이 아니다. 법은 '자연'이라는 자체 관념에 순응할 것을 요구하고 이분법적이고 비대칭적인 몸들의 자연화를 통해 합법성을 얻는데, 그 안에서 남근은 음경과 분명하게 똑같은 것이 아닌데도 음경을 남근의 자연화된 도구이자 기호로 사용한다.

에르퀼린의 쾌락과 욕망은 결코 사법적 법의 부과에 앞서서 번성하고 확산된 목가적 순수함이 아니다. 그/녀는 남성적 의미화 경제의 바깥에 완전히 떨어져 있지도 않다. 그/녀는 법의 '외부'에 있지만 법이 그 자체 안에서 이 '외부'를 유지한다. 사실상 그/녀는 자격을 갖춘 주체로서가 아니라, 이런 반란을 만들 뿐인 법의 언캐니한 능력을 증언하는 연출로서 법을 구현한다. 그리고 충성심 때문에 이런 반란은 스스로 패배하고, 법에 완전히 복종한 주체는 자신의 기원인 법을 반복할 수밖에 없을 것이다.

결론의 비과학적 후기

『성의 역사』 제1권에서 푸코는 정체성의 탐색을 권력의 사법적 형식이라는 맥락 안에 두는 것으로 보이는데, 권력의 사법적 형식은 정신분석학을 포함해 19세기 말경 성과학이 등장하면서 완전히 분명해진다. 푸코는 『쾌락의 활용 L'Usage des plaisirs』 도입부에서 성에 대한 역사문헌학을 수정하고 초기 그리스와 로마의 문헌에서 억압적/생성적인 주체 형성의 법칙을 발견하고자 했으나, 정체성 효과의 규제적 생산을 폭로하려는 그의 철학적 기획은 변함이 없다. 정체성에 대한 당대의 탐구 사례는 최근 세포생물학의 발전에서 찾을 수 있는데, 그것이 뜻하지 않게 푸코식 비평의 지속적 적용 가능성을 확인해주는 사례가 된다.

성별의 일의성에 의문을 제기한 것은, 1987년 말 MIT 연구자들이 성별에 관해 찾았다고 주장하는 비밀스럽고도 확실한 마스터유전자에 관한 최근의 논쟁이었다. 데이비드 페이지 박사와 그의 동료들은 대단히 복잡한 기술적 방법을 이용해 Y염색체상의 특정한 DNA염기서열을 구성하는 마스터유전자를 발견했고, 이것에 'TDF' 즉 고환결정인자testis-determining factor라는 이름을 붙였다. 『셀Cell』(51호)에 이 연구 결과를 발표하면서 페이지 박사는 "모든 성적 이형성의 특징을 결정하는 이분법의 전환"[8]을 발견했다고 주장했다. 이제 이 발견이 주장하는 바에 대해 고찰하고, 성의 결정성에 관해 논쟁적인 문제가 왜 계속 제기되는지를 생각해보자.

페이지의 논문 「인간의 Y염색체 중 성별 결정 영역의 핑거 단백질 암호화」에 따르면 DNA 샘플들이 대단히 이례적인 사람들의 집단에서 채취되었고, 그중 일부는 XX염색체를 가졌는데도 의학적으로 남성이라고 지정되었으며, 또 그중 일부는 XY염색체 구성을 가졌는데도 의

---

8) Anne Fausto-Sterling, "Life in the XY Corral", *Women's Studies International Forum*, Vol. 12, No. 3, 1989; *Special Issue on Feminism and Science: In Memory of Ruth Bleier*, ed. Sue V. Rosser, p. 328. 이 부분에서 나머지 인용은 모두 그의 논문과 그가 인용한 다음 두 편의 논문에서 가져온 것이다(David C. Page, et al., "The sex-determining region of the human Y chromosome encodes a finger protein", Cell, No. 51, pp. 1091~1104; Eva Eicher and Linda Washburn, "Genetic control of primary sex determination in mice", *Annual Review of Genetics*, No. 20, pp. 327~360).

학적으로는 여성으로 지정되었다. 이것들이 어떤 근거에서 염색체 결과와 반대되는 성별을 지정했는지를 그가 명확히 밝힌 것은 아니지만, 이를 적절한 지정이라고 주장하는 확실한 일차적, 이차적 특징을 추측할 수는 있다. 페이지와 그의 동료들은 다음과 같은 가설을 세웠다. 보통 현미경으로는 볼 수 없지만 남성을 결정하는 DNA염기서열이 분명히 있을 것이고, 이 DNA염기서열이 원래 자리인 Y염색체에서 이동해 발견을 예상하지 못한 다른 염색체로 옮겨왔을 것이라는 가설이다. (a) 감지되지 않는 이 DNA염기서열을 가정할 수 있다면, 또한 (b) 그것이 위치를 옮길 수 있다는 것을 우리가 입증할 수 있다면, 우리는 XX염색체인 남성에게 감지되는 Y염색체가 없는데도 왜 실제로 남성이었고 지금도 남성인지를 이해할 수 있다. 이와 유사하게 DNA염기서열이 조금 잘못 놓였기 때문에, 여성에게도 Y염색체가 있다는 흥미로운 사실을 설명할 수 있다.

페이지와 그의 동료들이 이런 결과를 이끌어내기 위해 이용한 집단이 제한적이긴 하지만, 그들의 연구가 기반하고 있는 추정은 인구 중 10퍼센트에게 XX여성과 XY남성의 범주에 딱 들어맞지 않는 염색체 변종이 있다는 것이다. 따라서 이 '마스터유전자'의 발견은 성별의 결정을 이해하고 그에 따라 이 유전자야말로 성차를 이해하는 데 있어서 예전의 염색체 기준이 제시하던 것보다 더 확실한 기반이 된다고 간주된다.

불행히도 페이지에게는 이 DNA염기서열의 발견으로 가능해진 주장에 계속 끈질기게 따라붙는 문제점이 있었다. 남성성을 결정한다고 하는 바로 그 똑같은 DNA염기서열이 실은 여성의 X염색체에도 나타난다는 사실이 발견된 것이다. 처음에 페이지는 이런 흥미로운 발견에 대해, 아마도 남성에게 이 유전자 염기서열이 있는 반면, 여성에게는 없다는 것이 결정적 요소가 아니라, 남성에게는 능동적인 반면, 여성에게는 수동적일 거라는 주장(아리스토텔레스가 살아 있다니!)으로 대응했다. 그러나 이 주장은 가설로 남아 있고, 앤 파우스토스털링에 따르면, 『셀』논문에서 페이지와 동료 연구자들은 유전자 샘플을 채취한 개개인이 해부학적 구성과 생식적 구성 측면에서 모두 모호하다는 것을 말하지 못했다. 파우스토스털링의 논문 「XY염색체 울타리 속의 삶」을 인용해보자.

> 그들이 연구한 네 명의 XX남성은 모두 불임(무정자증)이었고, 생식세포, 즉 정자의 전구체 세포가 전혀 없는 작은 고환을 가지고 있었다. 또한 그들은 호르몬 수치들이 높은 반면 테스토스테론 수치는 낮았다. 아마도 외부 성기와 고환의 존재 때문에 남성으로 분류되었을 것이다. (…) 이와 유사하게 (…) XY여성의 외부 성기는 정상이었지만 그들의 난소에는 생식세포가 없었다.(p. 328)

분명 이것은 성별의 구성요소들이 보통 성별 범주로 지정되는 인식 가능한 일관성이나 통일성에 합쳐지지 않은 사례다. 이러한 비일관성 때문에 페이지의 주장도 문제에 빠지게 되는데, 왜냐하면 우리가 처음부터 이들이 XX남성, XY여성이라는 데 동의해야 하는 이유가 불분명하기 때문이다. 문제가 되는 게 남녀의 성별 지정이고, 은연중에 이미 외부 성기로 남녀의 성별을 지정한 마당에 말이다. 사실 외부적 성기가 성별을 결정하고 할당하는 데 충분한 기준이라면 마스터유전자에 대한 실험적 연구도 필요 없을 것이다.

그러나 이 특정 가설이 형성되고, 실험되고, 인증되는 방식과 관련해 다른 문제에 대해서도 생각해보자. 페이지와 그의 동료들은 성별 결정인자를 남성의 결정인자, 즉 고환결정인자와 결합한다는 데 주목하자. 유전학자 에바 아이커와 린다 L. 워시번은 『연간 유전학 연구』에서 성결정에 관한 연구 문헌에서 난소결정인자는 전혀 고려되지 않았으며, 여성성은 언제나 남성-결정요소의 부재 또는 수동적 존재라는 관점에서 개념화된다고 주장한다. 여성성은 부재하거나 수동적인 것이라서 연구 대상의 자격에 확실히 미치지 못한다. 그러나 아이커와 워시번은 여성성이 능동적이라고 주장하며, 사실상 문화적 편견, 성별에 대한 젠더화된 가정들, 또 이런 연구를 가치 있게 만드는 것에 대한 젠더화된 가정들이 성별 결정에 대한 연구를 왜곡하고 제한한다고 주장한다. 파우스토스털링은 아이커와 워시번을 인용한다.

어떤 연구자들은 고환 조직의 발생이 능동적(유전자 주도적, 지배적) 사건인 반면, 난소 조직의 발생은 수동적(자동적) 사건이라고 제시하면서, Y염색체가 고환결정에 관여한다는 가설을 지나치게 강조해왔다. 분명히 난소 조직의 발생은 고환 조직의 발생만큼이나, 혹은 그 문제에 관한 한 모든 세포 분화 과정의 발생만큼이나, 능동적이고도 유전적으로 지시된 발달 과정이다. 미분화된 생식선으로부터 난소 조직이 발생했다는 것과 관련된 기록은 거의 없다.(p. 325)

이와 관련해서 발생학의 전 영역이 세포 분화에서 세포핵의 중심 역할에만 초점을 둔다는 비판을 받았다. 분자세포생물학 분야를 비판하는 페미니즘 비평가들은 그 분야의 세포핵 중심적인 전제에 반대했다. 완전히 분화된 세포핵을 완전하고 잘 형성된 새로운 유기체 발달의 지배자나 감독자로 결정하려는 연구 경향에 반대하면서, 세포핵은 세포라는 맥락 안에서만 의미와 통제력을 갖는 것으로 새롭게 보려는 연구 프로그램이 제안되었다. 파우스토스털링에 따르면 "질문해야 할 것은 분화가 일어나는 동안 세포핵이 어떻게 변하는가가 아니라, 분화가 일어나는 동안 역동적인 핵–세포질의 상호작용이 어떻게 변하는가이다".(p. 323~324)

페이지의 연구 구조는 분자세포생물학의 일반적인 경향에 딱 들어맞는다. 이 틀은 처음부터 이런 개개인이 사용할 수 있는 성별 범주의 설명력에 대해 이들이 은근히 문제를 제기한다고 생각하기를 거부했음을 시사한다. 즉 페이지가 하려는 질문은, '이분법의 전환'이 어떻게 시작되는지에 관한 것이지, 이분법적 성별의 관점에서 몸을 설명하는 것이 지금 과제에 적합한지의 여부가 아니다. 게다가 '마스터유전자'에 집중하면, 여성성은 남성성이 있거나 없는 것, 아니면 기껏해야 수동성이 있는 것으로 이해해야 할 텐데, 이런 수동성조차 남자에게 있다면 틀림없이 능동적이라고 주장할 것이다. 이런 주장은 물론 성별 분화에 난소가 능동적으로 기여한다는 것을 적극 고려하지 않은 연구의 맥락에서 이루어진다. 여기서 결론은, 성별 결정에 관한 유효하고 입증 가능한 주장이 이루어질 수 없다는 것이 아니라, 남녀의 상대적 지위 및 젠더의 이원적 관계와 관련된 문화적 가정이 성별 결정에 대한 연구의 틀을 만들고 또 그 연구의 중심이 된다는 것이다. 일단 젠더화된 의미가 그것이 획득한 문화적 의미에 선행하는 것으로서 '성별'을 확립하려 하는 이런 생의학적 연구의 가설과 추론의 틀을 만든다는 것을 알게 된다면, 성별과 젠더를 구분하는 일은 훨씬 어려워질 것이다. 사실 생물학의 언어가 다른 언어에 개입하고, 그 언어가 발견해서 중립적으로 서술하고자 한 대상 속에서 이처럼 문화의 퇴적을 증식시킨다는 것을 깨닫는다면, 이 과제는 훨씬 더 복잡해진다.

이것은 순전히 문화적 관습이 아닌가? 페이지와 다른 사람들이 해부학적으로 모호한 XX염색체의 개인을 남성이라고 결정할 때 참고한 관습, 즉 성기를 성의 결정적 '기호'로 받아들이는 관습 말이다. 이런 사례들의 불연속성이 단일한 결정인자에 기대어 해결될 수는 없으며, 또한 다양한 요소, 기능, 염색체와 호르몬 차원을 구성하는 범주로서의 성별은 더이상 우리가 당연하게 받아들이는 이분법적 틀 안에서 작동하지 않는다고 주장할 수도 있다. 여기서 요점은 정상적인 성생활을 위해서 만들어진 주장을 그저 상대적으로 생각해보려고 예외나 특이사항에 기대려는 게 아니다. 그러나 프로이트가 『성욕에 관한 세 편의 에세이』에서 제시하듯, 일상적이고 자연화된 성적 의미의 세계가 어떻게 구성되는지에 대해 단서를 주는 것이 바로 예외이고 이상한 것이다. 오직 자의식적으로 탈자연화된 입장에서 볼 때만, 비로소 자연스러움이라는 외양 자체가 어떻게 구성된 것인지를 알 수 있다. 그 안에 내재한다거나 그렇게 성별화된 존재에서 나왔다고 말하는 성별화된 몸에 대한 가정들, 이것이거나 저것이라고 하는 가정들, 그 의미에 대한 가정들은, 문화적 관습의 관점에서 몸의 영역을 자연화하고 안정되게 하는 범주에 순응하지 못한 이런 사례들 때문에 갑자기 상당 부분 전복된다. 따라서 '외부'로 나간 이 이상하고 비일관적인 것이 성의 범주화를 당연한 것으로 여기던 세계를 구성된 세계로, 실은 다르게 구성될 수도 있는 세계로 이해할 수 있는 방법을 제공해준다.

우리는 푸코가 제공한 분석, 즉 성의 범주가 규제적이고 재생산적인 섹슈얼리티 체계를 수행하면서 구성된다는 분석에 당장 동의할 수는 없다. 하지만 페이지가 외부 생식기를, 즉 재생산적 섹슈얼리티의 상징화에 핵심이 되는 해부학적 신체 부위를 성별 할당의 확실하면서도 선험적인 결정요인으로 지목했다는 사실에 주목하는 것은 흥미롭다. 이 경우 페이지의 연구는 서로 충돌하는 두 가지 담론에 시달리고 있다고 할 수 있다. 하나는 외부 생식기를 확실한 성의 기호로 보고 재생산에 유리한 것을 수행하려는 문화적 담론이고, 다른 하나는 자동발생적이지는 않지만 능동적이고 단일한 원인을 가진 남성적 원칙을 확립하려는 담론이다. 따라서 단호하게 성을 결정하려는 욕망, 그리고 성을 다른 것이 아닌 하나의 성으로 결정하려는 욕망은 성의 재생산이라는 사회적 조직으로부터, 서로 분명하고 단호한 정체성의 구성과 성별화된 몸의 입장을 통해서 비롯되는 것으로 보인다.

재생산적 섹슈얼리티의 틀에서는 남성의 몸이 보통 능동적 행위자에 비유되므로, 어떤 의미에서 페이지의 연구에 나타나는 문제는 재생산 담론을 남성적 능동성 담론과 화해시킨다는 점이다. 이 두 담론은 대개 문화적으로 함께 작동하기는 하지만 이 경우에는 분명히 서로 분리되어 있는데도 말이다. 그렇다면 흥미로운 점은 페이지가 기꺼이 재생산 담론보다는 남성적 능동성의 원칙에 우선순위를 두면서, 사실상

2. 푸코, 에르퀼린, 성적 불연속성의 정치학 289

능동적 DNA염기서열을 결정적인 것으로 설정하려 한다는 것이다.

  그러나 이런 우선순위는 모니크 비티그의 이론에 따르면 그저 외양을 구성할 뿐이다. 성별 범주는 강제적인 성적 재생산 체계를 통해 분명 작동되는 강제적 이성애 체계에 속한다. 이제 살펴보게 될 비티그의 관점에서 '남성적인 것'과 '여성적인 것', '남성'과 '여성'은 오직 이성애의 기반 안에서만 존재한다. 실제로 이런 용어들은 자신의 기반을 계속 감추고, 따라서 급진주의 비평으로부터 보호를 받는 자연화된 용어들이다.

3. 모니크 비티그—몸의 해체와 허구적 성

언어는 사회적인 몸에 현실의 도르래를 던진다.

_모니크 비티그

시몬 드 보부아르는 『제2의 성』에서 "여성은 태어나는 것이 아니라 만들어지는 것이다"라고 썼다. 이 글귀는 기묘하며, 난센스로까지 들리기도 한다. 내내 여성이 아니었는데 어떻게 여성으로 만들어진다는 말인가? 그리고 여성으로 만들어진다는 이 '사람'은 누구인가? 어느 시점에서 그 젠더로 만들어지는 어떤 사람이 있는가? 젠더로 만들어지기 전에 그 사람이 그 젠더가 아니라고 가정하는 것은 정당한가? 사람은 어떻게 해서 어떤 젠더로 '만들어지는'가? 젠더 구성의 계기나 기제는 무엇인가? 그리고 아마도 가장 적절한 질문으로는, 언제 이 기제가 인간 주체를 젠더화된 주체로 변형시키는 문화적 장에 도달하는가?

말하자면 언제나 이미 젠더화되지 않은 인간이 있기는 한가? 젠더의 표시는 몸에다 인간의 몸이라는 '자격을 주는' 행위로 보인다. 유아가 인간이 되는 것은 "남자아이인가 여자아이인가?"라는 질문에 대답이 주어지는 순간이다. 어느 쪽 젠더에도 맞지 않는 몸의 형태는 인간의 외부로 튕겨나가고 사실상 탈인간화와 비체의 영역을 구성하는데, 인간 자체가 이러한 영역에 저항하며 구성된다. 젠더가 항상 거기 있으면서 무엇이 인간의 자격인지 미리 한계를 정한다면, 마치 젠더가 무슨 덧붙이는 추신이거나 문화적 후기라도 되듯이 젠더로 만들어지는 인간에 대해 우리가 어떻게 말할 수 있을까?

물론 보부아르는 여성의 범주가 그저 가변적인 문화의 성과물, 즉 문화의 장에서 택하고 취하는 일련의 의미라고, 누구도 젠더를 갖고 태어나지 않으며 젠더는 언제나 획득된다고 주장하려는 것이다. 다른 한편으로 보부아르는 사람이 하나의 성별을 갖고 태어나고, 하나의 성별로서, 성별화된다고, 또한 성별화되는 것과 인간이 되는 것은 동일한 시공간에 펼쳐지고 동시에 발생한다고 기꺼이 주장한다. 성별은 인간의 분석적 속성이고, 성별화되지 않은 인간은 없으며, 성별은 꼭 필요한 속성으로서 인간에게 자격을 준다. 그러나 성별이 젠더의 원인은 아니며 젠더가 성별을 반영하거나 표현한다고 이해할 수도 없다. 사실 보부아르에게 성별은 불변의 사실이지만 젠더는 획득되는 것이고, (혹은 보부아르의 생각으로) 성별은 변할 수 없지만 젠더는 성별의 가변적인 문화적 구성물이자 성별화된 몸이 가져온 문화적 의미의 무수하고도 열린 가능성이다.

보부아르의 이론은 겉으로 보기에 급진적인 결과를 함축하고 있는데, 그런 결과까지 보부아르의 생각은 아니다. 예컨대 성별과 젠더가 근본적으로 다르다고 해서, 주어진 성별이 된다는 것이 주어진 젠더가 되는 것은 아니다. 다시 말해 '여성'이라는 것이 여성의 몸의 문화적 구성일 필요가 없고, 남성도 남성의 몸으로 해석할 필요가 없다. 성별/젠더 구분의 급진적 공식은 성별화된 몸이 여러 다른 젠더의 사례가 될 수 있으며, 더 나아가 젠더를 통상 두 가지로 제한할 필요가 없다고 주장한다. 성별이 젠더를 제한하지 않는다면, 아마도 젠더, 즉 성별화된 몸에 대한 문화적 해석의 방식이 있을 것이고, 그 방식은 결코 겉으로 보이는 성별의 이원성에 의해 규제를 받지 않는다. (결코 그럴 리는 없겠지만) 젠더가 누군가로 만들어지는 것이라면 어떤 결과가 나올지 생각해보자. 젠더는 그 자체가 만들어지는 것 아니면 어떤 활동일 것이고, 젠더는 명사나 실체적인 것, 혹은 정태적인 문화의 표시로 간주되는 게 아니라 부단히 반복되는 행동 같은 것으로 간주되어야 한다. 젠더가 인과적으로든 표현적으로든 성별에 묶여 있지 않다면, 젠더는 분명한 성의 이분법이 부과한 이원적 한계를 넘어 증식될 가능성이 있는 행위다. 사실 젠더는 여러 종류의 현재분사를 만들고 확장할 새로운 어휘가 필요한 일종의 문화적/육체적 행동일 것이고, 젠더에 관한 이분법적 문법 규제와 실체화된 문법 규제에 저항하는, 재의미화와 확장이 가능한 범주일 것이다. 그러나 이런 기획을 문화적으로 어떻게 생각할 수 있으며, 또 불가능하고도 헛된 유토피아적 기획의 운명을 어떻게 피할 수 있을까?

"여성은 태어나는 것이 아니다." 모니크 비티그는 『페미니스트 이슈』(제1권, 1호)에 발표한 동명의 논문에서 이 문구를 반복한다. 그런데 모니크 비티그는 보부아르를 어떻게 되울리고 재현하는가? 비티그의 두 가지 주장은 보부아르를 떠올리게 하는 동시에 자신을 보부아르와 분리하는데, 그 첫번째는 성별 범주란 불변하거나 자연스러운 것이 아니라, 재생산 섹슈얼리티의 목적을 위해 자연의 범주를 특정하게 정치적으로 활용한 것이라는 주장이다. 다시 말해 성별 구분이 이성애의 경제적 필요에 부합하고, 이성애 제도에 자연주의의 광택을 입히는 경우를 제외한다면, 인간의 몸을 남성과 여성이라는 성별로 나눌 이유가 없다. 따라서 비티그에게는 성별과 젠더 사이에 차이가 없으며 '성별' 범주는 그 자체가 젠더화된 범주이다. 또 그것은 정치적 의미가 가득하고, 자연화되어 있지만 자연스러운 것이 아니다. 다소 반직관적인 비티그의 두번째 주장은, 레즈비언은 여성이 아니라는 것이다. 비티그의 주장에 따르면 여성은 오직 이분법과 남성과의 대립관계를 안정시키고 강화하는 용어로만 존재하며, 그 관계는 이성애적이다. 그의 주장에서 레즈비언은 이성애를 거부하므로, 그런 대립관계의 관점으로는 더이상 규정될 수 없다. 비티그가 주장하길, 사실 레즈비언은 여성과 남성의 이분법적 대립을 초월하며, 레즈비언은 남성도 여성도 아니다. 더 나아가 레즈비언은 성별이 없으며, 성별 범주를 초월해 있다. 레즈비언은(여기서 대명사가 문제다) 성별 범주를 거부함으로써 이 범주의 우연한 문화적 구성을 폭로하고, 이성애적 기반이라는 암묵적이지만 변하지 않는 전제를 폭로한다. 따라서 비티그에게 여성woman은 태어나는 것이 아니라 만들어지는 것이라고 할 수 있지만, 더 나아가 여자female로 태어나는 게 아니라 만들어지는 것이라고 할 수 있다. 좀더 과격하게 말해서, 선택만 하면 여자도 남자도, 여성도 남성도 아닌 것으로 만들어질 수 있다. 사실상 레즈비언은 제3의 젠더로 나타나거나,

앞으로 살펴보겠지만 기술description이라는 안정된 정치적 범주로서의 성별과 젠더를 근본적으로 문제삼는 범주로 보인다.

비티그는 '성별'의 언어적 구분이 강제적 이성애의 정치적 문화적 작동을 보호한다고 주장한다. 그가 주장하길, 이러한 이성애 관계는 일반적 의미에서 상호적인 것도, 이분법적인 것도 아니다. '성별'은 언제나 이미 여성이며, 단 하나의 성, 여성적인 것만이 있다. 남성이 된다는 것은 '성별화'되는 것이 아니다. 그리고 '성별화'되는 것은 언제나 특정하고 관계적인 것이 되는 방식이며, 이런 체계 안에서 남성은 보편적인 사람의 형식에 들어간다. 그래서 비티그에게는 '남자의 성'이 그렇듯 '여자의 성'도 다른 어떤 성을 의미하지 않는다. '여자의 성'은, 말하자면 보부아르가 내재성의 순환이라고 부른 덫에 걸린 것처럼 성별에 얽혀 있는 것을 의미할 뿐이다. '성별'이란 몸에 대한 정치적이고 문화적인 해석이기 때문에, 전통적 계보에 따른 성별/젠더 구분은 없다. 젠더는 성별로 구축되고, 성별은 처음부터 젠더였다는 것이 입증된다. 비티그는 이 일련의 강제적인 사회관계에서, 여성은 존재론적으로 성별로 가득 채워진다고 주장한다. 여성은 여성들의 성별이다. 그리고 뒤집어 말해 성별은 필연적으로 여성적이다.

비티그는 '성별'이 여성, 게이, 레즈비언에게 억압적인 의미화 체계에 의해 담론적으로 생산되고 순환된다고 생각한다. 그는 이 의미화 체계에 참여하기를 거부하거나, 이 체계 안에서 개혁 또는 전복의 위치를 택할 가능성을 믿지 않는다. 그런 위치를 일부라도 소환하는 것은 그 위치 전체를 소환해 확정하는 것과 같다. 그 결과 비티그가 만든 정치적 과제는 성에 관한 담론 전체를 전복하는 것이고, 사실상 '젠더'

나 '허구적인 성'을 (특히 프랑스어 발음에서) 인간과 사물의 본질적 속성으로 만드는 문법 자체를 전복하려는 것이다.[1] 비티그는 자신의 이론과 소설에서 성별에 기대지 않기 때문에, 결과적으로 젠더의 기반 안에 발화의 권리를 규제하고 분배하는 대명사의 변별성에 기대지 않는 몸과 섹슈얼리티를 기술할 근본적인 구조 재편을 촉구한다.

비티그는 '성별' 같은 담론적 범주를 사회적 장에 강제로 부과된 추상적 관념으로, 즉 이차적 질서나 물화된 '현실'을 생산하는 것으로 생각한다. 개인은 경험의 객관적인 자료로 간주되는 성별에 대해 '직접적인 지각'을 하는 것처럼 보이지만, 비티그의 주장에 따르면 사실 성별이라는 대상은 난폭하게 그런 자료로 만들어진 것이고, 이런 폭력적 형성의 역사와 기제는 그 대상에 더이상 나타나지 않는다.[2] 따라서 '성별'이란 바로 그 효과 때문에 감추어진, 폭력적 과정의 리얼리티-효과이다. 나타난 것은 '성별'뿐이고, 그래서 '성별'은 원인이 없는 것의 총

---

1) 비티그는 "프랑스어에 비해 영어는 젠더가 거의 없는 것으로 평가받고 있다. 반면 프랑스어는 매우 젠더화된 언어. 엄밀히 말해 영어는 무생물의 대상에, 사물에 혹은 비인간적 존재에 젠더의 표시를 사용하지 않는다. 그러나 인칭의 범주와 관련해서는 두 언어가 같은 정도로 젠더를 담고 있다"고 언급한다.("The Mark of Gender", *Feminist Issues*, Vol. 5, No. 2, Fall 1985, p. 3: *The Straight Mind and other Essays*, pp. 76~99) 이에 대해서는 이 책 3장의 3절 각주 25를 참고.

2) 비티그가 이 점을 주장하지는 않지만, 그의 이론으로 성별화된 주체(몇 가지 예를 들자면 여성, 레즈비언, 게이 남성 등), 즉 폭력적으로 구성된 어떤 범주에 대해서 폭력적인 강요로 인해 발생하는 폭력을 설명할 수 있을 것이다. 다시 말해 이런 몸에 대한 성범죄는 그들을 그들의 '성별'로 사실상 축소시키고, 그에 따라 이 범주 자체의 축소를 확증하고 강제하게 된다. 담론은 글쓰기나 말하기에 국한된 것이 아니라 사회적 행위, 심지어 폭력적인 사회적 행위이기도 하므로 우리는 강간, 성폭력, '동성애자 괴롭히기'도 성별 범주가 작동하고 있는 행위라고 이해해야 한다.

체성으로 지각되지만, 그것은 그 원인이 보이지 않아서일 뿐이다. 비티그는 자신의 입장이 직관에 반한다는 것을 알지만, 직관의 정치적 전개야말로 비티그가 밝히고 폭로하고 도전하고자 하는 것이다.

성별은 자연 질서에 속하는 것으로 '즉시 주어진 것' '합리적으로 주어진 것' '신체적 특징'으로 받아들여진다. 그러나 우리가 육체적이고 직접적인 지각이라고 생각하는 것은 단지 공들여 만든 신화적 구성물이자 '상상적 형성물'에 불과하며, 그것은 자신이 지각되는 관계망을 통해서 (그 자체는 다른 것처럼 중립적이지만, 사회체계에 의해 표시되는) 물리적 특징을 재해석한다.[3]

어떤 의미에서 '신체적 특징'은 사회체계의 표시 없이, 저기 언어 저편에 있는 것처럼 보인다. 그러나 이러한 특징이 성별 범주의 환원적 작동을 재생산하지 않는 방식으로 명명될지는 불분명하다. 이런 다양한 특징은 성별 범주 안에서 자신을 표명하면서 사회적 의미와 통일성을 얻는다. 다시 말해 '성별'은 불연속적 속성들의 집합에 인위적 통일성을 부과한다. 담론적이면서 지각적인 것으로서 '성별'은 역사적으로 우연적인 인식체계를, 즉 물리적 몸이 지각되는 상호관계를 강제로 형성해서 지각을 만드는 언어를 의미한다.

지각으로 인식된 몸에 선행하는 '물리적' 몸이라는 것이 있는가? 확

---

3) Monique Wittig, "One is Not Born a Woman", *Feminist Issues*, Vol. 1, No. 2, Winter 1981, p. 48: *The Straight Mind and other Essays*, pp. 9~20. 이 책의 3장 3절 각주 25를 참고.

답을 내릴 수 없는 질문이다. 성의 범주에 있는 속성을 모은다는 것도 의심스럽지만 '특징'의 구분 또한 의심스럽기는 마찬가지다. 음경, 질, 젖가슴 등을 성적 각부로 명명하는 것은 성적으로 감응하는 몸을 특정한 그 부위로 국한하면서 전체로서의 몸을 파편화한 것이다. 사실 성별 범주로 인해 몸에 부여된 '통일성'은 일종의 '비통일성'이고 파편화이며 구획화이자 성감의 축소이다. 그렇다면 비티그가 『레즈비언의 몸』에서 성별화된 몸의 파괴와 파편화를 통해 성별 범주의 '전복'을 글에 쓰인 대로 수행하는 것은 놀라운 일이 아니다. '성별'은 몸을 파편화하므로 레즈비언의 방식으로 '성별'을 전복한다는 것은 몸을 성별화된 몸으로 '통일'하고 그런 몸을 일관되게 만들도록 지시하는, 몸의 완전성을 성별로 차별화하는 이런 규범을 지배 모델로 삼는다. 비티그는 자신의 이론과 소설에서, 종종 긍정적 이상으로 간주되는 몸의 '완전성'과 '통일성'이 파편화, 규제, 지배의 목적을 위해 작동한다는 것을 보여준다.

언어는 말하는 주체의 발화locutionary 행위를 통해 '사회적 실재'를 창조할 힘을 얻는다. 비티그의 이론에는 두 개의 현실 층위, 두 개의 존재론적 질서가 있는 것으로 보인다. 사회적으로 구성된 존재론은 사회 이전이나 담론 이전의 것으로 보이는 더 근원적인 존재론으로부터 발생한다. '성별'은 담론적으로 구성된 현실(이차적 질서)에 속하지만, 거기에는 담론 자체의 구성을 설명하는 전前사회적 존재론도 있다. 비티그는 그런 주체의 형성과 그 주체의 발화를 지휘하는, 발화 주체에 앞선 일련의 보편적인 의미화 구조가 있다는 구조주의적 가정을 결연히 거부한다. 그가 보기에, 이성애적이고 강제적이라는 특징이 있는 역사적으로 우연적인 구조가 있는데, 이 구조가 남자에게 완전하고 권위적인 발화의 권리를 주는 반면 여자에게는 주지 않는다. 그러나 사회적으로 구성된 이런 불균형은 통일되고 평등한 인간이라는 사회 이전의 존재론을 감추고 위반한다.

비티그에 따르면 여성의 과제는 권위 있는 발화 주체의 위치를 차지하는 것인데, 이는 어떤 의미에서 여성들의 존재론적 토대에 있는 '권리'이다. 또 성별 범주와 그것의 근원인 강제적 이성애 체계를 전복하는 것도 여성의 과제이다. 비티그에게 언어는 오랫동안 반복되어 결국 '사실'로 잘못 인식된 리얼리티-효과를 생산하는 일련의 행위이다. 총체적으로 생각해보면, 성차를 명명하는 반복된 실천이 이런 자연스러운 분할의 외관을 만들었다. 성별을 '명명'하는 것은 지배와 강제의 행위이고, 성차의 원칙에 따라 몸의 담론적/지각적 구성을 요구함으로써 사회적인 현실을 창조하고 합법화하는 제도화된 수행적 행위이다. 따라서 비티그는 "우리는 몸과 정신의 특징 하나하나마다 우리를 형성한 자연의 관념에 맞추라는 강요를 받는다. (…) '남성'과 '여성'은 정치적인 범주일 뿐, 자연적인 사실이 아니다"[4]라고 결론짓는다.

'성별'이라는 범주는 비티그가 강제적 계약이라 부른 것을 통해 '성별', 즉 몸의 사회적 배치를 강요한다. 따라서 '성별' 범주는 노예가 되게 하는 이름이다. 언어는 "사회적인 몸에 현실의 도르래를 던진다"고 하지만 이 도르래는 쉽게 폐기되지 않는다. 이어서 비티그는 "그러면

---

4) 같은 책, 17쪽.

서 사회적인 몸을 찍어내고 폭력적으로 형성한다"고 말한다.[5] 비티그의 주장에 따르면, 인문학 담론에 분명히 드러난 "이성애 정신이 우리 모두를, 레즈비언과 여성과 동성애 남성을 억압"하는데, "어떤 사회건 사회의 근간을 이루는 것이 이성애라고 당연하게 받아들이기"[6] 때문이다. 발화 주체가 말을 하기 위해 담론이 그 발화 주체에게 바로 그런 억압의 관점에 참여할 것을 요구한다면, 즉 발화 주체의 불가능성이나 인식 불가능성을 당연한 것으로 받아들이라고 요구한다면, 담론은 억압적인 것이 된다. 비티그가 주장하길, 이렇게 추정된 이성애는 담론 안에서 "이성애자가 아니라면 존재조차 할 수 없으리라"[7]는 협박을 전하는 기능을 한다. 여성, 레즈비언, 게이 남성은 강제적 이성애의 언어체계 안에서 발화 주체의 위치를 차지할 수 없다는 주장이다. 이런 체계 안에서 말한다는 것은 발화의 가능성을 박탈당하는 것이다. 따라서 그런 맥락에서 한마디라도 한다는 것은 수행적 모순이자, 그것을 주장하는 언어 안에 '있을' 수 없는 자아를 언어적으로 주장하는 것이다.

비티그가 이 언어 '체계'에 부여하는 힘은 엄청나다. 비티그의 주장에 따르면 개념, 범주, 추상적 관념은 그것이 조직하고 해석한다고 주장하는 몸에 물리적이고 물질적인 폭력을 행사할 수 있다. "과학과 이

---

5) Monique Wittig, "The Mark of Gender", p. 4.

6) Monique Wittig, "The Straight Mind", *Feminist Issues*, Vol. 1, No. 1, Summer 1980, p. 105 ; *The Straight Mind and other Essays*, pp. 21~32. 또한 이 책의 3장 3절 각주 25를 참고.

7) 같은 책, 107쪽.

론이 우리의 몸과 정신에 물질적으로 실제적으로 행사하는 권력에는 추상적인 것이란 없다. 비록 그것을 생산하는 담론이 추상적일지라도 말이다. 마르크스가 말했듯이 그것은 지배의 형식 가운데 하나이며, 지배의 표현이다. 그보다 나는 그런 지배의 실행 중 하나라고 말하려 한다. 모든 피억압자가 이러한 권력을 알고 있으며 그것을 상대해야 했다."[8] 몸에 작용하는 언어의 권력은 성적 억압의 원인이기도 하고, 그 억압을 넘어서는 방식이기도 하다. 언어의 작용은 마법 같지도 않고, 불변하는 것도 아니다. 즉 "언어에는 실재를 바꿀 성형력plasticity이 있다. 다시 말해 언어는 실재를 성형하는 행위를 한다".[9] 언어는 발화 행위를 통해 실재에 대한 실행력을 갖고 또 그 실행력을 바꾸는데, 이런 실행력이 반복되면서 확고한 실천이 되고 궁극적으로는 제도가 된다. 보편성을 말하거나 보편성으로서 말하는 주체를 남성과 동일시하고, 여성 화자는 '특별하고' '관심 있는' 것과 동일시하는 언어의 불균형적 구조는 결코 특정 언어나 언어 자체에 고유한 것이 아니다. 이러한 불균형적 위치가 남녀의 '본성'에서 비롯된다고 이해할 수는 없는데, 보부아르가 확립한 대로 그런 '본성'은 존재하지 않기 때문이다. "남성은 보편성의 자질을 타고난 것이 아니며, 여성도 태어날 때 특수성으로 환원되지 않는다는 것을 이해해야 한다. 보편적인 것은 계속해서 매 순간 남성이 전유해왔다. 그것은 그냥 일어난 일이 아니라 그렇게 행해져야 했던 일이다. 그것은 한 계급이 다른 계급에 가하는 행위

---

8) 같은 책, 106쪽.

9) Monique Wittig, "The Mark of Gender", p. 4.

이자 범죄 행위다. 그것은 개념, 철학, 정치의 층위에서 이루어진 행위이다."[10]

　이리가레는 "주체는 언제나 이미 남성적이다"라고 주장했지만, 비티그는 이 '주체'의 개념이 전적으로 남성적 영역이라는 생각에 반대한다. 비티그에게는 언어의 성형력 자체가 주체의 위치를 남성으로 고정하는 것에 저항한다. 사실 비티그에게 절대적 발화 주체라는 전제는 '여성'의 정치적 목표이고, 그것이 일단 성취되면 '여성' 범주를 사실상 모두 해체하게 될 것이다. 여성은 일인칭 '나'를 사용할 수 없는데, 왜냐하면 여성 화자는 '특정하고'(상대적이고, 이해관계가 있고, 관점에 따라 다른), '나'를 소환한다는 것은 보편적인 인간으로서, 보편적 인간 대신 말할 수 있는 능력을 전제하기 때문이다. "상대적인 주체는 생각할 수 없고, 상대적인 주체는 전혀 말을 할 수도 없다."[11] 모든 발화는 언어의 완전성을 전제하며 암묵적으로 언어의 완전성을 소환한다는 가정하에 비티그는 발화 주체에 대해 묘사하는데, 발화 주체는 '나'를 말하는 행위 속에 "언어 전체를 재전유하면서, 모든 언어를 사용할 능력을 갖고 있고, 스스로 자신에게서 비롯된" 사람이다. 말하는 '나'의 절대적인 토대는 비티그의 논의에서 신과 같은 차원을 가정한다. '나'를 말하는 이 절대적인 특권은 주권적 자아, 절대적 풍요와 권력의 중추를 세우고, 말은 "주체성의 절대적 행위"를 확립한다. 이런 주체성으로의 진입은 성별, 즉 여성성을 효과적으로 전복시키는 것이

---

　10) 같은 책, 5쪽.
　11) 같은 책, 6쪽.

다. 따라서 "어떤 여성도 그 자신이 총체적 주체, 즉 젠더가 없고, 보편적이며, 전체적인 주체가 되지 않고서는 나를 말할 수 없다".[12]

비티그는 자신의 정치적 기획을 전통적 존재신학 담론 안에 두는 언어와 '존재'의 본질에 대한 놀라운 생각을 이어간다. 비티그가 보기에 언어의 일차적 존재론은 모든 사람에게 주체성을 확립할 동등한 기회를 준다. 발화를 통해 주체성을 확립하고자 하는 여성이 직면한 실천적 과제는 여성을 부분적 존재나 상대적 존재로 왜곡하는, 그들에게 부과된 성별의 물화를 떨쳐낼 여성들의 집단적 능력에 달려 있다. 이렇게 떨쳐내는 것은 '나'의 완전한 호출을 실행한 다음이므로 여성은 자신의 젠더를 벗어나서 말한다. 성별에 대한 사회적 물화는 선험적인 존재론적 현실, 즉 모든 사람에게 성별 표시에 앞서서 주체성을 주장하는 언어를 사용할 동등한 기회를 주는 그런 현실을 위장하고 왜곡하는 것으로 이해될 수 있다. '나'는 말을 하면서 언어의 총체성을 가정하고, 그에 따라 잠재적으로 모든 입장에서, 즉 보편성의 양식으로 말한다. 비티그가 언급하기를, "존재론적 사실"[13]로서 자격을 얻기 위해 보편성에 대한 평등한 접근을 일차적 원칙으로 가정하면서, "젠더는 (…) 젠더를 폐기할 이런 존재론적 사실 위에서 작동한다". 그러나 이런 평등한 접근의 원칙 자체가 말하는 존재자를 성별화된 존재자보다 앞서 있는 존재Being로 통합한다는 존재론적 가정에 근거한다. 비티그의 주장에 따르면 젠더는 "존재의 분할을 이루려고 노력"하지만

---

12) 같은 책.
13) 같은 책.

"존재자로서의 존재Being as being는 분할되지 않는다".[14] 여기서 '나'에 대한 일관된 주장은 언어의 총체성뿐 아니라 존재의 통일성까지 가정한다.

그 어디에서보다 분명하게 비티그는 현존, 존재, 근본적이고 간섭받지 않는 충만에 대해 철학적으로 추구하는 전통적 담론 속에 있다. 모든 의미를 작동중인 차연différance에 의지해 이해하려는 데리다의 입장과 달리, 비티그는 발화가 모든 것에 대해 매끈한 정체성을 요구하고 소환한다고 주장한다. 이러한 토대주의의 허구가 비티그에게 기존 사회제도를 비판할 출발점을 마련해준다. 그러나 존재, 권위, 보편적 주체성의 가정이 어떠한 우연적 사회관계에 기여하는가라는 중요한 문제가 여전히 남아 있다. 주체에 대한 그런 권위주의적 개념의 찬탈을 왜 그렇게 높이 평가하는가? 주체와 주체를 보편화하는 인식론적 전략을 왜 탈중심화하지 않는 것인가? 비티그는 그 관점의 보편화 때문에 '이성애 정신'을 비판하지만, 그는 바로 '그' 이성애 정신을 보편화할 뿐 아니라, 주권적 발화 행위에 관한 이 이론이 가져올 전체주의적인 결과를 고려하지 못하는 것으로 보인다.

정치적으로 존재를 보편적인 것과 특수한 것으로 분할하는 것, 즉 비티그의 관점으로는 존재론적으로 충만한 장에 폭력을 가하는 것이 종속관계를 좌우한다. 지배는 언어 이전의 존재로 있는 모든 사람의 선험적이고 일차적인 통일성을 부정하는 것으로 이해해야 한다. 지배는 언어를 통해서 발생하는데, 그 언어는 가변적인 사회적 행위 속에

---

14) 같은 책.

서 이차 질서, 인위적인 존재론, 차이의 환상, 불평등을 창조하고, 결과적으로 사회적 현실로 만들어지는 위계질서를 창조한다.

역설적이게도 비티그는 기원적인 젠더의 통일성을 말하는 아리스토파네스의 신화를 어디에서도 환영하지 않는데, 젠더는 분할의 원칙, 종속의 도구, 통일성 개념에 대한 저항이기 때문이다. 의미심장하게도 비티그의 소설은 탈통합의 서사 전략을 따르면서, 이분법 자체가 우연적이라는 사실이 폭로되는 지점에 이르기까지 성별 이분법의 도식이 파편화되고 그 수가 늘어나야 한다고 주장한다. 젠더로 인해 뒤틀린 존재론의 장은 지속적 충만의 하나이므로, 속성의 자유로운 유희나 '신체적 특징'이 결코 완전한 파괴는 아니다. '차이'에 대한 생각에서 벗어날 수 없다는 이유 때문에 비티그는 '이성애 정신'을 비판한다. 비티그는 들뢰즈 및 가타리와 일시적으로 연대하면서 '결핍'이나 '부정'의 경제에 입각한 과학으로서의 정신분석학에 반대한다. 초기의 글「패러다임」에서 비티그는 이분법적 성별체계의 전복이 많은 성으로 이루어진 문화의 장을 시작할 수 있을 것이라고 생각한다. 그 글에서 비티그는 『앙티 오이디푸스Anti-Oedipus』를 언급하면서 "우리에게는 하나 또는 두 개의 성이 있는 것이 아니라, 개체수만큼이나 많은(들뢰즈와 가타리 참고) 성이 있다"[15]고 말한다. 그러나 성의 무한한 증식은 논리

---

15) Monique Wittig, "Paradigm", *Homosexualities and French Literature:Cultural Context/Critical Texts*, eds. Elaine Marks and George Stambolian, Ithaca, Cornell University Press, 1979, p. 119. 그러나 말하는 주체를 자율적이고 보편적인 것으로 평가하는 언어 용례를 수용하는 비티그와, 말하는 '나'를 언어적 힘의 중심으로 전치하려는 들뢰즈의 니체적인 노력 사이의 근본적 차이를 생각해보라. 둘 다 정신분석학에 비판적이긴 하지만, 권력 의지에 기대어 주체를 비판하는 들뢰즈의 비판은, 라캉 및 후기 라

적으로 성의 부정을 포함한다. 만일 성의 수가 존재하는 개체들의 수와 같다면, 더이상 성은 하나의 용어로서 일반적으로 적용할 수 없다. 즉 어떤 사람의 성별은 근본적으로 특이한 속성이 될 것이며, 더이상 유용하거나 설명 가능한 일반화로 작동할 수 없을 것이다.

비티그의 이론과 소설에서 이루어지는 해체, 전복, 폭력의 은유에는 어려운 존재론적 위상이 있다. 언어적 범주는 실재라는 이름으로 사회적 허구를 창조하면서 '폭력적' 방식으로 현실을 형성하지만, 거기에는 더 진실된 현실, 즉 이런 사회적 허구가 계측되는 존재론적으로 통일된 장이 있는 것처럼 보인다. 비티그는 '추상적' 관념과 '물질적' 현실의 구분을 거부하면서, 관념은 언어의 물질성 안에서 형성되고 순환하며, 그 언어가 사회적 세계를 구성하는 물질적 방식으로 작동한다고 주장한다.[16] 다른 한편으로 이런 '구성'은 근본적인 통일성과 충만의 선험적인 존재론적 장에 반하는 것으로 판단될 왜곡과 물화로 이해된다. 따라서 구성물은 담론 안에서 권력을 획득한 허구적 현상인 한에서만 '실재'이다. 그러나 이런 구성물은, 언어의 보편성과 존재의 통일성에 은근히 의지하려는 발화 수반 행위locutionary acts(수행문의 일종으로 발화 순간에 행위가 즉각 발생하는 발화 행위—옮긴이)를 통해 힘을

강주의 정신분석 담론에서 기호계/무의식으로 말하는 주체를 전치시키려는 것과 더 가까운 유사성이 분명히 있다. 비티그에게는 섹슈얼리티와 욕망이 개별 주체의 자기결정적 표현으로 보이는 반면, 들뢰즈 및 들뢰즈에 적대적인 정신분석학 이론가들에게는 필연적 욕망이 주체를 전치시키고 탈중심화한다. 들뢰즈는 "주체를 전제하기는커녕, 누군가가 '나'를 말할 수 있는 권력을 빼앗기는 지점이 아니라면 욕망은 달성될 수 없다"고 주장한다(Gilles Deleuze and Claire Parnet, *Dialogues*, trans. Hugh Tomlinson and Barbara Habberjam, New York, Columbia University Press, 1987, p. 89).
16) 그는 이러한 통찰에 관한 수많은 사례 중 미하일 바흐친의 저작을 높이 산다.

잃는다. 비티그는 "문학작품이 전쟁기계처럼" 심지어 "완전한 전쟁기계처럼 작동할 수 있다"고 주장한다.[17] 이 전쟁의 주된 전략은 여성, 레즈비언, 게이 남성이(이들은 모두 '성별'과의 동일시를 통해 특수화된다) 말하는 주체의 위치를, 또 보편적 관점에서 그런 위치의 소환을 선점하는 것이다.

특수적이면서 상대적인 주체가 어떻게 성별 범주에서 벗어나 자신의 방식으로 말할 수 있는가의 문제는 주나 반스Djuna Barnes[18], 마르셀 프루스트Marcel Proust[19], 나탈리 사로트Natalie Sarraute[20]에 대한 비티그의 다양한 고찰을 안내한다. 전쟁기계로서의 문학적 텍스트는 매번 젠더의 위계적 구분에 반대하는 방향으로, 즉 이런 용어의 선험적이고 본질적인 통일성을 복구한다는 명목으로 보편성과 특수성을 구분하는 것에 반대하는 쪽으로 향한다. 여성의 관점을 보편화하는 것은 여성 범주를 파괴하는 것이면서 동시에 새로운 인본주의의 가능성을 확립하는 것이다. 따라서 해체는 언제나 복원이며, 다르게 통일된 존재론 속으로 인위적인 분할을 도입하는 일련의 범주들을 파괴하는 것이다.

그러나 문학작품은 존재론적으로 풍요한 이 일차적 장에 대해 특권

17) Monique Wittig, "The Trojan Horse", *Feminist Issues*, Fall 1984, p. 47: *The Straight Mind and Other Essays*, pp. 68~75. 또한 3장의 3절 각주 25를 참고.

18) Monique Wittig, "The Point of View: Universal or Particular?", *Feminist Issues*, Vol. 3, No. 2, Fall 1983: *The Straight Mind and Other Essays*, pp. 59~67. 또한 3장의 3절 각주 25를 참고.

19) Monique Wittig, "The Trojan Horse".

20) Monique Wittig, "The Site of Action", *Three Decades of the French New Novel*, ed. Lois Oppenheimer, Urbana, University of Illinois Press, 1986: *The Straight Mind and Other Essays*, pp 90~100. 또한 3장의 3절 각주 25를 참고.

적인 접근을 주장한다. 형식과 내용의 분리는, 추상적이고 보편적인 사유와 구체적이고 물질적인 현실 사이에서 인위적으로 철학적인 구분을 하는 것과 같다. 비티그가 관념을 물질적 현실로 설정하기 위해 바흐친을 불러낸 것처럼, 서로 분리할 수 없는 형식과 내용으로 언어의 통일성을 재설정하기 위해 더 일반적으로 문학의 언어를 불러낸다. "문학을 통해서 (…) 단어는 우리에게 원상 복구된다."[21] "언어는 보이고, 들리고, 만질 수 있고, 맛볼 수 있는 단어로 만들어진 낙원으로 존재한다."[22] 무엇보다도 문학작품은 비티그에게 강제적 의미의 체계 안에서 남성적인 것을 보편적인 것과 연결하고, 여성적인 것을 언제나 특수한 것으로 만드는 대명사들을 실험할 기회를 준다. 『게릴라들』[23]에서 비티그는 그-그들il-ils의 연결을 없앨 뿐만 아니라, 사실상 모든 '그il'를 제거하려 하며, 그녀elle를 일반적인 것, 보편적인 것의 대표로서 제시하려 한다.

---

21) Monique Wittig, "The Trojan Horse", p. 48.

22) Monique Wittig, "The Site of Action", p. 135. 이 글에서 비티그는 사회 안에서 행해지는 '첫번째' 계약과 '두번째' 계약을 구분한다. 첫번째 계약은, 말하는 주체들 간의 근본적인 상호관계의 계약이다. 이 주체들은 모든 사람에게 전체적이고 배타적인 언어 성향을 '보장하는' 언어를 서로 교환한다(p. 135). 두번째 계약은 사실상 다른 사람에게서 말할 권리와 사회적 능력을 빼앗기 위해 언어가 다른 사람에게 지배의 힘을 행사하는 작용을 한다. 이처럼 가치가 타락한 형태의 상호관계에서는 개인성이 소거된다고 비티그는 주장한다. 그런 개인성은 청자를 잠재적 화자가 되지 못하도록 배제하는 언어로 말해지기 때문이다. 비티그는 다음과 같은 말로 글을 맺는다. "사회적 계약에 있어 낙원은 오로지 문학 안에만 존재한다. 문학 안에서는 폭력에 의한 굴성tropisms으로 '나'를 공통분모로 환원하는 것에 저항할 수 있으며, 진부한 문구로 촘촘하게 짜인 재료를 찢어 열어낼 수도 있다. 또한 이런 굴성이 강제적 의미의 체계 안에 조직화되는 것도 계속 막아낼 수 있다."(p. 139)

23) Monique Wittig, *Les Guérillères*, trans. David LeVay, New York, Avon, 1973. 원서는 같은 제목으로 1969년에 출간되었다(Paris, Éditions du Minuit, 1969).

"이러한 접근법의 목적은 세계를 여성화하려는 것이 아니라, 언어 안에서 성별 범주를 퇴색시키려는 것이다"[24]라고 그는 말한다.

비티그는 의식적으로 저항적 제국주의의 전략을 쓰면서, 오직 보편적이고 절대적인 관점을 취해야만, 사실상 전 세계를 레즈비언화해야만 강제적 이성애 질서를 파괴할 수 있다고 주장한다. 『레즈비언의 몸』에 나오는 나i/e는 레즈비언을 분열된 주체로서가 아니라, 레즈비언에 대한 의미론적이고 통사론적인 공격으로 구성된 '세계'와 언어적으로 전쟁을 치를 주권적 주체로서 설정한다. 그의 관심은 개인으로서 '여성'이나 '레즈비언'의 권리가 있는지에 주목하는 것이 아니라, 평등한 권한과 권력에 대한 역담론을 사용해 세계화된 이성애주의의 인식소epistem에 맞서는 것이다. 요점은 일련의 상호적 언어관계 속에서 인정받는 개개인이 되기 위해 발화 주체의 위치를 가정하는 것이 아니다. 그보다 발화 주체는 개인 그 이상이며, '세계'로 알려져 있는 전체 언어적 장에 자신의 범주를 부과하는 절대적 관점이 되는 것이 중요하다. 비티그의 주장으로는 강제적 이성애가 차지하는 부분과 경쟁하는 전쟁 전략만이 그 이성애의 인식적 헤게모니에 사실상 도전할 것이다.

이상적인 의미에서 보면, 비티그에게 말하기는 강력한 행위이고, 동시에 다른 말하는 주체들과의 평등한 관계를 의미하는 주권적 주장이다.[25] 이러한 이상적 혹은 일차적 언어 '계약'은 암묵적 층위에서 작동

---

24) Monique Wittig, "The Mark of Gender", p. 9.

25) 1987년 콜롬비아대학교에 제출한 논문 「사회계약에 대하여」(*The Straight Mind and Other Essays*, Boston, Beacon Press, 1992)에서 비티그는 일차적인 언어계약에

한다. 언어는 이중적 가능성을 가지는데, 즉 언어는 진실하고 포괄적인 인간의 보편성을 주장하는 데 사용될 수도 있고, 아니면 오직 몇몇 사람만 말할 자격이 있고 다른 사람들은 보편적 관점에서 배제되었기 때문에, 동시에 그 말을 탈권위화하지 않으면 '말할' 수도 없는 위계질서를 세울 수도 있다. 그러나 발화에 대한 이 불균형적 관계에 선행하는 것이 이상적인 사회계약이며, 그 안에서 모든 일인칭의 발화 행위는 발화 주체들 간의 절대적 상호관계를 전제하고 수긍하는데, 이것이 바로 이상적인 발화 상황에 대한 비티그의 해석이다. 그러나 그 이상적인 상호성을 왜곡하고 은폐하는 것이 이성애적 계약이고, 비티그의 이론서에 줄곧 나타나 있긴 하지만[26] 이성애적 계약은 그의 가장 최근 이론 작업의 핵심이다.[27]

말하지 않아도 언제나 작동중인 이성애적 계약은 그 어떤 경험적 외관으로 축소될 수 없다. 비티그는 다음과 같이 쓰고 있다.

나는 존재하지 않는 대상, 페티시, 그 효과를 통하지 않고서는 현실에서 파악할 수 없는 이데올로기적 형식에 맞서고 있고, 그 존재

대한 자신의 이론을 루소의 사회계약론의 관점으로 제시한다. 이 점에 대해 분명히 밝히지는 않지만, 그는 전사회적(이성애 이전의) 계약을 의지의 통일체로, 즉 루소의 낭만적인 의미에서의 일반 의지로 이해하는 것 같다. 비티그의 이론을 흥미롭게 활용한 사례로는 다음을 참고하라. Teresa de Lauretis, "Sexual Indifference and Lesbian Representation", *Theatre Journal*, Vol. 40, No. 2, May 1988; "The Female Body and Heterosexual Presumption", *Semiotica*, Vol. 3~4, No. 67, 1987, pp. 259~279.

26) Monique Wittig, "The Straight Mind"; "One is Not Born a Woman".

27) Monique Wittig, "On the Social Contract".

는 사람들의 마음속에 있지만, 어느 정도는 사람들의 전체 삶, 사람들이 행동하는 방식, 움직이는 방식, 생각하는 방식에 영향을 주는 방식으로 있다. 그래서 우리는 상상적이면서 실재하는 대상을 다루고 있는 것이다.[28]

라캉의 이론에서처럼 비티그의 공식에서도 이성애의 이상화는 이성애를 실천하는 사람의 몸을 통제하려는 것으로 보이지만, 사실상 그런 통제는 결국 불가능하며 자신의 불가능성에 걸려 흔들릴 수밖에 없다. 비티그는 이성애적 맥락과의 근본적 단절만이, 즉 레즈비언이나 게이가 되는 것만이 이런 이성애 체제의 몰락을 가져올 수 있다고 생각하는 것으로 보인다. 그러나 이런 정치적 결과는 이성애에 '참여'하는 모든 것을 이성애적 억압의 반복과 강화로 생각할 때에만 나온다. 이성애가 완전한 전치를 요구하는 전체적인 체계로 이해되기 때문에, 이성애를 재의미화할 가능성은 부인된다. 이성애적 권력에 대한 이런 전체화된 관점을 따르는 정치적 선택은 (a) 철저한 순응, 아니면 (b) 철저한 혁명이다.

이성애의 체계적 통합성을 가정하는 것은 이성애 실천에 대한 비티그의 이해, 그리고 동성애 및 레즈비언에 대한 그의 개념을 이해하는 데 심각한 문제가 된다. 동성애는 근본적으로 이성애 기반의 완전한 '바깥'으로서 이성애적 규범으로는 철저히 좌우되지 않는 것으로 이해된다. 이와 같은 동성애의 정화purification, 즉 일종의 레즈비언적 모더

---

28) Monique Wittig, "On the Social Contract", pp. 40~41.

니즘은 현재 많은 레즈비언과 게이 담론에서 논쟁을 일으키고 있는데, 이 담론은 레즈비언과 게이 문화가 이성애적인 문화의 배치를 전복하거나 재의미화하는 관계에 있다고 가정할 때조차, 레즈비언과 게이 문화를 이성애라는 더 큰 구조 안에 있는 것으로 이해한다. 비티그의 관점은 의지적인 또는 선택적인 이성애의 가능성을 거부하는 것으로 보인다. 그러나 이성애가 의무적이거나 미리 전제된 것으로 나타난다고 해서, 모든 이성애 행위가 완전히 결정되어 있다는 주장에 따르지는 않는다. 게다가 비티그가 이성애자와 게이를 철저히 분리하는 것은, 그가 이성애 정신에는 분할의 철학적 제스처라는 특징이 있다고 말했던 그런 종류의 분리적 이분법을 복제하는 것이다.

내가 확신하는 것은, 비티그가 받아들인 이성애와 동성애 사이의 철저한 분리는 사실이 아니라는 것이다. 이성애적 관계에는 심리적인 동성애의 구조가 있고, 게이와 레즈비언의 섹슈얼리티와 관계들에는 심리적 이성애의 구조가 있다. 더 나아가 게이와 이성애 섹슈얼리티를 모두 구성하고 구축하는 다른 권력/담론의 중심도 있다. 이성애가 섹슈얼리티를 알려주는 유일한 강제적 권력의 표현은 아니다. 비티그가 이성애 계약의 규범이자 기준으로 기술한 일관된 이성애라는 이상은 불가능한 이상이며, 그도 지적하듯 그것은 '페티시'이다. 정신분석학 연구는 언제나 이미 이성애적이지는 않은 무의식적 섹슈얼리티의 복잡성과 저항 때문에 이런 불가능성이 드러난다고 주장할 수도 있다. 그런 의미에서 이성애주의는 원래 체현 불가능한 규범적 성적 위치를 제시한다. 그리고 이런 위치와의 완전하고 모순 없는 동일시에 계속 실패한다는 것은, 이성애 자체가 강제적인 법이기도 하지만 필연적인 코미디이기도 하다는 사실을 폭로한다. 실제로 나는 강제적 시스템이자 본질적 코미디, 그 자체에 대한 끊임없는 패러디로서, 대안적 게이/레즈비언 관점으로서, 이성애에 대해 이런 통찰을 제안하고 싶다.

분명 강제적 이성애의 규범은 비티그가 묘사하는 강제력이나 폭력과 함께 작동한다. 그러나 나의 입장은 그것이 이성애가 작동되는 유일한 방식은 아니라는 것이다. 규범적 이성애에 정치적으로 저항하려는 비티그의 전략은 상당히 직접적이다. 재생산을 섹슈얼리티의 목표나 궁극적 목적으로 삼는, 가족으로 제한된 이성애 관계에 참여하지 않는 사람들을 포함한 집합체만이 사실상 적극적으로 성별 범주에 저항하고 있고, 최소한 그런 범주 집합의 규범적 전제조건과 목적에 순응하지 않는다. 비티그에게 레즈비언이나 게이가 된다는 것은 더이상 자신의 성별을 알지 못한다는 것이며, 성별을 불가능한 정체성 범주로 만드는 범주의 혼란과 증식에 개입하는 것이다. 이처럼 해방적으로 들리는 비티그의 제안은 성별 범주를 전유하고 재배치함으로써, 특히 게이의 성정체성을 증식시키는 게이 및 레즈비언 문화 안의 그와 같은 담론을 무시한다. 퀸, 부치, 펨, 걸 등의 용어, 다이크, 퀴어, 패그 등 패러디로 재전유된 용어까지도 성의 범주를, 그리고 원래 경멸적이던 동성애 정체성 범주를 재배치하고 불안정하게 만든다. 이 모든 용어가 '이성애 정신'의 징후를 보이는 것, 즉 피억압자의 정체성을 억압자가 해석한 것과 동일시하는 방식이라 이해할 수 있다. 한편 레즈비언은 여기서 일부 역사적 의미를 분명히 복구했고, 패러디적 범주는 성별을 탈자연화하는 목적에 기여한다. 동네의 게이 식당이 휴가차 문을 닫을 때 사장은 "여주인이 과로해서 쉽니다(she's overworked and needs a rest)"라는 안내문을 내건다. 바로 이러한 게이의 여성성 전유가 그용어를 적용할 수 있는 자리를 증폭시키고, 기표와 기의 사이의 자의적 관계를 드러내고, 그 기호를 불안정하게 만들어 움직이게 한다. 이것이 여성성을 식민화하는 '전유'일까? 내 생각에는 그렇지 않다. 그런 비판은 여성성이 여성에게 속한 것이라고 가정하는데, 그것은 분명의심스러운 가정이다.

　레즈비언의 맥락에서는 부치의 정체성으로 보이는 남성성과의 '동일시'가 단순히 레즈비어니즘을 이성애적 관점으로 동화시키는 것이아니다. 한 레즈비언 펨의 설명처럼, 펨이 내 남자(부치―옮긴이)가여자라면 좋겠다고 말하는 것은, '여자인 것'이 부치의 정체성 속에서'남성성'을 맥락화하고 재의미화한다는 의미다. 그 결과 그렇게 부를수 있다면, 이런 남성성은 언제나 문화적으로 인식 가능한 '여자의 몸'과 반대되는 양상으로 두드러진다. 욕망의 대상을 구성하는 것은 욕망의 위반이 생성하는 이런 불협화음의 병치이고 성적 긴장이다. 다시말해 레즈비언 펨이 욕망하는 (분명 하나 이상의) 대상은 탈맥락화된여자의 몸도 아니고, 서로 다르지만 중첩된 남성적 정체성도 아니며,두 용어의 성애적 상호작용으로 발생한 안정성의 상실이다. 이와 유사하게 몇몇 이성애 여성이나 양성애 여성은 '원관념ground'에 대한 '보조관념figure'의 관계가 역방향으로 작용하는 것을 더 선호할 수도 있는데, 말하자면 이성애나 양성애 여성도 내 여자가 남자인 것을 더 좋아할 수 있다. 그 경우 '여성적' 정체성의 인식이 원관념인 '남성의 몸'에 병치되겠지만, 이런 병치 때문에 두 용어 모두 내적 안정성과 명확함을 잃게 된다. 분명 젠더화된 욕망의 교환을 이런 방식으로 생각하면, 원관념과 보조관념의 역전 그리고 남성성과 여성성의 작용이 대단히 복잡하고 고도의 구조를 가진 욕망의 생산을 구성할 수 있으므로 훨씬 더 복잡성이 커지게 된다. 의미심장하게도 '원관념'인 성별화된 몸과 '보조관념'인 부치나 펨의 정체성은 변화와 역전이 가능하며, 여러 에로틱한 혼란을 만들 수 있다. 성적 교환의 역동성에 따라 어느 한쪽이 신뢰의 대상으로서 자격을 얻겠지만, 그중 어느 것도 '실재'라고 주장할 수는 없다. 어떤 의미에서 부치와 펨이 이성애적 교환의 '복제'나 '모방'이라고 생각한다면, 이들 정체성의 에로틱한 의미가 그런 의미를 가능케 한 지배 범주의 내적 불협화음과 재의미화 과정에서의 복잡성일 뿐이라고 과소평가하는 것이다. 말하자면 레즈비언 펨은 이성애적 장면을 소환할 수도 있지만 동시에 전치시킬 수도 있다. 부치와 펨의 정체성에서는 원래의 정체성이나 자연스러운 정체성이라는 개념 자체에 질문을 제기한다. 그리고 에로틱한 의미화의 원천이 되는 것은 사실 이런 정체성들에 구현된 바로 이런 질문이다.

비티그가 부치/펨 정체성의 의미에 대해 논의한 것은 아니지만, 허구적 성이라는 개념도 성별화된 몸, 젠더 정체성, 섹슈얼리티 사이에 존재한다고 추정되는, 젠더 일관성에 대한 자연스러운 개념이나 원래의 개념을 비슷하게 은폐하고 있음을 시사한다. 비티그가 성별을 허구적인 범주로 묘사하는 데에는 '성별'의 여러 구성요소들을 낱낱이 분해할 수도 있다는 생각이 함축되어 있다. 이렇게 몸의 일관성을 파괴하면 성별 범주는 더이상 어떤 문화 영역에서도 기술적으로descriptively 작동할 수 없다. 만일 '성별' 범주가 반복된 행위를 통해 확립된다면, 반대로 문화적 장 안에서 발생한 몸의 사회적 행위는 그 행위가 성별 범주에 부과한 현실의 권력을 회수할 수도 있다.

　권력이 회수되려면, 권력을 회수 가능한 의지의 작용으로 이해해야 한다. 마치 로크나 루소의 사회계약이, 지배한다고 말하는 이들의 합리적 선택이나 의도된 의지를 전제하는 것으로 이해되듯, 사실 이성애적 계약도 일련의 선택을 통해 지속되는 것으로 이해될 것이다. 그러나 권력이 의지로 환원되지 않고 자유에 대한 고전적 자유주의와 실존주의 모델을 거부한다면, 권력관계는 바로 그 의지의 가능성을 규제하고 구성하는 것으로 이해할 수 있어야 마땅하다고 생각한다. 따라서 권력은 거부될 수도, 회수될 수도 없으며, 다만 재배치될 뿐이다. 사실 내 생각에는 게이 및 레즈비언 실천에 대한 규범적인 초점은 권력의 완전한 초월이라는 불가능한 환상에 맞추기보다 권력의 전복적이고 패러디적인 재배치에 맞춰야 한다.

　비티그는 분명 레즈비어니즘을 이성애에 대한 전면적 거부로 생각하지만, 나는 그런 거부마저도 레즈비어니즘이 초월하려고 한 바로 그 관점에 개입하는 것이고, 궁극적으로는 그 관점에 철저히 의존하게 된다고 주장하고 싶다. 섹슈얼리티와 권력이 동일한 시공간에 펼쳐져 있다면, 그리고 레즈비언 섹슈얼리티가 다른 섹슈얼리티의 그 이상도 그 이하도 아닌 딱 그만큼만 구성된다면, 성의 범주라는 족쇄가 사라진 후 무한한 쾌락을 약속하는 것은 없다. 게이 및 레즈비언 섹슈얼리티 안에 이성애적 구성물이 구조적으로 존재한다고 해서 이 구성물이 게이 및 레즈비언 섹슈얼리티를 결정한다는 뜻이 아니며, 게이 및 레즈비언 섹슈얼리티가 이런 구성물로 파생되거나 환원된다는 뜻도 아니다. 정말로, 이성애적 구성물을 특히 게이의 방식으로 전개할 때 가져오는 탈권력화와 탈자연화의 효과를 생각해보자. 이러한 규범의 존재는 거부될 수 없는 권력의 장을 구성할 뿐 아니라, 강제적 이성애가 자연스러움과 원본성을 주장할 수 없게 만드는 패러디적 경합과 전시의 장이될 수 있고 실제로 그런 장이 된다. 비티그는 자신의 이론을 문제 있는 현전의 형이상학에 기초한 문제 있는 인본주의로 되돌아오게 만드는, 성별 너머의 위치를 요구한다. 그러나 그의 문학작품은 그의 이론적 논문들에서 분명하게 요청하는 것과는 다른 정치적 전략을 수행하는 것으로 보인다. 『레즈비언의 몸』과 『게릴라들』에서 정치적 변화를 표명하는 서사 전략은 원래 억압적이던 용어를 이용해 거기서 합법화 기능을 제거하고자 재배치와 재평가를 반복해서 활용한다.

비티그가 '유물론자'이기는 하지만, 유물론자라는 말은 그의 이론적 틀에서 특별한 의미가 있다. 그는 '이성애/곧은 straight' 사고의 특징인 물질성과 재현의 분리를 극복하고 싶어한다. 유물론은 관념을 물질로 환원한다는 의미도, 이론을 엄격히 고안된 그 경제 토대의 반영으로 보는 것도 아니다. 비티그의 유물론은 사회적인 제도와 실천을, 특히 이성애 제도를 비판적 분석의 토대로 삼는다. 「이성애 정신」과 「사회계약에 대하여」[29]에서 그는 이성애 제도를 남성이 지배하는 사회질서의 근본적 토대로 이해한다. '자연'과 물질성의 영역은 관념이자 이데올로기적 구성물로, 이성애적 계약의 정치적 이해관계를 지지하고자 이러한 사회제도들이 만든 것이다. 그런 의미에서 비티그는 자연을 정신의 재현으로 이해하는 고전적 이상주의자다. 강압적 의미를 가진

---

29) Monique Wittig, "The Straight Mind": "On the Social Contract".

언어가 성적 지배의 정치적 전략을 발전시키고, 강제적 이성애 제도를 합리화하기 위해 자연에 대해 이와 같은 재현물을 생산한다.

보부아르와는 달리 비티그는 자연을 저항적 물질성, 매개, 표면, 대상으로 보지 않는다. 자연은 사회적 통제의 목적을 위해 생성되고 유지되는 '관념'이다. 몸의 표면적 물질성이라는 유연성이『레즈비언의 몸』에서는 언어적 형상으로 나타나고, 신체 각부를 형태(그리고 반反형태)의 완전히 새로운 사회적 배치로 재형상화한다. '자연'이라는 관념을 맴돌면서 개별적으로 성별화된 몸에 대한 자연스러운 관념을 생산하는 이처럼 세속적이고 과학적인 언어들처럼, 비티그 자신의 언어도 몸에 대한 대안적 탈형상화와 재형상화를 수행한다. 그의 목적은 자연스러운 몸이라는 관념이 하나의 구성물임을 폭로하는 것이고, 이성애 권력에 대항할 몸을 형성하기 위한 일련의 해체/재건의 전략들을 제시하려고 한다. 바로 이런 몸의 형상과 형태, 몸을 통일하는 원칙, 복합적인 신체 각부는 언제나 정치적 이해관계에 물든 언어에 의해 형상화된다. 비티그에게 정치적 도전 과제는 언어를 재현수단이자 생산수단으로서 포획하는 것이며, 언제나 몸의 장을 구성하면서 억압적인 성의 범주 바깥에서 몸을 해체하고 또 재구성하는 데 사용해야 할 도구로서 다루는 것이다.

만일 다양한 젠더의 가능성이 이분법적 젠더의 물화를 폭로하고 파열한다면, 이런 전복적 실행의 본질은 무엇일까? 이런 실행이 어떻게 전복을 구성하는가?『레즈비언의 몸』에서 사랑의 행위는 문자 그대로 연인의 몸을 찢어놓는다. 레즈비언 섹슈얼리티처럼 재생산 기반의 바깥에 있는 이러한 일련의 행위는 몸 자체를 어떤 비일관적인 특징, 제스처, 욕망의 중심으로 만든다. 비티그의 『게릴라들』에서도 똑같은 파괴 효과가, 심지어 폭력이 '여성'과 그들을 억압하는 자 사이의 투쟁에서 나타난다. 이런 맥락에서 비티그는 '특별히 여성적인' 쾌락이나 글쓰기, 정체성 개념을 옹호하는 사람과 자신을 명확히 구분한다. 그는 '원circle'을 자신들의 상징으로 내세우는 사람들을 거의 조롱하다시피 한다. 비티그에게 과제는 이분법을 구성하는 범주를 특별히 레즈비언식으로 해체함으로써, 이분법의 여성적 측면을 남성적 측면보다 우선시하려는 게 아니라 이분법 자체를 바꾸는 것이다.

　『게릴라들』에서 격렬한 투쟁이 문자 그대로 나타나듯, 이런 해체는 소설작품에도 그대로 나타난다. 비티그의 책은 이처럼 폭력과 위력(표면상 페미니즘의 목표와 정반대인 것처럼 보이는 개념)을 사용하기 때문에 비판을 받아왔다. 그러나 비티그의 서사 전략이 남성성과 차별화하거나 남성성을 배제하는 전략으로 여성성을 규명하려는 게 아니라는 점에 유념하자. 이런 전략은 여성들이 이제 긍정적 가치 영역을 대표한다는 가치 전환을 통해 위계질서와 이분법주의를 강화한다. 배타적 차별화 과정을 통해 여성의 정체성을 강화하려는 전략과는 대조적으로, 비티그는 원래 남성적 영역에 속한 것처럼 보이던 바로 이런 '가치들'을 재전유해서 전복적으로 배치하는 전략을 제시한다. 비티그가 남성적 가치를 흡수했다거나, 실은 그가 '남성과 동일시하고 있다'는 이유로 비티그를 반대하는 사람도 있을 것이다. 그러나 '동일시'라는 개념은 이런 문학적 생산의 맥락에서, 그 용어가 제시한 무비판적 용례보다 헤아릴 수 없을 만큼 훨씬 더 복잡한 것으로 재등장한다. 비티그의 책에서 폭력과 투쟁은 의미심장하게 재맥락화되어, 억압적인 맥락에서 그 단어가 가졌던 같은 의미를 더이상 가질 수 없게 된다. 그것은 이제 여성이 남성에게 폭력을 행사하는 단순한 '테이블 뒤집기'도 아니고, 그들 자신에게 폭력을 행사하는 것처럼 남성적 규범을 단순히 내면화하는 것도 아니다. 이 책의 폭력이 표적으로 삼은 것은 정체성과 성별 범주의 일관성이고, 생명 없는 구성물이며, 몸을 죽이려는 구성물이다. 그런 범주도 규범적 이성애 제도를 필연적인 것처럼 보이게 만드는 자연화된 구성물이기 때문에, 비티그의 책에 나오는 폭력은 그런 제도에 반대하면서, 일차적으로 이성애에 반대하는 것이 아니라 이 제도의 강제성에 반대하여 실행된다.

성별 범주와 자연화된 이성애 제도야말로 구성물이며, 사회적으로 제도화되고 규제된 환영이거나 '페티시'다. 또한 자연스러운 범주가 아니라 (이런 맥락에서 '자연스러움'에 기대는 것은 언제나 정치적이라고 입증된) 정치적인 범주이다. 따라서 찢어진 몸과 여성들 사이에서 벌어진 전쟁은 텍스트적 폭력이며, 언제나 이미 몸의 가능성에 대한 일종의 폭력인 구성물의 해체이다.

그러나 우리는 이 지점에서 질문을 던질 수 있다. 성별 범주를 통해 일관된 것으로 간주된 몸이 해체되어 혼돈 상태가 되면 남는 것은 무엇인가? 이런 몸이 다시 기억되어 전처럼 다시 합쳐질 수 있는가? 이 구성물의 일관된 재조합을 요구하지 않는 행위성이 가능한가? 비티그의 책은 성별을 해체하고 성별로 지목된 가짜 통일성을 해체할 방법을 제시할 뿐만 아니라 여러 다양한 권력의 중심에서 발생하는 일종의 산포된 육체적 행위성을 연출하기도 한다. 실제로 사적이고 정치적인 행위성의 원천은 개인에게서 나오는 것이 아니라, 사실상 정체성 자체가 오로지 역동적인 문화적 관계들의 장이라는 맥락에서만 구성되고 해체되며 재순환될 때, 몸안의 정체성 자체가 끊임없이 변하는 몸들 사이의 복잡한 문화적 교환에서, 그 교환을 통해서 나온다. 따라서 여성이 된다be는 것은, 보부아르뿐 아니라 비티그에게도 여성으로 만들어진다become는 의미지만, 이 과정은 결코 고정되지 않기 때문에 남성도 여성도 아닌 정말 설명할 수 없는 존재로 만들어지는 것이 가능하다. 그것은 양성인간의 형상도, 가설적인 '제3의 성'도 아니며, 이분법을 초월하는 것도 아니다. 그보다는 그 안에서 이분법이 더이상 의미가 통하지 않을 때까지 전제되고 확산되는 내적 전복이다. 비티그의 소설이 가진 위력, 그 언어적 도전은 정체성의 범주를 넘어서는 경험을 주며, 과거의 잔존물로부터 새로운 범주를 창조하려는 성애적 투쟁과, 문화적 영역에서 몸이 되는 새로운 방식 그리고 완전히 새로운 서술의 언어를 제공한다.

보부아르의 "여성은 태어나는 것이 아니라 만들어지는 것이다"라는 생각에 응답하면서, 비티그는 사람은 (누구나?) 여성으로 만들어지는 대신 레즈비언으로 만들어질 수 있다고 주장한다. 비티그의 레즈비언-페미니즘은 여성 범주를 거부하면서 모든 이성애적 여성과의 연대를 끊는 것으로 보이며, 암묵적으로 레즈비어니즘은 페미니즘의 논리적이고 정치적으로 필연적인 결과라고 주장하는 것으로 보인다. 이런 분리주의적 규범주의는 분명 더이상 존속할 수 없다. 이런 규범주의가 설령 정치적으로 바람직하다 한들, 성적 '정체성'의 문제를 결정하는 데 어떤 기준이 사용될 것인가?

레즈비언으로 만들어지는 것이 어떤 행위라면, 이성애에 고하는 작별이자 이성애가 말하는 여성과 남성의 강제적 의미에 저항하는 자기 명명의 행위라면, 레즈비언이라는 이름이 똑같은 강제적 범주가 되는 것을 막아주는 것은 무엇인가? 무엇이 레즈비언이라는 자격을 가지는 가? 아는 사람이 있는가? 만일 레즈비언이 비티그가 장려한 이성애와 동성애 경제의 철저한 분리에 반박한다면, 그런 레즈비언은 더이상 레즈비언이 아닌가? 그리고 그것이 정체성은 섹슈얼리티의 수행적 성과임을 알게 되는 '행위'라면, 다른 것을 토대주의적이라고 보는 특정한 종류의 행위가 있는가? '이성애 정신'으로 그런 행위를 할 수 있는가? 레즈비언 섹슈얼리티를 '성별' 범주, '여성' 범주, '자연스러운 몸'의 범주에 저항할 뿐 아니라 '레즈비언'의 범주에도 저항하는 것으로 이해할 수 있는가?

흥미롭게도 비티그는 마치 동성애자가 되는 것이 '실재'를 구성하는 강압적 구문론과 의미론에 저항하는 것이라도 되는 것처럼, 동성애적 관점과 수사적 언어의 관점 사이에 있는 필연적 관계를 암시한다. 실재에서 배제된 동성애적 관점이 설령 있다 한들, 그것은 실재를 일련의 배제, 드러나지 않은 주변성, 형상화할 수 없는 부재를 통해 구성된다고 이해할 것이다. 그렇다면 마치 배제된 것이 바로 그 배제를 통해 언제나 전제되어 있지 않은 것처럼, 그리고 실은 그런 정체성의 구성에 필요하지 않은 것처럼, 똑같이 배타적인 수단으로 게이/레즈비언 정체성을 구성하는 것은 얼마나 큰 비극적 실수인가. 역설적이게도 이런 배제야말로 자신이 극복하려던 바로 그 근본적인 의존관계를 세우게 된다. 즉 그런 의존관계 때문에 레즈비어니즘은 이성애가 필요할 것이다. 이성애로부터의 철저한 배제 속에 자신을 규정하는 레즈비어니즘은 부분적으로나 필연적으로나 그로 인해 구성되는 이성애적 구조 자체를 재의미화할 능력을 스스로 없애버린다. 그 결과 이런 레즈비언 전략은 그것의 억압적인 형태로 강제적 이성애를 강화할 것이다.

더 영리하고 효과적인 전략은 정체성의 범주를 철저하게 전유한 뒤 재배치하는 것인 듯하다. 단순히 '성별'에 이의를 제기하기 위해서만이 아니라, 그것이 어떤 형식이건 그 범주를 영원히 문제가 되도록 만들기 위해서 '정체성'의 자리에 여러 성적 담론이 집중된다는 것을 표명하기 위해서라도 말이다.

4. 몸의 각인, 수행적 전복

"가르보는 성적 매력이 물씬 풍기는 역할을 할 때마다,
남자의 품 안팎으로 녹아들 때마다, 천상의 유연함을 가진 목이 (…)
뒤로 젖혀진 그녀의 머리 무게를 지탱하도록 그저 맡겨둘 때마다 (…)
'드랙을 몸에 걸쳤다'. 그 연기술은 얼마나 현란해 보이는지!
그 아래의 성별이 사실이건 아니건 그건 전부 다 분장이다."
_파커 타일러, 「가르보 이미지」

(에스터 뉴턴, 『마더 캠프Mather Camp』에서 인용)

진정한 성별 범주, 분명한 젠더, 특정한 섹슈얼리티는 많은 페미니
즘 이론과 정치에 안정된 준거점을 만들어왔다. 이러한 정체성을 구성
하는 것들은 이론이 등장하고 정치가 형성되는 인식론적 출발점으로
작동한다. 페미니즘의 경우 정치는 표면상 '여성'의 이익과 관점을 표
현하도록 형성된다. 그러나 '여성'에게 정치적 형태라는 것이, 말하자

면 여성의 이익과 인식론적 관점의 정치적 설명에 선행하고 그것을 예고하는 정치적 형태라는 것이 있는가? 그 정체성은 어떻게 형성되며, 그것은 정말 성별화된 몸의 형태학과 경계를 문화적 각인의 토대, 표면, 장소로 간주하는 정치적 형성인가? 무엇이 그 장소를 '여성의 몸'으로 제한하는가? '몸' 혹은 '성별화된 몸'은 젠더와 강제적 섹슈얼리티 체계가 작동하는 단단한 토대인가? 아니면 그런 '몸' 자체가, 그 몸을 성별의 표시로 계속 경계 짓고 구성되는 전략적 이해관계를 가진 정치적 위력에 의해 형성되는 것인가?

성별/젠더의 구분과 성별 범주는 성별화된 몸의 의미를 획득하기 전에 이미 존재하는 '몸'의 일반화를 전제하는 것으로 보인다. '몸'은 때때로 그 몸에 '외적'인 것으로 비유되는 문화적 원천이 각인한 것 때문에 의미화되는 수동적 매개물처럼 보인다. 그러나 몸이 수동적이고 담론 이전의 것으로 그려질 때, 문화적으로 구성된 몸에 관한 모든 이론은 의심스러운 일반성의 구성물인 '그 몸'에 의문을 제기해야 한다. 19세기 생기론적vitalistic 생물학이 등장하기 전에 이런 관점의 선례로 기독교적 관점과 데카르트적 관점이 있는데, 이들은 '몸'이 아무것도 의미하지 않거나 더 구체적으로는 불경한 공허나 타락 상태를 의미하는 완전한 불활성의 질료라고 본다. 즉 몸을 기만, 원죄, 지옥의 불길한 은유, 영원한 여성성으로 보는 것이다. 이처럼 '몸'을 데카르트의 관점에서 철저히 비물질적인 것으로 이해하는, 초월적 의식을 통해서만 부여되는 의미를 기대하는 무언의 사실성mute facticity에 비유하는 사례는 사르트르와 보부아르의 저작에도 많다. 그러나 무엇이 이런 이원론을 확립하는가? 무엇이 '몸'을 의미화에 무관심한 것으로 분리하고,

의미화를 철저히 탈체현된 의식의 행위로, 아니 그보다도 그런 의식을 철저히 탈체현하는 행위로 분리하는가? 현상학에 전제된 데카르트의 이분법은 정신/몸이 문화/자연으로 재기술되는 구조주의의 틀에 얼마만큼이나 적용되는가? 젠더 담론과 관련해서, 이 의심스러운 이원론은 이분법과 그 안에 함축된 위계로부터 우리를 벗어나게 할 바로 그 설명 안에서 얼마만큼이나 아직도 작동하고 있는가? 어떻게 몸의 외형이 젠더 의미가 각인되는 당연한 토대나 표면으로, 의미화에 선행하고 가치가 비어 있는 단순한 사실성으로 분명히 표시되는가?

비티그는 문화적으로 특정한 인식론적 선험 명제a priori가 '성별'의 자연스러움을 확립한다고 주장한다. 그러나 어떤 수수께끼 같은 수단을 썼기에, 계보학조차 개입할 수 없도록 '몸'이 일견 확실한prima facie 것으로 받아들여진 것일까? 바로 그 계보학이라는 주제에 대해 쓴 푸코의 글에서도 몸은 문화가 각인된 표면과 장면에 비유된다. "몸은 사건이 각인된 표면이다."[1] 푸코는 계보학의 과제가 "역사에 의해 완전히 각인된 몸을 폭로하는 것"이라고 주장한다. 그러나 그의 문장은 이어서 "역사"—이 역사는 분명 프로이트의 '문명' 모델이라 생각된다—의 목표는 "몸의 파괴"(p. 148)라고 말한다. 여러 방향에서 온 위력과 충동은 각인의 출현Entstehung(역사적 사건)을 통해 역사가 파괴하기도 하고 보존하기도 하는 것이다. "끊임없이 해체되는 덩어리"(p. 148)로서

---

1) Michel Foucault, "Nietzsche, Genealogy, History", *Language, Counter-Memory, Practice: Selected Essays and Interviews by Michel Foucault*, trans. Donald F. Bouchard and Sherry Simon, ed. Donald F. Bouchard, Ithaca, Cornell University Press, 1977, p. 148. 이후 이 책의 인용은 본문에 쪽수만 표기한다.

몸은 역사의 관점으로 파괴당하면서 언제나 포위되어 있다. 그리고 역사는 몸의 종속이 필요한 의미화 실천에 의해 가치와 의미를 창조하는 것이다. 이러한 육체의 파괴는 발화 주체와 그 의미를 생산하는 데 꼭 필요하다. 이것이 표면과 위력의 언어를 통해 기술되고, 지배와 각인과 창조의 "단독 드라마"(p. 150)를 통해 약화되는 몸이다. 푸코에게 이것은 다른 종류의 역사보다 한 종류의 역사에 관한 삶의 방식modus vivendi이 아니라, 본질적이고 억압적인 제스처 속의 "역사"(p. 148)이다.

푸코는 "남성[sic]에게는 그 어떤 것도, 심지어 그의 몸까지도 자기 인식의 토대나 다른 남성들[sic]을 이해할 토대가 될 정도로 충분히 안정적이지 않다"(p. 153)라고 쓰고 있지만, 몸 위에 행하는 '단독 드라마' 같은 문화적 각인의 불변성을 지적한다. 마치 카프카의 「유형지에서」에서 고문기구가 몸에 글을 새기고 그 몸을 파괴하듯이, 가치의 창조와 그 역사적 의미화의 양식이 몸의 파괴를 요구한다면, 그런 각인에 앞서는 몸, 즉 안정되고 자기동일적이며 희생적 파괴에 지배당하는 몸이 있어야 한다. 어떤 의미에서 니체에게 그렇듯 푸코에게도 문화적 가치는 몸에 새겨진 각인의 결과로 나타나고, 몸은 매개물로 이해되며, 실은 텅 빈 백지로 이해된다. 그러나 이 각인이 의미를 가지려면 매개물 자체가 파괴되어야 한다. 즉 승화된 가치의 영역으로 완전히 재평가되어야 한다. 무자비한 글쓰기 도구에 비유된 역사와, '문화'가 등장하기 위해 파괴되거나 변형되어야 하는 매개물에 비유된 몸은 이런 문화적 가치 개념에 대한 은유법 안에 있다.

푸코는 몸이 문화적 각인에 앞서 있다고 주장함으로써 의미화나 형식에 선행하는 물질성을 가정하는 것으로 보인다. 그가 정의한 대로 이런 구분은 계보학의 과제에 핵심적으로 작용하기 때문에, 그 구분 자체는 계보학적 탐구 대상에서 미리 제외된다. 푸코는 에르퀼린에 대한 분석에서 가끔씩 담론 이전의 다양한 몸의 위력이 있다는 데 동의하는데, 이 위력이 '역사'의 변천으로 알려진 권력체제가 몸에 부과한 문화적으로 일관된 규제적 실천을 파열하고자 몸의 표면을 돌파한다. 만일 범주가 있기 전 파열의 원천에 대해 전제하는 것이 거부된다면, 바로 그런 의미화 실천으로 몸을 구획하는 계보학적 설명을 할 수 있을까? 이 구획은 물화된 역사나 주체에 의해 시작된 것이 아니다. 몸을 이렇게 표시한 것은 사회적인 장을 여러 곳에서 적극적으로 구축한 결과이다. 이런 의미화의 실천은 인식 가능성이라는 특정한 규제망 안에 몸의 사회적 공간과 몸을 위한 사회적 공간을 가져온다.

메리 더글러스Mary Douglas의 『순수와 위험Purity and Danger』은 문화적 일관성이라는 특정 부호를 확립하려는 표시를 통해 '몸'의 외형 자체가 확립된다고 주장한다. 몸에 경계를 확립하려는 모든 담론은 무엇이 몸을 구성하는지를 규정하는 적당한 한계, 자세, 교환 방식 등과 관련해 특정한 금기를 세우고 또 자연화하려는 목적에 기여한다.

위반 사례를 구분하고, 정화하고, 표시하고, 처벌하는 것에 관한 관념은 그 주된 기능으로서 본래 어수선한 경험에 체계를 부여해야 한다. 질서의 외관이 만들어지는 것은 내부와 외부, 위와 아래, 남성과 여성, 찬성과 반대 사이의 차이를 과장할 때뿐이다.[2]

더글러스는 내재적으로 무질서한 자연과, 문화적 수단에 의해 부과된 질서를 구조주의 방식으로 구분하는 데 분명 동의하지만, 그가 말하는 '어수선함'은 문화적 통제 불능이나 무질서의 영역으로 재기술할 수 있다. 더글러스는 자연/문화의 구분이라는 필연적인 이분법 구조를 가정하기 때문에, 그런 구분이 이분법의 틀을 넘어 유연해지거나 확산되는 대안적인 문화 배치를 말해주지는 못한다. 그럼에도 그의 분석은 사회적 금기가 그런 몸의 경계를 만들고 유지하는 관계를 이해할 출발점을 제공한다. 그의 분석이 주장하는 것은, 몸의 경계를 구성하는 것이 단순히 물질적인 것은 아니지만 몸의 표면, 즉 피부는 금기와 예견된 위반에 의해 체계적으로 의미화된다는 것이다. 사실 그의 분석에서 몸의 경계선은 사회적인 것 그 자체의 한계가 된다. 그의 관점을 후기 구조주의식으로 보면, 몸의 경계선을 사회적 헤게모니의 한계로 이해할 수도 있다. 더글러스의 주장에 따르면, 여러 문화 속에는 다음과 같은 것이 있다.

오염의 힘, 이것은 관념의 구조 속에 내재하며, 결합되어야 할 것을 상징적으로 파괴하는 것 또는 분리되어야 할 것을 결합하는 것을 처벌한다. 오염이 우주적이건 사회적이건, 구조의 경계선이 분명하게 규정된 곳을 제외한다면 어디서도 일어나지 않을 위험 유형인 것은 이 때문이다.

오염시키는 사람은 언제나 잘못된 편에 있다. 그는[sic] 어떤 잘못된 상황을 전개했거나, 아니면 그저 넘지 말아야 할 선을 넘었고,

---

2) Mary Douglas, *Purity and Danger*, London, Boston, and Henley, Routledge and Kegan Paul, 1969, p. 4.

이런 위치 변화가 누군가에게 위험이 된다.[3]

어떤 면에서 사이먼 와트니Simon Watney는 그의 저서 『욕망을 단속하기―에이즈, 포르노, 그리고 미디어』[4]에서 '오염시키는 사람'이라는 당대의 구성물을 에이즈 환자로 규정했다. 이 병은 '게이의 병'으로 간주될 뿐 아니라, 이 병에 대한 언론의 히스테릭하고 호모포비아적인 반응의 전반에는 동성애라는 경계-위반 때문에 동성애자의 오염된 위상과 동성애적 오염이라는 특정 양상의 질병 사이에서 연속성을 전술적으로 구성한다. 이 질병이 체액의 교환을 통해 전염된다는 것은 호모포비아 의미화 체계의 선정적인 도식 안에서 침투 가능한 몸의 경계가 그 사회질서에 주는 위험을 시사한다. 더글러스가 말하길, "몸은 경계가 있는 모든 체계를 대표할 수 있는 모델이다. 그 경계는 위협당하거나 위태로운 모든 경계를 대표할 수 있다."[5] 그리고 푸코의 글에서 읽을 수 있을 법한 질문을 한다. "왜 몸의 가장자리에 특히 권력과 위험이 투여된다고 생각해야 하는가?"[6]

더글러스는 모든 사회체계가 그 가장자리에서 취약성을 보이며, 그래서 모든 가장자리는 위험한 것으로 간주된다고 주장한다. 만일 몸이 사회체계 그 자체에 대해 제유적synecdochal이거나 열린 체계들이 수렴

---

3) 같은 책, 113쪽.

4) Simon Watney, *Policing Desire: AIDS, Pornography, and the Media*, Minneapolis, University of Minnesota Press, 1988.

5) Mary Douglas, *Purity and Danger*, p. 115.

6) 같은 책, 121쪽.

되는 장소라면, 모든 종류의 규제 없는 침투 가능성은 오염되고 위험한 장소를 만든다. 남성 간 항문성교와 구강성교는 분명 헤게모니 질서가 인가하지 않은 특정한 몸의 침투성을 분명하게 확립하므로, 그런 헤게모니의 관점에서 남성 동성애는 에이즈의 문화적 존재 이전에 그것과 상관없이 위험한 장소, 오염된 장소를 만들 것이다. 이와 유사하게, 에이즈에 걸릴 위험이 낮은 것과는 상관없이 레즈비언의 '오염된' 상태는 육체적 교환의 위험성을 부각시킨다. 중요한 것은 헤게모니 질서 '바깥에' 있다고 해서 더럽고 어수선한 자연 상태 '안에' 있다는 의미가 아니다. 역설적이게도 동성애는 호모포비아의 의미화 경제 안에서 거의 언제나 비문명적인 동시에 부자연스럽다고 여겨진다.

안정된 몸의 외형을 구성하는 문제는 몸에서 침투가 가능하거나 침투가 불가능한 고정된 장소에 달려 있다. 에로틱한 의미로 표면과 구멍들을 열고 다른 것은 사실상 닫는 동성애와 이성애 모두의 맥락에서, 이런 성적 실천은 새로운 문화의 경계선을 따라 몸의 경계를 재각인한다. 비티그의 『레즈비언의 몸』에 나오는 몸에 대한 철저한 재기억re-membering처럼, 남성 간 항문성교가 그 사례이다. 더글러스는 '그런' 몸의 자연화된 개념이 몸의 안정된 경계로 인해 그 몸을 분리시키는 금기의 결과임을 시사하면서, "몸을 (신체적이고 사회적인) 원상태로 유지하려는 욕망을 표현하는 일종의 성적 오염"[7]에 대해서 넌지시 말한다. 더 나아가 몸의 여러 구멍을 다스리는 통과의례는 젠더화된 교환, 위치, 그리고 성애적인 가능성이 이성애적으로 구성된다는 것을

---

7) 같은 책, 140쪽.

전제한다. 그에 따라 이처럼 규제가 해제된 교환은 무엇을 몸으로 간주할지를 결정하는 경계선 자체를 파열시킨다. 실제로 몸의 외형을 구성하는 규제적 실천을 추적하는 비판적 탐구는 푸코의 이론을 더 급진적으로 밀고 갈 그 개별적 '몸'에 대한 계보학을 만든다.[8]

의미심장하게도 크리스테바의 『공포의 권력』에 나오는 비체화 abjection에 대한 논의는 배제를 통해 개별적 주체를 구성하려는 의도로 경계를 만드는 금기에 대해서 이런 구조주의적 개념을 사용할 것을 제안한다.[9] '비체'는 몸에서 추방된 것, 배설물로 방출된 것, 말 그대로 '타자'가 된 것을 지칭한다. 이것은 이질적인 요소의 추방처럼 보이지만, 이런 추방을 통해서 이질적인 것이 무엇인지 실질적으로 설정된다. '나 아닌 것'을 비체로 구성하면, 주체의 첫번째 외형이기도 한 몸의 경계가 확립된다. 크리스테바는 이렇게 쓰고 있다.

메스꺼움 때문에 우유크림을 멀리하게 되고, 우유크림을 준 어머

---

8) 푸코의 논문 「위반에 부치는 서문A Preface to Transgression」(『언어, 대항 기억, 실천Language, Counter-Memory, Practice』에 수록)은 근친애 금기로 제도화되는 몸의 경계에 대한 더글러스의 논의와 흥미롭게 병치된다. 원래 조르주 바타유에 대한 존경에서 쓴 이 글은 부분적으로는 위반적 쾌락의 은유적 '더러움'을 탐구하며, 금지된 구멍과 그 더러움으로 뒤덮인 무덤과의 연상 작용을 탐구한다. 46~48쪽 참고.

9) 크리스테바는 『공포의 권력』에서 메리 더글러스의 글을 논의한다(Powers of Horror: An Essay on Abjection, trans. Leon Roudiez, New York, Columbia University Press, 1982, 원서는 Pouvoirs de l'horreur, Paris, Éditions de Seuil, 1980). 크리스테바도 더글러스의 통찰을 받아들여 라캉을 재공식화하면서 이렇게 언급한다. "오염은 상징체계에서 내던져진 것이다. 오염은 사회적 집합체가 기초한 그 사회의 합리성, 그 논리의 질서를 벗어나는 것인데, 이제 그것이 개개인의 일시적 집합체와 구분되어서, 간단히 말해 분류체계나 구조를 만든다."(p. 65)

니와 아버지를 나와 분리하게 된다. '나'는 그들 욕망의 요소나 기호가 되고 싶지 않다. '나'는 듣고 싶지 않고, '나'는 그것에 동화되지 않으며, '나'는 그것을 추방한다. 그러나 '나'에게 음식은 '타자'가 아니고 나는 부모의 욕망 속에서만 존재하기 때문에, 나는 '내'가 나 자신을 확립한다고 주장하는 같은 동작 속에서 나 자신을 추방하고, 나 자신을 뱉어내며, 나 자신을 비체로 만든다.[10]

내부와 외부의 구분뿐만 아니라 몸의 경계도 원래 정체성의 일부였던 것을 더러운 타자성으로 방출하거나 가치를 전환하면서 확립된다. 아이리스 영Iris Young은 성차별, 동성애혐오, 인종차별을 이해하는 데 크리스테바를 활용하면서 성별, 섹슈얼리티 및/또는 피부색에 따른 몸의 거부는 성별/인종/섹슈얼리티라는 차별화의 축을 따라 문화에서 지배적인 정체성을 확립하고 강화하는 '혐오감' 때문에 발생하는 '추방'이라고 주장한다.[11] 영의 크리스테바 전유는 혐오 작용이 배제와 지배를 통해서 '타자' 또는 일련의 타자들의 확립에 기반한 '정체성'을 어떻게 강화하는지를 보여준다. 주체의 '내부'와 '외부' 세계의 분리를 통해 구성된 것은 사회적 규제와 통제라는 목적을 위해 희미하게 유지

---

10) 같은 책, 3쪽.

11) 1988년 노스웨스턴대학교에서 열린 현상학과 실존철학 학술대회의 발표 논문을 참고. Iris Marion Young, "Abjection and Oppression: Dynamics of Unconscious Racism, Sexism, and Homophobia". 또한 이 논문은 뉴욕주립대가 주최하는 1988년 학술대회 프로시딩에 공식 발표된 것이다(*Crises in Continental Philosophy*, eds. Arleen B. Dallery and Charles E. Scott with Holly Roberts, Albany, SUNY Press, 1990, pp. 201~214).

되는 구분선이고 경계선이다. 내부와 외부의 경계는 사실상 내부가 외부가 되는 배설의 통로 때문에 혼란에 휩싸인다. 그리고 이런 배설 기능은 말하자면 다른 형태의 정체성-차별화가 완수되는 모델이다. 사실 이것은 타자들이 배설물이 되는 양상이다. 내부 세계와 외부 세계가 완전한 구분을 유지하려면, 몸의 전체 표면이 불가능한 불침투성을 이루어야만 할 것이다. 이런 표면의 봉합이 흠 없이 매끈한 주체의 경계를 만들 것이다. 그러나 이런 봉합은 그것이 두려워하는 배설물의 더러움 때문에 반드시 파열될 수밖에 없다.

내부와 외부의 공간적 구분이라는 강력한 은유와는 무관하게, 그것은 두려워하고 욕망하는 일련의 환상을 가동하고 표명하는 언어적 용어로 남아 있다. '내부'와 '외부'는 안정성을 갈망하는 매개의 경계선을 가리킬 때에만 의미가 있다. 그리고 이런 안정성과 일관성은 대체로 주체를 인가하고 주체와 비체의 차별화를 강요하는 문화적 질서에 의해 결정된다. 따라서 '내부'와 '외부'는 일관된 주체를 안정시키고 강화하는 이원적인 구분을 한다. 주체가 도전을 받으면 이런 용어의 의미와 필연성도 다른 것으로 바뀌어야 한다. 만일 '내부 세계'가 더 이상 장소topos를 지칭하지 못하면, 자아의 내적 고정성, 그리고 사실상 젠더 정체성의 내적 위치도 비슷하게 의심을 받게 된다. 중대한 문제는 마치 내면화가 서술상 재구성되는 과정 또는 기제이기라도 한 것처럼, 이 정체성이 어떻게 내면화되었는지가 아니다. 오히려 문제는 이런 것이다. 공공 담론의 어떤 전략적 관점에서, 또 어떤 이유에서 내부에 대한 비유 그리고 내부/외부의 단절된 이분법이 권력을 갖게 된 것일까? '내부 공간'은 어떤 언어로 나타나는가? 그것은 어떤 형상화이며,

몸에 대한 어떤 형상을 통해 의미화되는가? 몸은 깊숙이 숨겨진 심층의 비가시성을 몸의 표면 위에 어떻게 형상화하는가?

내면성에서 젠더 수행성으로

『감시와 처벌』에서 푸코는 내면화의 언어에 이의를 제기하는데, 내면화의 언어는 죄수들의 복종과 주체화라는 규율체제를 위해 작동하기 때문이다.[12] 푸코는 『성의 역사』에서 성의 '내적' 진리에 대한 정신분석학적 신념으로 간주되는 것에 반대했지만, 곧 범죄학의 역사라는 맥락에서 다른 목적 때문에 내면화 이론을 비판하게 된다. 어떤 의미에서 『감시와 처벌』은 니체가 『도덕의 계보』에서 각인 모델에 관해 쓴 내면화 이론을 고쳐 쓰려는 푸코의 노력으로 읽을 수 있다. 죄수를 논의하는 대목에서 푸코는 이 전략이 욕망을 억압하는 작용을 하는 것이 아니라, 죄수의 몸이 그들의 본질, 양식, 필연성으로서의 이 금지법을 의미할 수밖에 없다고 언급한다. 이 법은 말 그대로 내면화된 것이 아니라 합체되고, 그 결과 몸 위에서, 몸을 통해 그 법을 의미화하는 몸들이 생산된다. 거기서 법은 그들 자아의 본질, 그들 영혼의 의미, 그들의 양심, 그들 욕망의 법으로 표명된다. 실제로 법은 완전히 드러나

---

12) 다음에 나오는 논의의 일부는 두 가지 다른 맥락에서 발표되었다. Judith Butler, "Gender Trouble, Feminist Theory, and Psychoanalytic Discourse", *Feminism/Postmodernism*, ed. Linda J. Nicholson, New York, Routledge, 1989; "Performative Acts and Gender Constitution: An Essay in Phenomenology and Feminist Theory", *Theatre Journal*, Vol. 20, No. 3, Winter 1988.

는 동시에 완전히 숨어 있는데, 왜냐하면 법은 법 스스로가 복종시키고subject 주체로 만드는subjectivate 몸의 바깥에 결코 나타나지 않기 때문이다. 푸코는 이렇게 쓰고 있다.

영혼이 환영이나 이데올로기 효과라고 말하는 것은 잘못된 것이다. 그와 반대로 영혼은 존재하고, 실체가 있으며, 처벌당하는 이들에게 행사되는 권력 작용으로 인해 몸의 **주변, 표면, 내부**에서 끊임없이 생산된다(강조는 내가 한 것).[13)]

몸의 일차적인 의미화 양식이 몸의 부재, 몸의 강력한 비가시성을 통해 이루어진다 해도, 몸의 '내부'라고 생각되는 내적 영혼의 형상은 몸 위에 각인되면서 의미화된다. 내부 공간을 구축하는 효과는 몸을 생명력 있으면서 신성한 봉합으로 의미화함으로써 나타난다. 영혼은 다름 아닌 몸이 결여한 부분이다. 따라서 몸은 자신을 의미화의 결여로 제시한다. 몸이라는 이 결여는 영혼을 보여줄 수 없는 것으로 의미화한다. 그런 의미에서 영혼은 이제 내부/외부라는 구분이 경합하고 위치를 바꾸는 표층의 의미화이고, 그런 자신을 영원히 부인하는 사회적 의미화로서 몸 위에 각인된 내적 심리공간의 형상이다. 푸코의 용어로 말하면, 영혼은 몇몇 기독교적 이미지가 제시하듯 몸에 의해 갇히거나 몸안에 갇혀 있는 게 아니라 "영혼이 몸을 가두는 감옥이다".[14)]

---

13) Michel Foucault, *Discipline and Punish: The Birth of the Prison*, trans. Alan Sheridan, New York, Vintage, 1979, p. 29.
14) 같은 책, 30쪽.

몸의 표층 정치라는 관점에서 심리 내적인 과정을 재기술한다는 것은 젠더에 대한 필연적인 재기술을 의미하는데, 이때 젠더는 몸의 표층에서 존재와 부재의 작용을 통해 환상의 형상을 규율적으로 생산하는 것, 부재를 의미하는 일련의 배제와 부정을 통해 젠더화된 몸을 구성하는 것으로 기술된다. 그러나 무엇이 몸의 정치에서 표명되거나 숨겨진 텍스트를 결정하는가? 젠더라는 육체의 양식화를 생성하는, 즉 몸에 대한 환상시되거나 환상적인 형상을 생성하는 금지의 법은 무엇인가? 우리는 이미 근친애 금기와 그보다 앞선 동성애 금기가 바로 젠더 정체성이 생성되는 계기이며, 이상화되고 강제적인 이성애주의라는 문화적으로 인식 가능한 기준에 따라 정체성을 생산하는 금지라고 간주했다. 젠더의 규율적인 생산은 재생산 영역 안에서 이성애적 구성과 섹슈얼리티 규제를 위해 젠더를 거짓으로 안정되게 만든다. 일관성을 구성하게 되면 이성애, 양성애, 게이와 레즈비언 맥락 속에 자유분방하게 퍼져 있는 젠더 불연속성을 감추게 되는데, 이런 맥락에서는 젠더가 반드시 성별을 따를 필요가 없고 욕망이나 섹슈얼리티도 젠더에서 비롯되는 것으로 보이지 않는다. 실제로 여기서는 이런 중요한 육체성corporeality의 차원 중 어느 것도 서로를 표현하거나 반영하지 못한다. 육체의 장이 질서를 잃고 와해되면서 이성애적 일관성이라는 규제적 허구를 분열시킬 때, 그것의 표현적expressive 양식은 서술적 힘을 잃게 될 것으로 보인다. 따라서 그런 규제적인 이상은 자신이 기술하려 하는 성적인 장을 규제하는, 형성중인 법인 척 스스로를 위장하는 규범이자 허구임이 폭로될 것이다.

그러나 동일시를 환상이나 합체가 실행된 것으로 보는 관점에 따르면, 일관성이 욕망되고 소망되고 이상화될 것이고, 이런 이상화는 육체적 의미화의 효과임이 분명하다. 다시 말해 행위, 제스처, 욕망은 내면적 핵심이나 실체라는 효과를 만들기는 하지만, 정체성의 조직 원칙이 원인이라고 암시만 할 뿐 결코 드러내지는 않는 부재의 의미화 작용을 통해 이것을 몸 표면에 만든다. 일반적으로 이해되는 이런 행위, 제스처, 실행은 수행적인데, 달리 표현하려던 본질이나 정체성이 몸의 기호 및 다른 담론적 수단을 통해 꾸며지고 유지되는 조작물이라는 의미에서다. 젠더화된 몸이 수행적이라는 것은, 젠더의 실체를 구성하는 여러 행위와 동떨어진 존재론적 위상이란 없다는 것을 시사한다. 또한 그 실체가 만일 내면적 본질로 조작되었다면, 바로 그 내면성이 대단히 공적이고 사회적인 담론의 효과이자 기능이고, 몸의 표층 정치를 통한 환상의 공적인 규제이며, 내부와 외부를 구별해서 젠더 경계를 통제하는 것이고, 그리하여 이런 내면성이 주체의 '진실성'을 확립한다는 것을 시사한다. 다시 말해 행위와 제스처, 표명되고 연출된 욕망은 내면적이고 조직적인 젠더 핵심이라는 환영을, 즉 재생산적 이성애라는 의무적 틀 안에 섹슈얼리티를 규제할 목적으로 담론적으로 주장된 환영을 만들어낸다. 만일 욕망, 제스처, 행위의 '원인'이 행위자의 '자아self' 내부에 국한될 수 있다면, 겉보기에 일관된 젠더를 생산하는 정치적 규제와 규율적 실천은 사실상 시야에서 사라질 것이다. 젠더 정체성의 정치적이고 담론적인 기원을 심리학적 '핵심'으로 위치 변경을 하게 되면, 젠더화된 주체의 정치적 구성을 분석하는 것과, 그것의 성별이나 진짜 정체성의 다 말할 수 없는 내면성에 관한 조작된 개념을 분석하는 것이 불가능해진다.

만일 젠더의 내적 진실이 조작이고 진짜 젠더도 몸의 표면에 세워지고 각인된 환상이라면, 젠더는 참도 거짓도 아닌, 일차적이고 안정된 정체성 담론의 진실 효과로 생산되는 것일 뿐이다. 인류학자 에스터 뉴턴Esther Newton은 『마더 캠프—미국의 여배우』에서 분장impersonation의 구조가 젠더의 사회적 구성이 발생하는 핵심적인 조작 기제 중 하나를 드러낸다고 주장한다.[15] 나는 드랙이야말로 내부와 외부의 심리적 공간이라는 구분을 완전히 전복하고, 젠더의 표현적 양식과 진정한 젠더 정체성 개념을 사실상 조롱한다고 주장하려 한다. 뉴턴은 이렇게 쓰고 있다.

> 가장 복잡한 (드랙은) '외모는 허상'이라고 말하는 이중의 역전이다. 드랙은(뉴턴의 흥미로운 연극론은) 이렇게 말한다. "나의 '외적' 용모는 여성적이지만, '내적' 본질(몸)은 남성적이다." 동시에 그것은 반대로 역전된 것도 상징한다. "나의 '외적' 용모(몸, 젠더)는 남성적이지만, '내적' 본질(나 자신)은 여성적이다."[16]

진실을 말하는 두 주장은 서로 모순되며, 따라서 젠더 의미화의 모든 실행을 참과 거짓의 담론에서 다른 곳으로 위치를 바꾼다.

원본적이거나 일차적인 젠더 정체성 개념은 종종 드랙, 크로스드레싱, 부치/펨 정체성의 성적 양식화 같은 문화적 실천 속에서 패러디된

---

15) Esther Newton, "Role Models", *Mother Camp: Female Impersonators in America*, Chicago, University of Chicago Press, 1972 참고.

16) 같은 책, 103쪽.

다. 페미니즘 이론에서 이런 패러디적 정체성은 드랙과 크로스드레싱의 경우 여성 비하적인 것으로 이해되거나, 특히 부치/펨 레즈비언 정체성의 경우에는 이성애 실천 속 성역할의 고정관념을 무비판적으로 전유하는 것으로 이해되었다. 그러나 내가 생각하기에 '모방본'과 '원본'의 관계는 그런 비판이 일반적으로 허용하는 것보다 더 복잡하다. 게다가 그것은 일차적 동일시(젠더에 부여된 원래의 의미)와 이후의 젠더 경험 사이의 관계가 재구축될 방식에 대해 실마리를 준다. 드랙의 연기는 연기자의 해부학적 구조와 연기되는 젠더의 구분 위에서 작동한다. 그러나 우리에게는 사실 중요한 육체성의 세 가지 우연적 차원이 있는데, 그것은 바로 해부학적 성별, 젠더 정체성, 그리고 젠더 연기performance이다. 만일 연기자의 해부학적 구조가 이미 연기자의 젠더와 다르다면, 그리고 이 둘 모두 연기하는 젠더와도 다르다면, 이 연기는 성별과 연기 사이의 불일치뿐 아니라 성별과 젠더, 젠더와 연기 사이의 불일치까지도 의미한다. 드랙이 '여성'에 관한 통일된 그림(비평가들은 종종 반대하는 것)을 만드는 만큼, 드랙은 또한 이성애적 일관성이라는 규제적 허구를 통해 통일체로 잘못 자연화된 젠더화 경험에 이런 양상이 뚜렷하다는 것도 드러낸다. 드랙은 젠더를 모방하면서, 젠더의 우연성뿐 아니라 젠더 자체의 모방 구조도 은근히 드러낸다. 사실 쾌락의 일부이자 그런 연기의 현기증은, 자연스럽고 필연적이라고 자주 가정되는 인과적 통일성의 문화적 배치를 앞에 둔 성별과 젠더의 관계에서 철저한 우연성을 인식하는 데 있다. 우리는 이성애적으로 일관된 법 대신 성별과 젠더의 구분을 선언하고 그 조작된 통일성의 문화적 기제를 극화하는 연기를 통해 탈자연화된 성별과 젠더를 본다.

340

여기서 주장하는 젠더 패러디 개념은 이런 패러디적 정체성이 모방하는 원본이 있다고 가정하지 않는다. 사실 패러디는 원본이라는 개념 자체에 대한 것이다. 젠더 동일시의 정신분석학적 개념이 환상의 환상으로, 즉 그런 이중적 의미에서 언제나 이미 '형상'인 타자의 변형으로 구성되는 것처럼, 젠더 패러디는 젠더가 모방해서 형성하는 원래의 정체성 자체가 원본 없는 모방본이라는 것을 폭로한다. 더 정확히 말해 그것은 사실상 그 효과로 인해 모방본의 위상을 갖는 생산물이다. 이런 끊임없는 전치는 재의미화와 재맥락화에 열려 있음을 주장하는 유동적 정체성을 구성한다. 패러디적 증식은 지배적 문화와 그 비평가들이 자연화되거나 본질주의적인 젠더 정체성을 주장하는 것을 허용하지 않는다. 이런 패러디적 양식 속에서 얻은 젠더의 의미는 분명 패권적이고 여성혐오적인 문화의 일부이겠지만, 이런 의미는 자신을 패러디하는 재맥락화를 통해 탈자연화되어 유통된다. 원본의 의미를 사실상 다른 것으로 대체하는 모방본처럼, 모방본은 원본성의 신화를 모방한다. 젠더 정체성은 결정적 원인으로 작용하는 원본과의 동일시 대신, 일련의 모방적 실천에 따라 받아들인 의미의 개인적/문화적 역사로 다시 생각해볼 수 있다. 그리고 이 의미는 비스듬히 다른 모방본을 지칭하고, 또 결합해서 일차적이고 내적인 젠더 자아라는 허상을 구성하거나 그 구성의 기제를 패러디한다.

프레드릭 제임슨의 「포스트모더니즘과 소비자 사회」에 따르면 원본 개념을 조롱하는 모방은 패러디라기보다 패스티시의 특징이다.

패스티시란 패러디처럼 독특하거나 특이한 양식을 모방하는 것,

양식이 있는 가면을 쓰는 것, 죽은 언어로 말하는 것이다. 그러나 패스티시는 패러디의 숨은 동기가 없고, 풍자적 충동이 없고, 웃음이 없고, 또 모방되는 것이 오히려 우스꽝스러운 데 비해 **정상적인 뭔가가 있다는 잠재된 느낌이 없는**, 중립적인 모방 행위일 뿐이다. 패스티시는 텅 빈 패러디이고, 유머를 잃은 패러디다.[17]

그러나 특히 '정상적인 것' '원본인 것'이 복사본으로 드러나고, 따라서 어쩔 수 없이 실패한 것, 아무도 구현할 수 없는 이상으로 드러난다면, '정상적인 것'의 의미를 상실하는 것이 웃음을 가져올 수도 있다. 그런 의미에서 웃음은 원본이 다른 것으로 파생되는 내내 그 구현의 과정에서 등장한다.

패러디 그 자체가 전복적인 것은 아니며, 무엇이 특정한 패러디적 반복을 사실상 파열적이고 진정으로 트러블을 일으키는 것으로 만드는지, 또 어떤 반복이 문화적 헤게모니의 도구로 길들여지고 재순환되는지를 이해하는 방법이 있어야 한다. 패러디적 전치, 패러디적 웃음은 전복적 혼란이 일어나는 맥락과 수용에 달려 있기 때문에, 행동의 유형학만으로는 분명 충분하지 않을 것이다. 어떤 수행이 어디서 내부/외부의 구분을 뒤집고, 젠더 정체성과 섹슈얼리티의 심리학적 전제들을 철저히 재고하게 만드는가? 어떤 수행이 어디서 남성성과 여성성의 자리와 안정성을 재고하게 만드는가? 그리고 어떤 종류의 젠더

---

17) Fredric Jameson, "Postmodernism and Consumer Society", *The Anti-Aesthetic: Essays on Postmodern Culture*, ed. Hal Foster, Port Townsend, WA., Bay Press, 1983, p. 114.

수행이 정체성과 욕망의 자연화된 범주들을 불안정하게 만들면서 젠더 자체의 수행성을 실행하고 드러낼 것인가?

만일 몸이 '존재'가 아니라 변화 가능한 경계, 침투성이 정치적으로 규제되는 표면, 젠더 위계와 강제적 이성애라는 문화적 장 안의 의미화 실천이라면, 몸의 표면에 몸의 '내적' 의미화를 구성하는 이런 육체적 연출인 젠더를 이해하기 위해서는 어떤 언어가 남아 있는가? 사르트르는 아마도 이런 행위를 '존재의 양식style'이라 부르고, 푸코는 '존재의 양식학stylistics'이라고 불렀을 것이다. 보부아르에 대한 나의 초기 해석에서는 젠더화된 몸을 너무 많은 '육신의 양식styles of the flesh'이라고 주장한다. 양식에는 역사가 있고, 이런 역사가 그 가능성의 조건이자 한계가 되므로 이런 양식이 모두 완전한 자기양식일 수는 없다. 예컨대 젠더를 육체적 양식corporeal style이라고, 말하자면 의도적이기도 하고 수행적이기도 한 '행위'라고 생각해보자. 여기서 '수행적'이라는 것이 극적이고 우연적인 의미의 구성을 시사한다면 말이다.

비티그는 젠더를 '성별'의 작동으로 이해하는데, 이때 '성별'은 몸에게 문화적 기호가 되라고 내리는 명령이다. 다시 말해 역사적으로 제한된 가능성에 복종하면서 구현되라는 명령, 그리고 이것을 한두 번이 아니라 지속적이고 반복적인 육체의 기획으로서 실행하라는 의무적 명령이다. 그러나 '기획'의 개념은 급진적인 의지를 발생시키는 원동력을 뜻하고 젠더는 문화적 생존을 목표로 하는 기획이라서, 전략이라는 용어가 젠더 수행이 언제나 다양하게 발생되는 압박 상황을 더 잘 제시한다. 따라서 젠더는 강제적 체계 안의 생존 전략으로서 분명 처벌의 결과가 따르는 수행이다. 개별적 젠더는 당대의 문화 속에서 개인을 '인간으로 만드는' 것의 일부다. 사실 우리는 자신의 젠더 권리를 행사하는 데 실패한 사람들을 규칙적으로 처벌한다. 거기에는 젠더가 표현하거나 표면화하는 '본질'도 없고 젠더가 열망하는 객관적 이상도 없기 때문에, 그리고 젠더는 사실이 아니기 때문에, 다양한 젠더 행위가 젠더 관념을 만들고, 이런 행위가 없으면 젠더도 전혀 없을 것이다. 따라서 젠더는 규칙적으로 자신의 기원을 감추는 구성물이다. 개별적이고 양극적인 젠더를 문화적 허구로 수행하고, 생산하고, 유지하려는 암묵적인 집단적 합의는 이런 생산물에 대한 신뢰성 때문에, 또 그것들을 신뢰한다고 동의하지 않으면 따르는 처벌 때문에 모호해진다. 이런 구성물은 그 필연성과 자연스러움을 우리가 믿도록 '강제한다'. 다양한 육체 양식을 통해 실현된 역사적 가능성은 억압을 받으면서 번갈아 체현되고 굴절되는, 이러한 처벌이 규제한 문화적 허구에 불과하다.

젠더 규범의 집적물이 '자연스러운 성별'이나 '진짜 여성'라는 특별한 현상을, 혹은 널리 퍼져 강요되는 수많은 사회적 허구들을 생산한다고 생각해보자. 또한 이것은 물화된 형태로, 서로에게 이원적 관계로 존재하는 성별에 몸을 자연스레 배치한 것으로 보이는, 일련의 육체적 양식들을 오랫동안 생산해온 집적물이라고 생각해보자. 이런 양식이 실행된다면, 또 이런 양식이 그 주체의 창시자인 척하는 일관된 젠더 주체를 생산한다면, 어떤 종류의 수행이 겉보기에 '원인' 같아 보이는 것이 실은 '결과'임을 폭로할 것인가?

그렇다면 젠더는 어떤 의미에서 행위인가? 다른 의례적인 사회 드라마에서처럼 젠더의 행동에는 반복된 수행이 필요하다. 이런 반복은 이미 사회적으로 확립된 의미들을 재실행하는 동시에 재경험하는 것이다. 그리고 그것을 합법화하는 일상적이고 의례적인 형식이다.[18] 젠더화된 양상으로 양식화되면서 이런 의미화를 하는 개별적 몸도 있지만, 이런 '행동'은 공적인 행동이다. 이런 행동에는 시간적이고 집단적인 차원이 있고, 그것의 공적 특성은 중요하다. 사실 수행은 이분법적 틀 안에서 젠더를 유지하려는 전략적 목적을 가지고 이루어지는데, 그 목적은 주체에서 기인한 것이 아니라 주체를 세우고 강화하려는 것으로 이해해야 한다.

젠더는 여러 행위가 뒤따르는 안정된 정체성이나 행위성의 장소로 해석해서는 안 된다. 그보다 젠더는 시간에 맞춰 희미하게 구성되고, 양식화된 행위의 반복을 통해 외부공간에 제도화되는 정체성이다. 젠더 효과는 몸의 양식화를 통해 생산되고, 따라서 몸의 제스처, 동작, 다양한 양식이 고정되고 젠더화된 자아라는 허상을 구성하는 일상적 방식으로 이해해야 한다. 이렇게 공식화된 젠더 개념은 실체적 정체성 모델의 토대에서 빠져나와, 구성된 사회적 일시성으로서의 젠더 개념을 요구하는 토대로 이동한다. 의미심장하게도, 젠더가 내부적으로 연속되지 않는 행위를 통해서 제도화된다면, 실체의 외관은 바로 그 구성된 정체성, 즉 배우를 포함해서 평범한 사회의 관객이 신념의 양식을 믿

---

18) Victor Turner, *Dramas, Fields and Metaphors*, Ithaca, Cornell University Press, 1974 ; Clifford Geertz, "Blurred Genres : The Refiguration of Thought", *Local Knowledge, Further Essays in Interpretive Anthropology*, New York, Basic Books, 1983 참고.

고 행한 수행적 성과물이다. 또한 젠더는 결코 완전히 내면화될 수 없는 규범이기도 하다. '내면적인 것'은 표층의 의미이며, 젠더 규범은 결국 체현 불가능한 환상이다. 만일 젠더 정체성의 토대가 시간에 따라 양식화된 행위의 반복이며 겉보기에 매끈해 보이는 정체성이 아니라면, '토대'의 공간적 은유는 양식화된 배치로, 사실상 시간에 관한 젠더화된 육체화corporealization로 대체되어 드러날 것이다. 고정되고 젠더화된 자아는 정체성의 실체적 토대라는 이상에 근접하려 하지만, 그 간헐적 불연속성 속에서 이 '토대'의 시간적이고 우연적인 토대 없음을 폭로하는 반복적 행위로 인해 구조화된다는 것이 밝혀질 것이다. 젠더 변화의 가능성은 바로 이런 행위들의 자의적 관계 속에서, 반복에 실패할 가능성 속에서, 형태 변형이나 패러디적 반복 속에서 나타날 것이다. 패러디적 반복은 고정된 정체성이라는 환상의 효과가 정치적으로 미약한 구성물에 불과하다는 것을 폭로한다.

그러나 젠더 속성이 표현적인 것이 아니라 수행적인 것이라면, 이런 속성은 사실상 자신이 표현하거나 드러낸다고 말하는 정체성을 구성할 것이다. 표현과 수행의 구분은 매우 중요하다. 젠더 속성과 행위, 즉 몸이 문화적 의미를 보여주고 생산하는 여러 방식이 수행적인 것이라면, 행위나 속성으로 측정되는 기존의 정체성은 없다. 참이거나 거짓인, 실제이거나 왜곡된 젠더 행위는 없을 것이며, 진정한 젠더 정체성에 대한 가정은 규제가 만든 허구라는 것이 드러날 것이다. 그런 젠더 현실이 지속된 사회적 수행들을 통해 창조된다는 말이 의미하는 바는, 본질적 성별, 그리고 진짜거나 고정된 남성성이나 여성성 개념까지도 모두, 젠더의 수행적 특성을 감추는 전략으로, 또한 남성주의적

346

지배와 강제적 이성애의 제한적 틀 바깥으로 젠더 배치를 증식시킬 수행적 가능성을 감추려는 전략으로 구성된다는 것이다.

젠더는 참도 거짓도, 실제도 외양도, 원본도 파생본도 될 수 없다. 그러나 이러한 속성들을 믿을 만하게 담아내는 것으로서의 젠더는 완전히 그리고 철저히 믿을 수 없게 만들어질 수도 있다.

결론—패러디에서 정치로

나는 페미니즘 정치가 '여성' 범주 안의 '주체' 없이도 가능한가라는 사변적 질문으로 이 책을 시작했다. 중요한 것은 여성에 대한 재현을 주장하기 위해 여성을 언급하는 것이 전략적으로 또는 과도기적으로 타당한지의 여부가 아니다. 페미니스트인 '우리'는 언제나 오직 환영적 구성물에 불과하고, 그 목적이 있긴 하지만 용어의 내적 복잡성과 불확정성을 부정하면서 그 구성성이 재현하려는 구성성의 일부를 동시에 배제해야만 스스로를 구성할 수 있다. 그러나 이처럼 빈약하고 환상적인 '우리'의 위상이 절망의 원인은 아니며, 최소한 절망의 유일한 원인은 아니다. 이 범주의 근본적인 불안정성은 페미니즘의 정치적 이론화에 대한 근본적 제약을 문제시하며, 젠더와 몸뿐만 아니라 정치자체를 다르게 배치할 수 있게 한다.

토대주의적 관점으로 정체성 정치를 추론하는 것은 정치적 이해관계를 정교화하고 그에 따라 정치적 행동을 취하기 위해서 우선 정체성이 있어야 한다고 가정하는 경향이 있다. 내가 주장하는 것은 '행위 뒤의 행위자'가 있어야 한다는 것이 아니라, '행위자'는 행위 안에서 행위를 통해 다양하게 구성된다는 것이다. 이는 자아가 그 행위를 통해서 구성된다는 실존주의적 이론으로 되돌아가는 것은 아닌데, 실존주의 이론은 자아와 자아의 행위에 대해 전담론적 구조를 주장하기 때문이다. 여기서 내가 주목하는 것은 바로 타자 안의, 타자를 통한 담론적으로 변화 가능한 각각의 구성이다.

'행위성'의 위치를 어디에 둘 것인가의 문제는 보통 '주체'의 가능성과 연관되는데, 여기서 '주체'는 그것이 타협해나가는 문화의 장에 선행하는 어떤 안정된 존재를 가진 것으로 이해된다. 어쩌면 주체가 문화적으로 구성된다고 해도 주체는 행위성을 부여받는데, 이 행위성은 보통 반성적 매개 능력에 비유되며, 문화적 맞물림과 무관하게 고유한 상태를 유지한다. 이런 모델에서 '문화'와 '담론'은 '주체'를 곤경에 빠뜨리지만 주체를 구성하지는 않는다. 이미 존재하는 주체에 자격을 주고 곤경도 주는 이런 행동은, 그 문화와 담론에 의해 완전히 결정되지 않은 행위성의 지점을 세울 필요가 있어 보였다. 그러나 이런 추론은 (a) '내'가 담론적 수렴의 중심에 나타난다 해도, 행위성은 전담론적인 '나'에 의지해 확립될 뿐이며, (b) 담론에 의해 구성된다는 것은 담론에 의해 결정된다는 뜻이며, 여기서 결정은 행위성의 가능성을 배제한다는 잘못된 가정을 한다.

높은 자질이나 위상을 가진 주체를 주장하는 이론에서도, 주체는 여전히 반대편의 인식론적 틀에서 담론적으로 구성된 환경을 만난다. 문화적 곤경에 빠진 주체는 그 구성물이 자기 정체성의 속성이라고 해도 그 구성물과 협상한다. 예를 들어 보부아르에게는 그 젠더를 행하는 '나', 그 젠더로 만들어지는 '나'가 있지만, 이때의 '나'는 반드시 그 젠더와 관련되면서도 그 젠더와 완전히 동일시될 수는 없는 행위성의 지점이다. 주체를 그 문화적 속성과 분리하는 존재론적 거리가 아무리 좁다고 해도, 이 코기토가 완전히 자신이 협상하는 문화적 세계의 것은 아니다. 인종, 섹슈얼리티, 민족, 계급, 건강한 몸이라는 속성을 정교화한 페미니즘 정체성 이론은 그 나열의 끝을 늘 당혹스러운 '등등etc'으로 맺는다. 이러한 형용사의 수평적 궤적을 통해서, 이런 위치가 상황 속의 주체를 포괄하려 하지만 어김없이 완수해내지 못한다. 그러나 이런 실패에는 유익한 점도 있는데, 이런 나열의 마지막에 매번 나오는 짜증나는 '등등'으로부터 어떤 정치적 추동력이 나올 것인가 하는 점이다. 이것은 끝없는 의미화 과정을 나타내는 기호이면서 동시에 남김없이 포괄했다는 기호이기도 하다. 그것은 보충supplément이고, 정체성을 완전히 상정하려는 모든 노력을 필연적으로 수반하는 넘침이다. 그러나 이런 한정할 수 없는 등등et cetera은 자신을 페미니즘 정치 이론화의 새 출발점으로 제시한다.

만일 정체성이 의미화 과정을 통해 주장된다면, 정체성은 언제나 이미 의미화되어 있지만 그럼에도 여러 맞물린 담론 속에서 계속 순환하면서 의미화한다면, 행위성의 문제는 의미화 이전에 존재하는 '나'에 의지해서는 답을 얻을 수 없다. 다시 말해 '나'를 주장할 수 있는 조건은 의미화의 구조가 제공하고, '나'라는 대명사의 합법적이고 불법적인 소환을 규제하는 규칙이 제공하며, 그 대명사가 순환할 수 있는 인식 가능성의 조건을 확립하는 실천이 제공한다. 언어는 내가 자아를 쏟아붓고 그로부터 그 자아의 반영을 모으는 외적 매개물 또는 도구가 아닙니다. 마르크스, 루카치, 그외 많은 당대의 해방 담론이 전유해온 헤겔의 자기인식self-recognition 모델은 그 언어를 대상으로서 포함해 세계와 맞서는 '나'와, 그 세계 속 대상으로서 발견하는 '나' 사이의 잠재적 적합성adequation을 전제로 한다. 그러나 이 주체/대상의 이분법은 여기 서구 인식론의 전통에 속하는 것으로, 그것이 해결하려던 바로 그 정체성 문제의 조건이 된다.

어떤 담론의 전통이 '나'와 '타자'를, 결과적으로 앎의 가능성 knowability과 행위성의 문제가 어디서 어떻게 결정되는지를 판단하는 인식론적 대립 속에 세우게 하는가? 그 주체의 소환을 지배하고 그 행위성을 미리 규제하는 법칙과 실천이 분석과 비평적 개입의 장소에서 제외된다는 바로 그 이유 때문에, 인식론적 주체의 상정을 통해서 어떤 행위성이 그 위치에서 배제되는가? 이런 인식론의 출발점이 결코 필연적이지 않다는 것은 (인류학에서 폭넓게 기록되는) 일상 언어의 일상적 작동에 의해 단순하고 폭넓게 확인된다. 그리고 이런 일상 언어의 일상적 작동은 주체/대상의 이분법을 폭력적이지는 않아도 이상하고 우연한 철학의 도입으로 여긴다. 인식론적 양식에 적합한 전유, 도구성, 거리두기의 언어는 '나'를 '타자'와 맞서게 하는 지배 전략에도 속하며, 일단 둘의 분리가 시작되면 타자에 대한 앎의 가능성과 회복 가능성recoverability에 관한 여러 인위적 문제들을 만든다.

이러한 이분법적 대립은 정체성에 대한 당대의 정치 담론의 인식론적 유산으로서 일련의 주어진 의미화 실천들 안에 있는 전략적 움직임이며, 이것은 이분법이 구성되는 담론 장치를 감춘 채 '나'를 이런 대립물 안에, 또 대립물을 통해 세우고 이런 대립을 필연성으로 물화시킨다. 이처럼 정체성에 관한 인식론적 설명에서 의미화 실천 안에 문제가 있다고 보는 설명으로 바뀌면서, 인식론적 양식 자체를 가능성 있고 우연적인 의미화 실천으로 받아들이는 분석이 가능해진다. 더 나아가 행위성의 문제는 의미화와 재의미화가 어떻게 작동하는지의 문제로 재공식화된다. 다시 말해 하나의 정체성으로 의미화된 것은 주어진 시간에 제때 의미화되지 않고, 그 이후에는 그저 실체성 있는 언어가 비활성화된 조각으로 있을 뿐이다. 분명 정체성은 너무나 많은 비활성 실체로 나타날 수 있다. 실제로 인식론 모델은 이런 외양을 그 이론적 출발점으로 삼는 경향이 있다. 그러나 실체적 '나'는 자신의 작용을 감추고 그 결과만 자연화하는 의미화 실천을 통해 그렇게 보이는 것뿐이다. 게다가 이런 외양은 규칙이 생성하는 정체성이고, 이 정체성은 문화적으로 인식 가능한intelligible 실천을 조건화하고 규제하는 규칙들을 일정하고 반복적으로 소환하는 데 의존하기 때문에, 실체적 정체성의 자격을 갖추는 것은 몹시 고된 작업이다. 사실 정체성을 실천이자 의미화 실천으로 이해한다는 것은 문화적으로 인식 가능한 주체를 '규칙에 묶인' 담론, 즉 언어생활에 확산되어 있고 일상적인 의미화 행위 속으로 자신을 밀어넣는 담론의 결과로 이해하는 것이다. 추상적으로 생각해보면 언어는 인식 가능성이 계속 생성되고 경쟁하는, 열린 기호체계를 말한다. 역사적으로 특정한 언어조직으로서 담론은 여러 개로 나타나며, 시간의 틀 속에 공존하고, 특정한 담론 가능성의 양식이 생성되는 예측할 수 없고 우발적인 수렴을 일으킨다.

하나의 과정으로서 의미화는 인식론적 담론이 '행위성'이라 부른 것을 그 안에 숨기고 있다. 인식 가능한 정체성을 지배하는 규칙, 즉 '나'에 대한 인식 가능한 주장을 가능하게 하고 또 규제하는 규칙, 젠더 위계와 강제적 이성애의 기반을 따라 부분적으로 구조화된 규칙은 반복을 통해 작동한다. 실제로 주체가 구성된다고 할 때, 주체란 그저 인식 가능한 정체성의 소환을 지배하는, 특정한 규칙이 지배하는 담론의 결과라는 뜻이다. 의미화란 토대를 만드는 행위가 아니라 실체화 효과를 만들어냄으로써 자신을 숨기기도 하고 그 규칙을 강제하기도 하는 규제된 반복의 과정이기 때문에, 주체는 자신이 생성된 규칙에 의해 결정되지 않는다. 어떤 면에서 모든 의미화는 반복하려는 충동의 궤도에서 일어난다. 그렇다면 '행위성'은 그런 반복에서의 변주 가능성 안에 있다. 만일 의미화를 지배하는 규칙이 대안적인 문화적 인식 가능성의 영역을, 다시 말해 위계적 이분법의 단단한 부호들과 경합하는 새로운 젠더 가능성을 규제하는 것이 아니라고 주장할 수 있다면, 정체성의 전복은 오직 반복된 의미화 실천의 내부에서만 가능해진다. 주어진 젠더가 되라는 명령은 필연적인 실패를 생산하고, 그 다양성 속에 자신을 생성한 명령을 넘어서서 저항하는 다양한 비일관적 배치물을 생산한다. 게다가 주어진 젠더가 되라는 명령은 담론적인 경로를 통해 발생한다. 즉 좋은 어머니, 이성애적으로 바람직한 상대, 적합한 근로자가 되라고 하고, 종합해서 다양한 요구에 한꺼번에 응답하면서 다중적인 보증을 의미하라고 한다. 이런 담론적 명령의 공존이나 집중은 복합적인 재배치와 재전개의 가능성을 만든다. 이런 집중의 한가운데에서 행동할 수 있는 것은 초월적인 주체가 아니다. 여기에는 이런 집중에 앞서 있는 자아도 없고, 갈등하는 문화적 장으로 진입하기 전의 '진실성'

을 유지하는 자아도 없다. 오직 그들이 있는 곳에서 도구를 선택할 뿐이며, 여기서 이런 '선택'은 거기에 있는 도구 때문에 가능해진다.

무엇이 젠더의 의미화 실천 속에서 전복적인 반복을 만드는가? 나는 (이렇게 주장하는 '나'는 철학적 결론의 유형을 지배하는 문법을 전개하면서도, 이런 '나'를 전개하고 가능케 하는 것이 바로 이 문법이라는 것도 알고 있다. 스스로를 주장하는 '내'가 여기서 그것을 가능하게도 하고 규제하기도 하는 철학적 문법을 반복하고 재배치하며—비평가들이 결정할 것처럼—그 문법에 저항하고 있기는 하지만 말이다) 예컨대 성별/젠더의 구분에서 성별은 '실재'이고 '사실'이며, 또한 젠더가 문화적 각인 행위로서 작동하는 물질적이거나 육체적인 토대로 상정된다고 주장했다. 그러나 카프카의 「유형지에서」에서 글씨를 새기는 고문기구가 죄수의 피부에 인식 불가능한 글씨를 새기듯, 젠더는 몸 위에 쓰는 것이 아니다. 문제는 그 각인이 몸안에서 어떤 의미를 담고 있는지가 아니라 어떤 문화적 장치가 이런 도구와 몸의 만남을 주선하는지, 또 이런 의례적인 반복에 어떤 개입이 가능한지이다. '실재'와 '성적으로 사실'이라는 것은, 몸이 접근해야 하지만 결코 접근할 수 없는 환상적 구성물이고, 다시 말해 실체의 허상이다. 그렇다면 환상성과 실재성 사이의 균열을 폭로하여 실재가 환상임을 인정하게 만드는 것은 무엇인가? 이것이 자연화된 정체성을 재통합하라는 명령에 의해 완전히 규제되지 않는 반복의 가능성을 제시하는가? 몸의 표면이 자연적인 것으로 실행되듯, 이런 표면도 자연스러운 것의 수행적 위상을 드러내는, 불협화음의 수행과 탈자연화된 수행의 자리가 될 수 있다.

패러디의 실천은 특권화되고 자연화된 젠더 배치와, 파생되고 환상적이며 모방된 것으로 보이는 것, 즉 실패한 모방본 사이의 구분 자체에 재개입해서 재통합하는 작용을 할 수 있다. 분명 패러디는 절망의 정치를 심화하는 데 사용되어왔는데, 그것은 본성과 실재의 영역에서 주변적 젠더를 불가피하게 배제하는 것처럼 보이게 만든다. 하지만 나는 이러한 존재론적 장소란 본래 그 안에 어떤 것도 있을 수 없기 때문에, 이처럼 '실재'가 되지 못하거나 '본성'을 구현하지 못한 실패가 모든 젠더 실행의 구성적 실패라고 주장하고 싶다. 따라서 원본, 진짜, 그리고 실재가 그 자체를 효과로서 구성하는 패러디 실천의 패스티시 효과에는 전복적인 웃음이 있다. 젠더 규범의 상실은 실체적 정체성을 불안정하게 만들고, 중심 인물인 '남성'과 '여성'에게 강제적 이성애에 대한 자연화된 서사를 박탈해서, 젠더 배치를 증식하는 효과를 가져올 것이다. 또한 젠더의 패러디적 반복은 단단한 심층과 내적 실체로서의 젠더 정체성이라는 환영도 폭로한다. 미묘하고 정치적으로 강요된 수행성의 효과로서 젠더는 '행위'인데, 말하자면 그 행위는 분열, 자기패러디, 자기비판에 열려 있고, 자신을 과장하면서 그 본래의 환영적 지위를 보여주는 '자연스러운 것'의 과장된 전시에 열려 있다.

나는 정체성 범주가 종종 페미니즘 정치에 근본적인 것으로 가정되어왔다고, 즉 정체성의 정치로 페미니즘을 작동시키기 위해 정체성의 범주가 필수적으로 여겨졌다고 주장하려고 했고, 동시에 이 정체성 범주는 페미니즘이 열어야 할 문화적 가능성들에 대해 미리 한계를 정하고 제한하는 작용을 한다고 주장하려고 했다. 문화적으로 인식 가능한 '성별'을 생산하는 암묵적 규제는 자연화된 토대라기보다는 생성적인 정치 구조로 이해되어야 한다. 역설적이게도 정체성을 효과로, 즉 생산된 것 또는 생성된 것으로 새롭게 개념화하면, 정체성 범주를 근본적이거나 고정된 것으로 보는 입장에 의해 교활하게도 애초에 배제된 '행위성'의 가능성을 열어준다. 정체성이 효과라는 것은 정체성이 숙명적으로 결정되는 것도, 완전히 인위적이거나 자의적인 것도 아니라는 의미다. 구성된 정체성의 위상이 이 두 개의 상충하는 축을 따라 잘못 이해되면, 문화적 구성론에 입각한 페미니즘 담론이 자유의지와 결정론이라는 불필요한 이분법에 갇히는 방식을 제시한다. 구성은 행위성과 대립하지 않는다. 구성은 행위성에 필요한 현장이며 행위성이 표명되고 문화적으로 인식되는 관점이다. 페미니즘의 중대한 과제는 구성된 정체성의 외부에 어떤 관점을 세우는 것이 아니다. 그런 생각은 자신의 문화적 위치를 부인할 인식론의 모델을 구성하는 것이고, 그에 따라 자신을 세계적 주체로, 페미니즘이 비판해야 할 제국주의적 전략들을 전개하는 위치로 격상시킨다. 오히려 중대한 과제는 이런 구성에 의해 가능해진 전복적 반복의 전략을 찾아내는 일이고, 이런 정체성을 구성한 뒤 그것에 이의를 제기할 내적 가능성을 제시하는 반복적 실천에 참여함으로써 개입의 지역적 가능성을 확인하는 일이다.

이런 이론적 탐구는 정체성을 설정하고 규제하고 탈규제화하는 바로 그 의미화의 실천 속에서 정치적인 것을 찾고자 했다. 그러나 이런 노력은 정치적인 것의 개념 자체를 확장하는 일련의 질문들을 가져와야 목적을 이룰 수 있다. 젠더의 대안적인 문화적 배치까지 완전히 포함한 토대를 어떻게 파열시킬 것인가? 어떻게 정체성 정치의 '전제'를 불안정하게 만들고 또 환상의 차원에서 이를 표현할 것인가?

이런 과제는 일반적으로 성별과 몸의 자연화에 대한 비판적 계보학을 요구했다. 또한 그것은 의미화를 기다리면서 침묵하는 것, 문화 이전의 것으로서의 몸의 형상을 재고할 것을 요구하고, 언어와 문화로 진입하기 위해 남성적 기표를 상처로 각인하기inscription-as-incision를 기다리면서 여성적 형상과 대조 검토되는 형상을 재고할 것을 요구했다. 강제적 이성애에 대한 정치적 분석의 관점에서 성별을 이분법, 즉 위계적 이분법으로 구성하는 것에 문제를 제기하는 일은 꼭 필요했다. 젠더가 실행된다고 보는 관점에서는, '표현'의 다양한 형식으로 외부화된다고 하는 내면적 심층으로서 젠더 정체성을 고정하는 것에 대해 문제가 제기되었다. 욕망을 일차적 이성애로 구성하는 암묵적인 구성은 욕망이 일차적 양성애의 양식으로 나타날 때도 지속된다는 것이 입증되었다. 배제와 위계질서의 전략도 성별/젠더 구분의 공식 안에 지속된다는 것이 입증되었고, 이런 구분은 전담론적인 '성별'뿐만 아니라 문화에 대한 섹슈얼리티의 우선성, 특히 섹슈얼리티를 전담론적인 것으로서 문화적으로 구성하는 데 의존한다는 것도 입증되었다. 마침내 행위자가 행위에 우선한다고 가정하는 인식론적 패러다임은 지역적으로 개입할 조건뿐 아니라 자신의 지역성마저 부인하는, 세계적이고 세계화된 주체를 확립한다.

이런 젠더 위계와 강제적 이성애의 '효과'를 페미니즘 이론이나 정치의 토대로 받아들인다면, 그런 '효과'가 토대로 잘못 기술될 뿐 아니라 이런 메타렙시스의 오기metaleptic misdescription를 가능하게 한 의미화 실천들을 젠더관계에 관한 페미니즘 비평의 범위 밖에 두게 된다. 이런 의미화 영역의 반복적 실천 안으로 들어가는 것은 선택의 문제가 아닌데, 그 안으로 들어갈 수 있는 '나' 역시도 언제나 이미 내부에 있기 때문이다. 즉 그 관점에 그들이 가진 인식 가능성을 부여하는 담론적 실천의 외부에는 행위성의 가능성도, 현실의 가능성도 없다. 우리의 과제는 반복을 하느냐 마느냐가 아니라 어떻게 반복할 것인가이고, 실제로 젠더의 근본적인 증식을 통해서 반복 자체를 가능케 하는, 바로 그 젠더 규범을 어떻게 반복하고 또 어떻게 전치할 것인가이다. 젠더 존재론은 언제나 기존의 정치적 맥락에서 무엇이 인식 가능한 성별의 자격을 얻는지를 결정하고, 섹슈얼리티에 관한 재생산적 규제들을 소환하고 강화하며, 성별화되거나 젠더화된 몸이 문화적으로 인식 가능하게 만드는 규범적 필수요건을 설정하면서 규범적 명령으로 작동하기 때문에, 우리가 그 위에서 정치를 구성할 수 있는 젠더 존재론이란 없다. 따라서 존재론은 토대가 아니라, 자신을 그 필연적 토대로서의 정치 담론으로 세움으로써 교활하게 작동하는 규범적 명령이다.

정체성이 해체된다고 해서 정치가 해체되는 것은 아니며, 오히려 정체성의 해체는 정체성이 표명되는 바로 그 관점을 정치적인 것으로 확립한다. 이런 비평은 페미니즘이 정체성의 정치로 표명되어온 토대주의적 틀에 문제를 제기한다. 이런 토대주의의 내적인 역설은 그것이 재현하고 해방시키려 한 바로 그 '주체'를 토대주의가 전제하고, 고정하고, 또 규제한다는 점이다. 여기서의 과제는 각각의 모든 새로운 가능성을 가능성으로서 치하하려는 게 아니라, 이미 존재하지만 문화적으로 인식할 수 없고 불가능하다고 지정된 문화 영역 안에 존재하는 이런 가능성을 재기술하는 것이다. 만일 정체성이 더이상 정치적 삼단논법의 전제로 고정될 수 없다면, 그리고 정치도 더이상 일련의 기성 주체에 속한다고 추정된 이해관계에서 파생된 실천들로 이해될 수 없다면, 옛 정치의 잔존물에서 새로운 정치의 배치가 분명 나타날 것이다. 그렇다면 성별과 젠더의 문화적 배치는 증식될 수 있고, 어쩌면 현재의 그 증식이 성별의 이분법을 혼란스럽게 만들고 그 이분법의 근본적 부자연스러움을 폭로하면서, 인식 가능한 문화적 삶을 확립하는 담론 안에 표명될 수 있다. '부자연스러운' 것에 개입하려는 어떤 다른 지역적 전략들이 젠더 자체의 탈자연화로 이어질 것인가?

강제적 이성애compulsory heterosexuality 남성이 여성을, 여성이 남성을 사랑하는 것은 이 사회에서 당연한 것처럼 보이지만, 실은 이성애 규범이 그것을 당연하게 보이도록 만든 것이다. 이성애 규범은 여성이 여성을, 남성이 남성을 사랑하는 것은 비정상적이고 이상한 것으로 만들어버린다. 따라서 이 규범은 강제적이고 강압적이며, 자연스럽거나 당연한 것이 아니다. 또한 그런 강제가 있다는 사실을 드러내지 않고 보이지 않게 숨긴다. 그런 의미에서 이성애는 자연스러운 것이라기보다는 자연스러운 것으로 보이도록 강제된 것이다.

계보학genealogy 젠더의 근원 또는 욕망의 기원이라는 내적 진리가 있다는 전제를 거부하면서, 그런 담론을 진리나 진실로 생산한 역사적으로 특정한 제도 권력의 역학관계를 밝히려는 학문적 경향으로 프리드리히 니체의 『도덕의 계보』에서 시작되었고, 프랑스 철학자 미셸 푸코가 권력과 지식의 사실적 관계를 밝히고자 재구성한 방법론으로 논의되었다. 『젠더 트러블』은 '젠더 계보학'을 추구하므로 젠더가 발생한 역사적 제도 권력의 역학관계를 탐구할 것을 촉구한다.

기술적descriptive '규범적regulatory'과 대립되는 개념으로 지배적 제도 규범의 권력 효과가 행사되기 이전의 중립적 설명이 가능하다는 입장을 말한다. 버틀러는 '기술적'인 것은 없으며 모든 정체성이 '규범적'이기 때문에 객관적이거나 중립적으로 보이는 것도 권력 및 권력관계를 벗어날 수 없다는 입장을 취한다.

남근Phallus(팔루스) 음경penis을 지칭하는 프랑스어로 남성 성기를 의미하지만, 라캉의 정신분석학에서는 초월적 의미나 절대 권력을 상징한다. 프로이트가 음경의 유무에 따른 남녀의 생물학적 차이가 남녀 사이의 문화적 성차를 만든다고 주장한 반면, 라캉은 남성 성기의 해부학적 의미를 남근이라는 상징적 의미로 추상화 혹은 격상시켜 초월적 기표나 주인 기표의 의미로 특권화했다. 남근의 의미에 대한 정신분석학적 논쟁은 딜런 에번스의 『정신분석학 용어 사전』에 정리되어 있다.

남근로고스중심주의phallogocentrism 남근phallus과 로고스logos를 중시하는 남성중심적 사고방식이나 문화 혹은 사회 구조를 의미하며, 남성중심적이고 이성중심적인 서구 형이상학의 전통을 일컫는다. 프로이트는 겉으로 드러나지 않는 여성 성기보다 밖으로 돌출된 남성 성기의 시각적 가시성과 우월성에 입각해 성차를 설명하는 경향이 있고, 계몽주의는 감정적 호소인 파토스pathos보다 우월한 논리 또는 이성으로서의 로고스를 강조했다.

남성적 의미화 경제masculine signifying economy 모든 의미화의 방식은 객관적이고 중립적인 것처럼 보이지만 사실은 남성적인 관점에서 이루어져 남성적인 것을 보편성으로 일반화하면서 당연시하는 경향이 있다. 이런 의미화 방식은 부르주아/프롤레타리아 간의 수직적 경제 구조처럼 남성/여성 간의 지배/피지배 양식을 유비적으로 보여준다고 생각하는 뤼스 이리가레의 관점을 의미한다. 이리가레의 관점에서는 보편적인 것처럼 보이는 모든 의미화 경제는 남성적인 것이므로 여성만의 대안적 체제, 즉 여성 상상계나 여성적 상징계가 중요하다. 이런 논의는 여성 관념을 실체화하고 마치 본질적 여성성이 있는 양 가정할 수 있기 때문에 버틀러는 이리가레의 대안적 상상계나 상징계 논의에 비판적이다.

드랙drag 드랙은 타고난 성과 동일시하지 않고 자신의 성과 반대되는 성별의 옷을 입는 복장전환자나 크로스드레서crossdresser를 말한다. 즉 여성이 남장을 하거나 남성이 여장을 하는 사람이다. 드랙에는 남장 여성인 드랙킹과 여장 남성인 드랙퀸이 있지만, 일반적으로 드랙이라고 할 때는 주로 드랙퀸을 지칭한다. 드랙은 이성애자인 경우도 많으므로 엄밀히 말해 드랙을 동성애자와 등치할 수는 없다. 그러나 큰 범주에서 볼 때 드랙은 트랜스젠더의 범주에 들어간다. 광의의 트랜스젠더에는 옷만 바꿔 입는 복장전환 transvestite, 심리적인 동일시가 수반되는 (협의의) 트랜스젠더, 의학적 수술을 통해 몸도 반대 성으로 전환한 트랜스섹슈얼이 모두 포함된다.

물화reification 마르크스가 말하는 물화는 상품이 인간의 노동에서 생산된 생산물이지만 그 사용가치를 외면당하고 교환가치만으로 평가되어 물신화되는 것을 의미한다. 이것이 막스 베버에 와서는 합리성이 주체를 신비주의나 미신으로부터 해방시켜주었으나 과학과 합리화를 통해 다시 관료주의의 노예로 속박시켰다는 의미에서 형식적 합리성을 의미하게 되었다. 루카치는 이러한 물화의 두 가지 개념을 통합하여, 예술 활동에서 전형적으로 발견되는 질적이고 자발적인 인간의 창조 활동이 자본의 운동에 의해 획일화되고 통제되어 화석화되고 있다는 개념으로 해석하기도 한다.

사법적 모델juridical model 인류학이나 정신분석학은 인간 문명의 기원으로 꼽는 근친애 금기에 이미 금지해야 할 욕망이 전제되어 있다고 본다. 그러나 푸코나 버틀러가 말하는 사법적 모델은 태초에 어떤 욕망이 있다는 전제 자체가 일종의 조작이고 법과 권력이 작동한 결과라고 생각하는 모델이다. 그래서 법은 욕망의 결과가 아니라 원인이 된다. 즉 근친애 금기의 법은 금지해야 할 대상으로서의 근친애 욕망을 부르는 원인으로 해석된다.

생산적 권력productive power 권력은 주로 억압적이라고 말해왔지만, 푸코나 버틀러에게 권력은 특정한 억압만 하는 것이 아니라 그 억압 담론을 스스로 생산하며 증식한다. 주체가 법의 권위에 반복적으로 복종하면서, 법이 스스로 증식 혹은 강화되고 개인에게 그 법을 내면화시켜 주체가 자발적으로 법에 복종하게 만들기 때문이다. 그런 의미에서 법은 억압적인 것이 아니라 생산적이다. 같은 맥락에서 법은 반복적인 복종을 통해 언제나 조금씩 다른 의미로 변화될 수 있기 때문에, 여기에서 내적 전복의 가능성을 안고 있는 '역담론'이 발생할 수도 있다.

성별/젠더/섹슈얼리티sex/gender/sexuality 원래 성별은 생물학적 몸의 차이로, 젠더는 문화적이고 사회적인 동일시 양식으로, 섹슈얼리티는 성적 행동이나 실천이 발생하는 근원적 욕망으로 설명되었다. 그래서 성별, 젠더, 섹슈얼리티는 대략적으로 말해 성별, 성역할, 성욕망을 의미한다. 이중 섹슈얼리티는 성적 욕망이나 욕망의 지향성과 관련된다. 예컨대 남성이 남성을 욕망하면 동성애 섹슈얼리티, 남성이 여성을 욕망하면 이성애 섹슈얼리티로 본다. 버틀러는 이런 기존의 이분법에 저항하면서 몸의 '인식성'

과 욕망의 '근원성'을 만드는 것까지도 문화적이고 사회적인 양식이기 때문에 성별, 젠더, 섹슈얼리티가 모두 젠더라고 주장한다. 세 가지 모두 사회적 구성물이고 제도적 담론의 효과라는 의미에서다.

수행성performativity 젠더는 무대 위에서 배우가 행하는 퍼포먼스처럼 언제나 행위로 나타난다. 젠더는 고정된 명사가 아니라 행위중에 변하는 동사와 유사하다. 그러나 버틀러는 배역 뒤의 배우를 가정하지 않는다는 의미에서 연극적 연기보다는 연행성演行性, 퍼포먼스보다는 수행성遂行性을 주장한다. 수행성은 행위중에 주체의 정체성을 구성하는 행위라는 연극 무대 위 공연이나 상연의 의미도 있지만, 행위를 유발하는 언어를 뜻하는 언어학적 수행문과도 관련되어 있기 때문에 대체로 수행성으로 옮겼다.

우연적 인식 가능성/우연성contingent intelligibility/contingency 버틀러는 모든 것이 본질적으로 결정되어 있다기보다는 문화적으로 구성된다는 입장을 취하는데, 성별/젠더/섹슈얼리티의 구성뿐 아니라 몸의 구성도 마찬가지라고 생각한다. 예컨대 몸이라는 물질에 대해서도 그 물질에 대한 인식성이나 인식 가능성 자체가 몸을 인식할 수 있는 토대를 마련하기 때문에 몸과 몸에 대한 인식성은 선후관계의 시차가 있는 것이 아니라 동시에 발생, 즉 같은 시공간에 펼쳐져 있다고coextensive 주장한다. 그런데 이런 인식성은 역사적으로 불변하는 것이 아니라 당대의 지배 담론과 제도 규범에 따라 가변적으로 형성되기 때문에, 필연적 본질 위에 있는 것이 아니라 우연적 토대 위에 있다고 본다. 같은 맥락에서 성이라는 것도 우연적 토대 위에 일시적으로 구성되고 잠정적으로 형성되는 역사적 구성물로 파악한다.

우울증melancholia 사랑하는 대상이 떠나면 그 대상에 대한 애정을 거두어 일정 기간 애도의 시간을 갖다가 다른 대상으로 사랑을 옮겨야 한다. 그런데 우울증의 경우에는 다른 대상으로의 전환이 불가능하다. 상실한 대상이 무의식적인 것이라서 무엇을 상실했는지 모르며, 따라서 극복도 불가능하기 때문이다. 프로이트가 설명하는 우울증 환자는 이 대상을 자아의 일부로 합체incorporation한다. 따라서 우울증은 내가 사랑했던 대상이 내 안에 들어와 나의 자아를 구성하는 기제이며, 우울증의 주체는 우울증적 정체성을 구성하면서 대상을 자아로 흡수함에 따라 대상애와 자기동일시의 구분을 혼란스럽게 만든다. 사랑했던 대상이 완전히 애도되지 못해서 내 안에서 나를 구성하기 때문이다.

이성애적 기반heterosexual matrix 원래 남성은 여성을, 여성은 남성을 필요로 하고 원하고 욕망하고 사랑한다는 이성애를 규범화하는 경향이 마치 보편적인 토대처럼 사회 저변에 전제되어 있다고 가정하는 사회적 모태 또는 성적 경향의 규범과 관련된 기반을 의미한다. 이성애중심사회에서 이성애는 인식적 기반이자 사회적이고 문화적인 기반이 된다.

재현representation 사물의 관념이 구체적인 물질적 양식으로 드러나는 방식을 말한다. 예컨대 도토리나무라는 관념(이데아)이 있으면 현실에서는 실제 도토리나무가 그 관념을 재현하고, 예술작품 속의 도토리나무는 현실의 나무를 예술가의 시선으로 재현한다. 그런 의미에서 플라톤은 예술이 이데아에서 두 번 떨어져나온 재현물이라고 평가한다. 여성의 재현과 정치를 문제삼는 1장에서의 논점은 지금까지 페미니즘이 여성이라는 고정된 재현 대상을 페미니즘의 정치적 주체로 삼아왔는데, 실은 그렇게 재현된 여성이 계급, 민족, 인종, 식민화 경험, 성적 지향이라는 다양한 내부의 차이를 억압하고 있다는 데 있다. 쉽게 말해 페미니즘의 정치 주체는 단순히 생물학적 여성만도 아니고, 희생자나 피억압자로만 재현될 수도 없다. 여성은 여성이라는 범주로 재현되기에는 너무나 많은 내부적 차이들을 안고 있기 때문이다. "젠더의 표현 뒤에는 어떠한 젠더 정체성도 없다"는 말은 "행위 뒤에 행위자가 없다"는 것처럼, 젠더의 표현이나 재현이 곧 젠더의 의미를 만든다는 뜻이다. 젠더의 의미는 당대가 생산한 젠더 구현의 구체적 재현 양상이 반복되면서 그 재현들이 젠더라는 실체의 외관을 구성할 때 형성된다.

젠더 규범gender norms   젠더에 대한 인식이나 개념과 함께 발생하는 젠더에 관한 사회적 담론적 규범을 말한다. 버틀러는 이 책의 개정판 서문에서 젠더 규범은 "이상적인 이원적 형태론, 몸의 이성애적 상호보완성, 적합하고 부적합한 남성성과 여성성이라는 이상과 규칙, 종족 간 결혼에 반대하는 순수성과 금기의 인종적 코드가 강조하는 것 등"을 의미한다고 썼다. 젠더에 관련된 모든 규범적 사고, 인식, 활동, 재현, 몸으로 구현된 체현 결과를 망라한다.

젠더gender   생물학적 성별과 대비해 사회적 문화적으로 구성된 성을 지칭한다. 특정 언어권에서 명사나 관사에 문법적 성별을 부여하는 것과 관련된다. 예를 들면 프랑스어에서 하늘le ciel은 남성이고 땅la terre은 여성이며, 해le soleil는 남성이고, 달la lune은 여성이다. 여성문화이론연구소가 펴낸『페미니즘의 개념들』(동녘, 2015)은 젠더를 여성과 남성의 관계가 사회적으로 조직되는 방식이라고 정의한다. 이 책에서는 젠더를 심리적 동일시나 정체성과 연결된 의미로 쓴다. 협의의 젠더는 후천적으로 구성된 사회적 문화적 성별 특징을 의미하지만, 광의의 젠더는 성별, 젠더, 섹슈얼리티까지 포괄하는 의미로 쓰이기도 한다.

체현embodiment 몸으로 구체화되어 나타난 재현 양상을 말한다. 젠더가 몸으로 재현되어 나타난 표현이 젠더의 체현이며, 이런 젠더의 표현이나 체현 양상이 버틀러에게는 곧 젠더가 된다. 젠더 체현이나 젠더 표현 뒤에 실체로서의 젠더는 없다고 보기 때문이다. 몸이 합법적 표현이 될 수 있는 존재론의 장을 만드는 것이 젠더이기도 하다.

트랜스젠더transgender 경계 위의 성별, 성적인 자기표현, 성정체성을 의미한다. 트랜스젠더는 광의의 의미와 협의의 의미로 나뉜다. 광의의 트랜스젠더는 시스젠더cisgender의 반대말로, 타고난 성별과 다른 모든 성적 발현과 체현을 말한다. 즉 이성의 옷을 즐겨 입는 크로스드레서, 심리적으로 다른 성과 동일시하는 트랜스젠더, 성전환 수술을 한 트랜스섹슈얼 모두 트랜스젠더라 말할 수 있다. 협의의 트랜스젠더는 이중 두번째 의미에 해당한다. 이 용어는 맥락에 따라 협의의 의미로도, 광의의 의미로도 쓰인다.

패러디parody 어떤 것을 희화하려는 목적으로 원본을 모방하는 문학적 기법이나 행위를 말한다. 문학사에서 패러디가 재조명받은 것은 고전문학의 정통성이나 원본의 권위를 흔들려는 의도에서 포스트모더니즘 기법으로 등장하면서이다. 원본이라는 관념 자체가 원래 당연하게 존재하는 자연스러운 것이 아니라 제도와 규범이 만든 이차적 구성물로서의 이상에 불과하다면, 모방본은 원본을 모방하는 것이 아니라 원본으로 가정되는 이상적 관념을 모방하는 것이 된다. 패러디를 젠더에 적용하면, 원본과 모 방본 모두 원본이라고 가정된 이상을 모방한다는 점에서 둘의 구분이 불 가능하다. 그래서 드랙이 생물학적 여성보다 열등하다고 볼 이유가 없다 는 것이 젠더 패러디의 핵심이다. 젠더는 원본을 가정하지 않는 모방본이 라는 의미에서 패러디와 같고, 젠더 패러디의 관점으로 보면 남성과 여성 뿐만 아니라 시스젠더와 트랜스젠더, 이성애자와 동성애자의 위계를 나 눌 수 없다.

행위성agency 행위자doer를 선험적으로 가정하지 않고 행위를 통해서만 행위주체가 발생한다는 관점에서, 선험적으로 존재하는 주체를 상정하지 않는 행위의 작동 원인이나 매개성, 혹은 행위를 통해 구성된 비본질적 주 체성 개념을 의미한다. 주체의 내적 본질은 비어 있고 어떤 매개 장소나 중간 대리 기능만 한다는 의미에서 작동 원인이나 행위자성으로 이해하기 도 하는데, 행위 뒤 본질이 있는 행위자와 달리 행위를 통해서만 구성되는 주체성이라는 뜻에서 행위주체성의 줄임말로 행위성이라고 의역했다. 이 런 행위성을 구현하는 사람은 '행위주체agent'라고 옮겼다.

호모포비아homophobia 원래는 동성애자가 동성인 사람을 성적 대상으로 간주하여 동성에게 성적 추행을 하거나 추파를 던질 것이라는 이성애자의 공포를 말한다. 그러나 이 용어가 사실상 동성애에 대한 차별과 혐오를 담 고 있다는 의미에서 동성애혐오라고 해석할 수 있고 실제로 동성애혐오로 종종 번역된다. 이성애 규범을 정상으로 지키고 유지하기 위한 동성애 차 별, 혐오, 공포 등의 감정을 의미한다.

옮긴이 **조현준**

경희대학교 후마니타스칼리지 인문중핵교과 교수. 지은 책으로『주디스 버틀러의『젠더 허물기』읽기』『개인의 탄생』『영화로 읽는 페미니즘 역사』『쉽게 읽는 젠더 이야기』『젠더는 패러디다』등이 있고, 옮긴 책으로『젠더 정체성은 변화하는가?』『젠더 허물기』『안티고네의 주장』등이 있다. 최근에는 이성의 폭력성을 벗어날 가능성으로서의 감정 연구, 백래시 반젠더 이데올로기, 자본주의 시대 개인과 공동체의 공존 방식 등에 관심을 갖고 연구중이다.

젠더 트러블

1판 1쇄 2008년 12월 19일
1판 16쇄 2022년 5월 20일
2판 1쇄 2024년 11월 22일

지은이 주디스 버틀러 | 옮긴이 조현준
책임편집 임혜지 | 편집 신귀영 이희연
디자인 박현민 유현아 | 저작권 박지영 형소진 최은진 오서영
마케팅 정민호 서지화 한민아 이민경 왕지경 정경주 김수인 김혜원 김하연 김예진
브랜딩 함유지 함근아 박민재 김희숙 이송이 박다솔 조다현 배진성
제작 강신은 김동욱 이순호 | 제작처 영신사

펴낸곳 (주)문학동네 | 펴낸이 김소영
출판등록 1993년 10월 22일 제2003-000045호
주소 10881 경기도 파주시 회동길 210
전자우편 editor@munhak.com | 대표전화 031)955-8888 | 팩스 031)955-8855
문의전화 031)955-3579(마케팅) 031)955-2672(편집)
문학동네카페 http://cafe.naver.com/mhdn
인스타그램 @munhakdongne | 트위터 @munhakdongne
북클럽문학동네 http://bookclubmunhak.com

ISBN 979-11-416-0802-6 03330

www.munhak.com